MANUAL DE
ANTROPOLOGIA FILOSÓFICA

Dados Internacionais de Catalogação na Publicação (CIP)
(Câmara Brasileira do Livro, SP, Brasil)

Pleger, Wolfgang
    Manual de Antropologia Filosófica : os conceitos mais importantes de Homero a Sartre / Wolfgang Pleger ; tradução de Diego Kosbiau Trevisan. – Petrópolis, RJ : Vozes, 2019.

    Título original em alemão: Handbuch der Anthropologie : die wichtigsten Konzepte von Homer bis Sartre.
    Bibliografia.
    ISBN 978-85-326-5985-9

    1. Antropologia Filosófica 2. Seres humanos
I. Trevisan, Diego Kosbiau II. Título.

18-21153   CDD-128

Índices para catálogo sistemático:
1. Antropologia Filosófica 128

Cibele Maria Dias – Bibliotecária – CRB-8/9427

Wolfgang Pleger

MANUAL DE
ANTROPOLOGIA
FILOSÓFICA

Os conceitos mais importantes de Homero a Sartre

Tradução de Diego Kosbiau Trevisan

Petrópolis

© 2013, by WGB (Wissenschaftliche Buchgesellschaft), Darmstadt, Alemanha.

Título do original em alemão: *Handbuch der Anthropologie. Die wichtigsten Konzepte von Homer bis Sartre.*

Direitos de publicação em língua portuguesa:
2019, Editora Vozes Ltda.
Rua Frei Luís, 100
25689-900 Petrópolis, RJ
www.vozes.com.br
Brasil

Todos os direitos reservados. Nenhuma parte desta obra poderá ser reproduzida ou transmitida por qualquer forma e/ou quaisquer meios (eletrônico ou mecânico, incluindo fotocópia e gravação) ou arquivada em qualquer sistema ou banco de dados sem permissão escrita da editora.

CONSELHO EDITORIAL

Diretor
Gilberto Gonçalves Garcia

Editores
Aline dos Santos Carneiro
Edrian Josué Pasini
Marilac Loraine Oleniki
Welder Lancieri Marchini

Conselheiros
Francisco Morás
Ludovico Garmus
Teobaldo Heidemann
Volney J. Berkenbrock

Secretário executivo
João Batista Kreuch

Editoração: Leonardo A.R.T. dos Santos
Diagramação: Mania de criar
Revisão gráfica: NIlton Braz da Rocha/Nivaldo S. Menezes
Capa: Felipe Souza | Aspectos
Ilustração de capa: Escultura do rei e da rainha por Henry Moore. Jardim da *Royal Horticultural Society* em Wisley, no condado inglês de Surrey, Inglaterra. © Trevor Benbrook | 123rf

ISBN 978-85-326-5985-9 (Brasil)
ISBN 978-3-534-25789-8 (Alemanha)

Editado conforme o novo acordo ortográfico.

Este livro foi composto e impresso pela Editora Vozes Ltda.

Para Bárbara.

Sumário

Introdução, 11

Mitologia antiga e bíblica, 19

I – Os mortais: Mitologia grega, 21

    1 Os mortais e os imortais (Homero), 22

    2 Era de Ouro e a Caixa de Pandora (Hesíodo), 29

    3 Antropologia trágica (Sófocles), 36

II – O ser humano, uma criatura de Deus: O conceito criacionista, 45

    1 A criação do mundo e do ser humano (Gn 1–3), 46

    2 Pecado original e predestinação da graça (Agostinho), 54

    3 Natureza e graça (Tomás de Aquino), 62

Dualismo e monismo, 71

III – Concepções dualistas, 73

    1 *Psyche* e *soma* (Platão), 74

    2 Corpo e mente (Descartes), 81

    3 O ser humano como cidadão de dois mundos (Kant), 89

IV – Monismo: A unidade da natureza, 98

    1 O ser humano no cosmo (Marco Aurélio), 99

    2 *Deus sive natura*: A concepção panteísta (Spinoza), 107

    3 Autopoiese: a autocriação de sistemas vivos (Maturana), 115

Cultura e história, 125

V – O ser humano como ser de carências: O modelo de compensação, 127
   1 Eros, Prometeu e Hermes: mitos das carências humanas (Platão), 128
   2 O primeiro libertado da criação (Herder), 136
   3 Cultura como compensação de carências naturais (Gehlen), 144

VI – História e historicidade do ser humano, 153
   1 O objetivo da história universal (Kant), 154
   2 Compreender histórico (Dilthey), 164
   3 O destino do ser e o ser humano (Heidegger), 171

Modelos de graus e de desenvolvimento, 181

VII – O modelo de graus, 183
   1 Vegetal – animal – ser humano (Aristóteles), 184
   2 A escala do ser: do impulso ao espírito (Scheler), 194
   3 A estrutura escalonada da vida (Plessner), 203

VIII – Modelos genéticos, 217
   1 A evolução do ser humano (Darwin), 218
   2 O desenvolvimento e fortalecimento do Eu [*Ich*] (Freud), 229
   3 A constituição da forma [*Gestalt*] humana (Portmann), 240

Indivíduo e pessoa, 251

IX – O ser humano como indivíduo, 253
   1 O indivíduo como mônada (Leibniz), 254
   2 A formação [*Bildung*] da individualidade (Humboldt), 264
   3 O indivíduo como "vontade de potência" (Nietzsche), 273

X – Do conceito de pessoa, 285
   1 O ser humano como pessoa (Cícero), 286
   2 A identidade da pessoa (Locke), 297
   3 A pessoa como fim em si mesma (Kant), 307

Matéria determinada e liberdade do sujeito, 321

XI – Antropologia materialista, 323
    1 O homem-máquina (La Mettrie), 324
    2 Dialética materialista (Engels), 334
    3 Materialismo histórico (Marx), 343

XII – O Eu absoluto: A concepção da subjetividade, 352
    1 Eu e não-eu (Fichte), 353
    2 O eu transcendental e o eu natural (Husserl), 365
    3 A liberdade do sujeito (Sartre), 375

Epílogo – A situação da pessoa, 387
    1 O desenvolvimento da pessoa, 388
    2 O conhecimento da situação real, 394
    3 Ações da pessoa, 400
    4 A responsabilidade da pessoa, 405

Referências, 413

Índice remissivo, 429

Índice onomástico, 437

Introdução

Nada mais miserável nutre a terra do que o ser humano entre tudo aquilo que, sobre a terra, respira e rasteja [...] (Homero)

Que o ser humano possa ter o eu entre suas representações, eleva-o infinitamente acima de todos os outros demais seres que vivem sobre a terra. É por isso que ele é uma pessoa [...] (Kant)

Para o ser humano, o mundo é o incontornável *a priori* material de sua vida. Isso significa que a existência desse ser pressupõe a do mundo, não o inverso. Com seu nascimento o ser humano desenvolve um comportamento próprio em relação ao mundo. Portanto, seria mais adequado designar o nascimento como o processo por meio do qual o ser humano "vem ao mundo". Um signo exterior do comportamento próprio em relação ao mundo é a respiração independente, por meio da qual é dissolvida a dependência do recém-nascido em relação à circulação sanguínea da mãe. O recém-nascido torna-se um ser vivo independente. Com a "consumação do nascimento" ele recebe, de acordo com nossa compreensão jurídica, um estatuto específico: a capacidade jurídica (§ 1 BGB). A relação do ser humano com o mundo tem sempre um caráter individual. Ela constitui sua situação. Com a situação designa-se o específico Ser-no-mundo de um ser humano. Aquele pode ser determinado segundo critérios objetivos. O mesmo já vale para o recém-nascido. Determinadas características de sua situação são, geralmente, imediatamente fixadas: o gênero, o lugar e o tempo de seu nascimento, a altura, peso e saúde. Elas já marcam sua situação desde o início de sua vida e tornam-se, pois, dados imutáveis de sua biografia, mesmo se algumas delas se alteram ao longo do tempo. O desenvolvimento do ser humano é determinado pelo fato de ele, com o nascimento, entrar em uma relação com a situação na qual ele se encontra. É significativo que ambos os lados da relação se alterem ao longo do tempo, o ser humano e a situação. Dessa maneira, cada nova situação apresenta ao ser humano um novo desafio. Ele precisa responder a esse desafio falando e agindo. Ao fazer isso, o ser humano determina-se ao mesmo tempo a si próprio. O desafio e a resposta determinam o diálogo do ser humano com o mundo. Se o ser humano empreende a busca por determinar a situação problemática do ser humano de uma maneira universal, então a concatenação desses enunciados ganha a forma de uma antropologia.

Antropologia é a doutrina do ser humano. Essa doutrina surge das ciências, da filosofia ou da teologia. Portanto, nós falamos, por exemplo, de uma antropologia científica, filosófica e religiosa ou teológica. A palavra "antropologia" tem uma estrutura análoga, por exemplo, à da palavra "geologia". Em ambos os casos há um tema e uma doutrina que se refere ao tema. Contudo, essa analogia esconde uma diferença crucial entre ambos os conceitos. No caso do conceito "geologia", aquilo que a doutrina desenvolve e defende, e o tema ao qual a doutrina se dedica, pertencem a dois campos distintos. Isso não ocorre na antropologia. O objeto dessa doutrina e o sujeito que institui a doutrina são idênticos: trata-se do ser humano que, na antropologia, faz enunciados sobre si mesmo. Assim, a antropologia tem um aspecto reflexivo, independentemente de se esse fato é ele próprio tematizado. É possível assumir que o ser humano, após começar a pensar e falar, também pensa e fala sobre si mesmo. Isso vale tanto de um ponto de vista filogenético como de um ponto de vista ontogenético. A respeito disso podem ser feitos enunciados verificáveis no desenvolvimento linguístico e cognitivo da criança.

Se se concebe a antropologia não apenas como uma doutrina ao lado de outras possíveis, mas, antes, como uma doutrina específica, a saber, como a tematização de si do ser humano, então é possível dizer que a antropologia pertence à essência do ser humano. No sentido discutido, o ser humano é um ser vivo "antropo-lógico". Como a tematização de si significa reflexão, é possível igualmente dizer que o ser humano é um ser vivo reflexivo. O ser humano desenvolve uma relação consigo mesmo que o acompanha em todos os seus enunciados e ações. Se essa relação consigo mesmo permanece não tematizada, então falamos de uma antropologia implícita, e, se tematizada, de uma antropologia explícita. Por essa razão, também a geologia contém uma antropologia implícita. Ao falar sobre a terra, o ser humano tematiza seu objeto. Ao mesmo tempo, contudo, ele determina sua relação com esse objeto e, com isso, determina implicitamente a si mesmo.

Em proposições o ser humano articula um estado-de-coisas com auxílio de palavras. O estado-de-coisas articulado na proposição torna-se um estado-de-coisas determinado. Toda determinação significa, ao mesmo tempo, uma demarcação e uma circunscrição. Nós designamos o ato de delimitação linguística de uma coisa como definição. A definição não precisa se dar no sentido escolar com auxílio da indicação do conceito superior e das diferenças específicas. Se, por exemplo, o ser humano é designado como mortal, por meio dessa determinação de si ele se delimita em relação aos imortais. Essa definição não exprime tudo sobre ele, mas tampouco nega que todos os seres vivos sejam mortais; ela, porém, salienta de forma clara que, mais do que outras relações, a relação do ser humano com os imortais o caracteriza de forma essencial. Não ocorre algo diferente quando o ser humano se define como um ser de carências [Mängelwesen]. Aqui se dá a delimitação em relação ao animal. A definição contém a tese de que, em relação ao animal, o ser humano apresenta carências cruciais.

Ao longo da história europeia, o ser humano definiu a si mesmo de diversas maneiras. As doze posições mais importantes serão apresentadas neste manual. Seguindo essa abordagem, a exposição tem um caráter histórico-sistemático. No entanto, não há aqui nenhuma pretensão de completude. As ciências humanas têm, ademais, um acesso a questionamentos antropológicos que é específico a cada disciplina. Dessa maneira, os modelos discutidos podem ser complementados, de forma quase facultativa, por uma antropologia médica, psicológica, pedagógica, sociológica etc. Ademais, no âmbito da filosofia, a abordagem poderia ser complementada através de uma antropologia dialética, hermenêutica, fenomenológica, estrutural etc. A justificativa para a escolha feita aqui consiste em ela não se orientar por disciplinas e tampouco por uma serventia metódica, científica ou filosófica, mas, antes, pela definição de ser humano determinada em seu conteúdo. Os modelos antropológicos expostos na sequência podem ser ordenados segundo seis pares, cada um deles contendo duas definições.

O primeiro par é constituído pela mitologia antiga e bíblica. O mito é uma história dos deuses. O ser humano se define como criatura de Deus. Em que pesem as suas diferenças, isso vale tanto para o mito grego antigo como para o mito bíblico da criação. O mito antigo e o mito bíblico do paraíso têm a semelhança adicional de apresentar a situação do ser humano como repleta de sofrimento. No mito antigo, é este o destino que o ser humano recebeu dos deuses. Ele precisa encontrar uma resposta para isso. No mito do paraíso, o ser humano é remetido, após sua expulsão, a uma vida de trabalho dura e repleta de dor. A ambos os mitos, contudo, é comum o pensamento de que, seja através da *hybris*, isto é, do descomedimento, seja através de um delito, isto é, de uma desobediência, o ser humano impingiu a si mesmo sua condição miserável. No entanto, a Bíblia contém um segundo mito, no qual é poupado o sofrimento ao ser humano: trata-se do mito da imagem e semelhança de Deus. Assim, a Bíblia tematiza, a rigor, dois diferentes modelos do ser humano.

Um segundo par é constituído pelas concepções dualista e monista. O dualismo se vincula ao pensamento de que o mundo é dividido em dois domínios ontológicos fundamentalmente distintos. Para a Antiguidade grega, trata-se dos domínios da "*psyche*" e "*soma*", para Descartes, da "*res extensa*" e "*res cogitans*", e, para Kant, do "*mundus sensibilis*" e "*mundus intelligibilis*". O fundamental aqui é que o ser humano pertence, em todos os casos, a dois domínios. Daqui decorre o problema de sua intermediação. Esse problema é superado no monismo na medida em que este parte de apenas um domínio ontológico. Nas concepções monistas aqui tematizadas, esse domínio ontológico é a unidade da natureza. O ser humano é uma parte da natureza. A sua relação com ela pode ser determinada segundo a relação da parte com o todo.

O terceiro par é caracterizado pelas rubricas cultura e história. Sob a primeira rubrica reúnem-se todas as tentativas de determinar o ser humano como um ser de carências na comparação com o animal. O ser humano é descrito como um ser que procura compensar suas carências por meio de ofícios, artes, ciências, razão e liberdade, por meio, enfim, da cultura. Se acontece de haver progressos nessas tentativas ao longo do tempo, então cada ser humano se põe, todos os dias, diante da tarefa de suprir suas carências condicionadas constitutivamente, isto é, condicionadas antropologicamente. Ocorre algo diverso quando o ser humano é definido como um ser histórico. Segundo essa concepção, o ser humano está inserido em um contexto mais amplo. A sua situação é determinada pelo fato de ele ser parte de um advir que começou antes dele e prosseguirá depois dele. Contudo, as concepções antropológicas que se orientam de acordo com isso interpretam o contexto geral da história de forma bem distinta umas das outras.

O quarto par tematiza modelos de graus e de desenvolvimento. O modelo de graus é por vezes designado como modelo de camadas. Ele tem um caráter estático e uma articulação hierárquica. Com ele são designados quatro graus do ser. Trata-se, aqui, do ser inorgânico, do vegetal, do animal e do ser humano. Em oposição a isso, o modelo genético une os graus entre si por meio do pensamento de desenvolvimento. Isso significa que os âmbitos de ser superiores também representam graus tardios de desenvolvimento. Esse modelo atinge seu apogeu com a Teoria da Evolução de Darwin. Ao passo que esta considera o aspecto filogenético, a psicologia do desenvolvimento se concentra no aspecto ontogenético.

O quinto par é determinado pela concepção antropológica do indivíduo e da pessoa. Se com o conceito de indivíduo se pretende afirmar o indivisível, ele então tem sua origem na Antiguidade grega; no entanto, ele não é utilizado para designar um homem individual. Se com ele se pretende afirmar o individual em oposição ao universal, ele então tem sua origem em Aristóteles. Contudo, tal conceito recebeu pela primeira vez um significado especificamente antropológico ao designar-se o singular por meio dele, e isso ocorreu por meio de Leibniz. No entanto, esse conceito não é restrito ao âmbito antropológico. Em sentido estrito, toda coisa individual é caracterizada pela singularidade. Com o conceito de pessoa ocorre algo diferente. No uso linguístico cotidiano, ele é atribuído apenas aos seres humanos individuais; no âmbito do direito, ele serve para designar instituições, por exemplo, "corporações", e, no âmbito da teologia, ele tem um significado central para a compreensão da trindade. O conceito latino *"persona"* é a tradução da palavra grega *"prosopon"*, que designa a máscara de um ator. O conceito de pessoa tem um significado múltiplo: papel, sujeito jurídico, pronome pessoal e consciência de si.

O sexto par gira em torno do conceito de liberdade. Ele tematiza a determinidade da matéria e a liberdade do sujeito. É possível encontrar algumas concepções incipientes acerca de uma antropologia materialista já na Antiguidade grega; contudo, na Modernidade elas adquirem nova atualidade com a revitalização da teoria dos átomos e o desenvolvimento do pensamento mecanicista. Se é verdade que o materialismo mecânico, o dialético e o histórico têm acentos diferentes, uma convicção os une: a determinidade de todos o advir. A filosofia da subjetividade que se formou na Modernidade constitui o contraponto. Ela é indissoluvelmente ligada ao conceito de liberdade. Algumas características que, na teologia medieval, eram atribuídas a Deus como o sujeito absoluto são agora reivindicadas pelo sujeito humano. O eu autônomo, que se desliga de todos os vínculos mundanos, é não apenas livre, mas também absoluto.

Os conceitos antropológicos fundamentais empregados têm um caráter distinto. A designação do ser humano como criatura de Deus tem o caráter de uma definição, a concepção de graus tem o caráter de um modelo. Em alguns casos tal caráter não é unívoco. O conceito de pessoa, por exemplo, é compreendido seja como uma definição seja, a partir da sua origem, como uma metáfora antropológica que tem, ela mesma, um caráter de modelo. O conceito de modelo pode ser entendido com ajuda do seguinte exemplo: o modelo de uma casa realizada por um arquiteto tem um caráter transitório peculiar. Ele reside entre o esboço conceitual da casa e o edifício posteriormente construído. Ele une em si momentos conceituais e sensíveis. O conceito de modelo que empregamos se orienta segundo esse exemplo. Porém, o conceito de concepção é aqui empregado de forma mais abrangente.

As concepções aqui apresentadas não se encaixam em nenhuma compreensão histórica e em nenhuma divisão temporal determinadas. Elas não respaldam o modelo de um declínio histórico e tampouco o da história do progresso. Elas tampouco formam uma sequência histórica. Portanto, nenhuma delas pode ser vista como historicamente superada. Alguns exemplos podem confirmar isso. Apesar da passagem "do mito ao logos", a definição de ser humano como "o mortal" nunca perdeu seu significado central. A compreensão do ser humano como uma criação divina foi, desde sua origem no Antigo Testamento, defendida na teologia, a despeito da Teoria da Evolução. O mesmo vale para o conceito de ser de carências. O enfoque nas carências naturais do ser humano em comparação com o animal é enunciado claramente no mito grego de Prometeu e é repetido, no século XX, por Gehlen, com o destaque das mesmas características, por exemplo, a nudez. O modelo de graus, desenvolvido por Aristóteles, é defendido em sua estrutura fundamental ainda no século XX, apesar de diferenciações realizadas, e tudo isso muito embora a Teoria da Evolução tenha adquirido um significado decisivo nesse ínterim. Com efeito, algumas definições têm uma pré-história, mas elas se transformam em um conceito antropológico fundamental apenas em uma determinada época. São os casos do conceito de sujeito e igualmente de indivíduo. Por fim, também o conceito de pessoa. Ele tem uma pré-história no teatro grego, mas é no uso linguístico romano que ele se torna um conceito antropológico central. Para todos os conceitos vale o seguinte: após terem desenvolvido seu significado antropológico central, eles nunca mais podem ser abstraídos do espectro das definições antropológicas.

Se as concepções discutidas não são consideradas como historicamente superadas, a questão de sua validade torna-se então incontestável. No entanto, ao menos duas respostas possíveis são pouco convincentes. Uma afirma que apenas uma única definição pode reivindicar validade, e a outra afirma ser facultativa a decisão por uma definição determinada. Em oposição a isso, deve ser defendida a tese de que cada concepção levanta, com boas razões, uma pretensão própria de verdade. Isso vale também para o modelo mitológico. Fazer da mortalidade do ser humano o critério mais decisivo está longe de ser algo superado. A luta contra a mortalidade e o esforço de prolongar a vida aumentaram ainda mais na contemporaneidade com o desenvolvimento da medicina e, de modo geral, com programas de saúde. Da mesma forma, o mito bíblico possui uma verdade também para o ser humano não religioso. Formulado negativamente, ele consiste em que o ser humano não se fez a si mesmo, isto é, que ele, no sentido estrito do termo, não é um "*self-made-man*"; no lugar do Deus criador é igualmente possível colocar a natureza ou, no sentido de Spinoza, preferir a fórmula "*deus sive natura*". A concepção dualista conserva sua atualidade, por exemplo, na medicina psicossomática, e a concepção monista, no fato de ser possível entender todas as diferenças reais como diferenciações internas na unidade da natureza. É possível também avançar argumentos semelhantes a respeito das pretensões de validades de outros modelos. Isso significa que em cada concepção estão contidos conhecimentos importantes sobre o ser humano que a antropologia, em um sentido amplo, deveria levar em consideração. Para ela, o conceito de pessoa ofereceria uma abordagem promissora, uma vez que a consciência de si e a determinação de si são características constitutivas desse conceito. Apenas uma pessoa pode definir a si mesma, por exemplo, como criatura de Deus, como ser de carências ou como indivíduo. Nessa medida, o conceito de pessoa recebe um significado específico.

Para a exposição das concepções antropológicas mencionadas, recorre-se ao princípio do exemplar. Como não é possível esgotar as concepções nem de forma aproximada, é preciso fazer uma escolha. Em cada caso serão mencionados três autores apropriados para representar cada modelo de uma forma particularmente concisa.

O método de exposição é em grande medida determinado por uma abordagem hermenêutica. O objetivo é expor, da maneira mais completa possível, os enunciados antropológicos de cada autor no contexto de seu próprio pensamento. Uma preocupação particular consiste em fazer valer a intenção específica de cada autor. Nesse contexto, a consideração de cada forma particular discursiva e de pensamento recebe um significado específico. Isso ocorre ao colocar-se cada citação em seu lugar apropriado. No centro encontram-se o autor e a posição defendida por ele. Dessa maneira, a exposição de um autor começa sempre com uma passagem dele, à qual é feita referência, em sua interpretação, por meio da observação "cf. texto". No epílogo, procura-se discutir de forma mais detalhada a relação de situação e determinação de si. Na bibliografia, são fornecidas referências sobre as fontes citadas e a literatura empregada.

MITOLOGIA
ANTIGA E BÍBLICA

I

Os mortais
Mitologia grega

Mitos são histórias sobre os deuses. Os deuses da Grécia são seres humanos idealizados, determinados por beleza, leveza e uma força superior. Eles representam tudo aquilo que os seres humanos individuais podem ser em momentos de felicidade. Por outro lado, contudo, eles são – assim como os seres humanos – ciumentos, vingativos e caprichosos. Contudo, sob certa perspectiva eles sobrepujam os seres humanos em um sentido fundamental: são imortais. É o contraste entre mortalidade e imortalidade que constitui o pano de fundo para a primeira definição decisiva do ser humano na Europa: os seres humanos são os mortais. A mortalidade acossa o homem em um sentido tão radical que o faz ser definido a partir dela.

A mortalidade expõe a primeira afronta decisiva com a qual o ser humano deve lidar. Ela é mais significativa do que todas as outras afrontas com as quais ele se vê confrontado ao longo da história; mais significativa do que a compreensão de que a Terra não é o centro do universo, mais significativa do que a Teoria da Evolução, que coloca diante dos olhos do ser humano sua descendência animal, e finalmente mais significativa do que o grande poder do inconsciente e a relativa impotência do Ego a que Freud se refere. O mito grego mostra em qual sentido a mortalidade se torna o motivo condutor para o pensamento antropológico inicial. Ele mostra igualmente se o homem busca libertar-se dessa "mácula" ou se a aceita como um fato incontornável.

É longa a história da tentativa de negar a morte como o final definitivo da vida. Dela fazem parte tentativas filosóficas, bem como religiosas e teológicas. Elas constituem um tema central da história do pensamento europeu. Os argumentos de Platão a favor da imortalidade da alma constituem um primeiro ponto alto. É digno de nota também o pensamento de Epicuro, que expõe por uma inferência logicamente convincente que a morte em nada diz respeito ao ser humano, pois, na medida em que somos, a morte não existe, e, quando a morte existe, nós não existimos. Embora seja atrativa, essa reflexão não convenceu realmente o ser humano, pois ela fala sobre a morte e não sobre a mortalidade.

Ora, a mortalidade não é uma característica específica do ser humano; mas, antes, diz respeito a todos os seres vivos, de modo que tampouco parece ser apropriada para definir o ser humano. A razão pela qual, contudo, o conceito "os mortais" é adequado para caracterizar o ser humano em um sentido específico repousa em uma implicação não mencionada. Ela consiste em um saber que se exprime no conceito: os seres mortais que se definem a si mesmos dessa maneira têm conhecimento de sua mortalidade e não podem abstrair desse conhecimento durante suas vidas.

As "provas de mortalidade" adquirem sua premência própria a partir desse conhecimento. E, enquanto ele existiu, o conceito "os mortais" não pareceu fornecer a última e decisiva palavra sobre o ser humano. Apenas após Kant ter estabelecido um término amplamente aceito às provas da imortalidade da alma, na medida em que ele remeteu os enunciados sobre aquela a um âmbito para além da razão, a saber, o âmbito da fé e da esperança, é que foram pela primeira vez preenchidos os pressupostos para reabilitar a caracterização "os mortais". E, pois, não parece ser por acaso que o Heidegger tardio, na esteira da mitologia grega, novamente denominar os seres humanos como "os mortais".

1 Os mortais e os imortais (Homero)

> Símile à das folhas,
> a geração dos seres humanos: o vento faz cair
> as folhas sobre a terra. Verdecendo, a selva
> enfolha outras mais, vinda a primavera. Assim,
> a linhagem dos seres humanos: nascem e perecem
> (*Ilíada* 6, 146-149).

> Nada mais débil do que o ser humano a terra nutre
> entre tudo que sobre a terra respira e circula.
> Nunca alguém pensa que no futuro um mal sofrerá
> enquanto deuses ofertam sucesso, e os joelhos se mexem;
> mas quando deuses venturosos completam o funesto,
> também isso, sem o querer, suporta com ânimo resistente
> (*Odisseia* 18, 130-135).

> Esse o destino fatal dos mortais, quando a vida se acaba, pois os
> tendões de prender já deixaram as carnes e os ossos.
> Tudo foi presa da força indomável das chamas ardentes logo que
> o espírito vivo a ossatura deixou alvacenta.
> A alma, depois de evolar-se, esvoaça qual sombra de sonho
> (*Odisseia* 11, 218-222).

Homero viveu no século VIII a.C. na Ásia Menor Jônica. Sobre o local exato de seu nascimento existem apenas suposições. São atribuídas a ele as duas epopeias, *Ilíada* e *Odisseia*. A *Ilíada*, que trata do cerco de dez anos e conquista de Troia, é a grande epopeia mais antiga a ter sido conservada na literatura europeia. A *Odisseia*, obra surgida posteriormente, relata a odisseia de dez anos e o retorno à pátria de Odisseu, continuamente retardados pela influência dos deuses. A pergunta a respeito da autoria é respondida pela suposição de que, por seu turno, uma tradição verbal, possivelmente de séculos, precede a redação da epopeia, e apenas a *Ilíada*, na forma como nos é conhecida, pode ser atribuída a Homero. Contudo, as duas epopeias contêm uma antropologia que coincide em seus traços centrais, mas que, na *Odisseia*, é enriquecida por meio de diversos conhecimentos psicológicos.

Na *Ilíada* Homero não apenas tematiza a Guerra de Troia, mas elucida, em um sentido amplo, sua interpretação de mundo. Oposições, luta, guerra e conflito formam sua estrutura fundamental. O mundo deve ser compreendido como um conjunto de disputas e oposições (Cf. SCHADEWALDT, 1978, p. 64). Tais pares contrapostos são: terra-mar; dia-noite; velhice-juventude; deuses-seres humanos; palavras-atos; apogeu-conflito; etc. Se se deseja formalizar a ontologia poética de Homero, poderia ser dito o seguinte: o mundo existe como luta. O princípio agonal por ele ressaltado e que reflete de modo geral a compreensão grega da vida está enraizado na essência das coisas e do ser humano (JENS, 1978, p. 17).

Contudo, todas as disputas se desenrolam numa estrutura de mundo fechada, simétrica e harmônica. O modelo homérico de mundo – a palavra cosmo para designar o mundo ainda não aparece aqui – encontra-se em uma écfrase ou descrição do escudo de Aquiles [*Schildbeschreibung*] (HOMERO, *Ilíada*, 18, 478-608). A representação do mundo em um escudo evidencia um traço fundamental do pensamento homérico e grego: o esboço de modelos. O escudo descrito fornece o modelo intuitivo do mundo visível. Esse modelo se destaca pelo fato de terra e mar encontrarem-se num plano circular que, em seus extremos, é limitado pelo oceano e sobre o qual o céu se arqueia como uma abóbada. Nesta as estrelas estão fixadas. A terra é animada por vegetais, animais e seres humanos. As oposições que a determinam são: cidade – campo, apogeu – conflito, ataque – fuga, trabalho – gozo etc.

A parte visível do mundo deve ser complementada por uma semiesfera localizada sob a terra e que se comporta de forma simétrica em relação à do céu. Ela representa o Hades. Assim, o plano terrestre divide no meio o globo fechado em sua totalidade. É significativo que Homero descreva o oceano não apenas como a origem dos deuses (*Ilíada*, 14, 201), mas também como a origem de tudo (*Ilíada*, 14, 246). O discurso sobre o oceano torna evidente que o modelo homérico de mundo, ainda que seja representável como um modelo físico, tem uma origem mítica. Ele é ambivalente, pois, por um lado, contém um certo conteúdo que corresponde à intuição imediata, e, por outro, é enraizado no mito. O oceano é o fluxo que tudo abarca todo o mundo e, ao mesmo tempo, a origem divina de tudo.

O mundo divino de Homero não constitui o início da história da mitologia; mas, antes, apresenta uma novidade. Ele se delimita em relação a um mundo mais antigo, que em suas epopeias, assim como em Hesíodo e nas tragédias, se deixa vislumbrar em alguns momentos. O objetivo do mundo divino olímpico introduzido por Homero é superar o antigo mito (OTTO, 1987, p. 21ss.). Ao passo que os deuses homéricos do Olimpo têm formas pessoais e marcadamente masculinas – o que também vale para as deusas –, os deuses da Antiguidade mítica, que talvez seriam mais bem descritos como forças masculinas, são femininos. Destas fazem parte terra, procriação, sangue e morte, mas também o éter, os ventos, os rios e as ondas do mar. Mencionemos aqui as Erínias, as "furiosas", as Eumênides, as "filhas da noite", e as Moiras, que são irmãs daquelas. Como forças do destino, elas dispõem do nascimento, matrimônio e morte. A Moira, o destino, foi incorporada por Homero em seu mito; ela está até mesmo acima do mundo divino olímpico. Não é possível nem aos seres humanos e nem aos deuses lutar contra o destino, e, quando se tenta fazê-lo, seguem-se inevitavelmente a transgressão de curta duração e a punição. Da mesma forma, enquanto uma das forças míticas mais antigas, a morte não pode ser derrotada nem pelos seres humanos e nem pelos deuses, mesmo estes sendo imortais. A terra recebe um significado especial. Ela é, acima de tudo, aquilo que concede vida. Ela dá nutrição aos seres humanos e os conserva.

Segundo Homero, algumas dimensões de realidade são atribuídas aos deuses, ao mesmo tempo, contudo, eles representam essas dimensões também enquanto pessoas. Dessa forma, Ares é o deus da guerra e é a guerra mesma, Poseidon é deus dos mares e é o mar mesmo, Afrodite é a deusa do amor e é o amor mesmo, e assim por diante. Isso leva à situação paradoxal na qual Ares entra em uma luta com o ser humano e se fere (FRÄNKEL, 1976, p. 82), enquanto Atenas intervém a favor do adversário de Ares. Por esse motivo, é preciso distinguir, por um lado, o deus que representa uma dimensão da realidade e, por outro, a realidade mesma. A ambivalência que surge disso se desdobra na distinção entre pessoa e coisa; ela tem um significado decisivo para o desenvolvimento do pensamento grego. Na medida em que, segundo Homero, os deuses se desprendem da unidade imediata das forças mitológicas antigas com suas correspondentes dimensões de realidade e, utilizando traços antropomórficos, assumem qualidades pessoais, a própria realidade se torna acessível a uma consideração objetiva. A partir dela se desenvolvem a ciência e a pesquisa científica.

O vínculo dos seres humanos com os deuses tem também, portanto, sempre uma qualidade pessoal. As relações entre os seres humanos tampouco são destituídas de tensão como aquelas com os deuses. Os deuses acompanham a vida humana, premeditam suas linhas gerais, atribuem-lhe seu destino e intervêm ocasionalmente em ações particulares. Um exemplo disso se encontra já no início da *Ilíada*. Aqui se trata do furor de Aquiles, que, em virtude de uma humilhação infligida a ele por Agamenon, pondera: "Ou arranca do flanco a espada pontiaguda/ e afastando os demais abate o Atreide no ato,/ ou reprime o furor, doma a revolta no ânimo" (*Ilíada*, 1, 190). Contudo, ainda enquanto ele reflete e então, porém, saca a espada, surge a deusa Atenas. Ela agarra seus "cabelos loiros" e o adverte com as seguintes palavras: "Desci dos céus, para acalmar-te a ira" (*Ilíada*, 1, 207). A situação é bem elucidativa. A deusa adverte Aquiles, mas não intervém no acontecimento em um sentido físico. Permanece sendo uma livre decisão de Aquiles segui-la ou opor-se a ela; e, assim, Aquiles decide por si mesmo seguir a deusa, "pois assim é melhor". A sua justificativa é seguinte: "Os deuses dão escuta a quem se curva aos deuses" (*Ilíada*, 1, 218).

Para Homero, os seres humanos não são marionetes nas mãos dos deuses (cf. LATACZ, 1984, p. 35). No melhor dos casos, portanto, as ações humanas e as ações divinas coincidem. Assim se lê no livro 11 da *Ilíada*:

> [...] E a deusa emitiu/ grande, terrível grito dirigido aos Dânaos.
> No coração move os Aqueus à guerra, à luta
> sem trégua [...]
> Aos brados ordenou [Agamenon] que envergassem
> os arneses [...] (11, 10).

É Éris, a deusa da discórdia, quem clama à luta, e, após ela e em concordância com ela, Agamenon. Dessa forma, ele se apropria da intenção da deusa.

O "coração" aqui mencionado refere-se ao âmbito do ser humano que é de significado central para a formulação e realização de uma ação. Homero desenvolve uma anatomia bem peculiar. O ser humano apresenta uma unidade estruturada de carne, tendões e ossos. O que unifica seus membros e os coloca em movimento é sua vida, sua força vital. Em Homero, portanto, a morte é designada como "o que desagrega os membros". Em um duelo, Agamenon mata seu inimigo desta maneira: ele "à espada feriu-o à sua vez/ na garganta e quebrantou-lhe os membros. Embalou-o/ no sono brônzeo de Hipnos. Infeliz, distante/ da esposa, sem gozar-lhe as primícias [...]" (*Ilíada*, 11, 240).

Na *Ilíada* a crueldade da guerra é descrita explicitamente. A morte é não raro acompanhada de palavras ignominiosas. Ulisses fala a seu inimigo da seguinte maneira:

> Mísero! Terás agora
> um subitâneo encontro com a morte. Certo,
> conseguiste tirar-me do combate, mas
> eu aqui te prevejo ruína e Quere negra,
> por minha lança; glória me darás e, ao Hades,
> de célebres cavalos, tua vital psiquê (11, 441).

Na morte, uma imagem reduzida (*eidolon*) do ser humano surge da boca do defunto ou da ferida mortal. Essa imagem é sua "*psyche*" (ROHDE, s./d., 17). Ela voa até o Hades e leva ali uma existência desoladora como sombra. No 11º canto da *Odisseia* esse fenômeno é descrito de maneira clara. O Hades é o local "onde os mortos se encontram, de consciências privados, quais vãos simulacros dos homens". Portanto, não é possível dar-lhes nenhum consolo. Por esse motivo, o já morto Aquiles replica a Ulisses em sua visão do mundo subterrâneo:

> Ora não venhas, solerte Ulisses, consolar-me da Morte, pois preferira viver empregado em trabalhos do campo sob um senhor sem recursos, ou mesmo de

parcos haveres, a dominar deste modo nos mortos aqui consumidos (*Odisseia*, 11, 463).

O ser humano se encontra em uma luta permanente com seus semelhantes e com os imortais, que apresentam um poder superior e imponderável e a cujas intervenções imprevisíveis o ser humano precisa resignar-se. O resumo, portanto, é o seguinte: a vida do ser humano é miserável. Ela está sujeita ao ciclo universal da natureza. Os seres humanos se equiparam às folhas de uma árvore que são arrancadas pelo vento e caem no solo enquanto outras brotam. Mesmo em comparação aos outros seres vivos, o ser humano é o mais miserável de todos. A sua confiança em suas próprias forças não tem nenhum fundamento seguro. Ela é continuamente abalada pelas intervenções dos deuses. Contudo, é digno de nota que nas epopeias de Homero o ser humano não se resigna. Ele aceita o destino que lhe é imposto pelos deuses. Isso inclui até mesmo a aceitação da mortalidade.

Em um episódio bem peculiar, a deusa Calipso oferece a Ulisses a imortalidade, caso ele ficasse com ela e estivesse preparado para renunciar à sua pátria. No entanto, Ulisses nega a proposta, pois ele anseia pelo amor de uma mortal, de sua esposa Penélope, pretendendo assim voltar para casa, e "um dos deuses desejava arremessar-me aos mares cores de vinho: eu não quero suportar isso!" (*Odisseia*, 5, 192). Quando se pensa quanta energia intelectual foi empregada na filosofia e teologia posteriores para assegurar a imortalidade ao ser humano ou, melhor, à sua alma, ou ao menos a uma parte dela, essa renúncia à imortalidade pode ser então considerada algo extraordinário. Para Homero, portanto, a imortalidade da alma não é um objetivo que vale a pena ser buscado, pois o Hades, o lugar das almas após a morte, é lúgubre. Um desejo de imortalidade, assim, teria sentido apenas caso ao ser humano, assim como aos deuses, fosse ofertada uma vida de eterna juventude; contudo, isso lhe é vedado.

Em Homero é preparada a futura antropologia dualista de "*psyche*" e "*soma*"; porém, alguns aspectos precisam ser notados. Os conceitos não correspondem ao esquema posterior "corpo-alma". Pois "*soma*" não é o corpo vivo, mas, antes, o cadáver que permanece após a "*psyche*" ter abandonado o ser humano. O conceito "corpo" corresponde, antes, à palavra "*menos*", que pode ser traduzida por força vital.

A ética corresponde à compreensão da mortalidade. Ela é caracterizada por meio de uma relação tensa. Por um lado, ela é determinada pelo princípio agônico geral. Em Homero é tão evidente que para o ser humano o mundo é conflito e luta quanto o fato de que o ser humano precisa mostrar-se bem-sucedido no conflito. Aqui inclui-se a busca pela glória. Esta é mais estimada do que a própria vida em uma sociedade na qual a nobreza possui um papel dominante. Contudo, a busca pela glória esconde um perigo. Trata-se do risco da *hybris*, isto é, da autoestima excessiva e da soberba. A advertência a respeito da *hybris* é, portanto, o corretivo, necessário e a ser sempre lembrado, da busca pela glória, a qual deve ser entendida como expressão do princípio agonal. O apelo por moderação se dirige àquele que superestima suas próprias forças e se considera imortal. A esse apelo corresponde a ética da moderação.

O princípio de moderação desempenha uma função específica também na morte de Heitor. Depois de ter matado Heitor, Aquiles amarra o cadáver em seu carro e o arrasta com imoderada fúria ao redor do túmulo de seu amigo assassinado Pátroclo. De acordo com os gregos, trata-se de uma injúria da mais alta monta não entregar o corpo aos familiares para o seu sepultamento. Tal entrega ocorre, porém, quando o ancião Príamo, sob a proteção dos deuses, procurou Aquiles à noite e lhe pediu a liberação do cadáver. Ao conceder-lhe esse pedido, Aquiles retorna à moderação humana. Com esse gesto chega ao desfecho não apenas a guerra, mas também a epopeia. Para Homero, o conflito é indissoluvelmente ligado à vida do ser humano, mas ele não o propagandeia. Pelo contrário, Homero exprime em sua obra o desejo que de todo o conflito termine. A ética da moderação é também expressa de outra maneira na *Odisseia*. Um exemplo disso é o retorno de Ulisses. Tomado por raiva, Ulisses avista a "vileza tamanha" em sua casa que "fazia dissiparem seus bens" e importunava sua esposa. Ele queria irromper na casa e trucidar a todos. Contudo, a ponderação o retém e o faz retornar em um momento mais propício, realizando o seguinte monólogo interno: "Sê, coração, paciente, pois vida mais baixa e mesquinha já suportaste [...]. Ao coração, desse modo, advertia, no peito querido. Obedecido foi logo com grande e paciente constância" (20, 15-24). Nesse diálogo dá-se início a uma relação específica do ser humano consigo mesmo, uma relação consigo mesmo. Constitui-se, assim, o ponto de partida para a ética do domínio de si.

A história da recepção das epopeias de Homero não pode ser ignorada. Na Grécia antiga elas pertenciam a um cânon de formação universalmente reconhecido. Nas obras de Platão encontram-se muitas citações de Homero. O rapto de Helena, a Guerra de Troia, a busca de Telêmaco por seu pai, o retorno de Ulisses – todos estes foram motivos para as artes plásticas e a literatura. A obra de James Joyce, *Ulisses*, é um atestado tardio disso. Porém, o que há de mais decisivo reside alhures. Na obra de Homero é enunciado um motivo fundamental do pensamento europeu: o princípio agonal. A este pertencem conflito, luta, concorrência, desenvolvimento científico e técnico, mas também luta e sofrimento. Isso significa que os acontecimentos do mundo são acontecimentos conflitivos. Em contraposição ao princípio agonal, a postura de impassibilidade, defendida pelos estoicos, não conseguiu impor-se, e tampouco o fizeram a meditação e a ascese cristãs. Contudo, a ética da moderação, que Homero realçou como contrapeso ao princípio agonal, tampouco obteve muito sucesso.

2 Era de Ouro e a Caixa de Pandora (Hesíodo)

> Antes vivia sobre a terra a grei dos humanos
> a recato dos males, dos difíceis trabalhos,
> das terríveis doenças que ao homem põem fim;
> mas a mulher, a grande tampa do jarro alcançado,
> dispersou-os e para os homens tramou tristes pesares.
> Sozinha, ali, a Expectação em indestrutível morada
> abaixo das bordas restou e para fora não
> voou, pois antes repôs ela a tampa no jarro,
> por desígnios de Zeus porta-égide, o agrega-nuvens.
> Mas outros mil pesares erram entre os homens;
> plena de males, a terra, pleno, o mar;
> doenças aos homens, de dia e de noite,
> vão e vêm, espontâneas, levando males aos mortais,
> em silencia, pois o tramante Zeus a voz lhes tirou.
> Da inteligência de Zeus não há como escapar!
> (HESÍODO. *O trabalho e os dias*, v. 90-104).

Hesíodo, o segundo poeta épico dos gregos antigos, viveu em torno do ano 700 a.C. Ele nasceu em Ascra (Beócia), para onde seu pai, que provinha de Cime (Eólia), havia emigrado. Em oposição a Homero, Hesíodo é palpável enquanto pessoa histórica. Ele esboça sua vocação de poeta em uma invocação às musas. Esta significa a comprovação da legitimidade de sua aparição poética e a garantia do conteúdo de verdade de sua poesia:

> Elas [i.e., as musas, WP] um dia a Hesíodo ensinaram belo canto
> quando pastoreava ovelhas ao pé do Hélicon divino.

> Esta palavra primeiro disseram-se as deusas
> Musas olimpíades, virgens de Zeus porta-égide:
> "Pastores agrestes, vis infâmias e ventres só,
> sabemos muitas mentiras dizer símeis aos fatos
> e sabemos, se queremos, dar a ouvir revelações".
> Assim falaram as virgens do grande Zeus verídicas,
> por cetro deram-me um ramo, a um loureiro viçoso
> colhendo-o admirável, e inspiraram-se um canto
> divino para que eu glorie o futuro e o passado,
> impeliram-me a hinear o ser dos venturosos sempre vivos
> e a elas primeiro e por último sempre cantar
> (HESÍODO. *Teogonia*, v. 22-34).

Ressalta-se aqui não apenas o contraste entre sua procedência humilde e sua vocação grandiosa, mas também o caráter profetizante e, portanto, divino de sua mensagem poética. Como rapsodo, Hesíodo ganhou um trípode nos jogos fúnebres em Eubeia.

As suas duas obras principais são a *Teogonia*, com 1.022 versos, e *Os trabalhos e os dias*, com 828 versos. A linguagem de Hesíodo é circunspecta, por vezes até obtusa. Não obstante, ele foi muito louvado na Antiguidade e geralmente mencionado em conjunto com Homero. A sua poesia mostra influências do Oriente Médio, como, por exemplo, os mitos de sucessão que remontam ao século II a.C.

Hesíodo descreve na *Teogonia* o surgimento do mundo e dos deuses. Ambas constituem uma unidade: teogonia é ao mesmo tempo cosmogonia. Com a pergunta a respeito do início do mundo não é apenas esboçado um mito, mas também são abertas perspectivas de especulação filosófica (cf. GIGON, 1968). Hesíodo descreve esse início da seguinte maneira:

> Sim, bem primeiro nasceu Caos, depois também
> Terra de amplo seio, de todos sede irresvalável sempre,
> dos imortais que têm a cabeça do Olimpo nevado,
> e Tártaro nevoento no fundo do chão de amplas vias,
> e Eros: o mais belo entre deuses imortais,
> solta-membros, dos deuses todos e dos homens todos
> ele doma no peito o espírito e a prudente vontade [...].
> Terra primeiro igual a si mesma
> céu constelado, para cercá-la toda ao redor
> e ser aos deuses venturosos sede irresvalável sempre.
> (HESÍODO. *Teogonia*, v. 116-128).

O Caos não é de forma alguma uma mera desordem e tampouco o nada, mas, antes, segundo a própria etimologia da palavra, trata-se de uma "garganta bocejante". O Caos surgiu assim como todos os deuses; mas após terem surgido, eles são imortais. É digno de nota que Gaia (a Terra) não tenha surgido do Caos, mas após ele, isto é, ambos são co-originários. Os deuses representam, como em Homero, âmbitos reais do mundo. O surgimento é pensado em categorias biológicas como geração e parto. Entender o mundo significa conhecer como ele surgiu. A essência de uma coisa consiste em sua origem. Da mesma forma, somente se conhece um ser humano quando se conhecem seus pais. Hesíodo desenvolve uma ontologia poética que tem o caráter de uma genealogia. O surgimento dos deuses e do mundo apresenta uma pré-história de toda a história humana. Trata-se de um *a priori* mítico. Ao passo que Homero designa o oceano como a origem de tudo, esta é em Hesíodo o Caos. Os deuses de Hesíodo são poderes místicos. Com frequência eles têm um estatuto intermediário entre pessoa e coisa. Assim, a Terra não é uma mera coisa, mas tampouco possui qualidades pessoais. Não obstante, mostra-se em sua mitologia um pensamento matriarcal: Gaia (a Terra) é quem gera Urano (o Céu). Assim, em oposição a Homero, Hesíodo se move em uma época mais antiga, segundo uma perspectiva mítico-histórica.

A antropologia de Hesíodo se desdobra segundo o fio condutor de mitos que ele encadeia e conecta num todo segundo um nexo conceitual mais frouxo. Há principalmente quatro mitos. Eles relatam como foi que os seres humanos ofertaram sacrifícios aos deuses, ademais, como eles chegaram à posse do fogo, e, finalmente, segundo dois outros mitos, como surgiu a atual situação miserável do ser humano. O ponto de partida dessas histórias é a supressão da comunidade originária dos seres humanos com os deuses. Hesíodo formula esse processo da seguinte forma: "Quando os deuses se separaram dos seres humanos finitos" (HESÍODO, 1985, v. 535). Com a separação surge uma relação altamente conflituosa entre deuses e seres humanos. Essa relação encontra uma contraparte no próprio mundo dos deuses. Trata-se do conflito entre Prometeu, o representante do mundo antigo dos deuses, destruído por Zeus, e o próprio Zeus, o representante dos novos deuses olímpicos. Prometeu surge como amigo e defensor dos seres humanos e busca afirmar sua posição diante de Zeus. O conflito entre os deuses e os seres humanos é, assim, ajustado por Hesíodo numa reposição do mito antigo por um novo.

O primeiro exemplo é o da tentativa de Prometeu – que, decerto, foi compreendida por Zeus e foi, enfim, bem-sucedida – de enganar Zeus na divisão de um boi. A fúria de Zeus pela trapaça recaiu, contudo, primeiramente não sobre Prometeu, aquele que havia lhe enganado, mas, antes, sobre os seres humanos. Para aplacar essa fúria, os seres humanos trazem oferendas aos deuses: "Por isso aos imortais sobre a terra a grei humana/ queima os alvos ossos em altares" (HESÍODO, 1985, v. 556ss.). Portanto, o sentido das oferendas não é incentivar os deuses a praticar benesses, mas, antes, elas devem ser entendidas como um pedido por reconciliação. A punição que Zeus destinou aos seres humanos consiste em privar-lhes do fogo. Aqui também é Prometeu que vem ao auxílio dos seres humanos. Ele rouba o fogo, transporta-o às escondidas em um canudo de madeira e o dá aos seres humanos. Também nesse caso a punição de Zeus acomete os seres humanos. Hesíodo dá duas versões sobre ela. Enquanto na *Teogonia* os homens são punidos com mulheres intratáveis e preguiçosas, em *Os trabalhos e os dias* é uma única mulher que traz a desgraça a todos os seres humanos. Ela é criada por Hefesto de propósito para esse fim:

> Ordenou ao ínclito Hefesto muito velozmente
> terra à água misturar e aí pôr humana voz e
> força, e assemelhar de rosto às deusas imortais
> esta bela e deleitável forma de virgem (HESÍODO, 1966, v. 60ss.).

O nome dessa mulher é Pandora (v. 81). A sua história foi legada sob o título "A caixa de Pandora", embora Hesíodo fale de um cântaro. É digno de nota que Pandora – que, de acordo com sua tarefa, deve ser pensada como um ser imortal – seja criada, segundo o modelo de um trabalhador manual, mais precisamente segundo o modelo de um oleiro, a partir de água e terra, enquanto, de resto, sejam empregadas categorias biológicas para a descrição do surgimento. O modelo feminino de Hesíodo é ambivalente. Ele hesita entre expressões misóginas e a utopia de uma convivência harmônica entre os gêneros.

Em poucas palavras, a narrativa contém todos os elementos de uma história de decaída. É recordado um "passado" deslumbrante. Este tem lugar em uma pré-história mítica. Trata-se de uma vida na comunidade dos deuses e, portanto, sem sofrimento. A passagem para a verdadeira história se apresenta como um rompimento que não pode ser datado em anos. Em oposição a isso encontra-se o estado atual de completa miséria, marcado por doença, sofrimento e morte. Ele é insuportável e carece de uma explicação. A explicação é fornecida pelo mito. Deve-se notar aqui a referência à esperança, que por ordem de Zeus permanece no cântaro. Ela não deve ser aqui entendida como uma esperança enganosa, mas, antes, como expressão de uma verdadeira perspectiva de melhora. Porém, ela está vedada agora ao ser humano. A situação do ser humano é miserável e, ademais, de acordo com tal explicação, completamente desconsoladora. A isso se acresce que as doenças e todas as formas de sofrimento são latentes e silenciosas.

A segunda história de decaída, que se segue diretamente à outra e é mais extensa, é aquela da "era de ouro". Essa história também começa com a descrição da comunidade entre seres humanos e deuses. Hesíodo a inicia com as seguintes palavras:

> Como da mesma origem nasceram deuses e homens.
> Primeiro de ouro a raça dos homens mortais
> criaram os imortais, que mantêm olímpias moradas [...].
> Como deuses vivam, tendo despreocupado coração,
> apartados, longe de penas e miséria; nem temível
> velhice lhes pesava [...].
> Alegravam-se em festins, os males todos afastados,
> morriam como por sono tomados; todos os bens eram para eles (v. 108-117).

Notemos aqui que Hesíodo não menciona o motivo do fim da "era de ouro".

De forma abrupta o texto segue: "Então uma segunda raça bem inferior criaram,/ argêntea, os que detêm olímpia morada [...]" (v. 127-128). Nessa raça a vida do ser humano era curta e "repleta de sofrimento". Os seres humanos viviam "sem razão" e não honravam os deuses.

A terceira raça feita por Zeus era de "bronze". Ela "se ocupava dos funestos trabalhos de Ares". Seus membros eram "toscos". Já na contínua guerra em que se metiam eles preparam seu próprio fim e, "por suas próprias mãos tendo sucumbido,/ desceram ao úmido palácio do gélido Hades" (v. 152-153).

A quarta raça era "mais justa e valorosa". Trata-se da era dos heróis, que fizeram a guerra contra Troia. Alguns deles receberam grande reputação, pois "Zeus Cronida pai nos confins da terra os confinou./ E são eles que habitam de coração tranquilo/ a Ilha dos Bem-aventurados, junto ao oceano profundo" (v. 168-170).

A quinta era, a de ferro, é aquela na qual o próprio Hesíodo tem de viver. Ele lamenta: "Antes não tivesse eu entre os homens da quinta raça,/ mais cedo tivesse morrido ou nascido depois". A vida dos seres humanos é totalmente desoladora, pois "nunca durante o dia/ cessarão de labutar e penar e nem à noite de se/ destruir; e árduas angústias os deuses lhes darão" (v. 176ss.). É válido apenas o "direito da força", não há apreço "por quem é fiel aos juramentos" e, antes, "o malfeitor é honrado"; "e tristes pesares vão deixar/ aos homens mortais. Contra o mal força não haverá!" (v. 200-201).

A história de decaída levanta algumas questões. Não é claro, por exemplo, o motivo de a era de ouro ser substituída pela de prata. Diferentemente do mito bíblico do paraíso (cf. cap. II, 1), tal passagem não ocorre por culpa dos seres humanos. Além disso, o esquema da decaída não é observado de forma estrita. É o caso, por exemplo, da quarta era. Lembrando os épicos modelares de Homero, ela recebe uma posição de destaque. Ressalte-se aqui a ideia de que a história de decaída descreve, junto com a quinta era, apenas um estado derradeiro temporário, pois do contrário seria incompreensível o desejo de viver em uma era posterior. Com efeito, não se insinua a ideia de um círculo de eras, mas Hesíodo vê, não obstante, uma saída da situação atual de miséria.

Trata-se da ideia de direito que determina a ética de Hesíodo e que, ademais, contém uma utopia social. Para o desenvolvimento de tal ideia, Hesíodo opõe o estado atual de ausência de direito a um estado jurídico futuro. O direito do mais forte, válido em sua época, é elucidado por Hesíodo em uma fábula. Um falcão apanha um rouxinol com suas garras e lhe diz desdenhosamente: "Farei de ti meu jantar, ou, se quiser, te libertarei". Apenas um "tolo" tenta medir forças com os mais fortes. Hesíodo não escolhe por acaso tal fábula. Em uma saudação a seu irmão Perses, com quem ele se envolve em um conflito sobre o direito, Hesíodo faz uma impressionante defesa do princípio do direito:

> Tu, ó Perses, lança isto em teu peito:
> O direito escuta e o excesso esquece de vez!
> Pois esta lei aos homens o Cronida dispôs:
> que peixes, animais e pássaros que voam
> devorem-se entre si, pois entre eles direito não há;
> aos homens deu direito que é de longe o bem maior
> (v. 274-278).

O direito é a alternativa à violência. Contudo, mais importante é a ideia de que, em comparação aos animais, o direito é um critério especificamente antropológico.

Aqui – talvez pela primeira vez – é introduzida a comparação ser humano-animal ao lado daquela ser humano-deuses para definir o ser humano. Ao passo que, segundo empregos posteriores dessa comparação, o ser humano apresenta deficiências em relação ao animal (cf. cap. V), aqui o ser humano dispõe explicitamente de uma prerrogativa em comparação ao animal. O direito é um privilégio. Ele é também um exemplo de que o ser humano não recebe dos deuses apenas "dádivas ruins".

A observância do direito é não apenas um dever para com o deus Zeus e a deusa do direito, Dice, mas também garante o bem-estar e a felicidade. A "transgressão do direito", ela mesma uma expressão mitológica, é elucidada por Hesíodo em uma imagem imponente, sendo contrastada com a descrição das consequências positivas da manutenção do direito:

> Ela [Dice] segue chorando as cidades e os costumes dos povos
> [vestida de ar e aos homens levando o mal]
> que a expulsaram e não a distribuíram retamente.
> Aqueles que a forasteiros e nativos dão sentenças
> retas, em nada se apartando do que é justo,
> para eles a cidade cresce e nela floresce o povo;
> sobre esta terra está a paz nutriz de jovens e a eles
> não destina penosa guerra o longevidente Zeus:
> nem a homens equânimes a fome acompanha nem
> a desgraça: em festins desfrutam dos campos cultivados (HESÍODO, 1966, v. 221-231).

Em Hesíodo, a ideia do direito liga-se também à de trabalho de uma maneira única na Antiguidade. O trabalho é a alternativa a uma aquisição violenta, isto é, ilegítima, de riqueza. O discurso de defesa do trabalho feito por Hesíodo é o seguinte:

> Por trabalhos os homens são ricos em rebanhos e recursos
> e, trabalhando, muito mais caros serão aos imortais.
> O trabalho, desonra nenhuma, o ócio desonra é! (HESÍODO, 1966, v. 307-311).

O trabalho abre a perspectiva de uma disputa pacífica. Hesíodo distingue dois tipos de conflito, a boa e a má *"eris"*. A boa consiste, em um sentido bem literal, na concorrência. Hesíodo observa:

> Pois um [homem] sente desejo de trabalho tendo visto
> o outro rico apressado em plantar, semear e a
> casa beneficiar; o vizinho inveja ao vizinho apressado

atrás de riqueza; boa Luta (*eris*) para os homens esta é (HESÍODO, 1966, v. 20ss.).

A má "*eris*", pelo contrário, busca "dissensão e querela", e não recua diante de espoliações. O resultado é: a situação atual do ser humano é miserável. Mas ela pode ser decisivamente melhorada por meio do próprio ser humano e da observância do direito.

A história de recepção de Hesíodo é vasta. Os mitos da "era de ouro" e da "caixa de Pandora" tornaram-se um verdadeiro patrimônio universal. A ideia do direito foi desenvolvida por Sólon. O esquema de decadência das eras encontra uma interessante correspondência na hierarquia platônica das cinco formas de governo. O conceito de história de decaída é uma modalidade de consideração sobre a história que apresenta muitas variações. Ela foi desenvolvida de uma nova maneira por Heidegger em referência à Antiguidade grega (cf. cap. VI, 3).

3 Antropologia trágica (Sófocles)

Há muitas maravilhas, mas nenhuma
é tão maravilhosa quanto o homem.
Ele atravessa, ousado, o mar cinzento,
impulsionado pelo vento azul
tempestuoso, indiferente às vagas
enormes na iminência de abismá-lo;
e exaure a terra eterna, infatigável,
deusa suprema, abrindo-a com o arado
em sua ida e volta, ano após ano,
auxiliado pela espécie equina
[...]
Soube aprender sozinho a usar a fala
e o pensamento mais veloz que o vento
e as leis que disciplinam as cidades,
e a proteger-se das nevascas gélidas,
duras de suportar a céu aberto,
e das adversas chuvas fustigantes;
ocorrem-lhe recursos para tudo
e nada o surpreende sem amparo;
somente contra a morte clamará
em vão por um socorro, embora saiba
fugir até de males intratáveis (SÓFOCLES. *Antígona*, v. 386ss.).

O surgimento da tragédia e, com ela, o do drama é uma descoberta grega única. A tragédia tem sua origem em um festival em homenagem ao deus Dionísio, um deus da vegetação, da fertilidade e do vinho. Para homenageá-lo, uma série de coros reunia-se na primavera em um local em cujo centro fincava-se uma estaca com a máscara do deus (FINLEY, 1976, p. 73). Posteriormente foi acrescido um ator, que travava um diálogo com o líder do coro (SCHADEWALDT, 1991, p. 47). Mais tarde ainda foi aumentado o número de atores. Desse diálogo desenvolveu-se o drama. As histórias colocadas assim em cena eram, normalmente, retiradas da mitologia e constituíam, em casos particulares, um ciclo, assim como, por exemplo, a *Oresteia*, centrada no retorno de Agamenon à pátria e no seu assassinato, ou aquela sobre o destino da dinastia dos Labdácidas (o ciclo tebano).

Após o início, há já muito perdido, da tragédia em Téspis, temos em *Os persas*, de Ésquilo (525/4-456/5), encenado em 472, a tragédia mais antiga que nos foi legada. É digno de nota que seu tema não provenha da mitologia, mas, antes, da história diretamente vivida. A tragédia tem por tema a tentativa malograda do rei persa Xerxes de conquistar a Grécia. Ésquilo, que estava pessoalmente envolvido nos conflitos de Maratona e Salamina, confere à história todos os elementos de uma tragédia: o descomedimento [*hybris*] do rei, seu ímpeto desmesurado de conquista, sua insensatez [*ate*], sua má conduta nas negociações e a punição irremediável, impingida pelos deuses. É interessante que Ésquilo, que estava do lado dos vencedores, evita demonstrar triunfo, malícia e escárnio em relação ao inimigo. Para ele, a derrota dos Persas é, antes, um exemplo de um acontecimento trágico que de certa forma pode sempre suceder aos seres humanos. A consequência ética da peça consiste em advertir contra a *hybris*.

Sófocles (497/6-405 a.C.), nascido no *demo* ático Colono, provavelmente chefiou na juventude o coro nas festividades da vitória de Salamina. O seu pai fez com que ele recebesse formação em ginástica, música e dança. Durante toda a sua vida ele permaneceu estreitamente ligado à sua cidade natal, Atenas. Na Liga de Delfos ele assumiu o cargo de tesoureiro [*hellenotamias*] e na política ateniense, o de estratego, junto de Péricles. Em 468, com sua primeira tetralogia, Sófocles obteve uma vitória no *agon* trágico e deu novo desenvolvimento à tragédia por meio da introdução de um terceiro ator. Sófocles era amigo de Heródoto. Ele louvava Ésquilo e concedeu a Eurípedes, o "mais trágico" (Aristóteles) dos poetas trágicos, seu reconhecimento. A influência de Sófocles sobre Eurípedes é evidente. Foram conservadas sete tragédias de Sófocles: *As Traquínias, Ajax, Antígona, Édipo Rei, Electra, Filoctetes* e *Édipo em Colono*.

No cerne das tragédias de Sófocles está não o caráter de um personagem, a questão da culpa moral e tampouco a ação, embora ela desempenhe um papel importante e a palavra drama seja derivada da palavra ação. O tema da tragédia é um acontecimento trágico, uma história na qual o destino, concedido aos seres humanos pelos deuses, desempenha um papel, assim como o fazem o agir e o sofrimento das pessoas efetivamente envolvidas no acontecimento. Para Sófocles, o destino tem uma importância tão grande quanto as pessoas que, com suas ações, dão uma resposta a ele. Os golpes do destino não devem ser sempre considerados como uma punição para um delito daquele que deve sofrê-los. Pelo contrário, Sófocles aproveita uma ideia que já havia sido desenvolvida por Sólon: o destino se consuma também na segunda e na terceira gerações. Por vezes ele acomete um gênero todo. Para os concernidos, portanto, ele tem um caráter irracional e imprevisível. Contudo, o destino não torna o ser humano uma mera marionete nas mãos dos deuses. O ser humano realiza suas próprias decisões, suas ações permanecem autônomas. Ele não raro consuma seu declínio através de um suicídio.

Em sua *Poética* Aristóteles dedicou à tragédia um significativo capítulo. Ele a define da seguinte forma:

> [A] tragédia é a imitação de uma ação de caráter elevado, completa e de certa extensão, em linguagem ornamentada [...] que, não por narrativa, mas mediante atores, [suscita] o terror e a piedade [e] tem por efeito a purificação dessas emoções [...]. Ora, o mito é imitação de ações (ARISTÓTELES. *Poética* 1.449 b, 24ss.).

Os caráteres dos personagens se mostram nas ações. Na tragédia é apresentada a forma como uma pessoa que não é particularmente má, mas, antes, é "igual ao espectador", cai em desgraça através de um "grande erro". Trata-se, no acontecimento trágico, de um evento que, de uma forma ou de outra, pode ocorrer com qualquer ser humano. Ele tematiza a situação do ser humano em um sentido universal. Dessa forma, em oposição ao relato histórico, que sempre trata de eventos particulares, Aristóteles considera a poesia trágica, assim como a poesia em geral, como "mais filosófica e mais significativa". Pelo fato de o espectador poder referir imediatamente a si mesmo os eventos descritos no palco, surgem nele medo e piedade.

Três momentos desempenham um papel fundamental na produção desses sentimentos: peripécia, reconhecimento e *pathos*. Aristóteles os discute a partir do exemplo do *Édipo*, de Sófocles. A peripécia é a "mutação da ação em seu contrário", isto é, a mutação da felicidade em infelicidade. O reconhecimento é a "mutação do desconhecimento no conhecido". No *Édipo* ambos coincidem. O "reconhecimento" de que Édipo casara com uma mulher que, sem que ele o soubesse, era sua mãe, e de que ele em uma briga assassinara um homem que, como mais tarde se verificaria, era seu pai, significa ao mesmo tempo uma "peripécia" da ação, isto é, a precipitação de uma catástrofe. Um terceiro elemento se liga a eles, o "*pathos*". Aristóteles o define da seguinte forma: "*Pathos* é uma ação perniciosa e dolorosa, como o são as mortes em cena, as dores veementes, os ferimentos e mais casos semelhantes" (ARISTÓTELES. *Poética*, 1.452b, 11ss.).

Édipo extrai da própria catástrofe uma consequência; ele se cega e realiza esse ato com as seguintes palavras:

> Ah! Luz do sol. Queiram os deuses que esta seja
> a derradeira vez que te contemplo! Hoje
> tornou-se claro a todos que eu não poderia
> nascer de quem nasci, nem viver com quem vivo
> e, mais ainda, assassinei quem não devia!
> (SÓFOCLES. *Édipo*, v. 1.387ss.).

O desfecho da tragédia é um epílogo do coro, que busca extrair uma lição do acontecimento trágico:

> Vede bem, habitantes de Tebas, meus concidadãos!
> Este é Édipo, decifrador dos enigmas famosos;
> ele foi um senhor poderoso e por certo o invejastes
> em seus dias passados de prosperidade invulgar.
> Em que abismos de imensa desdita ele agora caiu!
> Sendo assim, até o dia fatal de cerrarmos os olhos
> não devemos dizer que um mortal foi feliz de verdade
> antes de ele cruzar as fronteiras da vida inconstante
> sem jamais ter provado o sabor de qualquer sofrimento!
> (SÓFOCLES. *Édipo*, v. 1.802ss.).

A lição que o espectador teria de extrair para si é a seguinte: tenha em mente que você é mortal e que, até a sua morte, terá sempre de suportar os golpes do destino.

As teses de Aristóteles sobre a tragédia mantiveram sua importância até na contemporaneidade. O classicista Albin Lesky, por exemplo, baseia-se diretamente em Aristóteles. Segundo ele, três elementos são característicos da tragédia. O primeiro é a "dignidade da queda", isto é, do fato de que, no "herói trágico", trata-se de um ser humano cuja derrocada tem como pressuposto uma certa queda magnânima. O segundo é a "possibilidade de vínculo com nosso próprio mundo", isto é, a transmissão do sentimento "*Nostra res agitur*". E o terceiro repousa no fato de o "portador do acontecimento trágico" saber o que lhe ocorre e "não ser guiado como uma vítima inconsciente e levado, cega e apaticamente, ao abatedouro" (LESKY, 1984, p. 21ss.). Vernant, um pesquisador francês das religiões antigas, vai na mesma direção. Ele afirma: "No debate aberto pelo drama, põe-se como questão a posição mesma do ser humano, o enigma da existência humana é levado a público, sem que a busca trágica, continuamente retomada e jamais concluída, possa fornecer uma resposta definitiva e calar a questão" (VERNANT, 1987, p. 198).

Na sequência será discutida a tragédia *Antígona*, de Sófocles, a partir da antropologia trágica que surge dessa interpretação. Ela faz parte do ciclo tebano e tem o seguinte enredo: Laio, filho de Lábdaco, recebe dos deuses a proibição de ter descendentes. Apesar da proibição, do seu casamento com Jocasta nasce seu filho Édipo, cujos filhos eram Etéocles, Ismênia, Antígona e Polinice. O destino de Laio, Édipo e Jocasta é tema de *Rei Édipo*, o destino de Antígona e Ismênia é objeto de *Antígona* e o destino de Polinice e Etéocles é tema da tragédia de Ésquilo *Os sete contra Tebas*. O destino de todos eles se consuma como uma maldição de todo um gênero. Ela se realiza como uma série de catástrofes: Laio é morto por seu filho Édipo, Jocasta se enforca, Édipo se cega, Polinice e Etéocles se matam na luta por Tebas, e também Antígona se enforca. Apenas Ismênia sobrevive.

A tragédia *Antígona*, cuja primeira apresentação se deu no ano 442, liga-se tematicamente à luta por Tebas. A cidade conseguira defender-se contra seus invasores, dentre eles Polinice, e Creonte, seu rei, comemora o triunfo tebano. Etéocles, que estava do lado dos defensores, é sepultado com honras, já seu irmão Polinice, pelo contrário, é deixado insepulto por ordem explícita de Creonte, "para ser devorado por cães e pássaros".

Essa cruel proibição desperta terror e indignação em Antígona. Ela não está preparada para respeitá-la e procura convencer sua irmã Ismênia a, junto com ela, realizar o sepultamento. Ismênia, contudo, se nega a fazê-lo. Embora considere a proibição algo condenável, ela não crê que uma insurreição contra o rei seja permitida. Dessa forma, Antígona realiza sozinha um sepultamento simbólico, cobrindo com terra o cadáver do irmão. No início ela passa despercebida, na segunda vez, contudo, ela é apanhada e levada à presença de Creonte. Na discussão que se desenrola entre os dois, Creonte defende dois argumentos: em primeiro lugar, sua proibição, em segundo lugar, porém, o princípio do direito, validado por Zeus, que prescreve honrar os defensores da "*pólis*", não seus inimigos.

Antígona discorda. Ela explicitamente argumenta não se apoiar em "Zeus", "nem em Dike no conselho dos deuses menores" (SÓFOCLES. *Antígona*, v. 451), mas, antes, em um direito mais antigo, que é superior mesmo a Zeus. Trata-se de algo "não escrito e irremediável dos deuses", e que exige o sepultamento dos mortos. Como consequência, Antígona é condenada à morte por Creonte e, com ela, Ismênia, que se solidariza com sua irmã e também assume para si a culpa. Por fim, contudo, apenas Antígona é condenada a ficar presa em uma masmorra por toda a vida, ao passo que Ismênia, após o protesto do coro, é libertada.

Uma segunda discussão se dá entre Creonte e Hêmon, seu filho e noivo de Antígona. O argumento de Creonte é de natureza política. Ele ficara sabendo "o quanto a cidade sofreu por Antígona" (v. 693). Os cidadãos da cidade condenavam a ação de Creonte. Este, porém, apela a seu direito como soberano. Hêmon replica: "A cidade não pertence a um indivíduo" e, "só, mandaria bem apenas num deserto" (v. 737ss.). Somente quando Tirésias, o profeta, anuncia a Creonte grandes desastres é que este volta atrás. Ele permite o sepultamento de Polinice e se apressa a libertar Antígona. Contudo, Creonte se depara com uma imagem terrível. Antígona havia se enforcado e Hêmon se esfaqueado, e por fim Creonte vem a saber que sua esposa Eurídice se suicidara. Creonte fica sozinho e arruinado.

Segundo a interpretação de Aristóteles, o destino de Antígona é trágico por ela cair em desgraça em razão de uma "ação nobre", aqui o sepultamento de seu irmão. Por esse motivo, a tragédia tem o seu nome, e não o de Creonte. A tragédia tematiza dois conflitos. Em primeiro lugar, aquele entre Antígona e Creonte. Trata-se aqui do direito, defendido por Antígona, das deidades ancestrais determinadas de forma matriarcal, às quais se inclui Hades. Ele reivindica a posse dos mortos. Creonte, pelo contrário, faz um apelo aos novos deuses olímpicos sob a liderança de Zeus. Não é talvez por acaso que Sófocles tenha feito de uma mulher a defensora do antigo direito matriarcal e, ao mesmo tempo, a heroína, acompanhada e apoiada por sua irmã Ismênia.

O segundo conflito, aquele entre Creonte e seu filho Hêmon, tematiza o campo da política. Aqui o conceito do poder absoluto de um só indivíduo, isto é, a tirania, é contraposto a um entendimento da política segundo o qual ela é um assunto comum a todos os cidadãos. Como afirma Hegel (1970, p. 13, 287), a tragédia não trata do conflito entre o direito da família em oposição ao do Estado, mas, antes, do direito da "*pólis*" em oposição à arbitrariedade de um tirano. O destino de Creonte é trágico, pois ele agiu numa condição de insensatez [*ate*] e mais tarde reconheceu seus erros.

Antígona é exemplo de uma antropologia trágica. Nas famosas palavras do coro que fecham a primeira cena, Sófocles esboça os traços fundamentais de sua antropologia. Trata-se de uma visão distanciada sobre a situação do ser humano. Ela é determinada por uma mescla de admiração e angústia. Isso fica claro já nas primeiras linhas: "Há muitas maravilhas, mas nenhuma/ é tão maravilhosa quanto o ser humano". O ser humano é "*deinos*", isto é, maravilhoso, assustador, apavorante, estranho, colossal, valente, habilidoso etc. Em muitos exemplos, a coragem, a inventividade e a prudência do ser humano são consideradas com espanto. Logo no início é feita referência à ousada travessia do mar e à infatigável terra. A isso se segue a captura de pássaros e peixes, além da domesticação de animais selvagens. O ser humano descobre a linguagem e se protege das inclemências climáticas. A política e o direito garantem uma boa convivência de todos. O ser humano encontra saídas até mesmo contra as doenças. Contudo, e com isso Sófocles menciona a limitação mais decisiva de todas, "somente contra a morte clamará/ em vão por um socorro". A morte coloca novamente em dúvida todas as conquistas humanas dignas de admiração. Ela expõe o inelutável destino que acomete a todos. Com isso Sófocles confirma o enunciado central antropológico da mitologia grega: os seres humanos são os mortais. Um tom elegíaco dá uma coloração obscura ao poema em seu todo. Fica para trás um sentimento de pesar.

A questão da ética é levantada pela relação entre destino e liberdade. Se a vida dos seres humanos fosse determinada de forma fatídica, não haveria então nenhum ponto de apoio para uma ética. Porém, na realidade o destino não torna vãs a decisão própria e a ação refletida. Pelo contrário, ele as provoca. E mais ainda: para Antígona sua ação precede seu destino. Ela conhece as consequências da transgressão da proibição e assume a punição prevista. E ela até mesmo não faz recair sobre si a execução da punição, mas se antecipa a esta e se suicida. Em *O Rei Édipo* a situação é certamente mais complexa. Édipo sabe da premonição de que assassinará o pai e cometerá incesto, buscando inutilmente livrar-se dela ao abandonar seus supostos pais. O importante, porém, é que ele não se entrega conscientemente a seu destino; mas, antes, age de um modo que lhe parece ter sentido quando toma conhecimento de sua situação.

Sob a pressuposição de que há ações e decisões próprias surge, contudo, a questão da culpa. Para compreender esse conceito cumpre atentar para o sentido grego da palavra. A palavra grega "*aitia*" significa "causa", "fundamento", "pretexto", "culpa", "denúncia", "acusação", "queixa". Nesse espectro semântico amplo, o primeiro sentido recebe um papel significativo. "*Aitia*" é a causa de um acontecimento. Trata-se do agente de uma ação. O acento repousa sobre a objetividade do ato (Hegel). Édipo é culpado da morte de seu pai, mesmo tendo-o matado, como é relatado, em uma situação de legítima defesa. De resto, a culpa específica não surge do fato de ter assassinado um homem em uma luta, mas, antes, do fato de que ele era seu pai. Ele é culpado do incesto com sua mãe por ter se casado com ela, mesmo ele não sabendo que a mulher com a qual casara era sua mãe. O acento da objetividade da ação é a marca de um pensamento jurídico arcaico. Isso só se altera na época da sofística. Aqui começam a ser considerados os motivos, intuitos e conhecimentos mais fortes na avaliação da culpa. A tragédia, pelo contrário, vive da ideia de uma culpa que surge involuntária e inconscientemente.

Por fim, a tragédia põe em relevo a ética da moderação. Creonte excede essa moderação ao se ter colocado acima do direito divino ancestral e do direito de seus concidadãos. A punição para tal menosprezo é não apenas a perda de seu filho e de sua esposa, mas também a expulsão da "*pólis*". A ação de Antígona e Ismênia é mais difícil de ser avaliada. Que Sófocles tenha feito de Antígona a heroína da peça não significa que ele aprove sua ação. Também ela excede a moderação e tem um fim trágico. Ismênia, pelo contrário, defende uma ética da moderação. Ela obedece à proibição por convicção, não por medo, pois no momento mais importante ela está pronta a morrer junto com Antígona.

A história de recepção das tragédias gregas é uma parte essencial da história do drama europeu. Por muitas vezes o material antigo foi transposto para contextos históricos próprios e reencenados. Isso inclui desde a *Ifigênia*, de Goethe, até *As moscas*, de Sartre. O drama burguês, que renuncia a um pano de fundo mitológico, foi uma variante alemã da tragédia entre os anos 1750 e 1850. No interior da história da filosofia, é possível tentar ver no pessimismo de Schopenhauer uma renovação do pensamento trágico. Contudo, essa impressão é enganosa. A filosofia de Schopenhauer é uma resposta ao otimismo de Leibniz (cf. cap. IX, 1), isto é, à sua tese de que vivemos no melhor dos mundos possíveis. A tragédia, porém, descreve não o estado do mundo, mas um acontecimento trágico. Também aqui não se trata, como em Schopenhauer, de evitar o sofrimento, mas, antes, de compreender que ação e sofrimento se condicionam reciprocamente e são inevitáveis. Já o pensamento de Nietzsche deve ser avaliado de forma diversa (cf. cap. IX, 3). Como filólogo, ele estudou intensamente a tragédia e tentou desenvolver uma antropologia trágica como alternativa ao cristianismo e à filosofia de seu tempo. Desconfiando de todas as promessas éticas de felicidade, Nietzsche via na aceitação do sofrimento a condição para a realização da individualidade.

II

O ser humano, uma criatura de Deus

O conceito criacionista

O mito bíblico da criação, conforme apresentado no primeiro livro de Moisés, o Gênesis, é parte da história de Javé com seu povo. O ponto de partida dessa história é a libertação de seu povo da servidão no Egito e seu êxodo sob a condução de Moisés. A libertação coincide com uma aliança que Deus celebrou com seu povo e que desde então, como a primeira aliança, determina a autocompreensão do judaísmo.

O cristianismo partiu disso e viu na nova aliança cunhada pela Igreja não uma dissolução da antiga aliança, mas como sua realização. Portanto, um desafio histórico-religioso de crucial importância é apresentado quando o cristianismo se prepara para expandir-se para além dos limites de Israel até o Império Romano. Foi um desafio não apenas em relação aos cultos e crenças que eram defendidos ali, mas também um desafio de cunho especificamente intelectual. Ele consistiu em um embate com as escolas filosóficas da época. Já em Paulo é possível reconhecer alguns traços disso.

O embate decisivo ocorreu, porém, com Agostinho. Os enunciados do Antigo e do Novo testamentos tiveram de ser referidos à filosofia greco-romana. Para esse embate, Agostinho formula um tema central: *"fides et ratio"* – fé e razão. A sua discussão constitui uma parte central da história do pensamento ocidental, da teologia e também da filosofia. Para Agostinho, a verdade revelada da Bíblia tem uma precedência absoluta em relação ao conhecimento obtido por meio da razão natural. Para ele, portanto, não há dúvida de que é falsa a suposição filosófica fundamental sobre a independência do mundo e dos ciclos naturais que nele imperam. O mundo é uma criação de Deus e tem um início temporal e um final temporal. Os conhecimentos da razão natural somente podem ser aceitos caso não contradigam os enunciados da Bíblia.

Ora, à medida em que a filosofia medieval começou a assumir, ela mesma, as pressuposições de fé determinadas teologicamente, ocorreu uma peculiar fusão de filosofia e teologia. Da parte da filosofia, ela teve seu centro nas provas da existência de Deus, nas quais, a partir do "Deus de Abraão, Isaque e Jacó", foi feito o "Deus dos filósofos" (Pascal).

Contudo, da parte da teologia, as pretensões de verdade, que até a Modernidade não foram seriamente colocadas em dúvida, expandiram de maneira fundamentalista a defendida verdade da fé e a colocaram no lugar da pesquisa científica imparcial. Um exemplo disso é a perseguição daqueles cientistas que, no início da Modernidade, se empenhavam em substituir a visão de mundo geocêntrica pela heliocêntrica com auxílio de conhecimentos astronômicos, como, por exemplo, Galileu. Um outro exemplo é a luta empreendida em nome do criacionismo contra Darwin e a Teoria da Evolução.

Há três possíveis relações entre razão e fé: a) a fé constitui o fundamento incontornável dos enunciados racionais (Agostinho), e b) os enunciados da razão constituem o início. Mencionemos a terceira, que aqui não foi apresentada: c) razão e fé são separadas por um abismo que pode ser transposto apenas por um salto (Kierkegaard).

1 A criação do mundo e do ser humano (Gn 1-3)

> E disse Deus: Façamos o ser humano à nossa imagem, conforme a nossa semelhança; e domine sobre os peixes do mar, e sobre as aves dos céus, e sobre o gado, e sobre toda a terra, e sobre todo o réptil que se move sobre a terra.
> E criou Deus o ser humano à sua imagem; à imagem de Deus o criou; homem e mulher os criou.
> E Deus os abençoou, e Deus lhes disse: Frutificai e multiplicai-vos, e enchei a terra, e sujeitai-a [...].
> E viu Deus tudo quanto tinha feito, e eis que era muito bom; e foi a tarde e a manhã, o dia sexto (Gn 1,26.31).
> E formou o Senhor Deus o homem do pó da terra, e soprou em suas narinas o fôlego da vida; e o homem foi feito alma vivente.
> E plantou o Senhor Deus um jardim no Éden, do lado oriental; e pôs aí o homem que tinha formado [...].

> E ordenou o Senhor Deus ao homem, dizendo: de toda a árvore do jardim comerás livremente,
> Mas da árvore do conhecimento do bem e do mal, dela não comerás; porque no dia em que dela comeres, certamente morrerás.
> E disse o Senhor Deus: Não é bom que o homem esteja só; far-lhe-ei uma ajudadora idônea para ele (Gn 2,7s.16s.).

O mito bíblico da criação possui uma mensagem clara: o Deus que salvou o povo de Israel, protegendo-o e guiando-o, é o Deus único que também criou o ser humano e o mundo. Esse mito apresenta a pré-história mítica não apenas de seu povo, como também do mundo todo e de todos os seres humanos nele. Contudo, o mito da criação tem duas versões. Elas surgem de dois redatores. O primeiro é designado como a tradição javista (J), o segundo sob o título de tradição sacerdotal (P [de *priester*]). Ao lado delas há ainda um redator (R), que reuniu cuidadosamente os dois textos em um todo. Ele tem grande respeito pelos textos legados e o cuidado de dirimir diferenças de conteúdo entre eles (cf. WESTERMANN, 1999, p. 4).

O texto javista é o mais antigo. Ele "deve ter encontrado sua forma por volta de 900 a.C." (FLASCH, 2005, p. 27). No entanto, o Gênesis, o primeiro livro atribuído a Moisés, começa com o texto sacerdotal, mais recente, cujo surgimento "remonta ao século VI a.C." (FLASCH, 2005, p. 27). Esse texto fala da criação do mundo e do ser humano em seis dias, e de sua conclusão no sétimo dia de descanso. O javista relata muito pouco sobre a criação do mundo, colocando o acento, antes, na criação de Adão e Eva, assim como em sua expulsão do paraíso. A pergunta sobre o motivo de o redator ter feito precederem os textos mais recentes pode ser respondida apenas com uma suspeita. Na ordem de textos feita por ele, há uma espécie de roteiro que vai da criação do mundo, passa pela criação do homem e chega à expulsão do paraíso. Esse roteiro seria destruído em uma ordenação cronológica da obra.

Ambos os textos contêm uma semelhança fundamental. Ela consiste no enunciado sobre o ser humano e o mundo serem uma criação de Deus. Essa é a tese criacionista fundamental da Bíblia. Na interpretação da situação do homem no mundo, porém, os textos se distanciam de forma crucial entre si. Apenas uma comparação pode tornar claras as semelhanças e diferenças.

O texto sacerdotal tem uma estrutura clara, que provém da cronologia dos sete dias e contém um rigor próprio por meio de contínuas expressões formais.

"No princípio criou Deus o céu e a terra." Com essas palavras se inicia o primeiro dia da criação. Além da terra são mencionadas a água e as trevas, às quais Deus se opôs com sua palavra: "haja luz". Ao mesmo tempo, Ele separou luz e trevas, criando assim dia e noite. O primeiro dia da criação termina com a expressão formal: "E foi a tarde e a manhã, o dia primeiro". O segundo dia da criação é determinado por meio de um outro ato de separação. Também aqui a ação se dá por uma palavra. Trata-se da separação da água por cima e abaixo de um firmamento. Tal firmamento foi por Ele denominado céu. Novamente há uma expressão: "E foi a tarde e a manhã, o dia segundo". O terceiro dia é caracterizado por dois atos de criação, a separação de terra e mar e o crescimento de ervas e árvores. Os dois atos são avaliados como "bons" por Deus. Segue-se a frase formal final. O quarto dia contém a criação dos astros, "a grande luz", aquela do dia, e a "pequena luz", que rege a noite, e, por fim, as estrelas. Também essa obra é avaliada como "boa" e encerrada com a fórmula aludida. No quinto dia são criados os peixes e os pássaros. A eles é dito: "Frutificai e multiplicai-vos", encerrando-se com a mesma fórmula.

No sétimo dia são igualmente relatados dois atos criadores: a criação dos animais sobre a terra e a criação do homem. O homem é encarregado de dominar peixes, pássaros e todas as criaturas sobre a terra. Deus atribui ao homem "todas as ervas que dão sementes" e também os frutos das árvores como mantimentos, e dá a todos os animais "toda a erva verde" como mantimento. Nesse momento surgem a avaliação de que tudo é "muito bom" e a conclusão formal. No centro do sétimo dia está o seguinte enunciado: "E havendo Deus acabado no dia sétimo a obra que fizera, *descansou no sétimo dia de toda a sua obra, que tinha feito. E abençoou Deus o dia sétimo, e o santificou*" (Gn 2,2ss.).

O texto explica a ordem do mundo por meio de uma cronologia de atos criadores. Com uma intuição digna de espanto, surgem, relativamente à vida, alguns aspectos de uma teoria da evolução que resistem aos conhecimentos científicos de hoje. O autor utiliza duas expressões para designar os atos criadores. A primeira é "Deus disse" e a segunda "Deus fez". Distinguem-se, portanto, uma fala e um ato. Na fala, deve-se pensar numa criação compreendida como um "chamado à existência", já no ato, em um fazer artificial ou artesanal.

A criação do ser humano é de crucial importância, constituindo não apenas o desfecho de uma série, mas também significando, sem dúvida, o ponto alto da criação. A posição particular do ser humano se caracteriza pelo fato de ele ser designado como sendo a imagem de Deus. A imagem apresenta uma semelhança com o original. Contudo, em que ela consiste? Não se trata de uma semelhança corporal ou espiritual. O único ponto de comparação contido no texto é caracterizado por meio do mandato de dominação. A semelhança surge por meio de uma analogia. Assim como Deus domina todo o mundo, da mesma forma o homem deve dominar todos os seres vivos e subjugar toda a terra. É digno de nota que, na criação do ser humano, tanto a mulher como o homem sejam mencionados em pé de igualdade e como sendo co-originários. Deve-se também notar que é prescrita apenas nutrição vegetal tanto aos seres humanos como aos animais. O sétimo dia se refere à pausa sabática e a legitima.

A história da criação segundo o modelo javista é mais complexa em sua estrutura. Ela apresenta elementos narrativos que eram, em sua origem, aparentemente independentes, mas que foram incorporados numa unidade pelo javista. Portanto, cumpre fazer do presente texto a base interpretativa. A narrativa começa com um estado do mundo em que não havia ainda plantas sobre a terra, e apenas uma neblina umidecia a terra. Seguem-se a criação do homem a partir de um torrão de terra e a criação do jardim do Éden. Nele Deus coloca "a árvore da vida e a árvore do conhecimento do bem e do mal". Mencionam-se quatro rios, que possuem ouro e ônix, e os rios geograficamente conhecidos Eufrates e Tigre. O homem então recebe a permissão de comer das árvores do jardim e a seguinte proibição: *"da árvore do conhecimento do bem e do mal tu não deves comer; pois, no dia em que dela comeres, tu morrerás"*.

Na sequência vem a seguinte frase de Deus: *"Não é bom que o homem fique sozinho; eu desejo lhe fazer uma ajudante para estar junto dele"*. Interpola-se a história de que Deus arranjou animais ao homem e ordenou para que ele lhes nomeasse. A seguinte frase constitui a ligação com o relato original: "Mas para o homem não se encontrou nenhuma ajudante para estar perto dele". Deus então deixou o homem adormecer em um sono muito pesado, retirou-lhe uma costela e dela fez uma "mulher". O homem disse: "Esta é agora osso do meu osso, e carne da minha carne"; na sequência conclui-se: "E ambos estavam nus, o homem e a sua mulher; e não se envergonhavam" (Gn 2,25).

Segue-se a isso a tentação da mulher pela serpente, o mais "ardiloso" dos animais. Ela lembra da permissão concedida por Deus para que eles se alimentassem dos frutos das árvores. Porém, a serpente contradiz a referência da mulher à proibição de comer da árvore "no meio do jardim", dizendo que eles não morreriam, pois "são como Deus e sabem o que é bem e mal". Estimulada pela fruta vista como "desejável" e tentada pela serpente, a mulher a come e a dá a seu marido. Em razão disso, eles descobrem estarem nus, cosem a si folhas de figueiras para cobrirem-se. Eles se escondem de Deus, cuja "voz" eles escutam, já que Ele "passeava no jardim pela viração do dia" (Gn 3,8). Adão, que é chamado com as seguintes palavras: "onde estás?", justifica ter-se escondido alegando vergonha sobre sua nudez e justifica ter transgredido a proibição culpando "a mulher que me deste por companheira". A mulher, contudo, se desculpa tendo por álibi a serpente.

Na sequência é mencionada a punição por parte de Deus. A serpente seria "maldita", ela deve rastejar e se alimentar de terra. Deve prevalecer uma inimizade entre ela e a mulher. A mulher deve esmagar a cabeça da serpente e esta deve ferir o calcanhar daquela. À mulher recai a seguinte sentença: "Com dor darás à luz filhos; e o teu desejo será para o teu marido, e ele te dominará". E para Adão são ditas as seguintes palavras: "Maldita é a terra por causa de ti; com dor comerás dela todos os dias da tua vida. Espinhos, e cardos também, te produzirá [...]. No suor do teu rosto comerás o teu pão, até que te tornes à terra; porque dela foste tomado; porquanto és pó e em pó te tornarás" (Gn 3,17ss.).

Somente na parte final Adão dá o nome de Eva à sua mulher, "mãe de todos os viventes". Deus fez "túnicas de peles" para ela e disse: "Eis que o homem é como um de nós, sabendo o bem e o mal; ora, para que não estenda a sua mão, e tome também da árvore da vida, e coma e viva eternamente. O Senhor Deus, pois, o lançou fora do jardim do Éden" (Gn 3,22ss.). O jardim, porém, é vigiado por querubins armados com "espadas inflamadas [...] para guardar o caminho da árvore da vida" (Gn 3,24).

No cerne do mito do paraíso está não a criação do mundo, mas a do ser humano. É significativo que o homem seja criado em primeiro lugar. Os animais são criados e, significativamente, constata-se que entre eles não se encontra uma ajuda apropriada para o homem. Somente então se dá a criação da mulher. Discute-se muito qual seria o papel das duas árvores mencionadas: a árvore da vida e a árvore do conhecimento (cf. WESTERMANN, 1999, p. 291ss.). Há uma diferença de estatuto entre elas. A árvore da vida é a mais importante. Alimentar-se da árvore do conhecimento dá o saber do bem e do mal, enquanto se alimentar-se da árvore da vida dá a vida eterna. Trata-se, contudo, de um privilégio de Deus que é defendido de forma zelosa por Ele. A expulsão do paraíso é, portanto, tanto uma punição aos seres humanos como, sobretudo, uma defesa da árvore da vida diante de investidas humanas. Mas também a árvore do conhecimento levanta questões que não são respondidas no texto: Por que o homem não deve conhecer o que é bem e mal? Antes de violar a proibição, o homem não precisa saber que sua desobediência é má? E, por fim, como a capacidade de conhecer o bem e o mal se relaciona com a descoberta da nudez e a vergonha?

Na relação entre homem e mulher devem ser notados dois aspectos. O homem existe primeiramente sozinho. Porém, esse estado "não é bom". É digno de nota que a criação contém "uma insuficiência" (WESTERMANN, 1999, p. 309). Deus precisa aprimorá-la. Por outro lado, é claramente pronunciada a prioridade do homem. A mulher é sua ajudante, não o inverso, e ele deve ser senhor dela.

Com respeito à punição, a seguinte observação é importante: a ameaça original de punição não é cumprida. A punição anunciada de morte torna-se uma punição que se realiza em vida. É possível ver aqui uma inconsequência de Deus (cf. WESTERMANN, 1999, p. 306) ou ainda uma redução misericordiosa da pena. Contudo, a punição é dura o suficiente. Ela é imposta à serpente, à mulher e ao homem, e para cada um especificamente. A punição de animais pertence ao pensamento jurídico arcaico. A punição da mulher é ligada à sua função de "mãe de todos os viventes". Com efeito, esta designação distintiva não é retirada, mas o apreço pela mulher é significativamente diminuído por meio do sofrimento que lhe é atribuído. Também a punição do homem é ligada à sua função. Ele precisa assegurar seu sustento por meio do trabalho. Está implicado aqui o duro trabalho braçal, a luta contra espinhos e cardos, o esforço penoso. O homem permanece ligado a seu quinhão de terra a vida toda. Ele trabalha a terra até sua morte, isto é, até ele finalmente retornar à terra. Mas o próprio homem atribuiu a si essa vida árdua. Trata-se do resultado de seu próprio delito. A Bíblia chama esse delito de pecado e ordena ao homem que ele o "domine" (cf. Gn 4,6).

Se se comparam as duas histórias da criação, elas mostram uma antropologia e uma ética completamente diferentes. Para uma comparação parece fazer sentido apresentar a situação do ser humano que procura interpretá-la através da narrativa de uma pré-história mítica. Na tradição sacerdotal surge a seguinte imagem.

Ela começa com a descrição da criação do mundo. Esta apresenta uma ordem altamente bem-sucedida. Ela encontra correspondência na estrita ordem do texto. Tudo é ordenado de forma significativa: céu e terra, água e continente, luz e escuridão, dia e noite, peixe e pássaro, animais e homens, ervas e frutos, assim como, por fim, dias de trabalho e dias de descanso. É repetidamente confirmado que aquilo criado é "bom". A obra como um todo é até mesmo "muito boa".

A posição do ser humano nessa tradição merece uma consideração particular. O homem e a mulher têm o mesmo estatuto. Eles têm uma posição proeminente na terra, pois eles podem ser entendidos como seres vivos que foram distinguidos por Deus. Eles são a imagem e semelhança de Deus. Enquanto tais, eles são os senhores de todos os seres vivos e subjugam a terra. Tudo é provido para sua alimentação, eles são encarregados de se multiplicarem. Com isso é insinuado que também eles devem levar em consideração a diferença entre dias de trabalho e dias de descanso. A tradição sacerdotal descreve a situação do ser humano com termos exclusivamente positivos. Não há um único enunciado negativo, nenhuma limitação, tampouco alguma insinuação nesse sentido.

O relato da criação da tradição javista se mostra de forma bem diferente quando interpretado a partir da interpretação da situação da qual esse relato forma a pré-história mítica. A situação atual e que desde sempre se sabe ser a do homem é apresentada da seguinte forma: a vida do homem é árdua e tormentosa. O trabalho é duro, as colheitas retiradas da terra são escassas. A vida da mulher não é melhor. A gravidez é penosa, os partos são dolorosos. Ademais, ela deve se sujeitar ao seu marido, este é seu senhor. Não há nenhum prazer e nenhuma perspectiva de uma vida melhor. O caminho para tanto está obstruído. Ao final de uma vida de duro trabalho está a morte. Essa vida miserável é o resultado de um delito cuja culpa é do próprio ser humano. Com seus delitos, seus pecados, o ser humano mereceu a vida que deve levar. Ele não pode responsabilizar mais ninguém por ela.

O contraste entre as duas descrições não poderia ser maior. Se se deseja levar a mensagem positiva da tradição sacerdotal a uma forma antropológica, ela seria então a seguinte: o ser humano é a imagem e semelhança de Deus. A antropologia de coloração negativa da tradição javista seria a seguinte: o ser humano é um pecador. Ambas são contrastantes. O ser humano que é a imagem e semelhança de Deus não é um pecador; o pecador não é a imagem e semelhança de Deus. De acordo com a primeira história da criação, o ser humano recebe uma incumbência: como imagem e semelhança de Deus, o ser humano pode e deve proliferar-se, dominar todos os seres vivos e subjugar a terra; de acordo com a segunda história da criação, o ser humano, enquanto pecador, deve precaver-se contra outros delitos para, assim, evitar castigos adicionais.

A história de recepção dessas duas determinações do ser humano é igualmente distinta. A fórmula da imagem e semelhança se desenvolveu de forma subliminar. Após uma longa fase de latência no renascimento, ela viveu um curto florescimento, como, por exemplo, em Pico della Mirandola, que julgava que o ser humano era capaz de uma aproximação em direção a seu modelo divino, para então novamente emudecer-se. A Igreja Católica leva a sério meramente o mandamento de proliferação.

A história do paraíso teve um efeito inequívoco no campo da história da religião e da história da teologia. O cristianismo não é pensável sem ela. Segundo ele, o ser humano é o pecador que precisa ser salvo. Paulo enfatiza: "O salário do pecado é a morte" (Rm 6,23). Jesus faz a conclamação já transmitida por João Batista: "Arrependei-vos, porque é chegado o reino dos céus" (Mt 3,2). A sua crucificação é interpretada no cristianismo como a morte para salvar os seres humanos de seus pecados. Sem a pecaminosidade do ser humano, o sacrifício de Jesus perde seu sentido. Já o Jesus crucificado promete a um dos que foram com ele crucificados: "Em verdade te digo que hoje estarás comigo no paraíso" (Lc 23,43). Essa ideia determinou o resto da história do cristianismo. É enfatizado o caráter pecaminoso do ser humano, não sua imagem e semelhança de Deus. Em Agostinho, o pecado original e a predestinação da graça assumem posição central em seu pensamento. A doutrina da justificação de Lutero não é pensável sem o conceito de pecado, e Kierkegaard vê no desespero do pecador diante de Deus a única possibilidade de salvação (cf. KIERKEGAARD, 1962, p. 77).

Em seu detalhado e instrutivo comentário do Gênesis, Claus Westermann (1999) buscou mais recentemente harmonizar as duas definições do ser humano. Junto com outros teólogos ele defende a surpreendente tese de que "a compreensão do homem do relato sacerdotal não é fundamentalmente diferente da compreensão do javista" (WESTERMANN, 1999, p. 794). Na esteira de K. Barth, ele introduz o conceito de "contrapartida" como um conceito intermediador de ambos os textos. À luz de tal conceito, o ser humano é a contrapartida pessoal de Deus. Também o ser humano como "imagem e semelhança de Deus" seria compreendido a partir de sua "responsabilidade" em contrapartida a Deus. Como comprovação para tanto, é mencionada a pergunta de Deus ao homem: "Adão, onde estás?" (WESTERMANN, 1999, p. 804). Contudo, essa tentativa de harmonização não é convincente. Um conceito da tradição sacerdotal (imagem e semelhança de Deus) é interpretado à luz de uma citação do escrito dos javistas (o mito do paraíso). Trata-se de algo metodologicamente questionável. Em oposição a essa interpretação, Kurt Flasch ressalta acertadamente: "Considerando-se mais de perto, ambos os relatos são inconciliáveis" (FLASCH, 2005, p. 26ss.).

Segundo a tradição sacerdotal, o ser humano recebe de Deus uma incumbência que ele deve cumprir, mas nunca a discutir ou duvidar dela. Embora o homem seja a imagem e semelhança de Deus, este permanece em uma distância majestosa. A ideia de uma contrapartida pessoal tem seu lugar apenas na narrativa do paraíso. Somente aqui há a mudança de pergunta e resposta, de acusação e a busca por justificação. A diferença persiste: no contexto das narrativas em que são utilizados, "imagem e semelhança de Deus" e "pecador" são opostos inconciliáveis. É preciso resignar-se com o fato de que o Gênesis esboça duas concepções diversas do ser humano. No entanto, ambos os textos coincidem em algo essencial: o ser humano é criação de Deus.

2 Pecado original e predestinação da graça (Agostinho)

> Pois quando Deus criou os animais, uns solitários [...] outros gregários [...], nem para uns nem para outros determinou Deus a sua propagação a partir de um só: fez existir vários ao mesmo tempo. Ao ser humano, pelo contrário, deu uma natureza intermédia entre o anjo e o animal; se se mantivesse submetido ao seu criador como a seu Senhor, observando com piedosa obediência os seus mandamentos, juntar-se-ia à sociedade dos anjos e conseguiria para sempre a beatitude eterna sem passar pela morte; mas se, abusando da sua livre vontade pelo orgulho e a desobediência, ofendesse o Senhor seu Deus, deveria, condenado à morte, viver à maneira dos animais, escravo das paixões e votado, após a morte, a eterno suplício. Foi por isso que o criou único e só, não certamente para o deixar isolado de toda a sociedade humana [...]. Nem sequer a própria mulher, destinada a unir-se ao varão, a quis criar como o criou a ele, mas formou-a a partir dele, para que todo o gênero humano se propagasse a partir de um só ser humano [...]. Deus não ignorava que o ser humano viria a pecar e que, votado à morte, viria a gerar filhos destinados à morte. E estes mortais iriam progredir de tal maneira na fereza do crime que os animais destinados de razão [...] viveriam entre si, nas suas espécies, com mais segurança e mais paz do que os seres humanos [...] (AGOSTINHO II, 22-23, 1991, 98ss.).

Agostinho nasceu em 354 d.C. em Tagaste (atualmente Souk Ahras, na Argélia). De 370 a 373 ele estudou retórica em Cartago. Os escritos de Cícero e o ceticismo acadêmico exerceram forte influência sobre ele. Uma primeira orientação teórica mais ampla foi a do maniqueísmo, ao qual ele pertenceu entre 373 e 382. Trata-se de uma religião dualista da Antiguidade tardia que, na esteira de seu fundador persa Mani (216-277), considera o mundo visível, o reino das trevas, como obra de um mau demiurgo. A esse mundo se opõe o governo do verdadeiro Deus, o reino da luz. Há escolhidos, os filhos da luz, que despertam ao chamado da luz, afastando-se do mundo visível, através, por exemplo, da abstinência sexual, e, assim, se salvam. De 375 a 376 Agostinho exerceu o cargo de professor de retórica em Tagaste e Cartago, e em 383 em Roma. Em 384 ele conseguiu um cargo como "*magister rhetoricae*" em Milão, onde conheceu o bispo Ambrósio. Este teve uma influência decisiva para a conversão de Agostinho ao cristianismo. Ademais, algumas obras do neoplatonismo, como por exemplo as de Plotino e Porfírio, desempenharam também um papel importante.

Em 386 ocorreu sua conversão, que Agostinho relata de forma viva em suas *Confissões*. Em 387 ele foi batizado pelo bispo Ambrósio. Após retornar em 388 a Tagaste e Cartago, em 390 Agostinho foi ordenado – involuntariamente – padre em Hipona, e, em 395, bispo na mesma localidade. Nessa época ocorreu o conflito com os donatistas, um movimento religioso localizado nas camadas populares que desejava fazer da pureza ética dos padres uma pré-condição para a validade do sacramento, e, ademais, apoiava a separação de Igreja e Estado. Em 396 Agostinho se reorientou teologicamente. Ele desenvolveu a concepção da doutrina da graça. Segundo esta, não é possível ao homem preparar-se para a graça através da própria reflexão e da vontade moral. Haveria, antes, alguns poucos que Deus teria escolhido por sua graça inescrutável, além do grande número dos que são rejeitados. Essa nova concepção levou a uma feroz disputa com o pelagianismo, os defensores de Pelágio, que afirmava o significado da liberdade do arbítrio e dos esforços morais do próprio sujeito e que censurava em Agostinho a recaída no maniqueísmo. A partir de 400 sua doutrina da graça constituiu também o fundamento para sua obra *A cidade de Deus*, que surge entre 413 e 427. Agostinho faleceu em 430, durante o cerco de Hipona pelos vândalos.

Influenciado pela filosofia da Antiguidade tardia, por um lado, e pela religião católica, por outro, o pensamento de Agostinho se esforça em obter uma determinação adequada da relação entre fé e razão [*fides et ratio*]. Ele não procurava substituir pela fé o saber baseado na razão, mas, antes, articular entre ambos uma relação de fundamentação. É o saber que se funda em uma fé. Esta, no entanto, não pode ser convertida em saber.

A relação entre fé e saber não pode ser confundida com a antiga contraposição entre opinião [*doxa*] e saber [*episteme*]. A filosofia antiga buscava converter opiniões em saber. Agostinho, pelo contrário, procurava desvelar a fé como o fundamento último e incontornável de todo o saber. A relação entre fé e razão é definida por Agostinho de duas formas: primeiro, como a relação de duas disciplinas entre si, a saber, a teologia e a filosofia; segundo, como a relação de duas formas de certeza no indivíduo.

Em relação a esse segundo aspecto, o seguinte exemplo é ilustrativo. Para Agostinho, há três certezas, que podem ser formuladas desta forma: "Pois nós somos, sabemos que somos, e nós amamos nosso ser e nosso saber" (AGOSTINHO, 1991, p. 42s.). Essas certezas não podem ser refutadas por nenhuma objeção dos céticos. À pergunta destes: "E quando tu te enganas?", Agostinho responde: "Quando eu me engano, eu sou. Pois quem não é não pode se enganar; portanto eu sou, quando eu me engano" (AGOSTINHO, 1991, p. 42s.). Como Agostinho explicitamente ressalta, a inquestionável certeza de si é um saber. Contudo, há uma questão que vai além deste e de todos os outros saberes.

Trata-se daquela sobre a origem do próprio ser. Sobre a origem da própria vida é possível ter apenas fé, e não saber. Agostinho formula esse pensamento da seguinte forma:

> Eu te pergunto: Quando não se pode crer em tudo aquilo que não se sabe, como então os filhos devem obedecer aos pais e retribuir seu amor, se eles não creem que estes são seus pais? Com efeito, não é possível saber isso em razão de uma compreensão racional [*ratione*]. Pelo contrário, na questão sobre a paternidade crê-se na declaração da mãe em razão de sua autoridade. No que diz respeito à maternidade, crê-se comumente nem mesmo na mãe, mas, antes, nas parteiras, amas de leite, ajudantes (AGOSTINHO, 1992, p. 157).

Há, ademais, outros casos em que a crença ou fé numa autoridade surge no lugar do saber. De modo geral, trata-se do caso em que o saber próprio não basta para a avaliação de um estado-de-coisas. Todo "ser humano com um mínimo de discernimento sabe [...] que para os ignorantes é mais útil e saudável obedecer aos critérios dos sábios do que levar a vida à sua própria discrição" (AGOSTINHO, 1992, p. 159).

Contudo, a passagem do saber para a fé desempenha um papel fundamental não apenas para a vida dos indivíduos, mas também na relação de filosofia e teologia. A questão sobre a cosmologia apresenta um importante exemplo nesse sentido. Para a filosofia antiga, o mundo existe naturalmente, isto é, ele existe por si mesmo. Ele é uma ordem sujeita a seus ciclos naturais. Enquanto um teólogo cristão, Agostinho não pode aceitar essa concepção de mundo. Por esse motivo, ele desenvolve um pensamento que parte da existência do mundo, acessível à razão, e chega à sua origem. Esta apenas pode ser objeto de fé. Agostinho formula esse pensamento da seguinte forma:

> De todos os seres visíveis, o maior é o mundo; de todos os invisíveis, o maior é Deus. Mas que o mundo existe – vemo-lo nós; que Deus existe – cremo-lo. Que Deus fez o mundo não temos garantia mais segura para o crer do que o próprio Deus. Onde o ouvimos? Certamente, em parte alguma melhor do que nas Sagradas Escrituras, onde seu profeta disse: "No princípio criou Deus o céu e a terra" (AGOSTINHO, 1991, p. 6s.).

A existência do mundo é acessível à intuição e, pois, à razão, mas sua origem somente pode ser objeto de fé. À fé na criação do mundo liga-se um outro pensamento. Trata-se daquele sobre o início temporal e um fim temporal do mundo. O pensamento antigo sobre os ciclos é incompatível com ele. Para Agostinho, ciclo significa o eterno retorno do mesmo. Isso significava, contudo, que Platão "teria tido aquela escola e aqueles alunos [...] incontáveis vezes em inúmeros séculos". Agostinho prossegue: "Não se pode crer nisso! Pois apenas uma vez Cristo morreu por nossos pecados, contudo, renascido dos mortos, ele não morrerá novamente [...]" (AGOSTINHO, 1991, p. 81). Contudo, se não há ciclos eternos, mas, antes, um determinado início e um determinado fim do mundo, então o próprio tempo precisa ser algo finito. Agostinho afirma exatamente isso. Com o mundo Deus criou o próprio tempo (cf. AGOSTINHO, 1994, p. 311). Não há tempo antes do início do mundo. O resultado é o seguinte: a fé na criação do mundo se funda na fé na autoridade das "Sagradas Escrituras". No entanto, é digno de nota que Agostinho sustenta a fé, ademais, no argumento de uma teologia natural. Ele afirma:

Porque, independentemente das vozes proféticas, o próprio mundo, pelas suas mudanças e revoluções tão bem ordenadas, como pelo seu esplendor de todas as coisas visíveis, proclama silenciosamente, a bem-dizer, não só que ele foi criado, mas também que não pôde ser criado senão pelo Deus inefável e invisivelmente grande, inefável e invisivelmente belo (AGOSTINHO, 1991, p. 7).

Contudo, essa passagem possui apenas o caráter de um argumento auxiliar. O acento principal recai sobre a autoridade da Bíblia. Para Agostinho, a fé na autoridade da Bíblia liga-se em maior medida à fé na autoridade da Igreja Católica, compreendida como a única intérprete legítima da fé. Mais ainda: como bispo, ele lança mão da violência para a consolidação da autoridade eclesiástica e para a realização da Grande Comissão.

Com respeito à antropologia, dois aspectos devem ser notados. Primeiro, a dimensão da interioridade, e, segundo, as referências sobre o ser humano como criatura de Deus. O âmbito da interioridade ganha, em Agostinho, uma atenção até então não conhecida. O lema dos antigos acerca do conhecimento de si adentra, aqui, em novas dimensões. Já em sua obra *De vera religione* [*Sobre a verdadeira religião*], de 391, Agostinho afirmava o caminho para a interioridade: "Não vá para fora, retorne para si mesmo! No interior do homem mora a verdade" (AGOSTINHO, 1991a, p. 123). Em suas *Confissões*, ele cumpre essa divisa ao descrever o trabalho da memória. Seria mais apropriado traduzir *memoria* por consciência, pois, ao lado da recordação e da memória, ela abarca também a imaginação e a consciência de si. Agostinho escreve:

> Assim, sem cheirar nada, distingo o perfume dos lírios do das violetas, ou então, sem provar nem apalpar, apenas pela lembrança, prefiro o mel ao arrobe e o macio ao áspero. Tudo isto realizo no imenso palácio da memória. Aí estão presentes o céu, a terra e o mar com todos os pormenores que neles pude perceber pelos sentidos, exceto os que já esqueci. É lá que me encontro a mim mesmo, e recordo as ações que fiz, o seu tempo, lugar, e até os sentimentos que me dominavam ao praticá-las [...]. É grande esta força da memória, imensamente grande, ó meu Deus! É um santuário infinitamente amplo. Quem o pode sondar até ao profundo? Ora, esta potência é própria do meu espírito, e pertence à minha natureza. Não chego, porém, a apreender todo o meu ser [...]. Este ponto faz brotar em mim uma admiração sem limites que me subjuga. Os seres humanos vão admirar os píncaros dos montes, as ondas alterosas do mar, as largas correntes dos rios, a amplidão do oceano, as órbitas dos astros: e nem pensam em si mesmos! (AGOSTINHO, 1961, p. 178ss.).

A passagem descreve a admiração do ser humano por si mesmo. Trata-se de um misto de espanto e angústia parecido com aquele descrito pelo coro na *Antígona*, de Sófocles. Aqui, contudo, não são os admiráveis feitos do ser humano no mundo que despertam esse sentimento, mas, antes, a interioridade do ser humano, uma dimensão que ele apreende com suas próprias forças, mas que, ao mesmo tempo, extrapola sua capacidade de compreensão. O que estimula a admiração não é o ser humano em geral, mas o eu próprio.

O confronto com o eu próprio abre a possibilidade da consciência de si e do solilóquio. Agostinho escreveu um livro chamado *Soliloquia* [*Solilóquios*] a respeito disso. Para ele, o solilóquio se expande num diálogo com Deus. Em um diálogo com a razão personificada, Agostinho torna claro o que lhe interessa: "Razão: O que tu desejas saber? [...] Agostinho: Eu desejo conhecer Deus e alma. Razão: Mais nada? Agostinho: Mais nada" (AGOSTINHO, 1986, p. 19).

O segundo âmbito de sua antropologia diz respeito ao ser humano como criatura de Deus. Aqui Agostinho interpreta o mito bíblico da criação. Duas narrativas sobre a criação são por ele trazidas a uma unidade na qual, segundo a teologia cristã, o mito do paraíso constitui o fio condutor. E, contudo, é curiosa a ligação entre ambas realizada por Agostinho.

Em primeiro lugar, ele afirma que, diferentemente dos animais, o ser humano é o único ser que foi criado. Com isso é superada a discrepância entre o mito da imagem e semelhança e a origem comum de homem e mulher afirmada por tal mito. A origem da humanidade a partir de um ser humano tem para Agostinho um duplo significado simbólico. Ao ter criado Adão como "ancestral da grande multidão", Deus vincula a ele a ideia "de que, graças a esta advertência, permanecem asseguradas a concordância e a união entre muitos" (AGOSTINHO, 1991, p. 106). O segundo significado surge da criação de Eva. O fato de ela ter surgido da costela de Adão indica "quão íntima deve ser o vínculo entre marido e esposa" (AGOSTINHO, 1991, p. 106). Com essa interpretação Agostinho dá ao mito do paraíso uma nova expressão que ressalta mais fortemente a igualdade de estatuto de homem e mulher.

O segundo aspecto diz respeito à posição intermediária do ser humano "entre anjos e animais". Aqui é evocada a fórmula da imagem e semelhança, posteriormente também mencionada por Agostinho. Ele faz uma inequívoca distinção entre a situação do ser humano antes e depois do "pecado original". Antes do original capital, o ser humano é livre e tem a possibilidade de ser aceito no "círculo dos anjos". Até mesmo lhe é concedida a imortalidade – contra a expressa letra do texto. Porém, o ser humano abusou de seu "livre arbítrio", perdendo-o, ao mesmo tempo, por uma única ação. Ele é agora "escravo de seus prazeres", "entregue à morte" e coagido a "viver como animal". Mais ainda: ao invés da concórdia por ele visada, o ser humano faz guerras, as quais não ocorrem entre os animais; pois, "ao contrário dos seres humanos, os leões não fazem guerras entre si" (AGOSTINHO, 1991, p. 99ss.). A pecaminosidade do ser humano constitui também o fundamento de sua ética. Agostinho se ocupa aqui com a ética estoica de seu tempo. Os objetivos desta seriam o prazer, a virtude, a tranquilidade ou uma combinação delas. Em todo caso, contudo, os seres humanos "desejam, com impressionante cegueira, serem felizes aqui e por si mesmos" (AGOSTINHO, 1991, p. 529). Mas essa tentativa não pode ser bem-sucedida:

> Pois quem gostaria de ser capaz de descrever as misérias da vida, despejando para tanto sua eloquência num caudal? [...]. Perda ou enfraquecimentos dos membros destrói a integridade física do ser humano, a deformação a sua beleza, enfermidade a sua saúde, abatimento as suas forças, rigidez ou dormência os seus movimentos; e de tudo isso o que também não poderia abater-se sobre a corporeidade do sábio? (AGOSTINHO, 1991, p. 529ss.).

Da mesma forma, com a idade se embotam as faculdades sensíveis. Contudo, não apenas o corpo está sujeito à destruição, como também as faculdades intelectuais: "Mas a razão e as faculdades de conhecimento, como elas escapam e onde elas repousam quando, em consequência de uma doença, a mente fica aturdida?" (AGOSTINHO, 1991, p. 529ss.). O resultado é o seguinte: a felicidade ensinada pelos filósofos não pode ser atingida nessa vida. O sumo bem é a "vida eterna", e esta reside no além. Mas quem pode esperá-la para si? A resposta é dada por Agostinho em sua doutrina do pecado e da graça. A exposição desta doutrina constitui o tema de sua obra *De civitate dei* [*A cidade de Deus*].

A tradução alemã de *A cidade de Deus* [*Vom Gottesstaat* – O "Estado" de Deus] dá ao conceito uma interpretação apenas insatisfatória. Trata-se não de um Estado em oposição à sociedade, devendo, antes, ser compreendido como uma comunidade. O conceito correto surge de seu oposto, a *"civitas terrenae"*. Trata-se da oposição entre uma comunidade devotada a Deus e de uma orientada ao mundo.

O ponto de partida para o surgimento de ambas as comunidades é a "queda do ser humano" cometida por Adão. A culpa que surge por sua causa é transmitida a todos os seus descendentes, isto é, a toda a humanidade. A transmissão do pecado aos descendentes chama-se traducianismo; seu tema é o "pecado original". Agostinho observa:

> Pois Deus, o autor das naturezas, não seu deformador, criou o ser humano bom, este, contudo, que se corrompeu por culpa própria e foi por isso com justiça condenado por Deus, gerou descendentes corrompidos e condenados (AGOSTINHO, 1991, p. 124).

Por meio do pecado original, todos os seres humanos, desde seu nascimento, são não apenas culpados, eles também não podem se libertar dessa culpa por conta própria. Há, decerto, passagens nas quais Agostinho parece colocar o ser humano diante de uma livre escolha, como, por exemplo, quando ele afirma: "Em cada ser humano reside um imperador [...]. Deus desejava estar em tua vontade, dá-lhe espaço, a Deus ou ao diabo. Se tu, porém, lhe dás espaço, ele irá dominar" (FLASCH, 1994, p. 190). No entanto, essa ideia é novamente aniquilada pela doutrina da graça elaborada por Agostinho. Segundo ele, todos os seres humanos são "um único pedaço de imundice" ou "uma pilha de pecados". Isso significa que, "desde então, abstraindo-se da misericórdia de Deus, é devida a todos a danação eterna" (FLASCH, 1994, p. 198). O fato de Deus ter poupado da danação alguns poucos escolhidos é um imperscrutável ato de graça. O ponto de partida dessa ideia é a passagem de Paulo em que este afirma que Deus, por "livre escolha", decidiu-se por Esaú e Jacó, dizendo: "Eu amei a Jacó, mas odiei a Esaú" (Rm 9,13). Como Paulo ressalta, essa escolha ocorreu "antes que as crianças tivessem nascido e praticado o bem ou o mal" (FLASCH, 1994, p. 198).

Agostinho aproveita essa ideia e afirma: Deus não é injusto quando não faz recair a todos os seres humanos a pena que lhes é merecida, mas, antes, é misericordioso quando exime alguns dela. Os poucos escolhidos pertencem à cidade de Deus, a vida eterna lhes é prometida. Agostinho afirma: "Admitamos, se não à luz da evidência, pelo menos em nome da divina presciência de Deus, que no primeiro ser humano criado tiveram origem, juntamente com o gênero humano, duas comunidades, como que duas cidades. Dele, efetivamente, haviam de proceder alguns seres humanos destinados a partilhar os suplícios dos anjos maus, e outros, a recompensa dos bons" (AGOSTINHO, 1991, p. 106). A tese criacionista fundamental da Bíblia sofre em Agostinho uma radicalização: o ser humano é não apenas em geral uma criação de Deus, mas ele é também uma criatura escolhida ou condenada.

A história da recepção de Agostinho, que desde sempre como teórico da Igreja gozou de grande prestígio na Igreja Católica, sofreu mudanças. A sua doutrina do pecado original e da graça, sobretudo, incorre em contradições. Notemos aqui como mais relevante que Martinho Lutero se refere a Paulo e Agostinho em sua doutrina da justificação. Em seu escrito *De servo arbitrio* ele descreve o ser humano como um "animal vicioso" (LUTERO, 1954, p. 46ss.), que, independente de sua vontade, é mantido sob rédeas seja por "Deus" seja por "Satã", e repetidas vezes ressalta que o ser humano pode ser justificado não pelas suas próprias capacidades, não por suas boas ações, mas apenas por meio de uma dádiva da fé, isto é, pela graça de Deus.

3 Natureza e graça (Tomás de Aquino)

> Ora, assim como o ente é aquilo que, primeiro, pura e simplesmente, cai sob a apreensão, assim também o bem é aquilo que primeiro cai sob a razão prática [...]. Ora, porque o bem tem o sentido de fim e o mal, fim de seu contrário, daí segue-se que tudo aquilo para que tem o ser humano uma inclinação natural, a razão naturalmente apreende como bom. Assim, segundo a ordem das inclinações naturais, segue-se a ordem dos preceitos da lei da natureza. Pois é primeiro inerente ao ser humano a inclinação para o bem segundo a natureza que tem em comum com todas as substâncias, qual seja, toda a substância apetece a conservação de seu ser segundo a sua natureza. E, de acordo com essa inclinação, pertence à lei natural tudo aquilo pelo qual é conservada a vida do ser humano e que impede o que lhe é contrário. Em segundo lugar, é inerente ao ser humano a inclinação para algo mais especial, de acordo com a natureza que tem em comum com os outros animais. E segundo isso, diz-se ser da lei natural "aquilo que a natureza ensinou a todos os animais", como a união do macho e da fêmea, a educação dos filhos e similares. Em terceiro lugar, é inerente ao ser humano a inclinação para o bem segundo a natureza da razão que lhe é própria, como ter o ser humano uma inclinação natural para conhecer a verdade sobre Deus e viver em sociedade (TOMÁS DE AQUINO, 1988. p. 324ss.).

Tomás de Aquino (1224/5-1274) nasceu no Castelo Roccasecca no condado de Aquino, próximo de Nápoles, e era filho de uma família nobre. Em 1239 ele se tornou estudante da Universidade de Nápoles e, além de estudar teologia, dedicou-se à filosofia grega, entre outras à filosofia aristotélica. Com 20 anos de idade entrou na Ordem dos Pregadores, ou dominicanos, seguindo-se a isso alguns anos de estudo em Paris. Aqui ele conheceu Alberto Magno (1200-1280), que buscava ligar a filosofia grega, mais especificamente a aristotélica, à teologia. Tomás seguiu seu professor até Colônia. Em 1256 ele se tornou regente mestre na Universidade de Paris e em 1258 iniciou a redação de sua obra *Summa contra Gentiles* [*Suma contra os gentios*]. Após 3 anos de atividade docente, Tomás retornou à Itália. No papado conheceu Guilherme de Moerbeke, que traduziu para ele alguns escritos de Aristóteles. De 1269 a 1272 Tomás voltou a residir em Paris. Nessa época ocorreu a redação da *Summa Theologiae*. Em 1272 Tomás retornou à Itália, trabalhando junto aos estudos religiosos da Universidade de Nápoles. Durante a viagem até o concílio de Lyon, em 1274, Tomás faleceu no mosteiro cisterciense de Fossanova.

O centro do pensamento de Tomás de Aquino é constituído por uma nova determinação da relação entre teologia e filosofia, fé e razão (*fides et ratio*). Diferentemente de Agostinho, porém, essa relação foi completamente modificada pela da descoberta dos escritos aristotélicos. Para Agostinho, o neoplatonismo ainda constituía o pano de fundo de suas reflexões filosófico-teológicas, de modo que surgia um novo desafio filosófico com Aristóteles. Ele consistia no significado que a filosofia aristotélica conferia à definição científica de âmbitos particulares da realidade e, de forma ainda mais radical, ao significado fundamental do singular em oposição ao universal.

Até 1200 apenas alguns poucos escritos lógicos de Aristóteles eram conhecidos no mundo ocidental que falava latim, ao passo que o mundo árabe dispunha desde meados do século X de traduções completas dos escritos aristotélicos. Abu Ali ibn Sid (980-1037), nascido em Bagdá e conhecido no Ocidente como Avicena, e Ibn Rushd (1126-1198), conhecido como Averróis e tendo vivido na cidade de Córdoba, então dominada pelos árabes, redigiram importantes comentários às obras de Aristóteles. Somente a partir de 1210 é que começam a ser oferecidos cursos sobre a *Física* e a *Metafísica* de Aristóteles nas faculdades de Paris, e somente por volta de 1240 surge uma tradução completa em latim dos escritos de Aristóteles. Contudo, o desconforto que Aristóteles causou para a doutrina oficial da Igreja Católica foi tão grande que o papa proibiu o ensino de Aristóteles em 1210 pela primeira vez, novamente em 1231 e, por fim, pela última vez em 1263.

Para Alberto Magno e Tomás, o estudo de Aristóteles levava a uma nova determinação da relação entre teologia e filosofia. Foi levada a sério a pretensão da filosofia e da ciência como uma possibilidade autônoma de conhecimento. Para Tomás, essa nova abordagem significava a possibilidade de adentrar em um novo caminho para o conhecimento, diferente daquele tradicional inspirado no neoplatonismo. O ponto de partida para tanto era a "*lumen naturale*", a razão facultada naturalmente ao ser humano. Cumpria explorar o alcance dela. Contudo, para Tomás, cumpria também notar que ela é limitada e, para além dela, começa o reino da fé, que é uma dádiva da graça. Para a relação entre ambos, Tomás desenvolve a notória fórmula "*gratia perficit naturam*", ou seja, a graça perfaz a aspiração do ser humano ao bom e ao verdadeiro, inspiração esta que, embora imperfeita, é ínsita à sua natureza. Ele afirma:

> Dessa maneira, a dádiva da graça convém à natureza, não a suprimindo, mas, antes, a perfazendo. Por conseguinte, a luz da fé, vertida em nós com graça, não apaga a luz do conhecimento natural, a qual é nosso dote natural (TOMÁS DE AQUINO, 1947, p. 11).

A nova confiança nas capacidades da razão humana e da filosofia também fez como que as tentativas de provar a existência de Deus recebessem um novo impulso. Para Agostinho, a existência de Deus era um tema da fé, no qual o saber em nada interferia. Esta passagem o confirma: "Porém, que exista um mundo, isto o vemos; que Deus existe, nisto cremos" (AGOSTINHO, 1991, p. 6ss.). Em oposição a isso, Anselmo de Cantuária (1033-1109) forneceu uma significativa prova da existência de Deus inspirada no neoplatonismo. Ele definia Deus como "algo além do qual nada maior pode ser pensado" (ANSELMO, 1984, p. 85). Ele argumentava da seguinte forma: o algo admitido, que é definido como Deus, somente é o que há de maior caso lhe seja atribuída existência, pois, do contrário, poderia ser pensado algo que fosse maior, a saber, algo que contenha existência.

Tomás surpreendentemente rejeita essa prova da existência de Deus apoiado em dois argumentos. Primeiro, ele afirma "que talvez aquele que escuta o nome 'Deus' não compreende que com tal nome seja designado algo além do qual nada maior possa ser pensado, já que alguns creem que Deus seja um corpo" (WEISCHEDEL, 1979, p. 135). A sua segunda objeção é mais séria. Ele afirma: mesmo se alguém designasse Deus como este maior, "disso não se seguiria que esse alguém compreende que aquilo que é designado pelo nome esteja na natureza das coisas, mas (apenas) na apreensão do entendimento" (WEISCHEDEL, 1979, p. 135ss.). Em poucas palavras, a partir do conceito de Deus como um conceito do entendimento não pode ser derivada sua existência "na realidade". Tomás desenvolve sua própria prova da existência de Deus em cinco vias (*quinque viae*):

A primeira prova parte da experiência de que há algo movente. Todo movente, contudo, precisa ser movido por algo. O primeiro movente não movido é Deus. Tomás extrai a ideia do movente não movido da *Metafísica*, de Aristóteles, e com isso atesta ainda mais sua proximidade com ele.

A segunda prova tem um argumento semelhante. Tudo o que é dado na realidade tem uma causa; para cada ente há uma "*causa efficiens*". Somente a primeira causa não é, ela mesma, causada, ela é "*causa sui*", causa de si mesma; e esta é Deus.

A terceira prova tematiza a relação entre realidade, possibilidade e necessidade. Conforme argumenta Tomás, nós nos deparamos com coisas que surgem e perecem, ora são, ora deixam de ser. "Contudo, é impossível que tudo isso tenha sempre sido, pois, o que tem a possibilidade de não ser, alguma vez não é. Se, portanto, tudo tem a possibilidade de não ser, então em algum momento não havia coisa alguma. Se isso é verdade, então não haveria nada hoje, pois o que não é apenas começa a ser por meio de um que é" (TOMÁS DE AQUINO, 1985, p. 24). Porém, prossegue o argumento, esse um somente pode ser um necessário, e este é Deus.

A quarta prova parte da distinção entre perfeito e imperfeito. De modo a que seja possível conhecer o perfeito como imperfeito, cumpre haver um padrão, e este é o próprio perfeito. Disso Tomás conclui: "Há, portanto, algo que é a causa do ser de todo o ente, do caráter bom e de toda e qualquer perfeição: e a isto damos o nome de Deus" (TOMÁS DE AQUINO, 1985, p. 25). Essa prova é platônica no sentido próprio do termo. Platão denomina Ideia esse ser perfeito.

A quinta prova parte do pensamento dos fins que se encontram na natureza. Estes devem ser pressupostos, mesmo se às próprias coisas falta o conhecimento de uma finalidade. Aquilo que busca uma finalidade sem conhecimento não pode ter a finalidade por si mesma. Portanto, há no decurso da natureza "algo racional a partir do qual todas as coisas da natureza são ordenadas para uma finalidade: e a isso damos o nome de Deus" (TOMÁS DE AQUINO, 1985, p. 25). Essa prova retoma a ideia aristotélica sobre a teleologia. Trata-se daquela sobre a "*causa finalis*".

As provas da existência de Deus fornecidas por Tomás são importantes sob várias perspectivas. Elas têm por objetivo, primeiro, provar a existência de Deus; segundo, elas dão indícios sobre a essência de Deus; e, terceiro, elas deixam claro que todas as coisas deste mundo, incluindo o ser humano, têm sua causa em Deus, isto é, são uma criação de Deus.

Resumindo os argumentos apresentados, temos os seguintes enunciados acerca da essência de Deus: enquanto o movente não movido, Deus é o início de todo o movente; Ele é a causa de todo o ente; Ele é o único existente necessário, o ser perfeito; e, por fim, a finalidade de todo o aspirar a algo. Ele é, ao mesmo tempo, início, padrão e finalidade da criação. Mas não é, Ele mesmo, um ente, tampouco o ente primeiro ou supremo.

Aquilo que é padrão do ente não pode ser, ele mesmo, um ente. Deus é o ser mesmo, "o *ipsum esse per se subsistens*" (HIRSCHBERGER I, 1976, p. 482). Enquanto tal, Ele não pode ser comparado com qualquer ente. Todo o discurso sobre o ser mesmo é insuficiente. Ele tem somente o caráter de uma analogia [*analogia entis*]. Ao mesmo tempo, porém, fica claro que o ser do ente tem seu fundamento no próprio ser, isto é, em Deus. Uma vez que Deus é o próprio ser, a criação significa trazer algo do nada ao ser. A criação é *"creatio ex nihilo"*. Uma alternativa a essa concepção é oferecida pela filosofia grega, que afirmava a eternidade do mundo, como, por exemplo, Aristóteles.

A favor de sua honestidade intelectual pode-se afirmar que Tomás designa explicitamente a ideia criacionista como uma proposição de fé. Ele ressalta que a concepção acerca de um mundo eterno, não criado, não pode ser refutada com argumentos racionais. Em sua *Summa Theologiae*, ele formula da seguinte maneira a objeção da razão natural:

> Ora, que Deus seja o criador do mundo é uma proposição de fé, no sentido de que a existência do mundo teve um início [...]. Apenas com a fé assume-se, sem provar-se, que o mundo nem sempre existiu (TOMÁS DE AQUINO, 1985, p. 209).

Mas isso também significa que suas provas da existência de um Deus criador possuem uma premissa teológica e sem esta perdem seu valor de prova (cf. CHENU, 1992, p. 104; HIRSCHBERGER I, 1979, p. 506).

De forma semelhante, motivos teológicos ligam-se a filosóficos em sua antropologia. Tomás retira da Bíblia a doutrina sobre a criação do primeiro homem. Para ele, a formação de Eva a partir da costela de Adão tem como fim principal assegurar a reprodução da humanidade.

Contudo, ao lado disso, há para ele também uma doutrina do surgimento de seres humanos individuais. Ela inclui a geração, o desenvolvimento e a constituição da essência do ser humano. Na esteira de Aristóteles, Tomás define o ser humano como "*animal rationale*". O ser humano é composto com um corpo que se caracteriza por mover a si mesmo, alimentar-se, reproduzir-se, ter sensações e razão. O corpo tem essas faculdades não por si mesmo, pois nem todos os corpos as possuem. Elas caracterizam a sua alma.

A alma é o princípio vital em todos os seres vivos; ela tem uma composição segundo graus. Quatro graus ou potências da alma ligam os animais aos seres humanos. Há os seguintes graus ou potências da alma: vegetativo, sensível (sensações), apetitivo (o instinto) e motivo (locomotivo). Porém, a alma humana se distingue por uma faculdade intelectiva, puramente espiritual, que inclui o pensamento e a vontade livre (cf. HIRSCHBERGER I, 1979, p. 511). O pensamento contém também a capacidade de se voltar a si mesmo, isto é, a capacidade de reflexão. Ela não é ligada à sensibilidade, mas, antes, possui uma independência em relação a esta. Essa "alma espiritual" é algo que existe independentemente, ela é uma substância. Por essa razão ela é também imortal.

São notáveis as afirmações embriológicas de Tomás sobre o surgimento do indivíduo. Os graus de desenvolvimento são os seguintes (cf. HIRSCHBERGER I, 1979, p. 513ss.): o ponto de partida é o "sangue materno". Por meio da combinação de uma série de fatores, como Deus, espíritos celestes, o sol e o esperma do pai, o sangue da mãe torna-se um ser vivo que se encontra no grau da vida vegetativa, sem, contudo, poder ser classificado como um vegetal determinado. Na sequência, ele começa a exercer funções vitais, como nutrição e crescimento. Após assumir uma determinada forma, ele atinge o grau da vida animal, mas ainda apenas segundo seu ser, e posteriormente suas atividades de percepção e movimento. Ele não pertence ainda a nenhuma classe animal particular. Apenas após outros desenvolvimentos do embrião é que este atinge a forma humana, e a alma animal, que surgiu até esse momento, precisa ceder lugar à humana. Deus cria e atribui a alma racional humana a cada indivíduo particularmente. Nesse instante, o "*foetus*" pertence à espécie humana. Também aqui o ser precede a ação. O feto tem apenas a faculdade de atividade vegetativa e sensitiva [*homo actu primu*]. "Apenas quando a criança consegue utilizar seu entendimento é que ela se torna também um ser humano vitalmente ativo [*homo actu secundo*]" (HIRSCHBER-

GER I, 1979, p. 514). O homem percorre, portanto, três graus vitais indicados por Aristóteles: vegetal, animal, ser humano.

A característica mais fundamental dessa concepção consiste em, baseando-se em Aristóteles, descrever o desenvolvimento do ser humano, da concepção à infância, como um processo natural. É também significativa a ideia de que a criação não deve ser considerada como um ato encerrado com o início do mundo, mas, antes, como uma criação contínua, uma "*creatio continua*". Nesse contexto, há também a ideia de uma formação sucessiva da alma [*Sukzessivbeseelung*], que considera a formação da alma como um processo que ocorre aos poucos, em oposição à formação simultânea da alma [*Simultanbeseelung*], que supõe que uma alma humana é atribuída ao homem desde o início.

Também na ética Tomás de Aquino se baseia diretamente na filosofia de Aristóteles. A passagem que abre a *Ética a Nicômaco*, a saber, que "foi dito, com muito acerto, que o bem é aquilo a que todas as coisas tendem" (ARISTÓTELES. *Ética a Nicômaco*, 1.094a), fornece o quadro em que se movem as reflexões éticas de Tomás. Ele cita a passagem transcrita acima quando define o bem como aquilo "que todos desejam". O ser humano tende naturalmente ao bem. As prescrições da natureza constituem uma ordem das "inclinações naturais". Elas representam uma lei da natureza. Para Tomás, há três estágios dessas inclinações naturais. O primeiro é o princípio de conservação de si, o segundo é a ligação entre homem e mulher e a concepção e a criação dos descendentes. Apenas o terceiro estágio inclui o que há de específico no humano. Ele consiste no conhecimento da verdade de Deus e no princípio da vida conjunta em sociedade. Tomás distingue a sociedade humana da animal, e aqui podemos apenas suspeitar que ele assume os mesmos critérios de Platão e Aristóteles, que interpretavam a ordem política como uma ordem jurídica, o que não há entre os animais. Contudo, também o impulso ao conhecimento da verdade de Deus corresponde por completo à concepção aristotélica de que o modo especulativo de vida é determinado pelo conhecimento do divino.

Porém, se o ser humano naturalmente tende ao bem, coloca-se a pergunta pelo lugar do mal. Tomás interpreta como uma falta. Ele define o mal da seguinte forma: "Assim como a palavra 'bom' é entendida como o que é perfeito, também a palavra 'mal' nada mais é senão a perda da perfeição" (TOMÁS DE AQUINO, 1946, p. 25). Essa definição contém também a ideia de que o bem precede o mal segundo sua essência e sua origem: "Como o bem é naturalmente anterior ao mal, que significa sua perda, então os estímulos da alma cujo objeto é o bem são anteriores aos estímulos cujo objeto é o mal, e estes por isso mesmo surgem daqueles. E por esse motivo a raiva e a tristeza têm sua causa em um amor, um anseio, um desejo" (TOMÁS DE AQUINO, 1946, p. 29). O mal é uma tendência equivocada por um bem. Em outras palavras, "todo mal se enraíza em um bem" (p. 30).

Tomás, entretanto, dá um passo além. Ele afirma que, "caso o mal fosse completamente eliminado da realidade, isso significaria que também muito do bem seria anulado. Portanto, não é da opinião da providência divina excluir o mal por completo da realidade, mas, antes, dirigir a um bem o mal que surge" (TOMÁS DE AQUINO, 1946, p. 32). Contudo, trata-se aqui de uma forma de ver as coisas a partir da perspectiva de Deus. Para o ser humano é válido o seguinte mandamento: "O mal deve ser evitado de todas as maneiras; por isso, o mal não deve ser praticado de maneira alguma, para surgir disso algo bom" (TOMÁS DE AQUINO, 1946, p. 29).

Mas por que de modo geral há ações más? A resposta do Aquinate é aquela já dada por Platão e Aristóteles. É a "ignorância da razão" que faz com que os seres humanos pratiquem o mal ou o pecaminoso em lugar do bem visado. Porém, a tendência ao bem não deve ser compreendida como uma determinação. Tomás é bem enfático ao ressaltar a liberdade do homem. Deus é a primeira causa do mundo; contudo, todas as demais causas e consequência não estão por isso determinadas. Há, antes, um âmbito próprio de causas secundárias. É aqui que a liberdade humana encontra seu lugar. Tomás nota: "Deus move todos os seres à maneira destes. E por isso alguns seres participam do movimento através de Deus à maneira da necessidade, ao passo que a natureza dotada de espírito [participa do movimento através de Deus] à maneira da liberdade" (TOMÁS DE AQUINO, 1946, p. 115). A "natureza dotada de espírito" é a do ser humano. A liberdade tende a escolher os meios mais adequados para o fim visado. No entanto, também aqui o ser humano pode errar e escolher meios maus em lugar dos bons. Isso leva a uma consequência decisiva: "Não pertence à essência do livre arbítrio poder escolher o mal; mas isso se segue do livre arbítrio, na medida em que este reside num ser criado, que, pois, é capaz de falhar" (TOMÁS DE AQUINO, 1946, p. 62). Inversamente, isso significa que "onde há conhecimento espiritual há também livre arbítrio" (TOMÁS DE AQUINO, 1946, p. 62). Em sua filosofia política, Tomás ressalta a subordinação da autoridade mundana à autoridade espiritual. Segundo o credo criacionista do Aquinate, o ser humano é uma criatura de Deus cuja tendência natural ao bem se consuma com a graça.

A história da recepção de Tomás de Aquino é bem significativa. Para a Igreja Católica ele representa ainda a autoridade intelectual decisiva. O vínculo por ele buscado com as ciências fez com que as verdades da fé pudessem ser consideradas como compatíveis com o conhecimento científico. Isso nem sempre foi possível. A Igreja Católica combateu importantes conhecimentos físico-científicos da Modernidade. Apesar disso, em sua encíclica *Fides et Ratio* o Papa João Paulo II refere-se novamente à importância central de Santo Tomás, ao qual atribui-se "o grande mérito de ter colocado em primeiro plano a harmonia que existe entre razão e fé" (JOÃO PAULO II, 1998, p. 46). Ele enfatiza, ainda que não sem uma certa limitação, que "a referência às ciências naturais é útil em muitos casos" (p. 71).

DUALISMO E MONISMO

III
Concepções dualistas

A experiência de que o mundo se apresenta em pares opositivos marca o pensamento humano desde seus primórdios, como mostram os seguintes exemplos: cidade – campo, apogeu – conflito, trabalho – gozo (Homero); masculino – feminino, luz – escuridão, bem – mal (Pitágoras), e saúde – doença, vida – morte, repouso – movimento (Heráclito). Mas é sobretudo um par opositivo que representou de forma particular um desafio ao pensamento, a saber, aquele entre "*psyche*" e "*soma*". A razão de sua importância deve residir no fato de ele, como nenhum outro foi capaz, definir o ser humano e interpretar a condição humana em um sentido fundamental. A sua marca distintiva se mostra no fato de ele até hoje em dia não apenas fazer parte da linguagem cotidiana – em português como corpo e alma –, como também estar naturalizado na linguagem científica. A medicina psicossomática é um campo estabelecido de nossa saúde pública. Essa concepção sofreu um primeiro desenvolvimento conceitual com Platão, e por um bom tempo a filosofia platônica em seu todo foi interpretada sob essa marca. Desde então sabemos mais precisamente que, embora muito importante, esse modelo antropológico representa para Platão apenas um modelo entre outros.

Porém, menos conhecido é o fato de a concepção platônica possuir uma importante pré-história. Ela começa com Homero. Ele também emprega os conceitos "*psyche*" e "*soma*", mas em um sentido completamente diverso. "*Soma*" não é o corpo vivente, mas sim o cadáver, e "*psyche*" não é a alma vivente, mas sim a cópia em miniatura do ser humano que o deixa após sua morte para levar uma existência miserável e sombria no Hades. O par opositivo "*psyche*" e "*soma*" no sentido empregado por Homero não era apropriado para tornar-se um fio condutor antropológico (cf. cap. I, 1). Para que isso ocorresse, era necessária uma importante etapa intermediária, realizada por Pitágoras. Sob a influência da religião mistérica e do orfismo, isto é, a poesia mitológica antiga, Pitágoras defendia a doutrina da transmigração das almas. Ela encerrava a ideia a respeito da imortalidade da alma e sua reencarnação em outro ser vivo. Aqui se insere também a busca pela "rememoração" da vida passada que "a alma uma vez viveu antes de ter sido mantida cativa em seu corpo presente" (MANSFELD, 1987, p. 173).

Apenas com Pitágoras "*soma*" torna-se corpo vivente e a "*psyche*" recebe a função de conduzir conscientemente a vida. A ideia de reencarnação é que lança nova luz à condução da vida na medida em que o acesso à nova vida ocorre de acordo com os méritos da antiga. Com isso a relação entre "*psyche*" e "*soma*" ganha relevância antropológica e ética. Isso ocorre em Platão, que se refere explicitamente às doutrinas pitagóricas.

O par opositivo recebe em Descartes os nomes "corpo e mente", em Leibniz "corpo" e "alma" e em Kant "'*mundus sensibilis*' e '*mundus intelligibilis*'", ou ainda, "sensibilidade e entendimento". Porém, o conflito filosófico decisivo foi despertado não por ocasião dos nomes, mas, antes, por ocasião da pergunta sobre como essa relação deve ser pensada. Trata-se, sobretudo, da pergunta a respeito da ligação ou mediação de ambos os âmbitos. Ao passo que Descartes faz de um determinado órgão no cérebro humano o responsável por tal ligação ou mediação, Leibniz se atém a uma "harmonia preestabelecida" de corpo e alma empreendida por Deus (cf. cap. IX, 1). Kant assume primeiramente duas perspectivas separadas, mas afirma depois apenas a possibilidade de que a própria "razão" (o inteligível) no ser humano possa produzir um "sentimento" (o sensível) de "respeito" para com ela mesma.

1 *Psyche* e *soma* (Platão)

> Perguntemos a nós mesmos se acreditamos que a morte seja alguma coisa? – Sem dúvida, respondeu Símias. – Que não será senão a separação entre a alma e o corpo? Morrer, então, consistirá em apartar-se da alma o corpo, ficando este reduzido a si mesmo e, por outro lado, em libertar-se do corpo a alma e isolar-se em si mesma? Ou será a morte outra coisa? – Não; é isso, precisamente, respondeu [...]. És de opinião que seja próprio do filósofo esforçar-se para a aquisição dos pretensos prazeres, tal como comer e beber? [...] – De forma alguma – E os demais prazeres, que entendem com os cuidados do corpo? És de parecer que lhes atribua algum valor? [...] Eu, pelo menos, sou de parecer que o verdadeiro

> filósofo os despreza. Sendo assim, continuou, não achas que, de modo geral, as preocupações dessa pessoa não visam ao corpo, porém tendem, na medida do possível, a afastar-se dele para aproximar-se da alma? – É também o que eu penso. – Nisto, por conseguinte, antes de mais nada, é que o filósofo se diferencia dos demais seres humanos: no empenho de retirar quanto possível a alma da companhia do corpo. – Evidentemente [...] (PLATÃO. *Fédon*, 64b-65a).

Platão nasceu no ano 427-428 a.C. em Atenas. Em 407 a.C. ele se tornou aluno de Sócrates. Após a execução de Sócrates no ano de 399, Platão viajou a Mégara para encontrar Euclides e estudar sua matemática. Em 389 viajou a Siracusa, na Sicília, e talvez também para o Egito e Cirene. Na Itália, Platão entrou em contato com os pitagóricos Arquitas de Tarento. Em 387 ele fundou a Academia, uma escola filosófica em um bosque nos entornos de Atenas. Em 367 e 361, ele realizou duas viagens à Sicília, nas quais ele buscou, inutilmente, convencer os tiranos Dionísio I e II a respeito da concepção de uma comunidade política fundada em princípios filosóficos. Platão faleceu no ano 347 a.C. em Atenas.

A tradicional distinção entre "*psyche*" e "*soma*", que desde Homero perpassava a vida grega, também desempenha um papel central da obra de Platão. É digno de nota, contudo, que o par conceitual tenha passado por inúmeras modificações ao longo da atividade intelectual de Platão. A interpretação que ele realiza nas obras iniciais, como na *Apologia*, é diferente daquela de suas obras intermediárias, como, por exemplo, no *Fédon*. Uma questão repetidamente discutida é aquela sobre em que medida os diálogos encontrados na *Apologia* remontam a Sócrates e em que medida ela é uma obra de Platão. Para uma possível resposta, o que é dito sobre a relação entre "*psyche*" e "*soma*" oferece um valioso indício.

Na exposição sobre como conduz sua vida, Sócrates ressalta que procura convencer seus concidadãos a não pensar primeiramente no "corpo", mas, antes, "na alma, para que esta floresça até seu melhor" (*Apologia*, 30b). A distinção entre corpo e alma é, portanto, pressuposta como evidente. A defesa de Platão – talvez não tão evidente – concerne à tese de que o "cuidado da alma" [*epimeleia tes psyches*] tem uma precedência absoluta diante do cuidado com o corpo. Enquanto aquele que tem em vista o corpo esforça-se por enriquecer-se e obter "glória e fama", aquele que cuida sobretudo da alma empenha-se em conhecer e discernir a verdade e em obter a competência (virtude) da alma. O objetivo seria sua "melhor constituição", à qual pertence, sobretudo, a justiça.

Em comparação a Homero, duas coisas ficam claras nesse texto: em primeiro lugar, o desprezo em relação à alma encontrado em Homero é aqui superado; em segundo lugar, a "*soma*" não mais significa "cadáver", mas, antes, "corpo vivo". A posição particular que Sócrates aqui ocupa entre Homero e os escritos posteriores de Platão mostra-se na pergunta acerca do juízo sobre a morte. Sócrates defende um notável agnosticismo. Ele argumenta da seguinte forma: nós não sabemos o que nos espera após a morte. Duas possibilidades são pensáveis: ou a morte é como um longo sono sem sonhos, e, pois, esse é um estado que não deve ser temido se comparado com o sono na vida, que frequentemente é marcado por sonhos exasperantes e inquietantes. Contudo, há de fato o Hades com seu julgamento dos mortos, no qual cada um é julgado conforme os parâmetros da justiça, de modo que um ser humano justo não tem o que temer; muito pelo contrário, ele recebe então a oportunidade de encontrar-se e conversar com todos os homens célebres já falecidos. De um modo ou de outro, o ser humano justo não precisa temer a morte. E, por fim, para Sócrates sequer é certo se os mortos até mesmo não teriam uma melhor sorte que os vivos (*Apologia*, 42a).

Na *Apologia* não há sequer um único fundamento para sustentar a prova da imortalidade da alma, conforme Platão a desenvolve em *Fédon*. Mas não se pode admitir que Platão colocou na boca de seu mestre pontos de vista que nenhum dos dois defendeu. Portanto, é de se crer na suposição de que Sócrates tenha de fato assumido uma postura agnóstica (cf. PLEGER, 1998, p. 78).

A argumentação se altera completamente no diálogo *Fédon*. A razão para tanto deve residir no fato de que Platão, nesse ínterim, travou conhecimento com os ensinamentos de Pitágoras durante sua viagem ao Sul da Itália. Eles tratavam de música e mecânica, aritmética e geometria, mas sobretudo do pensamento sobre a imortalidade da alma. Sem dúvida, o encontro de Platão com Arquitas de Tarento, que ele conheceu no Sul da Itália, desempenhou aqui um papel crucial.

O diálogo *Fédon* tem como ponto de partida o último dia da vida de Sócrates, o dia de sua execução. Ele possui, assim, uma referência histórica. Porém, ao de fato situar-se nesse contexto, Platão recebe a oportunidade de expor suas próprias ideias sobre a relação entre "*psyche*" e "*soma*". Nada disso remete ao Sócrates histórico (cf., PLEGER, 1998, p. 100ss.).

O Sócrates platônico coloca a seguinte tese no início do diálogo: aquele que se ocupa da filosofia de forma correta não tem outro objetivo senão morrer (*Fédon*,

64a). A filosofia, por conseguinte, é uma arte que ensina a morrer. A fundamentação dessa tese repousa na definição da morte: esta é a separação de corpo e alma. Essa separação é desejável, pois, por meio dela, a alma se liberta de todos os inconvenientes do corpo e fica, assim, completamente consigo mesma. Em que consistem essas inconveniências? Trata-se dos "males infindáveis": fome, doença, desejos sexuais, apetências em geral, medo e guerra etc. Em oposição a isso, a alma tem a ver com o pensamento, com o conhecimento da verdade, com o belo em si, com a justiça em si, em uma palavra, com a ideia do bem. E, na medida em que ela se concentra nesse âmbito, ela se purifica de toda a "sujeira" que a macula pelo contato com o corpo. Dessa forma, filosofar significa "aprender a morrer".

Contudo, o filósofo se distingue dos demais seres humanos por conseguir atingir ainda em vida essa separação de corpo e alma. Isso ocorre por ele centrar-se, durante toda a sua vida, no âmbito do pensamento, e por desprezar e evitar tudo o que é relativo ao corpo. Mas como isso é possível? Ora, isso é possível quando é verdadeira a prova de que a alma de fato apresenta uma unidade de ser existente de forma independente do corpo. E essa prova é então apresentada quando pode ser mostrado que a alma também continua a existir sem o corpo, isto é, também depois de separar-se dele na morte. Em outras palavras, a prova da imortalidade da alma não apenas faculta a esta uma existência para além da morte, mas também possui para os vivos o significado de uma prova da independência e autonomia da alma.

Ambos os aspectos devem ser observados nas provas sobre a imortalidade da alma que serão apresentadas na sequência. Dito de modo mais exato, trata-se, no entanto, não de uma prova, mas de um argumento, pois mesmo o Sócrates platônico não lhe atribui uma força probatória derradeira. No seu todo, Sócrates desenvolve quatro argumentos para a imortalidade da alma e refuta duas objeções de seus parceiros de diálogo, Símias e Cebes, que são, ambos, pitagóricos.

O primeiro argumento se segue a uma pergunta feita por Cebes: Não pode ser que a alma, na morte, não se separe do corpo, mas, antes, se dissolva, "com um sopro ou fumaça" e, então, "se destrua, desapareça e não exista em mais nenhum lugar"? (*Fédon*, 70a). Contra esse argumento Sócrates avança uma "antiga doutrina", segundo a qual a alma de todos os mortos vai ao Hades, mas de lá retorna e ressuscita. E esse ciclo de vida e morte corresponde a um princípio universal da natureza. Por todas as partes, o Uno se transforma em seu contrário: o que antes era grande torna-se pequeno, o que era forte torna-se fraco, o que era melhor torna-se pior, e assim por diante. Essas transformações ocorrem em ambas as direções. E, portanto, precisamos supor que a vida não se transmuta na morte, mas, antes, o inverso: o que está morto se transforma no que está vivo, isto é, que à morte, por um lado, precisa corresponder uma "revitalização", por outro (*Fédon*, 71e). Pois, se houvesse apenas uma direção, então tudo estaria, por fim, morto. Trata-se de um argumento de filosofia da natureza que se liga às doutrinas de um Anaximandro e de um Heráclito.

O segundo argumento tematiza a doutrina da anamnese, introduzida por Platão em seu diálogo *Mênon*. De acordo com ela, tudo o que é aprendido constitui-se apenas como uma rememoração de um saber que preexiste ao nascimento. Esse ponto é elucidado com o seguinte problema: Como podemos responder à pergunta sobre se duas coisas são igualmente grandes quando não sabemos o que significa o Ser-Igual e o Ser-Grande? A ideia de igualdade e a da grandeza são sempre pressupostas por nós. Não podemos derivar a igualdade entre dois objetos a partir da aparição sensível dos próprios objetos, nem de cada um individualmente e nem de ambos em conjunto. Na ideia de igualdade e na de grandeza trata-se de um saber que se refere a objetos sensíveis, mas que deles não pode ser extraído. Se não podemos ter obtido esse saber a partir do contato com objetos sensíveis, então precisamos tê-lo trazido com o nascimento, e isso significa que há um saber do qual a alma dispõe já antes de seu nascimento. Contudo, isso significa também que a alma existia antes do ser humano ao qual ela pertence.

Mas e o que ocorre com a existência da alma após a morte? Para responder a essa pergunta é necessário um argumento adicional. O critério introduzido consiste na distinção da composição do simples. Sem dúvida, as coisas visíveis, isto é, aquelas que são percebidas pelos sentidos, são compostas, como, por exemplo, "seres humanos, cavalos, vestimentas", e assim por diante. Essas se alteram sem cessar. As coisas invisíveis, pelo contrário, pertencem a um âmbito que não se altera, mas que sempre permanece o mesmo. As coisas invisíveis se abrem apenas ao pensamento. Dentre elas contam-se o racional, o simples, o imortal, o divino, o indissolúvel. O corpo pertence, sem dúvida, ao âmbito do sensível, composto e mutável; a alma, pelo contrário, ao do simples e do imutável. Portanto, ela é "parecida" ao imutável, divino e imutável; e se assim o é, não lhe conviria – conforme o argumento de Sócrates – "uma absoluta indissolubilidade, ou pelo menos qualquer estado que disso se aproxime"? (*Fédon*, 80b). Todo o composto se dissolve e perece, o simples, pelo contrário, é indissolúvel, imperecível, imortal. Dessa forma, a alma, que é simples, é imortal.

A alma, que já no tempo de sua ligação com o corpo se desvincula dele, dirige-se após a morte para um lugar "que lhe é semelhante", para aí "ser feliz" (*Fédon*, 81a). Porém, as almas que se envolvem em demasia com o que é corporal e que "por assim dizer crescem junto com ele" são coagidas, após seu renascimento, a ligar-se com um novo corpo no qual dominam os prazeres outrora cultivados, um corpo de "burro", de "lobo", de "açor", ou de "abutre".

O quarto argumento reage a duas objeções. A primeira diz respeito à questão da autonomia da alma em relação ao corpo. De acordo com a objeção, não seria pensável que a relação entre corpo e alma fosse como a da lira com o som produzido por ela? Assim, a alma seria como a voz do corpo, exprimindo-o. Contudo, contra essa objeção levantam-se dois argumentos. Primeiro, a alma não surge, como na lira, somente após o corpo. Trata-se, aqui, de um resultado comumente aceito da doutrina da anamnese. Segundo, porém, a alma não é tão dependente do corpo como o som da lira o é em relação à forma como é construída; muito antes, a alma domina o corpo.

A segunda objeção é também construída sob a forma de uma imagem. Alma e corpo poderiam relacionar-se como o tecelão relaciona-se com as vestimentas feitas por ele. Ao longo de sua vida, ele confecciona várias vestimentas e as desgasta. Por fim, porém, ele morre e a última vestimenta confeccionada sobrevive a ele por algum tempo, até que também ela se estraga. Da mesma forma, a alma poderia residir em vários corpos por um longo tempo, até finalmente morrer.

Contra essa objeção é avançado o conceito de Ideia. Há não apenas Ideias, como, por exemplo, aquelas já mencionadas de igualdade ou de grandeza, mas também uma multiplicidade delas. Algumas delas são "entrelaçadas" (*symploke*) entre si e se envolvem numa ligação indissolúvel, como, por exemplo, a Ideia de neve com a de frio ou a Ideia do número "três" com a de número ímpar. Assim como não pode existir uma neve quente, tampouco há um número três par. O mesmo ocorre com a relação da Ideia de alma com a de corpo. Alma e corpo constituem um entrelaçamento indissolúvel de Ideias. Porém, dado que morte e vida são opostos inconciliáveis, a alma nunca pode ligar-se à morte. Se, pois, o corpo morre, a alma imortal apenas abandona esse lugar, sem ela mesmo morrer.

No entanto, Sócrates ressalta explicitamente mais uma vez que, relativamente à dificuldade da questão, todos os argumentos apresentados carecem sempre de um exame muito cuidadoso. O destino ulterior da alma após sua separação do corpo permanece completamente incerto. Com efeito, existe um mito a ser contado a respeito disso, mas ele, como todos os mitos, não possui força de prova. Acreditar nele é, antes, "uma bela ousadia" (*Fédon*, 114d).

O modelo apresentado por Platão no *Fédon* possui consequências decisivas para a ética. Aqui é extremamente significativa a avaliação do corpo. O ponto principal da crítica consiste no fato de que os sentidos, como órgãos do corpo, não fornecem nenhum conhecimento confiável. A confiabilidade do conhecimento consiste no fato de ele ser um conhecimento permanente, e um conhecimento permanente, conforme o argumento apresentado, somente existe relativamente ao que é permanente, isto é, ao ser. O ser representa a verdade, e o pensamento tem a ver com ela. Os sentidos como órgãos do corpo são, como este, cambiáveis. Eles, pois, enganam, eles são enganosos e transmitem o falso. Isso traz consequências para o agir. O corpo assume como o bem a satisfação dos prazeres e, com isso, desconhece seu caráter enganoso, pois eles são apenas cambiáveis e avaliados erroneamente quanto à sua intensidade, mas também são, de inúmeras maneiras, em geral perniciosos para o ser humano.

A consequência que o "filósofo" extrai daí é dupla: em primeiro lugar, ele concede ao corpo tão pouca atenção quanto é possível, dedicando-se, em lugar disso, às tarefas da alma, que consistem sobretudo no pensamento; em segundo lugar, porém, diferentemente do som de uma lira, ele não se deixa determinar pelo seu corpo, mas, inversamente, o domina. A virtude exigida para tanto é o domínio de si. O domínio de si garante à alma aquela autonomia que é necessária para poder seguir o que é verdadeiro, isto é, permanentemente bom.

O modelo antropológico no *Fédon* é apenas um entre outros na filosofia de Platão. Na *República* ele abre mão do conceito de simplicidade da alma e em seu lugar propõe três partes da alma (PLEGER, 2009, p. 115), e no *Timeu*, seguindo o fio condutor de um pampsiquismo, ele desenvolve teses a respeito de um modelo de microcosmo-macrocosmo. O dualismo corpo-alma de Platão apresenta uma posição extrema no interior de sua filosofia. Em geral, sua obra articula de forma dramática uma hostilidade em relação ao corpo. Contudo, a filosofia de Platão se liga de forma íntima a esse modelo. Com isso, possivelmente também se perde uma ideia contida em *Fédon*. Ela consiste em que corpo e alma simplesmente não se desmembram em dois âmbitos que nada têm a ver um com o outro, mas que, antes, se encontram em uma relação tensa. Para Platão tal relação consiste em que a alma que se envolve em demasia nas necessidades do corpo deixa-se afetar por este. Porém, um outro pensamento é mais importante: Platão interpreta a alma como a instância que é capaz de dominar o corpo. Sua concepção de domínio de si está fundada nela. Em relação à abordagem dualista nota-se o seguinte: o dualismo não é sustentado por Platão de forma estanque. Entre ambos os âmbitos há pontos de contato, influências e mediações recíprocas. Só por meio deles as questões éticas ganham sentido. O lema ético para o "filósofo" esboçado em *Fédon*, a saber, deixar-se influenciar o mínimo possível pelas necessidades do corpo, é substituído por Platão em escritos posteriores pela ideia de cuidar não apenas da alma, mas também, de maneira adequada, do corpo.

A história de recepção da obra de Platão liga-se em particular, entretanto, com o dualismo corpo-alma conforme é defendido em *Fédon*. Isso se inicia com a transformação de sua tese no neoplatonismo e prossegue sobretudo na recepção da filosofia grega no cristianismo. A animosidade em relação ao corpo torna-se uma parte integrante do pensamento cristão. De maneira sarcástica e afiada, Nietzsche designa o cristianismo como "platonismo para o povo" (NIETZSCHE II, 566). Isso significa que o pano de fundo filosófico do platonismo – isso para não mencionar o próprio Platão – é esquecido e enviesado num simples dualismo de aqui e além. Perde-se, assim, a noção de que o platonismo não apenas simplificou, como também em muitas partes falsificou a filosofia platônica.

2 Corpo e mente (Descartes)

> E, ao investigar, noto com efeito, primeiramente, que é grande a diferença entre a mente e o corpo, pois este, por sua natureza, é sempre divisível, ao passo que a mente é completamente indivisível. Pois, quando a considero ou me considero, na medida em que sou somente coisa pensante, de modo algum posso distinguir partes em mim e me entendo como coisa totalmente una e inteira. E, conquanto pareça que a mente toda está unida ao corpo todo, se dele se retira, no entanto, um pé, um braço ou qualquer outra parte do corpo, sei que nada é assim subtraído à mente. E não se pode dizer também que as faculdades de querer, de sentir, de entender etc., sejam partes da mente, porque ela é uma só e é a mesma mente que quer, que sente, que entende. Em sentido contrário, nenhuma coisa corporal ou extensa pode ser por mim pensada sem que eu possa

facilmente dividi-la em partes pelo pensamento e sem que, por isso mesmo, não a entenda divisível. Isto só já seria suficiente para me ensinar que a mente é de todo diversa do corpo, se já não o soubesse satisfatoriamente de outro lugar (DESCARTES, 1977, p. 153ss.).

René Descartes nasceu em 1596 em La Haye em Touraine. De 1604 a 1612 ele frequentou o *Collège Royale de La Fléche* (Anjou), um colégio jesuíta. Em 1616 ele obteve o bacharelado e a licenciatura em Direito pela Faculdade de Poitiers. Após uma formação militar na Holanda, em 1620 Descartes se alistou voluntariamente nas tropas bávaras e participou, sob o comando do Barão de Tilly, de algumas das primeiras campanhas da Guerra dos Trinta Anos. Em 1628 ele imigrou para a Holanda. Em 1632 Descartes entrou em contato com Constantijn Huygens, o secretário do Príncipe de Orange. Em 1647 ele iniciou sua troca de correspondências com a Rainha Cristina da Suécia, e em 1649 ele aceitou o convite para visitá-la em Estocolmo. Ali ele faleceu em 1650. A Igreja colocou seus escritos no *"Index Romanus"* em 1663.

René Descartes viveu em uma época de inúmeras reviravoltas históricas. Duas delas merecem menção aqui. A primeira teve como ponto de partida questões teológicas, mas logo adquiriu uma dimensão política mais geral e cresceu até atingir os contornos de um acontecimento histórico de longo alcance. Trata-se da cisão da unidade da Igreja em duas crenças que estremeceu a Europa e teve seu ápice na Guerra dos Trinta Anos. Descartes viveu durante apenas dois anos após a assinatura da Paz de Vestfália em 1648.

A outra reviravolta histórica teve um impacto não menos desprezível para a compreensão de si do ser humano. Ela concernia à substituição da visão geocêntrica pela heliocêntrica de mundo. Galileu, que desde 1610 professava abertamente o sistema heliocêntrico de Copérnico, foi forçado pela Igreja em 1633 a renunciar a "seu erro". Descartes, que assumiu esta nova visão de mundo, desistiu então de publicar seu escrito *Le Monde* [*O mundo*], que continha essa doutrina. Já em 1628 ele fixara residência na liberal Holanda. Não obstante, ele evitou romper com as autoridades da Igreja Católica. Pelo contrário, com seus escritos ele buscava seu assentimento. Descartes, assim, dedicou suas *Meditações* à Faculdade Teológica de Paris e se esforçou em esclarecer que sua prova da existência de Deus seria especialmente apropriada para convencer descrentes. Na realidade, porém, sua própria filosofia – que levaria a uma nova fundação não apenas das ciências naturais, mas também das ciências como um todo – não se compatibilizava com o método aristotélico-escolástico defendido pela Igreja. Dessa maneira, Descartes se viu forçado a realizar algumas manobras em suas formulações, e entre seus amigos ele professava o seguinte lema: "*larvatus prodeo*", isto é, eu entro em cena com uma máscara. Mas o conflito com a instituição da Igreja era apenas a manifestação visível de um conflito mais profundo, que dizia respeito à compreensão de si do ser humano em seus fundamentos.

Descartes se viu desafiado a recolocar esses fundamentos. A metáfora do fundamento desempenha, pois, um papel decisivo em sua filosofia. Em seu *Discours de la méthode* [*Discurso do método*], de 1637, ele dá o seguinte exemplo: "Vê-se na realidade que muitos derrubam as suas próprias casas para reconstruí-las, sendo mesmo algumas vezes obrigados a fazê-lo, quando elas correm o perigo de cair por si próprias, por seus fundamentos não estarem muito firmes" (DESCARTES, 1990, p. 23). Descartes viu a si mesmo e a seus contemporâneos nessa situação. O objetivo de seus esforços filosóficos era o de estabelecer um fundamento novo e inabalável, um "*fundamentum inconcussum*". Sobre ele deveria ser erigido um edifício novo e resistente.

Essa concepção incluía também uma nova ciência do ser humano. Sob um olhar mais detido surgem até mesmo duas linhas argumentativas para a antropologia. De acordo com a primeira, Descartes pode ser considerado o fundador da filosofia da subjetividade (cf. cap. XII), e de acordo com a segunda, como o representante de uma metafísica dualista da substância. Elas constituem o ponto de partida para duas linhas opostas entre si. Em Descartes, porém, elas são ligadas entre si. A sua teoria da subjetividade desemboca em uma antropologia dualista. As etapas do pensamento de Descartes seguem a imagem por ele utilizada da demolição e reconstrução de uma casa. Mais exatamente, essas etapas são: a) demolição da antiga casa, b) desobstrução, ou ainda, descoberta de um fundamento seguro, e c) construção de uma nova casa.

Primeiramente, Descartes se despede do saber livresco tradicional, isto é, dos "sistemas" aristotélico-escolásticos de sua época, pois neles só conseguia encontrar um aglomerado de opiniões contraditórias entre si. Assim, ele decidiu "não mais procurar outro saber além daquele que poderia achar em mim próprio, ou então no grande livro do mundo" (DESCARTES, 1990, p. 17).

Descartes começa com o "livro do mundo". O saber ganho por meio dele é primeiramente o da percepção sensível. Porém, ela é enganadora. Por exemplo, a torre parece, percebida à distância, redonda, mas de perto é quadrada. E mesmo a percepção do próprio corpo, que é testemunhada pelo tato com as mãos, é enganadora, pois ela é dada da mesma forma no sonho. No entanto, os objetos matemáticos da aritmética e da geometria são independentes dessas coisas percebidas sensivelmente. Mas, abstraindo-se da possibilidade recorrente do erro, é sempre possível a ideia de que um "gênio maligno qualquer" continuamente engane.

Porém, aqui surge a ideia fundamental que supera todo ceticismo e esvazia a tentativa de logro por parte do "gênio maligno", pois "não há dúvida, portanto, de que eu, eu sou, também, se ele me engana: que me engane o quanto possa, nunca poderá fazer, porém, que eu nada seja, enquanto eu pensar que sou algo" (DESCARTES, 1990, p. 43). Disso se segue "que este enunciado: eu, eu sou, eu, eu existo é necessariamente verdadeiro, todas as vezes que é por mim proferido ou concebido na mente" (DESCARTES, 1990, p. 45). Descartes segue aqui essencialmente o argumento de Agostinho (cf. cap. II, 2). As capacidades do eu envolvem não apenas pensamento e fala. Um "ser pensante" é, antes, um ser que "duvida, que entende, que afirma, que nega, que quer, que não quer, que imagina também e que sente" (DESCARTES, 1990, p. 51). O que é decisivo, porém, é a conexão entre o conteúdo do enunciado "*ego cogito*" com o ato da fala ou do pensamento, pois apenas no ato do pensar o pensante está certo de sua existência. Descartes admite que, "pois, poderia, talvez, ocorrer que, se eu deixasse de pensar, deixaria ao mesmo tempo de ser" (1990, p. 47). Até essa etapa de suas reflexões Descartes se move no interior de uma filosofia da subjetividade. O sujeito consiste em nada mais senão no ato do pensar.

Porém, Descartes faz um salto notável. Esse salto é realizado discretamente na seguinte passagem: "Eu sou, pois, precisamente, tão-só uma coisa pensante, isto é, espírito, alma, intelecto, razão [...]. Mas eu sou uma coisa verdadeira e verdadeiramente existente, mas que coisa? Pois agora eu digo: uma coisa pensante" (DESCARTES, 1990, p. 47ss.). Dos atos episódicos, ou seja, temporalmente limitados do pensar surge uma substância que, como substância, possui o caráter de algo "que subjaz" e "que permanece". Edmund Husserl, ele mesmo representante de uma filosofia da subjetividade, critica Descartes em suas *Conferências de Paris*, o qual, "com sua mudança imperceptível, porém desastrosa do *ego* à *substantia cogitans*" (*Hua* I, p. 9), teria se despedido de uma concepção de subjetividade. A objeção de Husserl é a seguinte: com o conceito de "substância pensante" Descartes pretende "salvar uma pontinha do mundo", ao passo que o sujeito justamente se distingue por aceitar ser carente de mundo [*Weltlosigkeit*] (cf. cap. XII, 2).

Após ter novamente adentrado no âmbito da metafísica da substância, Descartes pretende, na sequência, recuperar, a partir desse fundamento ontológico inabalável, a existência do mundo, que fora perdida no método da dúvida metódica, isto é, ele pretende extrair o todo a partir dessa "pontinha do mundo". O caminho que ele percorre nessa tentativa passa pela prova da existência de Deus. Ele procede como Agostinho, que examina com atenção os "enormes espaços de sua memória". Descartes escreve:

> Agora, de olhos fechados, o ouvido tapado, distraídos todos os meus sentidos [...], em solilóquio comigo mesmo, inspecionando-me mais a fundo, esforçar-me-ei por me tornar paulatinamente mais conhecido de mim e mais familiar a mim mesmo (DESCARTES, 1977, p. 61).

Disso surgem inúmeras representações das quais ele deve admitir ser ele mesmo o autor.

Apenas com a "representação de Deus" ocorre algo diverso. Ela significa uma "certa substância infinita, independente, sumamente inteligente e sumamente poderosa e pela qual eu mesmo fui criado e tudo o mais existente, se existe alguma outra coisa" (DESCARTES, 1977, p. 83). O atributo "infinito" não pode ter sua origem na negação da finitude que o ser pensante sabe ser uma característica dele mesmo, mas, inversamente, a finitude é que deve ser entendida como limitação ou falta relativamente à infinitude e à perfeição que são ligadas à representação de Deus. Descartes ressalta ser manifesto "que há mais realidade na substância infinita do que na finita e, por conseguinte, que a percepção do infinito é, de certo modo, em mim, anterior à percepção do finito, isto é, que a percepção de Deus é anterior à percepção de mim mesmo" (DESCARTES, 1977, p. 83).

Essa prova da existência de Deus segue essencialmente aquela de Anselmo de Cantuária. Segundo ele, do conceito de "o mais sumo" segue a ideia de que apenas é "o mais sumo" aquilo a que corresponde existência, pois, do contrário, faltar-lhe-ia algo e haveria algo que seria ainda mais sumo. Para Descartes, o conceito-chave é o de "*realitas*" ["realidade"]. A representação de Deus significa uma "realidade" da infinitude e perfeição que o eu pensante não contém em si por conhecer-se a si mesmo como insuficiente, imperfeito e finito em virtude de sua dúvida.

Segundo Descartes, com essa demonstração abre-se o acesso aos objetos do mundo. Com efeito, o ser humano ainda está sujeito a erros e a um conhecimento insuficiente, mas ao menos o poder do *"genius malignus"*, isto é, do gênio maligno, está rompido após a prova da existência de um Deus sumamente poderoso e bom (DESCARTES, 1977, p. 99). O sujeito pensante pode, antes, estar certo de ter conhecido a verdade onde vê diante de si realidades com tamanha clareza e distinção como a que possuem ambas as certezas elementares, a saber, de si mesmo e de Deus. A natureza dessas certezas mostra o que deve ser compreendido por verdade. A fórmula é a seguinte: *"verum est quod clare e distincte percipitur"*, ou seja, verdadeiro é o que é percebido clara e distintamente (cf. DESCARTES, 1990, p. 63). Os objetos do mundo exteriores à substância pensante têm uma estrutura própria. A sua característica essencial é a da extensão. Em oposição à substância pensante indivisível, eles são divisíveis. Descartes segue aqui fundamentalmente a argumentação de Platão. Pelo conceito *"res extensa"* ele entende as coisas divisíveis, ou seja, extensas, e pelo conceito *"res cogitans"*, a substância pensante, indivisível. Extensão é a característica essencial dos corpos. Na medida em que possui um corpo e, contudo, é ao mesmo tempo uma substância pensante, o ser humano é composto por essas duas substâncias: *"res extensa"* e *"res cogitans"*. A determinação da relação das duas substâncias entre si é objeto da antropologia. Descartes ressalta em primeiro lugar a relativa independência de ambas as substâncias, quando, por exemplo, afirma que a "mente" do ser humano permanece intacta quando um membro, como um "pé" ou um "braço", é retirado de seu corpo.

Para elucidar a ideia da independência do corpo relativamente à mente, Descartes comparou o corpo com uma máquina, a qual tem o caráter de um autômato. Até mesmo enfermidades são explicadas com esse modelo. Um corpo enfermo funciona como um autômato defeituoso. Descartes exprime essa ideia da seguinte forma:

> E do mesmo modo que um relógio feito de rodas e pesos observa, não menos cuidadosamente, todas as leis da natureza, tanto quando é malfabricado e não indica direito as horas quanto quando satisfaz todos os votos de seu artífice, assim também, se considero o corpo do ser humano como um mecanismo feito de ossos, nervos, músculos, veias, sangue e peles, ajustado e composto de tal maneira que, mesmo que nele não existisse nenhuma mente, teria, contudo,

> todos os movimentos que nele agora não procedem nem do império da vontade nem, portanto, da mente (DESCARTES, 1977, p. 151).

De acordo com esse modelo, não haveria uma ligação entre corpo e mente, pois o funcionamento das máquinas é automático. A mente poderia observar o funcionamento das máquinas, mas não o influenciar.

Contudo, esse modelo coloca questões que o próprio Descartes também se colocou e para as quais encontrou uma resposta. O exemplo do braço cortado torna isso claro. No momento em que o braço é cortado surge uma forte sensação de dor na mente, que é não apenas o local do pensamento, mas também, como Descartes explicitamente ressalta, das sensações. Essa simultaneidade coloca a questão sobre se ela teria sua origem na amputação. Para tanto, porém, seria preciso que houvesse uma ligação de corpo e mente. E Descartes assume de fato essa ligação, identificando-a como um órgão específico no cérebro, a saber, a glândula pineal ["*conarium*"]. Descartes descreve seu funcionamento da seguinte forma:

> Noto, em seguida, que a mente não é afetada imediatamente por todas as partes do corpo, mas só pelo cérebro, ou talvez até somente por uma pequena parte deste, isto é, aquela onde dizem estar o sentido comum. Toda vez que esta se acha disposta do mesmo modo, ela mostra à mente uma mesma coisa (DESCARTES, 1977, p. 155).

A glândula pineal apresenta uma espécie de central de controle no cérebro que desempenha uma dupla função. Por um lado, ela faz com que, por exemplo, uma impressão de dor no ser humano evoque uma determinada reação, como o medo ou coragem e bravura, levando, consequentemente, à fuga ou à defesa; por outro lado, porém, ela transmite ao corpo intenções de agir da vontade livre e provoca nele ações correspondentes. Descartes nota: "Todas as atividades da alma consistem em ela agir somente pelo fato de querer algo, as pequenas glândulas cerebrais, com as quais ela está intimamente ligada, movem-se da forma exigida para provocar o efeito que corresponde a essa vontade" (DESCARTES, 1966, p. 69). Também Descartes não se detém num dualismo puro. As duas substâncias precisam ser mediadas de alguma maneira. Para Descartes, isso ocorre por meio de uma glândula. No entanto, a introdução de uma glândula mediadora lança novas questões, pois ela tem uma estrutura bem específica, que produz, por um lado, conteúdos corporalmente localizados e, por outro, porém, um conteúdo mental.

Entretanto, é evidente que Descartes não faz do ser humano um "*homme machine*", como cem anos depois faria o materialista La Mettrie (cf. cap. XI, 1). Trata-se de processos corporais que podem ser transmitidos à mente por meio do órgão mediador no cérebro. Inversamente, atividades mentais como o senso comum, memória e fantasia controlam os órgãos corporais e os colocam em movimento com auxílio dos chamados "espíritos animais" [*esprits animaux*] (DESCARTES, 1990, p. 91). Trata-se das atividades mentais que caracterizam o ser humano e fazem com que ele não seja uma máquina. A prova para tanto é dada pela comparação com o animal. Segundo Descartes, o animal pode ser apresentado como uma máquina altamente complexa: "Se houvesse máquinas com os órgãos do tipo dos do macaco ou de outro animal não racional, não teríamos então nenhum meio de reconhecermos a menor diferença entre o mecanismo dessas máquinas e o princípio vital dos animais" (p. 91ss.).

Contudo, não é possível imaginar nenhuma máquina tão complexa que possa ser confundida com um ser humano. A razão para tanto repousa na linguagem humana e na capacidade de agir racionalmente. Os limites em relação à máquina consistem no seguinte: "não é possível imaginar que ela concatene as palavras de formas distintas para responder ao significado de tudo aquilo que possa estar a seu redor" (DESCARTES, 1990, p. 93). Da mesma forma, é "improvável" "que em uma única máquina haja órgãos suficientemente diversos que em todas as situações vitais a façam agir da maneira como nossa razão o faz" (p. 93). O motivo para tanto repousa no fato de que as máquinas "não agem por compreensão, mas, antes, apenas em decorrência da disposição de seus órgãos" (p. 93). Em oposição às funções específicas de uma máquina, "a razão [é] um instrumento universal". Portanto, um ser humano não pode ser confundido com um animal e tampouco com uma máquina.

Em suas reflexões morais Descartes é guiado pela ideia de que uma ética bem fundamentada só é possível quando forem dispostos os fundamentos para o novo edifício científico. Até lá cumpre satisfazer-se com uma moral provisória [*morale par provision*]. Descartes esboça quatro princípios para ela. O primeiro pode ser designado como tradicionalista. Ele propõe guiar-se segundo os costumes comprovados do país onde se vive e evitar todos os extremos. O segundo princípio propõe agir de forma consequente, isto é, que as decisões uma vez tomadas sejam mantidas, da mesma maneira como é aconselhável a alguém que se perdeu em uma floresta seguir a direção tomada e assim assegurar-se de que sairá dessa situação. O terceiro princípio pode ser designado como máxima estoica. Ele afirma a disposição "de antes sobrepujar a si mesmo que ao destino, de antes alterar meus desejos que a ordem do mundo" (DESCARTES, 1990, p. 43). O quarto princípio contém a decisão de ater-se ao modo teórico de vida até agora adotado.

A história de recepção de Descartes segue duas vias distintas: a filosofia da subjetividade, por um lado, e o dualismo corpo-mente, por outro. A teoria da subjetividade constitui o ponto de partida para as questões de teoria do conhecimento, como em Kant e a teoria científica que se baseia nele. Mas ela constitui também o ponto de partida para questões antropológicas específicas, sobretudo para o problema da intersubjetividade. A concepção dualista, pelo contrário, encontra seu desenvolvimento nas questões psicológicas e fisiológicas da psicossomática e do problema corpo-mente que hoje se reflete em teorias neurocientíficas. Os espíritos animais [*esprits animaux*] tematizados por Descartes são descritos como "semioquímicos", que fazem a intermediação entre processos anímicos e corpóreos.

3 O ser humano como cidadão de dois mundos (Kant)

> Ora, o ser humano encontra efetivamente dentro de si uma faculdade pela qual se distingue de todas as outras coisas, até de si mesmo na medida em que é afetado por objetos, e tal é a *razão*. Esta, enquanto pura autoatividade, eleva-se acima até mesmo do entendimento pelo fato de que, muito embora este também seja autoatividade e não contenha meramente, como o sentido, representações que só têm origem quando se é afetado por coisas (por conseguinte, quando se é passivo), ele não pode, no entanto, a partir de sua atividade, produzir outros conceitos senão aqueles que servem meramente para *subsumir as representações sensíveis a regras* [...]; ao passo que a razão, ao contrário [...], prova que sua ocupação principal consiste em distinguir um do outro o mundo sensível e o mundo inteligível, mas traçando assim para o próprio entendimento as suas barreiras.
>
> Por isso, *enquanto inteligência* (portanto, não do lado de suas forças inferiores), um ser racional tem de se ver não como pertencendo ao mundo sensível, mas ao mundo inteligível; por conseguinte, ele tem dois pontos de vista a partir dos quais pode se considerar e vir a conhecer leis do uso de suas forças, consequentemente de todas as suas ações: *primeiro*, na medida em que pertence ao mundo sensível, sob leis da natureza (heteronomia), *segundo*, enquanto pertencente ao mundo inteligível, sob leis que, independentes da natureza, sejam não empíricas, mas fundadas na razão apenas (KANT IV, p. 88).

Kant nasceu em 1724 em Königsberg e descendia de uma família de artesãos. Após terminar seus estudos na *Vorstädter Hospitalschule*, ele frequentou em sua cidade natal o pietista *Friedrichskollegium*. A "religiosidade de coração" praticada no pietismo teve provavelmente uma influência não desprezível na intensidade moral de Kant. Ele permaneceu ligado à sua cidade natal durante toda a vida. Kant estudou filosofia, matemática e ciência da natureza na Universidade de Königsberg. Em 1746 foi publicado seu primeiro escrito, os *Gedanken von der wahren Schätzung der lebendigen Kräfte* [*Pensamentos sobre a verdadeira estimação das forças vivas*]. Entre 1746 e 1755 Kant trabalhou como tutor em diferentes famílias em Königsberg e proximidades. Após defender sua tese de doutorado e publicar outros escritos, Kant tornou-se em 1755 *Privatdozent* da Universidade de Königsberg e deu aulas sobre filosofia, ciência da natureza, geografia física e teologia. Após ter recusado em 1764 a cadeira de Poesia, ele obteve em 1765 o cargo de sub-bibliotecário da *Königlichen Schlossbibliothek* em Königsberg. Em 1770 Kant tornou-se professor titular de metafísica e lógica na universidade e foi seu reitor pela primeira vez em 1786 e pela segunda vez em 1788. Kant faleceu em 1804.

O pensamento de Kant se vincula não apenas ao pietismo e ao estoicismo, mas também, ademais, fundamentalmente ao Esclarecimento [*Aufklärung*]. A palavra de ordem da autonomia da razão, o pensamento do progresso, a liberdade de opinião e o respeito aos direitos civis, constituem elementos essenciais do Esclarecimento. Kant dedicou um escrito à *Resposta à Pergunta: O que é o Esclarecimento?* Sua resposta é a seguinte: "*Esclarecimento é a saída do homem de sua menoridade, da qual ele próprio é culpado*" (KANT VI, p. 53). O seu lema é: "*Sapere aude!* Tenha coragem de utilizar o seu próprio entendimento!" (p. 53). Essa coragem está ausente em grande parte da humanidade. Kant nota: "É tão cômodo ser menor de idade. Se tenho um livro que possui entendimento por mim, um diretor espiritual que possui consciência moral por mim, um médico que decide minha dieta por mim etc., então não preciso eu mesmo me esforçar" (p. 53). Contudo, não menos desastrosos são os "guardiões" que se aproveitam dessa situação e artificialmente prolongam a minoridade, tratando os seres humanos como "gado domesticado" e os impondo uma "bengala", para que eles não andem com os próprios pés.

Portanto, para o ser humano é difícil libertar-se dessa malfadada mescla de comodidade e tutela. Kant vê a seguinte saída: "Que um público, porém, esclareça a si mesmo, é ainda assim possível; é até, se lhe deixarem a liberdade, praticamente inevitável" (p. 54). Trata-se do princípio da publicidade, que Kant considera como fator decisivo no processo de Esclarecimento. Aqui se prenuncia uma reforma do pensamento que não se detém sequer diante do "trono" e que, pois, levará a uma reordenação das relações políticas.

O pensamento de Kant, entretanto, vai além do programa do Esclarecimento. A reivindicação de utilizar-se do seu próprio pensamento torna o exame das capacidades do próprio entendimento não algo supérfluo, mas, pelo contrário, algo forçosamente necessário, caso em lugar das tutelas por meio de "guardiões" não devam surgir apenas opiniões não examinadas do próprio sujeito. O exame das capacidades do entendimento humano torna-se, portanto, um interesse filosófico central de Kant.

Existe uma significativa pré-história na Modernidade para tal empreitada. Por exemplo, as concepções racionalistas de Descartes e Leibniz, assim como as concepções empiristas de Locke e Hume. Porém, a abordagem de Kant apresenta uma solução bem própria, pois ele vincula a concepção empirista surgida na Inglaterra com o racionalismo que lhe era familiar desde seus estudos de filosofia, e que, com o sistema de Leibniz e Wolff, tornou-se uma escola filosófica. Kant travou contato com o empirismo por meio do estudo de Hume, o qual, como o próprio reconheceu, o fez despertar de seu "sono dogmático".

Com sua filosofia Kant se via diante da tarefa de examinar as pretensões do racionalismo e do empirismo, rejeitar as pretensões exageradas e aceitar as autorizadas. Kant compara a maneira de cumpri-la com a tarefa de um juiz, que limita as pretensões de duas partes conflitantes e realiza um acordo justo. O papel de juiz, contudo, somente pode ser assumido por uma autoridade inquestionável, e esta é a própria razão. Kant fala do caráter jurídico da razão. A crítica da razão inclui um "*genitivus subjectivus*" e um "*genitivus objectivus*". Trata-se da razão que critica e que ao mesmo tempo é criticada relativamente às suas capacidades. O resultado é uma autolimitação da razão humana. Essa autolimitação é necessária, pois ambas as concepções de razão, a racionalista não menos que a empirista, ultrapassaram seus limites.

A limitação da concepção racionalista é necessária, pois nela a capacidade de conhecer da razão humana é supervalorizada. O racionalismo acreditava poder demonstrar a existência de Deus, mundo, imortalidade da alma e liberdade. Porém, esses âmbitos não são um objeto do conhecimento, mas, antes, são ideias da razão. O saber abdicou deles. Kant censura ainda o racionalismo por não ter distinguido suficientemente fé e saber. Na segunda edição da *Crítica da razão pura*, Kant formula essa ideia da seguinte forma: "Eu tive de suspender o *saber*, portanto, para dar lugar à *fé*" (KANT II, p. 33).

Contudo, é igualmente necessário confirmar os limites das pretensões do empirismo, assim como rejeitar suas pretensões exageradas. Ora, a tese de Locke, segundo a qual nada haveria em nosso entendimento que não tivesse, antes, estado nos sentidos, já havia sido criticada por Leibniz com base no argumento de que Locke exclui dessa tese o próprio entendimento [*Nihil est in intellectu, quod non fuerit in sensu*, excipe: *nisi intellectus ipse*] (LEIBNIZ III, 1, p. 103). O que é irrefutável, no entanto, é que sensibilidade e entendimento, experiência e pensamento compõem um dualismo. Kant confirma e limita da seguinte maneira o papel da experiência para o conhecimento:

> Não há dúvida de que todo o nosso conhecimento começa com a experiência; pois de que outro modo poderia a faculdade de conhecimento ser despertada para o exercício, não fosse por meio de objetos que estimulam nossos sentidos e que, em parte, produzem representações por si mesmos, em parte colocam em movimento a nossa atividade de entendimento, levando-a [...] a transformar a matéria bruta das impressões sensíveis em um conhecimento de objetos chamado experiência? Se, contudo, praticamente todo o nosso conhecimento se constrói *com* a experiência, nem por isso surge ele apenas *da* experiência. Pois poderia bem acontecer que mesmo o nosso conhecimento de experiência fosse um agregado daquilo que recebemos por meio de impressões e daquilo que a nossa própria faculdade de conhecimento [...] produz por si mesma (KANT II, p. 45).

O entendimento não consegue produzir a partir de si mesmo "a matéria bruta das impressões sensíveis", ela precisa ser-lhe dada. Kant se ateve a essa ideia do empirismo, defendendo-a contra toda crítica de perspectiva idealista. Entretanto, o entendimento é independente em suas categorias, com as quais "transforma" a "matéria bruta das impressões sensíveis" em objetos da experiência. A situação do conhecimento humano é caracterizada pela necessidade de recorrer a dois troncos: o âmbito do sensível e o do inteligível. Kant até mesmo os designa como dois mundos: o "*mundus sensibilis*" e o "*mundus intelligibilis*".

Em sua *Crítica da razão pura*, Kant desenvolve uma tese para vencer o dualismo que surge com esses dois mundos. Trata-se da ligação do sensível, que fornece a matéria, com o inteligível, representado pelo entendimento. A tarefa de síntese é transmitida por Kant ao sujeito transcendental. O sensível, o material da intuição em sua diversidade, é ligado em uma unidade por meio do inteligível, o Eu pensante, como representante do sujeito transcendental. Kant a denomina, pois, a "unidade transcendental da consciência de si". Sem essa capacidade sintetizante do sujeito transcendental o diverso puro da intuição ficaria sem tornar-se um objeto da experiência idêntico a si mesmo. Kant dá à capacidade do sujeito transcendental que é decisiva para a constituição do conhecimento o nome de "unidade sintética originária da apercepção" e a formula com o seguinte princípio": "O Eu penso precisa *poder* acompanhar todas as minhas representações" (KANT II, p. 136). Ele o fundamenta da seguinte forma: "Pois, do contrário, algo que não pode ser pensado seria em mim representado" (KANT II, p. 136). A explicação segue: "A representação que pode ser dada antes de todo pensamento se denomina *intuição*. Todo diverso da intuição, portanto, tem uma relação necessária com o "*eu penso*" no mesmo sujeito em que esse diverso é encontrado" (KANT II, p. 136). Em todo ato de conhecimento a intuição e o pensamento são ligados pelo sujeito e, com isso, ultrapassa-se o dualismo.

O problema do dualismo prossegue, contudo, no âmbito da ética. Aqui se opõem sensibilidade e razão prática. Porém, o âmbito da sensibilidade não é aqui o da "matéria bruta", mas, sim, uma parte do próprio ser humano e, enquanto tal, provido de anseios, carências e motivos. Trata-se, sobretudo, da carência de felicidade que motiva o ser humano a agir. A carência de felicidade é tão profundamente enraizada no ser humano que ele não pode jamais abstrair dela. Mas ela se dirige sobretudo ao bem-estar próprio, ela coloca o "eu amo isto" no centro de seu desejar, ela é egoísta.

Como contraponto coloca-se a razão prática, que reivindica que o ser humano é um ser racional. Consequentemente, ela exige que ele examine se seus motivos de ação coincidem com a lei da razão prática. As leis da razão prática se orientam não pelo bem-estar do indivíduo, mas, antes, pela possibilidade de, em um dado caso, uma ação tornar-se uma lei com validade universal. O modelo para o conceito kantiano de lei é, primeiro, a ideia de ausência de contradição, tirada da lógica, e, segundo, a validade universal das leis da natureza. Assim como na natureza há leis universais que não comportam exceção, também o agir humano deve obedecer a leis válidas universalmente. Egoísmo, exceções e privilégios, preferências particulares e inclinações não têm aqui lugar.

As formulações do imperativo categórico que exprimem essa ideia são as seguintes: *"Age apenas segundo a máxima segundo a qual possas ao mesmo tempo querer que ela se torne uma lei universal"* e *"age como se a máxima de tua ação devesse se tornar por tua vontade uma lei universal da natureza"* (KANT II, p. 136). Note-se, contudo, que Kant expressa o imperativo categórico em outras duas formulações, nas quais é central não a universalidade da lei, mas, sim, a ideia da pessoa e a de um reino dos fins (cf. cap. X, 3).

Nas formulações acima surge uma relação tensa dualística entre a carência de felicidade orientada pelo bem-estar individual e a universidade formulada no imperativo categórico. Ao passo que a carência de felicidade se articula como inclinação, o imperativo categórico tem o caráter de um dever. A ética de Kant é uma ética do dever. Aqui os deveres perfeitos e os deveres imperfeitos se distinguem como deveres para consigo mesmo e deveres para com os outros. Os deveres perfeitos têm o caráter de proibição, e os deveres imperfeitos, de mandamento. Com auxílio de quatro exemplos Kant desenvolve o seguinte esquema dos deveres:

Deveres:	perfeitos	imperfeitos
Para consigo mesmo	Proibição do suicídio	Mandamento de desenvolver os próprios talentos
Para com os outros	Proibição da promessa mentirosa	Mandamento de ajudar os outros em necessidade

O exemplo do dever perfeito para consigo mesmo afirma o seguinte: o ser humano farto da vida e que sente a inclinação de dar cabo nela deve perguntar a si mesmo se essa ação poderia tornar-se uma lei universal. Ele observaria que não é o caso, pois a ação contradiz uma natureza que possui fins em si mesma. O exemplo de um dever perfeito para com os outros afirma o seguinte: uma promessa mentirosa não pode tornar-se uma lei universal, pois toda mentira apresenta em si uma contradição, já que nela contradizem-se as palavras proferidas e o propósito de fato.

O exemplo de um dever imperfeito para consigo mesmo afirma o seguinte: com efeito, é pensável sem contradição que alguém deixe não desenvolvidos os talentos que nele residem em potencial, mas esse não pode ser o fim de uma natureza pensada como racional. Por fim, o exemplo de um dever imperfeito para com os outros afirma o seguinte: com efeito, é possível pensar sem contradição uma natureza na qual cada um se preocupe apenas com seu próprio bem-estar, na qual ninguém prejudique os outros, mas tampouco sem ajudá-los em necessidade. Mas também aqui ocorre que essa ação não é conciliável com a ideia de uma natureza racional.

Ora, dever e inclinação não precisam de forma alguma estar sempre em contradição um com o outro. Em alguns casos o agir conforme o dever também corresponde a um cálculo de prudência. Por exemplo, um vendedor não engana um cliente, pois este, com o tempo, não confiaria mais nele. Alguém ajuda outrem que está em necessidade só por um sentimento de compaixão. Porém, Kant não toma esses casos como exemplos de agir moral, pois uma ação somente pode ser chamada de moral quando o motivo da ação é o imperativo categórico.

No entanto, resultam daqui dois problemas. Primeiro, surge a pergunta sobre como constatar o motivo em uma ação particular. A surpreendente resposta de Kant é: isso simplesmente não é possível. Em uma ação conforme o dever feita pelo próprio indivíduo ou pelos outros, nenhum ser humano pode saber por qual motivo ela se deu. A investigação sobre os motivos esbarra em um mistério imperscrutável.

O segundo problema não é menos grave. Como é possível que a razão prática se torne o motivo de uma ação? Mesmo se se assume que o ser humano é intelectualmente capaz de examinar suas ações sob o critério do imperativo categórico e de fato o faz, nunca se pode assegurar que essa ação também será executada. Como o forte motivo humano, condicionado pela sensibilidade, de pensar apenas no próprio bem-estar pode ser superado por uma razão cujo reino é o inteligível? A surpreendente resposta de Kant é a seguinte: a possibilidade de uma ação racional consiste no "respeito por essa lei racional". Esse respeito é um sentimento. Kant responde da seguinte forma à objeção de que um sentimento pertence ao âmbito da sensibilidade:

> Todavia, ainda que o respeito seja um sentimento, nem por isso ele é um sentimento *recebido* por influência, mas um sentimento *autoproduzido* através de um conceito da razão e, por isso, especificamente distinto de todos os sentimentos da primeira espécie, que podem ser reduzidos à inclinação ou ao medo. O que reconheço imediatamente como lei para mim, reconheço-o com respeito, o qual significa meramente a consciência da *subordinação* de minha vontade

> a uma lei, sem mediação de outras influências sobre o meu sentido (KANT IV, 27ss., nota).

Com o sentimento de respeito vincula-se a seguinte questão de difícil resposta: Como a razão pode "produzir" um sentimento que, de resto, como Kant ressalta, é um sentimento que "anula o amor de mim mesmo"? A razão pela qual Kant concebe um "sentimento de respeito" deve residir no fato de que ele, como em todo pensamento dualista, necessita de uma instância de mediação para fazer valer a pretensão da razão em relação ao "amor de mim mesmo" dado naturalmente. Se os sentimentos, com efeito, pertencem em geral ao *mundus sensibilis*", então Kant dá um estatuto especial ao sentimento de respeito diante da lei. Trata-se, em tal sentimento, de um "sentimento autoproduzido" pela razão. Enquanto tal, não apenas se lhe atribui a tarefa de mediação entre sensibilidade e razão, mas mesmo há a confiança de que ele é capaz de fazê-lo.

Por fim, mencionemos um último problema. Uma ação pela razão torna o ser humano digno de ser feliz. Contudo, ser digno de felicidade não garante a obtenção da mesma. É pensável, pois, que um ser humano, embora digno de ser feliz, permaneça infeliz em sua vida. Não raro um ser humano justo permanece privado da felicidade, enquanto a sorte sorri a um criminoso. O pensamento de todo ser humano moral topa com esse bruto descompasso. Porém, a razão não encontra nenhuma resposta para tal problema nesta vida.

O anseio para que ao ser humano possa ser "algum dia" concedida a felicidade da qual é digno, é uma esperança e pertence, enquanto tal, ao âmbito da religião. Kant formula essa ideia, que não se concretiza sem Deus, da seguinte forma:

> Pois precisar de felicidade, ser também digno dela, e ainda assim não participar dela, não pode coexistir com o querer perfeito de um ser racional, que teria ao mesmo tempo todo o poder, mesmo que pensemos um tal ser apenas a título de ensaio (KANT IV, p. 238).

A unidade entre a dignidade de ser feliz e a felicidade representa o "sumo bem". Ele se liga a uma esperança dirigida a um além-vida: "Portanto, o sumo bem, praticamente, é apenas possível sob a pressuposição da imortalidade da alma" (KANT IV, p. 252).

De forma resumida, é possível dizer que o pensamento de Kant se move no interior de categorias dualistas que podem ser entendidas como uma articulação da oposição entre corpo e alma. Entretanto, o ponto decisivo a ser notado é que ele também procura sempre superar o dualismo.

Exemplos disso são os âmbitos do conhecimento, da moral e da religião. No âmbito do conhecimento, é a capacidade do sujeito transcendental que liga sensibilidade e entendimento na unidade da consciência de si. No âmbito da moral, é o sentimento de respeito pela lei, produzido pela razão prática, que faz a mediação entre dever e inclinação. Finalmente, é a decisiva esperança da religião que supera o dualismo de felicidade e dignidade em ser feliz.

A história da recepção de Kant no âmbito da ética é até hoje ininterrupta, mesmo tendo utilitarismo e filosofia dos valores chegado a soluções diferentes. Ao passo que a filosofia dos valores critica o formalismo de Kant e coloca em seu lugar um "sentimento material de valor", o utilitarismo reabilita a moral do "vendedor prudente".

Também no âmbito da filosofia teórica a solução de Kant para o problema alma-corpo não encontrou aceitação geral. Quanto ao século XIX, lembremos de uma declaração do fisiólogo Emil Du Bois-Reymond, tornada famosa como a fala *Ignorabimus*, que considera impossível um conhecimento da "ligação entre corpo e alma no ser humano". Ele entende o conhecimento não como uma capacidade sintetizante do sujeito, mas, antes, pergunta pela evolução da mente a partir da matéria. O limite do conhecimento da natureza seria ultrapassado com a suposição de que, "através do conhecimento de processos materiais no cérebro, pudéssemos tornar compreensíveis a nós certos processos e disposições mentais" (cf. DU BOIS-REYMOND, 1974, p. 65-70). O seu juízo definitivo afirma: "*Ignoramus – Ignorabimus*", ou seja, "nós não o sabemos e nós não o saberemos!"

Essa fala foi lembrada nos anos 2000 pelo diretor do *Max-Planck-Institut* para Pesquisa do Cérebro em Frankfurt a. M. Wolf Singer, quando observou sobre as pesquisas que perduram 130 anos em torno da questão de produção de processos mentais por meio do cérebro: "Para evitar falsas expectativas, eu afirmo antes de mais nada estar convicto de que esses maiores produtos de nosso cérebro [...] não são diretamente acessíveis a uma explicação neurobiológica" (SINGER, 2002, p. 62). Assim, a produção de processos mentais através de processos materiais no cérebro, sobre a qual fala Du Bois-Reymond, permanece ainda enigmática. Ao menos o "*ignoramus*" de Du Bois-Reymond não foi superado até agora.

IV

Monismo
A unidade da natureza

O dualismo se vê confrontado com o problema da mediação entre dois âmbitos do ser existentes por si mesmos, o qual continuamente o desafia a soluções novas. Esse problema não surge no monismo, pois ele não parte de dois âmbitos do ser, mas apenas de um. Trata-se do modelo da unidade. Ele foi desenvolvido por Parmênides em seus poemas didáticos filosóficos. A "unidade do ser" torna-se, para ele, o fundamento de todos os enunciados. O ser, que é sempre idêntico a si mesmo, garante sua própria identidade e, ao mesmo tempo, a unidade entre pensamento e ser.

Apesar dessa lógica aparentemente cogente, porém, Platão – que por um longo tempo admirou-se por Parmênides – criticou e, por fim, rejeitou a posição da unidade simples do ser em seu diálogo *Parmênides*. Ora, a tese da "unidade do ser" não entrega aquilo que ela promete. Ela, na realidade, contradiz a si própria, pois contém uma dubiedade. Trata-se, para usar os termos de Platão, de duas Ideias: a Ideia da unidade e a Ideia do ser. Consequentemente, em lugar da "unidade do ser" Platão coloca uma multiplicidade de Ideias. Com efeito, cada Ideia representa também uma unidade do ser, existindo um grande número delas.

Desde a crítica de Platão, o conceito da unidade simples do ser – abstraindo-se de posições particulares e de época com uma impregnação monista – foi abandonado. O pensamento se viu, inversamente, diante da tarefa de pensar conjuntamente unidade e multiplicidade. Dessa maneira – ainda que numa maneira pretensiosa –, a univocidade do todo [*Alleinheit*] surgia da unidade simples. A fórmula cunhada por Heráclito é a seguinte: "(h)*en kai pan*" – "Um e tudo são o mesmo". Ela foi legada e verdadeiramente louvada até o idealismo alemão.

Mas como deve ser pensada a relação do "Um" com o "Todo"? Mencionemos algumas possibilidades. Como explica Sócrates no diálogo *Protágoras*, há primeiramente duas possibilidades: uma parte pode relacionar-se com a unidade do todo a) como a parte de uma pepita de ouro com toda a pepita de ouro, ou ainda, b) como a parte de um rosto – olhos, boca, nariz – com a unidade do rosto.

A primeira possibilidade pertence a um monismo ao qual corresponde uma unidade homogênea, chegando perto da solução de Parmênides. Ela não é defendida por nenhum dos autores apresentados aqui.

A segunda possibilidade se encontra na tese de Marco Aurélio. Segundo ele, cada indivíduo se distingue dos demais, mas cada um deles é uma parte orgânica de uma natureza que, para ele, é um cosmos. Spinoza argumenta de forma semelhante. Para ele cada indivíduo tem seu fundamento na substância una denominada por ele "Deus ou a natureza".

A terceira possibilidade é concebida como diferenciação da unidade, isto é, como ramificação crescente da unidade em uma multiplicidade. Trata-se da solução de Maturana. Ela afirma que a natureza deve ser entendida como um processo contínuo de sistemas vivos autopoiéticos – isto é, que se produzem a si mesmos – que se ramificam continuamente ao longo da história da natureza. O monismo é ligado, dessa maneira, à Teoria da Evolução. Uma primeira tentativa, ainda que fortemente datada, é realizada por Haeckel em seu livro *Die Welträtsel* [*O enigma do mundo*], de 1899.

Mencionemos uma última possibilidade. Ela consiste em afirmar que cada parte se relaciona com a unidade do ser no todo assim como um microcosmo se relaciona com o macrocosmo, isto é, a parte é uma imagem reduzida do todo. Essa solução foi escolhida por Platão no modelo cosmológico pertencente à sua filosofia tardia, tendo por vezes encontrando ressonância em Marco Aurélio e finalmente tendo sido discutida de forma explícita por Leibniz.

1 O ser humano no cosmo (Marco Aurélio)

> Seja o mundo composto de átomos ou guiado por uma natureza, o meu primeiro princípio há de ser: eu sou uma parte do todo que é guiado pela natureza. E segundo: eu estou em uma relação íntima com as demais partes. Pois, se eu penso que sou uma parte do todo, eu não me amargurarei por aquilo que o todo me designa. Pois nada do que é útil ao todo pode prejudicar as partes [...].

> Enquanto isso, porém, é comum a todas as naturezas, aquela do cosmos tem o poder de não precisar ser forçada por alguma causa externa a produzir algo que seja prejudicial a si mesma. Em virtude da consciência de eu ser uma parte do todo, portanto, eu estarei satisfeito com tudo o que calhar. Porém, na medida em que esteja em uma relação íntima com as demais partes, não farei nada que contradiga o espírito da comunidade, mas, antes, considerarei todos os demais e me esforçarei ao máximo pelo bem comum e abster-me-ei de tudo o que lhe seja contrário. Se esse princípio se realizar, então a vida terá de ser feliz, assim como é de se imaginar que o seja a vida de um cidadão que continuamente age de maneira útil a seus concidadãos, e aceita com alegria aquilo que o Estado lhe atribui (MARCO AURÉLIO, 1973, p. 138s.).

Marco Aurélio viveu em uma época na qual o *Imperium Romanum* (do qual era cidadão e posteriormente seria o imperador) possuía uma extensão que ultrapassava em muito a do Império Napoleônico. Ele abrangia "do estuário do Rio Forth, na Escócia, até o Tigres, de Marrocos até o Mar Cáspio, do Mar Negro até a foz dos rios Reno e Escalda" (MARCO AURÉLIO, 1973). Contudo, a sua amplitude externa ocultava fraquezas interna. Roma é um colosso de pés de argila. Edward Gibbon (1737-1794) descreveu de forma penetrante a queda de Roma em sua obra *The History of Decline and Fall of the Roman Empire* [*A história do declínio e queda do Império Romano*]. A queda dizia respeito tanto à vida social como, de modo geral, aos campos científico e cultural. A pauperização da população do campo fez com que o crescente proletariado povoasse as cidades e fosse mantido às custas do Estado. Acrescentou-se a isso uma significativa queda na taxa de natalidade e, com isso, a queda de novos ingressantes no âmbito militar. A proteção das fronteiras do império contra tribos invasoras vindas do norte tornou-se cada vez mais difícil.

Em 121 d.C. nasceu em Roma Marcus Aurelius Antoninus, filho do Senador Marcus Annius Verus. Marco Aurélio ainda era criança quando sua tia Faustina se casou com Antoninus Pius. Em 138 d.C. o Imperador Adriano adotou Antoninus e o elegeu como seu sucessor. Ademais, o Imperador Adriano fez Antoninus adotar Marco Aurélio, incluindo-o, assim, na linha sucessória. Em consequência disso Marco Aurélio entrou em profunda depressão. Ele se afastou desde cedo da educação retórica e da filosofia estoica, às quais havia sido destinado. Em 161 d.C. Marco Aurélio tornou-se imperador. Ele assumiu o cargo em uma época repleta de guerras, epidemias e crises econômicas. A migração do povo romano já se anunciava. A consequência disso foram guerras permanentes.

> A Guerra no Leste duraria cinco anos, de 161 a 166, e a campanha no Donau, treze anos com uma curta interrupção. Nenhum outro imperador romano viveu tão intensamente sob armas quanto aquele que, por princípio, era avesso a ações ofensivas (MANN, 1991, p. 377).

Marco Aurélio participou da guerra e, nos acampamentos da campanha, redigiu a partir de 172 d.C. notas em grego intituladas *A mim mesmo* [*Tae si heauton*], as quais foram posteriormente publicadas sob o título *Meditações* (Zurique, 1559). Marco Aurélio morreu vítima de peste em 180 d.C. durante uma campanha contra os germânicos em Vindobona (Viena).

O seu livro tem um caráter único. Ele não é um tratado filosófico. Marco Aurélio nunca pensou em publicá-lo. Ele possui traços autobiográficos, sem, contudo, ser uma autobiografia no sentido próprio do termo. O tema tratado não consiste na exposição de sua vida; pelo contrário, a obra possui um caráter protréptico, exortativo. Contudo, Marco Aurélio não exorta um leitor real ou fictício à filosofia, mas, antes, a si mesmo. A autoexortação e o consolo determinam o tom dos aforismos reunidos na obra.

A base das reflexões de Marco Aurélio, fundamentalmente éticas, é formada pelo conceito de natureza universal [*Allnatur*], que ele procura pensar no interior de seu modelo cosmológico. Mas seus enunciados sobre o mundo têm um caráter absolutamente ambivalente. Ele oscila entre duas alternativas opostas. Por um lado, a ideia estoica de uma natureza do todo ordenada racionalmente e, por outro, o modelo atomista defendido por Epicuro. No primeiro caso, tudo é bem ordenado: o ser humano é uma parte dessa ordem, inserindo-se nela. Por outro lado, o mundo é um conglomerado desconexo de elementos, e o próprio ser humano nada mais é do que um agrupamento de átomos montado acidentalmente: o todo é um perecer e um vir-a-ser destituídos de sentido.

A dúvida sobre a verdadeira situação do ser humano perpassa as observações de Marco Aurélio, levando-o a oscilar entre a esperança e a resignação. Ele tem continuamente essa alternativa diante de si. Ele escreve: "Lembre-se da alternativa: 'ou uma providência ou átomos'" (MARCO AURÉLIO, 1973, p. 33). Ou seja, "ou existe um mundo bem-ordenado ou uma mistura grosseiramente arranjada" (MARCO AURÉLIO, 1973, p. 41). Por fim, Marco Aurélio amplia as alternativas, acrescentando uma outra. Ele a anuncia da seguinte forma: "Ou a coerção da desgraça e uma ordem inquebrantável, ou uma providência benevolente, ou um caos sem sentido e sem uma força condutora" (p. 173). Ao passo que a primeira alternativa deve ser entendida como uma determinação causal de tudo o que ocorre, a segunda contém a ideia de uma providência divina e a terceira exprime a ideia de uma "desordem" dos átomos. Contudo, Marco Aurélio vincula, via de regra, a primeira alternativa à segunda. A ordem inquebrantável é garantida por um poder divino, e esse contém simultaneamente uma "providência divina".

Mas, nesse caso, se coloca a pergunta: Como o ser humano pode agir diante dessas alternativas? Marco Aurélio busca uma possível orientação que dê sentido à vida humana, independente da alternativa escolhida. A filosofia é quem dá a chave para encontrar tal orientação. A seguinte passagem pode iluminar a ideia positiva, orientada segundo a concepção de ordem:

> representar-se sempre o cosmos como um ser vivo que possui uma única substância e uma única alma, e refletir sobre como tudo o que ocorre transmite-se a uma única consciência que é idêntica a tal cosmos, e refletir ainda sobre como ele produz tudo a partir de um único impulso, sobre como tudo é uma causa que contribui para tudo o que ocorre, e sobre de que espécie é a interconexão "de tudo o que ocorre" (MARCO AURÉLIO, 1973, p. 45).

Dessa maneira, a relação do ser humano com o cosmos se modela conforme o modelo de microcosmo e macrocosmo. Trata-se da ideia de um ser vivo, de um composto orgânico que garante o sentido do todo e produz a conexão com o ser humano. Platão já havia desenvolvido essa concepção do diálogo tardio *Timeu*. E, assim como ele, Marco Aurélio também conecta essa tese com a ideia de providência divina. Marco Aurélio observa:

> o império dos deuses faz como que seja conhecida a providência por todas as partes; o do acaso não se dá sem a natureza universal ou sem o encadeamento ou interconexão com a obra da providência. Tudo tem aqui a sua origem. Contudo, também colaboram a necessidade e a beneficência de todo o cosmos, do qual tu és uma parte. Mas é proveitoso a todas as partes da natureza aquilo que a natureza universal traz consigo e que serve à sua conservação (MARCO AURÉLIO, 1973, p. 13).

Por vezes Marco Aurélio coloca no lugar dos deuses o conceito de guia do mundo [*Weltenlenker*], sem que haja uma relação de concorrência entre ambos os conceitos. Também esse conceito é retirado da filosofia platônica. Em Platão, trata-se do "*Demiourgos*" que modela e guia esse mundo. Marco Aurélio vincula esses conceitos entre si da seguinte forma:

> pensa por quanto tempo tu adiaste essas coisas e quão frequentemente obtivestes prazos dos deuses sem que os tiveste utilizado! Tu precisas finalmente entender que cosmos é este do qual és uma parte, e que guia do mundo é este por cujo intermédio vieste a ser! (MARCO AURÉLIO, 1973, p. 13).

A ideia do mundo como cosmos opõem-se à ameaçadora ideia do vórtice dos átomos. Marco Aurélio também a discute, ainda que mais raramente, sem encará-la de frente. Para ele, trata-se de um perigo a ser superado, como afirma na seguinte passagem:

> O tempo da vida do ser humano é apenas um ponto, o seu ser está em fluxo eterno. Os sentidos, obnubilados; de toda a composição do corpo, uma violação da putrefação. A alma, um turbilhão; é difícil de descobrir o que o acaso traz; nosso chamado, algo incerto. Em *uma* palavra: tudo; no âmbito da vida, é um fluxo; no da alma, sonho e sopro. A vida, uma luta e a peregrinação de um foragido; a posteridade, esquecimento. O que pode nos conduzir à interioridade? Apenas e tão-somente a filosofia (MARCO AURÉLIO, 1973, p. 19).

Com efeito, esse tom pessimista perpassa por completo suas reflexões. Trata-se de uma desesperada revolta contra si mesmo. A ideia que o conduz é a seguinte: "O acaso sem sentido não deve ter a última palavra!" Ela o faz encontrar refúgio em uma natureza universal dotada de sentido, isto é, em um cosmos.

Ao lado da ideia do mundo como um ser vivo surge também o modelo do Estado. O ponto de partida é a noção de que há algo comum a todos os seres humanos, e isto é a razão. Ela nos dá a lei do agir. Marco Aurélio explica essa ideia assim:

> então também a lei nos é comum. Se assim o é, então nós, seres humanos, somos cidadãos. Ora, participamos então de uma espécie de constituição estatal. Assim, portanto, o cosmos é, por assim dizer, um governo. Pois, de qual outra constituição comum deveria participar todo o gênero humano? (MARCO AURÉLIO, 1973, p. 34).

Platão é um precursor também dessa ideia. Também para ele a ordenação natural e a ordenação política se equivalem. Ao pensar o cosmos como um governo, Marco Aurélio faz do ser humano um "cosmo-polita". Não surge daqui nenhuma contradição com a concepção do cosmos como um ser vivo, pois ambos são compreendidos como um organismo cujas partes são dispostas para cooperar entre si.

Por fim, mencionemos um último aspecto do conceito de cosmos em Marco Aurélio. Trata-se da ideia de ciclo de tudo o que ocorre. Isso diz respeito, em primeiro lugar, ao grande ciclo da natureza conforme pensado por Heráclito, ao qual Marco Aurélio se refere, ou seja, ao "periódico renascimento do todo" (MARCO AURÉLIO, 1973, p. 154). Ele se refere, em segundo lugar, aos ciclos da vida humana. De forma desenganada, ele afirma:

> que aqueles que vêm depois de nós não viverão nada de novo e as gerações anteriores tampouco viram algo a mais; que, pelo contrário, de certo modo um homem de 40 anos, se ele tem um pouquinho de entendimento, já viu tudo o que passou e tudo o que passará, pois no fundo é tudo a mesma coisa (MARCO AURÉLIO, 1973, p. 154).

De uma perspectiva física, a "natureza universal" deve ser compreendida como um grande processo metabólico no qual ela, "apesar de sua autolimitação, transforma tudo aquilo que nela perece e parece muito velho ou inútil, e de tudo isto sempre faz coisas novas" (MARCO AURÉLIO, 1973, p. 117). O ser humano é uma parte desse metabolismo, e ambos, corpo e alma, participam desse grande ciclo da natureza. O corpo se decompõe, se desagrega nas suas partes, dando lugar a novos seres vivos. O mesmo ocorre com a alma:

> dessa forma se transformam também as almas que passam ao reino aéreo, após terem aguardado muito tempo, dissipam-se e tornam-se fogo, sendo acolhidas novamente na razão universal criadora; e, assim, elas dão lugar às almas que lhes sucedem (MARCO AURÉLIO, 1973, p. 39).

Aqui também Marco Aurélio retoma uma noção de Heráclito. Ao lado da concepção dualista há um esquema antropológico tripartite: "São três as coisas das quais és composto: corpo, sopro vital, mente" (MARCO AURÉLIO, 1973, p. 170). Marco Aurélio escreve sobre elas:

> O que quer que eu seja, há esta estrutura: um pouco de carne, um pouco de respiração e a razão dominante [...]; despreza a pobre carne! "Mas se trata de" excremento e ossos, e de uma trama de nervos, veias e artérias. Pensa também sobre o que seja a sua respiração. Um sopro de ar [...]. O terceiro "em ti" é, pois, a razão dominante. Pensa agora: tu és um homem velho; não te deixa, portanto, ser escravo por mais tempo, não te deixa arrastar para frente e para trás por impulsos egoístas; não te deixa inquietar por mais tempo pelo que o destino te impõe ou pela tua situação presente, ou, ainda, lamentar pelo que virá (MARCO AURÉLIO, 1973, p. 12ss.).

Embora seja uma parte da natureza universal, o ser humano não está cegamente entregue a ela. Pelo contrário, para Marco Aurélio é importante ressaltar o livre arbítrio do ser humano e colocá-lo em uma determinada relação com o todo. A origem da liberdade reside na capacidade reflexiva da razão. Ele a descreve da seguinte forma: "A capacidade específica da alma racional: ela vê a si mesma, desmembra a si mesma, forma a si mesma de acordo com sua vontade, colhe ela própria os frutos que a sustentam" (MARCO AURÉLIO, 1973, p. 154). Portanto, o ser humano tem um "livre arbítrio [...], mas a razão dominante de cada um é a sua própria senhora" (MARCO AURÉLIO, 1973, p. 119). O livre arbítrio é aquilo que, graças ao domínio da razão, é capaz de perscrutar a futilidade dos impulsos humanos e romper com seu poder de ação. Em sua cosmologia, Marco Aurélio defende um monismo que, porém, não é unidimensional. Pelo contrário, o ser humano desenvolve uma relação reflexiva em relação à natureza universal, da qual é uma parte. Ele ganha, assim, liberdade. Ele não está cegamente entregue ao processo da natureza, mas, antes, determina sua posição nele em razão de suas próprias decisões e discernimento. O lema da "vida conforme à natureza" é, assim, um apelo à liberdade, e não a expressão de um acontecimento forçoso.

Isso diz respeito também à libertação em relação ao medo da morte. Marco Aurélio dedicou inúmeros aforismos a esse tema. A libertação em relação ao medo da morte é obtida pelo ser humano que compreende que a morte é um processo de permanente transformação necessário e importante para o ciclo da natureza. A postura de um ser humano racional em relação à morte não é, pois, determinada por medo, desprezo, indiferença ou anseio por morrer, mas, antes, é uma postura determinada pela espera paciente e resignada de um acontecimento natural e necessário. Marco Aurélio escreve:

> não despreza a morte, mas, antes, tenha uma boa vontade em relação a ela, com a convicção de que ela pertence às coisas que a natureza deseja. Pois [é] um processo como o da juventude e da velhice, crescer e florescer ou como o do surgimento dos dentes, da barba, dos cabelos grisalhos, da procriação, gravidez e nascimento, além dos demais eventos da natureza, todas as coisas que os anos da vida trazem consigo – tal processo já é a dissolução (1973, p. 123).

Mas mesmo quando Marco Aurélio recusa o anseio pela morte, ele não exclui, como outros filósofos estoicos, a possibilidade do suicídio. Ela é a *"ultima ratio"*. Apela-se primeiramente à capacidade de o ser humano permanecer no caminho da razão durante a vida. Contudo, isso frequentemente é difícil, e por isso ele dá o seguinte conselho:

mas se tu notas que te descaminhas e não és mais vencedor, então te retraias rapidamente a um recanto onde tu obténs a vitória. Ou retira-te de vez da vida, mas não com ira, e sim sem muitos rodeios, por decisão livre e com a mente calma. Pois tu obtiveste na vida ao menos o único: morrer (MARCO AURÉLIO, 1973, p. 141).

A melhor forma de desenvolver a ética de Marco Aurélio é a partir do modelo de cosmos como um ser vivo, ou ainda, como um Estado. Em ambos os casos, é central a ideia de que, para a conservação do todo, é necessária a cooperação "orgânica" de seus membros. Cada indivíduo toma seu lugar nesse todo e tem uma tarefa a cumprir. Platão também fornece um modelo para essa noção, mais precisamente em seus diálogos tardios, no *Timeu* e nas *Leis*. O lema da "vida conforme à natureza" (MARCO AURÉLIO, 1973, p. 3) constitui uma ideia condutora para Marco Aurélio. Trata-se de uma vida que, no todo, corresponde à ordem da natureza; como o ser humano é uma parte da natureza, essa vida corresponde também à própria natureza. A vida conforme à natureza e para o bem do todo faz com que Marco Aurélio desenvolva não uma defesa do modelo de cooperação, mas, antes, uma defesa do modelo de filantropia. Esta apresenta aquilo que é especificamente humano. Ele escreve: "Quando tu te acordas contrariado, pensa então que corresponde à tua destinação e à natureza do ser humano realizar a obra da filantropia; o sono, pelo contrário, tu o tens em comum com os animais irracionais. Ora, aquilo é de cada ser conforme à sua natureza corresponde mais à sua especificidade, é-lhe inato e, pois, é-lhe também mais caro" (MARCO AURÉLIO, 1973, p. 106). A filantropia se exprime na ajuda, pois esta "é uma ação conforme à natureza. Portanto, não te cansa de ajudar a ti mesmo ao ajudar os demais" (p. 102).

O inverso vale para o injusto: "Peca aquele que comete uma injustiça; mas a natureza universal destinou todos os seres racionais para que eles se ajudem por dever e nunca se prejudiquem" (MARCO AURÉLIO, 1973, p. 121). Mas como alguém com discernimento encara um ser humano que lhe comete uma injustiça, isto é, um ser humano "mau"? A resposta de Marco Aurélio é a seguinte: ele deve encará-lo com benevolência. Ele tem em mente que "a benevolência é invencível, quando é verdadeira e não forçada ou simulada. Pois o que o homem mau pode te fazer, quando persistes em tua benevolência para com ele e, oportunamente, com brandura lhe exortas e lhe ensinas algo melhor?" (MARCO AURÉLIO, 1973, p. 162).

A filantropia é uma noção central da ética estoica, tendo deixado suas marcas no cristianismo, como podemos ver em inúmeras passagens do Novo Testamento. Portanto, seria falso considerar o mandamento de amor ao próximo e também o de amor ao inimigo como noções especificamente cristãs. Marco Aurélio retirou seu modelo de filantropia não do cristianismo, mas dos estoicos antigos. Ele, antes, tinha uma postura crítica em relação ao cristianismo. Por exemplo, ele criticava a postura dos cristãos em relação à morte. Segundo Marco Aurélio, eles não desenvolviam uma disposição diante da inevitabilidade da morte, mas, antes, encaravam-na com "despeito" (MARCO AURÉLIO, 1973, p. 155). Contudo, embora Marco Aurélio fosse crítico em relação ao cristianismo, inclusive como regente, "a Igreja o incorporou" (WEINKAUF, 1994, p. 41).

A influência histórica de Marco Aurélio dificilmente se separa da dos estoicos. Na Modernidade, claras marcas de seu pensamento são encontradas na fórmula espinosana "*deus sive natura*", mas mesmo Nietzsche louvou Marco Aurélio, tendo incorporado em seu pensamento a noção de que o ser humano se insere no ciclo de uma natureza que se repete eternamente. De resto, a história de recepção de Marco Aurélio e dos estoicos vai muito além do discurso filosófico especializado. Ela encontrou repercussão no grande público. A conhecida serenidade estoica contribuiu para a imagem que se construiu sobre o "filósofo". A ideia de uma natureza universal racional, inversamente, teve seu sentido limitado através de outros modelos ao longo da história. Na Idade Média surgiu em seu lugar a ideia da ordem da criação, e na Modernidade a ordem da natureza foi garantida em uma perspectiva teórica pelo sujeito transcendental. Por fim, foi repensada a concepção, discutida e rejeitada por Marco Aurélio, do mundo como uma aglomeração caótica de átomos. Com efeito, concepções contemporâneas acerca de uma teoria do caos não rejeitam a ideia de uma natureza regrada, mas admitem que correntes e turbulências imprevisíveis têm um lugar central nos acontecimentos naturais. Elas se voltam contra a tese de que a natureza possa ser um processo calculável e previsível. A ambivalência da interpretação da natureza permanece.

2 *Deus sive natura*: A concepção panteísta (Spinoza)

> [O] ente eterno e infinito que chamamos Deus ou natureza [*deus sive natura*] age pela mesma necessidade pela qual existe [...]. Assim, na vida, é útil, sobretudo, aperfeiçoar, tanto quanto pudermos, o intelecto ou a razão, e nisso,

exclusivamente, consiste a suprema felicidade ou beatitude do ser humano. Pois a beatitude não é senão a própria satisfação do ânimo que provém do conhecimento intuitivo de Deus [...]. Não há, portanto, nenhuma vida racional sem inteligência. E as coisas são boas à medida que ajudam o ser humano a desfrutar da vida da mente, que é definida pela inteligência [...]. Como, entretanto, todas aquelas coisas das quais o ser humano é causa eficiente são necessariamente boas, nada de mau pode sobrevir a ele que não se deva a causas exteriores; quer dizer, enquanto o ser humano é uma parte da totalidade da natureza, a cujas leis a natureza humana é obrigada a obedecer, e à qual deve ajustar-se. E é impossível que o ser humano não seja uma parte da natureza e que não siga a ordem comum desta (SPINOZA, 1980, p. 437ss; p. 597ss.).

Baruch Spinoza nasceu em Amsterdã em 1632. Em razão de perseguições aos judeus, a sua família havia emigrado de Portugal e se refugiado na liberal Holanda. Entre 1639 e 1648 Spinoza frequentou a escola da comunidade portuguesa em Amsterdã. Em virtude de suas declarações críticas à religião, Spinoza foi punido em 1656 com um anátema e, assim, expulso da sociedade judia. Em 1668 ocorreu um processo contra Adriaan Koerbagh, um convicto espinosano. Este morreu na prisão. No ano seguinte Spinoza se mudou para Haia, onde viveu até sua morte. Ele se sustentava trabalhando como polidor de lentes. Em 1670 ele publicou anonimamente o *Tratado teológico-político*, despertando-se uma onda de indignação no público. Em 1673 Spinoza recusou uma cadeira na Universidade de Heidelberg. Em 1676 Spinoza recebeu a visita de Leibniz, com quem discutiu o conceito de substância. Em 1677 Spinoza faleceu em decorrência de uma doença pulmonar. Os seus amigos organizaram sua *Opera posthuma*, nas quais se inclui sua *Ética*, cuja redação se encerrara em 1675. No entanto, logo um ano após sua morte as obras de Spinoza foram proibidas.

O pensamento central de Spinoza se exprime na hábil fórmula "*deus sive natura*" (SPINOZA, 1980, p. 436), isto é, "Deus ou (o que dá no mesmo) a natureza". "Deus" e "natureza" são expressões alternativas para uma e mesma coisa. Elas representam a substância uma. Com essa fórmula Spinoza procura não apenas superar o dualismo cartesiano, mas também filiar-se ao pensamento antigo sobre a natureza e o cosmos. Por fim, sua fórmula pode ser considerada uma tentativa – claramente malograda – de dar ao conceito teológico de Deus de seu tempo uma fundamentação filosófica.

Estritamente falando, Descartes, com quem Spinoza discute profundamente, distinguia três substâncias: a substância incriada, Deus, e as duas substâncias criadas, a *"res cogitans"* [pensamento] e a *"res extensa"* [extensão]. Spinoza liga as três em uma única substância. Ele suprime a diferença entre a substância criada e a incriada, argumentando que o conceito de substância somente pode ser reservado para aquilo que existe por si mesmo (SPINOZA, 1980, p. 5) e cuja existência não pode ser referida a outro ser. A substância é *"causa sui"*, isto é, causa de si mesmo. Spinoza a define assim: "Por causa de si compreendo aquilo cuja essência envolve a existência, ou seja, aquilo cuja natureza não pode ser concebida senão como existente" (SPINOZA, 1980, p. 5). Por esse motivo, o conceito de substância não pode ser aplicado a coisas individuais e criadas, pois estas têm o fundamento de sua existência não em si, mas em outra coisa.

A segunda diferença em relação a Descartes consiste na crítica de Spinoza à solução cartesiana para a superação do abismo entre substância pensante e substância extensa. A suposição cartesiana de um órgão no cérebro humano que transforma pensamento, representação e vontade em ações corporais, como a transposição de sensações corporais como fome e dor em pensamentos, é considerada por Spinoza como insuficiente (cf. cap. III, 2). Para ele, o problema decisivo é que não há "nenhuma comparação entre as capacidades e faculdades da mente com as do corpo" (SPINOZA, 1980, p. 625), e, portanto, tampouco pode haver algum órgão que faça a mediação entre ambos.

A noção da unidade da substância liga-se, pois, bem naturalmente ao pensamento antigo do cosmos como natureza, isto é, como algo que existe por si mesmo e ao qual, ademais, se atribui o atributo de divindade. A fórmula *"deus sive natura"* liga-se tanto à filosofia da natureza do Platão tardio quanto à cosmologia de Marco Aurélio. Por exemplo, Platão encerra seu diálogo *Timeu* com as seguintes palavras, nas quais se exprime claramente a identidade entre Deus e mundo:

> tendo recebido seres vivos mortais e imortais – ficando deste modo preenchido – assim foi gerado o mundo: como um ser vivo visível que engloba todos os *seres vivos* visíveis, deus sensível imagem do inteligível, o mais grandioso, o melhor, o mais belo e mais perfeito; o céu que é único e unigênito (*Timeu*, 92c).

Marco Aurélio formula algo bem semelhante: "Representar-se sempre o cosmos como um ser vivo que possui uma única substância e uma única alma" (MARCO AURÉLIO, 1973, p. 45). Não existe aqui o hiato entre Deus e mundo que determina o pensamento judaico-cristão, e, assim, Spinoza encontra nos antigos o ponto de apoio mais conveniente para sua fórmula de identidade entre Deus e natureza.

A conexão de ambos os conceitos ocorre por meio da noção de "*causa sui*". Se é fato que Deus é pensado na teologia medieval como aquele ser que é causa de si, o mesmo pode ser dito para o conceito de natureza dos antigos. Ao ligar ambos os conceitos, surge para Spinoza uma definição coerente de substância. Da mesma forma, ele mantém a tradicional demonstração da existência de Deus. Para ele, Deus é o ente cuja essência envolve existência.

A filosofia de Spinoza é qualificada como panteísmo; contudo, trata-se de um panteísmo bem peculiar. Ao passo que é característica à mitologia antiga a frase atribuída a Tales, a saber, "tudo está repleto de deuses", o panteísmo de Spinoza é fortemente monoteísta. Por outro lado, entretanto, o Deus de Spinoza não é uma pessoa, em oposição à concepção judaico-cristã. Spinoza recusa uma tal concepção como um antropomorfismo inadequado. Tampouco Ele é um ser vivo, como para Platão ou Marco Aurélio. A concepção espinosana é mais bem compreendida se se atém estritamente à fórmula de identidade: "*deus sive natura*". Deus é a natureza, e a natureza é a substância una e infinita que é "*causa sui*", ou seja, é causa de si.

Da mesma forma, o monismo de Spinoza não tematiza uma unidade homogênea, mas, antes, uma unidade que se diferencia a si mesma. A unidade infinita de Deus ou, ainda, da natureza contém infinitos atributos, dos quais o ser humano pode conhecer apenas dois, a saber, extensão e pensamento. Eles não são substâncias, mas apenas características essenciais da substância, isto é, atributos. Isso significa que todo ente particular, cada coisa particular que deve ser pensada como parte de uma substância una infinita contém em si tanto o atributo da extensão como o do pensamento. Os atributos apresentam pontos de vista, dentre os quais é possível ver tanto a substância indivisa como suas partes.

No entanto, Spinoza parece aqui apenas ter feito uma mudança de palavras. Ora, pensamento e extensão não são substâncias, mas atributos da substância. Assim, permanece o problema da ligação de ambos. Spinoza o soluciona por meio da suposição de um paralelismo psicofísico. Por se tratar da mesma substância, acontecimentos no âmbito da extensão (do corpo) e do pensamento (da mente) ocorrem sempre simultaneamente e são equivalentes. Um órgão de mediação é, pois, desnecessário.

A segunda diferenciação diz respeito à relação entre a unidade infinita da substância e suas partes, isto é, entre as coisas individuais. Spinoza as denomina modos. Ele define a finitude das coisas da seguinte forma:

> Diz-se finita em seu gênero aquela coisa que pode ser limitada por outra da mesma natureza. Por exemplo, diz-se que um corpo é finito porque sempre concebemos um outro maior. Da mesma maneira, um pensamento é limitado por outro pensamento. Mas um corpo não é limitado por um pensamento, nem um pensamento por um corpo (SPINOZA, 1980, p. 5).

O critério da finitude das coisas em oposição ao da infinitude da substância leva a uma diferenciação decisiva no conceito de natureza. Spinoza distingue dois conceitos de natureza: a "*natura naturans*" [natureza naturante] e "*natura naturata*" [natureza naturada]. A distinção torna nítido o abismo que, apesar da unidade da natureza, existe entre a infinitude de Deus ou, ainda, da natureza, e a finitude das coisas, incluindo o ser humano. Spinoza explica "que por natureza naturante devemos compreender o que existe em si mesmo e por si mesmo é concebido, ou seja, aqueles atributos da substância que exprimem uma essência eterna e infinita, isto é, [...] Deus, enquanto é considerado como causa livre. Por natureza naturada, por sua vez, compreendo tudo o que se segue da necessidade da natureza de Deus, ou seja, de cada um dos atributos de Deus, isto é, todos os modos dos atributos de Deus, enquanto considerados como coisas que existem em Deus, e que, sem Deus, não podem existir nem ser concebidas" (SPINOZA, 1980, p. 75).

A concepção espinosana de natureza se distingue claramente da dos antigos em mais um ponto. Em conjunto com a física da idade moderna, Spinoza rompe com todos os princípios teleológicos e reduz o sentido quádruplo de causa dos antigos (Aristóteles) a apenas um, a "*causa efficiens*", isto é, a causa eficiente. Spinoza observa: "Com efeito, não pertence à natureza de alguma coisa senão aquilo que se segue da necessidade da natureza de sua causa eficiente. E tudo o que se segue da [...] causa eficiente acontece necessariamente" (SPINOZA, 1980, p. 441).

Dito de uma perspectiva antropológica, isso significa que há apenas uma "*vis a tergo*" [força que age por detrás], e não uma "*vis a fronte*" [força que age pela frente]. Em um exame mais detido, a chamada causa final se revela como uma causa eficiente oculta. Spinoza discute essa ideia com auxílio do seguinte exemplo, que, ao mesmo tempo, torna patentes para a antropologia as consequências da sua reformulação do conceito de substância:

> Quanto à causa que chamam final, não se trata senão do próprio apetite humano, enquanto considerado como princípio ou causa primeira de alguma coisa. Por exemplo, quando dizemos que a causa final desta ou daquela casa foi a habitação, certamente não devemos compreender, por isso, senão que um ser humano, por ter imaginado as vantagens da vida doméstica, teve o apetite de construir uma casa (SPINOZA, 1980, p. 439).

Em um sentido físico geral, a causa eficiente torna-se, no contexto antropológico, impulso ou apetite. O impulso, que determina por completo o ser humano, é o impulso de conservação de si. Ele tem um sentido antropológico central e, ademais, um sentido ontológico geral. Spinoza escreve: *"cada coisa esforça-se, assim, tanto quanto pode e está em si, por perseverar em seu ser* [...]. *O esforço* (conatus) *pelo qual cada coisa se esforça por perseverar em seu ser nada mais é do que a sua essência atual"* (SPINOZA, 1980, p. 273), e "não envolve em si nenhum tempo determinado, mas, antes, indeterminado" (SPINOZA, 1980, p. 275). Ao seguir seu impulso de conservação de si, o ser humano obedece a uma necessidade universal da natureza; pois ele mesmo, como Spinoza repetidamente ressalta, é "uma parte de toda a natureza". Conservação de si é um mandamento da natureza e, por conseguinte, também da razão. Dar cabo da própria vida contradiz a ambas. Isso significa "que aqueles que tiram a própria vida são impotentes em seu ânimo, e eles são completamente coagidos por causas externas que se opõem à sua natureza" (SPINOZA, 1980, p. 479).

Com base no impulso de conservação de si, Spinoza desenvolve uma sofisticada doutrina nuançada dos afetos que, contudo, se deixa reduzir a três afetos básicos: alegria [*laetitia*], tristeza [*tristitia*] e desejo [*cupiditas*] (SPINOZA, 1980, p. 399]. A tradução alemã vacila entre "alegria" [*Freude*] e "prazer" [*Lust*] para "*laetitia*", e "tristeza" [*Traurigkeit*] e "desprazer" [*Unlust*] para "*tristitia*". Para o princípio de conservação de si, a alegria tem um sentido positivo, a tristeza, negativo, e o desejo, ambos. Em uma série de exemplos, Spinoza subordina os afetos humanos a esses três afetos fundamentais. À alegria pertencem: amor, simpatia, escárnio, esperança, confiança, gáudio e satisfação consigo mesmo. As formas da tristeza são: ódio, antipatia, medo, desespero, remorso, compaixão e humildade. Entre os desejos contam-se: anseio, emulação, gratidão, benevolência, ira, vingança, crueldade ou fúria, repulsa, timidez, audácia, ambição e ansiedade (cf. SPINOZA, 1980, p. 401ss.).

A satisfação consigo mesmo, a "satisfação do ânimo", assume a posição mais alta entre os afetos de alegria. Ela é expressão da "felicidade suprema". No interior dos afetos de tristeza, as passagens de Spinoza sobre compaixão merecem atenção. A compaixão não é de forma alguma um afeto positivo, mas, antes, um afeto negativo que nos é transmitido pelo sofrimento de outrem. O sofrimento de outrem "afeta a nós mesmos com igual tristeza" (SPINOZA, 1980, p. 315). Assim, a pergunta é a seguinte: Como o ser humano pode libertar-se dessa tristeza? A surpreendente resposta de Spinoza é: "Nós procuraremos, o tanto quanto podemos, libertar do sofrimento aquele objeto pelo qual sentimos compaixão" (SPINOZA, 1980, p. 315). De forma semelhante, a transformação da tristeza em alegria ocorre no seguinte exemplo: *o ódio que é inteiramente vencido pelo amor converte-se em amor; e o amor é, por isso, maior do que se o ódio não o tivesse precedido*" (SPINOZA, 1980, p. 351).

Contudo, como o ser humano pode ser levado a colocar o amor no lugar do ódio? A resposta de Spinoza, parecida com a de Marco Aurélio, é a seguinte: o que é decisivo é o conhecimento, o discernimento do todo. Trata-se da faculdade de conhecimento que permite ao ser humano perscrutar, por si mesmo, seu lugar no todo, o impulso fundamental de conservação de si e todos os afetos positivos e negativos. Ao mirar a natureza do todo, ele simultaneamente conhece a Deus, isto é, a substância infinita do ponto de vista de sua eternidade [*sub specie aeternitatis*]. Sem esse conhecimento ele torna-se servo de seus afetos negativos.

Spinoza dedicou a essa ideia a quarta parte, cujo título é *A servidão humana ou a força dos afetos*, de sua *Ética*. A quinta parte, por sua vez, intitula-se *A potência do intelecto ou a liberdade humana*. A libertação em relação ao poder dos afetos ocorre não através do livre arbítrio, como acreditavam os estoicos, mas somente através do conhecimento, o "poder da razão" (SPINOZA, 1980, p. 619). A liberdade não é um tema do arbítrio ou da vontade, mas, antes, do entendimento. Contudo, Spinoza não despreza de forma alguma o poder dos afetos. O poder da razão não triunfa sobre eles quando os combate. Pelo contrário, ela se coloca a serviço do impulso fundamental de conservação de si e a serviço daqueles afetos que lhe são úteis. A razão examina os afetos com base em sua utilidade para a vida e se recusa a seguir aqueles que lhe são prejudiciais. Porém, sob um ponto de vista ético, isso não leva de forma alguma a um egoísmo implacável, não leva a uma guerra de todos contra todos, como em Hobbes. Muito pelo contrário, por meio do convívio correto com os outros, o egoísmo torna-se uma ferramenta importante para o interesse da própria conservação de si. Spinoza desenvolve a ideia fundamental de sua ética utilitarista, que, contudo, provém da ética antiga da felicidade. Em uma passagem na qual se aproxima bastante de Marco Aurélio, ele formula seu princípio fundamental:

> Existem, pois, muitas coisas, fora de nós, que nos são úteis e que, por isso, devem ser apetecidas. Dentre elas, não se pode cogitar nenhuma outra melhor do que aquelas que estão inteiramente de acordo com a nossa natureza. Com efeito, se, por exemplo, dois indivíduos de natureza inteiramente igual se juntam, eles compõem um indivíduo duas vezes mais potente do que cada um deles considerado separadamente. Portanto, nada é mais útil ao ser humano do que o próprio ser humano. Quero com isso dizer que os seres humanos não podem aspirar a nada que seja mais vantajoso para conservar o seu ser do que estarem, todos, em concordância em tudo, de maneira que as mentes e os corpos de todos componham como que uma só mente e um só corpo, e que todos, em conjunto, [...] busquem o que é de utilidade comum para todos (SPINOZA, 1980, p. 479ss.).

Spinoza transpõe a ideia da cooperação dos indivíduos em prol da utilidade geral a seu modelo de Estado – simpático à democracia – desenvolvido no *Tractatus theologico-politicus* [*Tratado teológico-político*], de 1670:

> O fim do Estado não é fazer os seres humanos passarem de seres racionais a bestas ou autômatos: é fazer com que sua mente e o seu corpo exerçam em segurança as respectivas funções, que eles possam usar livremente a razão e não se digladiem por ódio, cólera ou insídia, nem se manifestem intolerantes uns para com os outros. O verdadeiro fim do Estado é, portanto, a liberdade (SPINOZA I, 1979, p. 605).

É insustentável a afirmação, feita pelos inúmeros críticos de Spinoza, de que sua filosofia seria inconciliável com o conceito de liberdade. Assim como em Marco Aurélio, em Spinoza o conhecimento é aquilo que liberta os seres humanos da dependência determinista.

A história de recepção de Spinoza é complexa. Leibniz, que criticou sua doutrina da substância, assumiu, não obstante, a noção de paralelismo psicofísico. A recusa de um Deus personalista levou à designação de Spinoza como ateu e à condenação de seu pensamento. Mas logo a maré virou a favor de Spinoza. Filósofos e escritores como Lessing, Moses Mendelssohn, Jacobi, Herder, Schleiermacher e Goethe se declararam devedores de Spinoza. A ambivalência das posturas em relação a ele é formulada por Novalis em 1802 da seguinte forma: "O espinosismo é uma saturação de divindade: enquanto na época do próprio Spinoza a tendência ateia foi repudiada, o espinosismo aparece agora como acúmulo de religiosidade" (SPINOZA, 1976, p. XXX). Nietzsche no século XIX e Karl Löwith no século XX, ambos de impregnação ateia, viram em Spinoza um aliado.

3 Autopoiese: a autocriação de sistemas vivos (Maturana)

> Os sistemas vivos são entidades autônomas, apesar de eles dependerem de um meio para sua existência concreta e para seu intercâmbio de material; todos os fenômenos relacionados a eles dependem da forma pela qual a sua autonomia é realizada. O exame do saber biológico contemporâneo mostra que essa sua autonomia surge do fato de serem organizados como sistemas que continuamente criam a si mesmos [...]. Francisco Varela e eu chamamos tais sistemas de *sistemas autopoiéticos*, e sua organização, de *organização autopoiética* [...].
> Com essa designação da organização de sistemas vivos não se estabelece nada relativamente à sua estrutura, esta pode, antes, assumir qualquer forma que baste à organização autopoiética. Ademais, nada é dito sobre o meio no qual um sistema autopoiético pode existir e tampouco sobre sua interação ou sobre os processos de intercâmbio de material com o meio, os quais podem ser de qualquer espécie, contanto que satisfaçam as condições dadas pela estrutura do sistema por meio da qual a autopoiesis é realizada. Como um sistema autopoiético é definido como unidade por sua autopoiesis, ele deve apenas satisfazer a única condição constitutiva de que todas as suas séries de estado levem à autopoiesis; em todos os outros casos o sistema é arruinado (MATURANA, 2000, p. 106ss.).

Humberto R. Maturana nasceu em 1928 em Santiago do Chile. Ele estudou medicina e biologia em Londres, Harvard e Santiago do Chile. Em 1958 doutorou-se em biologia pela Universidade de Harvard. Em 1960, tornou-se professor de biologia pela Faculdade de Medicina da Universidade do Chile, em Santiago. Entre 1970 e 1973 ele trabalhou em estreita cooperação com Francisco J. Varela em Santiago do Chile. O núcleo de suas pesquisas neurofisiológicas reside no campo da biologia do conhecimento. Em 2009 ele obteve o título de doutor *honoris causa* pela Universidade de Santiago do Chile.

A ideia fundamental de Maturana é determinada por uma redefinição da vida. Ele a caracteriza como um sistema que se cria e se conserva a si mesmo. O sistema apresenta uma unidade determinada pela estrutura, encontrando-se num meio no qual "interage e se realiza" (MATURANA & VARELA, 2010, p. 105). Para Maturana, a vida é parte de uma "história da natureza" abrangente, que se inicia com o surgimento de nosso sistema planetário, prossegue com o desenvolvimento da vida na Terra e se encerra com a criação de seres humanos capazes de conhecer. O surgimento e desenvolvimento da vida é tema da Teoria da Evolução. A unidade da natureza se realiza em processo, isto é, como história da natureza.

Em relação à sua teoria, é importante notar que ele, ao contrário dos cientistas naturais positivistas do século XIX, não afirma que o estado inicial descrito seja um fato, acreditando poder derivar dele, com auxílio de métodos extraídos da ciência natural, desenvolvimentos posteriores, incluindo a capacidade cognitiva do ser humano; pelo contrário, Maturana ressalta que o cientista que observa e pesquisa somente pode desenvolver suas hipóteses no intercâmbio com outros seres humanos. Além disso, Maturana se refere a um segundo pressuposto incontornável: para poder investigar, o pesquisador precisa sempre pressupor para si mesmo a capacidade cognitiva do ser humano que ele pretende investigar. Daqui surge um processo circular do conhecimento. O objetivo desse processo é obter um conhecimento biologicamente fundamentado do conhecimento.

Maturana percorre, assim, os estágios do desenvolvimento da vida. Estes são os seguintes: a atmosfera dos primórdios da Terra e o surgimento de moléculas orgânicas, o desenvolvimento de membranas e células, a divisão celular e a reprodução, o surgimento de seres vivos pluricelulares, a formação de um sistema nervoso e, finalmente, o surgimento do ser humano. Como Maturana esboça uma ampla história natural, suas declarações sobre o ser humano constituem apenas uma pequena parte conclusiva. Para ele, o ser humano é uma forma excepcional da vida, mas não o objetivo da evolução.

Em oposição aos investigadores que assumem que a vida teria vindo à Terra através de meteoritos, Maturana considera a atmosfera dos primórdios da Terra como condição suficiente para o surgimento da vida, pois nela "surgiu, através de um contínuo processo de transformação química [...], uma grande variedade de substâncias moleculares" (MATURANA & VARELA, 2010, p. 44). Aqui se deu o momento fundamental "no qual as moléculas compostas por cadeias de carbono – *as moléculas orgânicas* – se acumularam e se diversificaram [...]. Foi exatamente essa multiplicidade morfológica e química de moléculas orgânicas que tornou possível a existência de seres vivos" (MATURANA & VARELA, 2010, p. 44).

A transição de moléculas orgânicas para seres vivos é apresentada da seguinte forma:

> Devido à diversidade e à plasticidade então possíveis no campo das moléculas orgânicas, tornou-se possível a formação de redes de reações moleculares que, por sua vez, criaram e integraram as mesmas classes de moléculas das quais elas mesmas eram compostas, fazendo com que elas se limitassem reciprocamente relativamente ao espaço circundante no processo de sua realização. Tais redes e interações moleculares, que criam a si mesmas e especificam seus próprios limites, são [...] seres vivos (MATURANA & VARELA, 2010, p. 47).

A descrição desse processo é significativa por tornar claras duas coisas: ela contém uma hipótese para o surgimento da vida e, ao mesmo tempo, discute a definição da vida como um procedimento autopoiético. Os primeiros seres vivos são bactérias e algas. Os seus traços fósseis são encontrados em sedimentos de 3,4 bilhões de anos.

A autonomia se liga estreitamente ao princípio de autopoiesis. A conexão consiste no fato de ser algo característico aos seres vivos "serem, eles próprios, o único produto de sua organização, ou seja, não há uma dissociação entre criador e criação" (MATURANA & VARELA, 2010, p. 56). É também próprio da autonomia a capacidade de limitação do ser vivo relativamente a seu ambiente. No plano dos primeiros seres vivos, isso apresenta um desafio especial, a saber, "seria necessário, por exemplo, que existissem moléculas que fossem capazes de formar membranas estáveis e plásticas" (MATURANA & VARELA, 2010, p. 58). Com a formação de membranas surgem "unidades dinâmicas", ou seja, células, que "podem participar de um intercâmbio molecular veloz e persistente com o ambiente" (p. 58).

A existência de células, os pilares da vida, permite a divisão celular e, com ela, a reprodução.

A reprodução é uma forma de replicação. Contudo, é aconselhável evocar as diversas formas de replicação para entendermos aquelas que são biologicamente relevantes. Em oposição à replicação de um objeto (como, p. ex., na produção em série de automóveis) e à cópia (como, p. ex., a fotografia), nós falamos de reprodução apenas quando as unidades que surgem pela divisão pertencem à mesma classe que a unidade original. Porém, elas não têm uma estrutura idêntica como uma cópia. Ou seja, "embora as unidades resultantes da divisão reprodutiva tenham a mesma organização que a unidade original e, portanto, possuam aspectos estruturais similares, elas têm aspectos estruturais distintos entre si e com respeito à unidade original" (MATURANA & VARELA, 2010, p. 72).

A célula desempenha uma função fundamental, para a reprodução, onde também o plano da vida multicelular é atingido. Ora, também na existência de um indivíduo multicelular "o início de seu surgimento precisa remontar a *uma* célula" (MATURANA & VARELA, 2010, p. 91). Isso vale também para a reprodução sexual de organismos pluricelulares. Trata-se, aqui, do zigoto, o óvulo fecundado, a partir do qual se forma um novo ser vivo multicelular.

O desenvolvimento da vida na Terra com suas múltiplas formas, como vegetais, animais, fungos e bactérias, foi designado, pelo menos desde Lamarck e Darwin, como evolução (cf. cap. VIII, 1). O tema da evolução não é a ontogênese, mas, sim, a filogênese, isto é, a evolução de espécies. Darwin empregou a seleção como motor do desenvolvimento. De acordo com esse princípio, apenas as espécies mais bem adaptadas sobrevivem, ao passo que as mal adaptadas perecem. Dessa forma, a evolução pode ser compreendida como um desenvolvimento superior da vida. No interior dessa lógica, é comum colocar o ser humano como o ápice desse desenvolvimento.

Com relação à Teoria da Evolução, Maturana realiza uma notável reinterpretação. Ele confirma o conceito de adaptação de um ser vivo a seu meio como uma condição necessária de existência, e aceita a ideia de desenvolvimento como uma diversificação da vida; contudo, ele recusa o conceito de "o mais bem adaptado" e, com isso, o conceito de desenvolvimento superior. Maturana ressalta:

> Não há nenhuma "sobrevivência do mais bem adaptado", mas, antes, apenas a "sobrevivência do adaptado". A adaptação é uma questão de condições necessárias que podem ser cumpridas de diversas maneiras, não existindo, pois, a "melhor" adaptação que satisfaria um critério a ser buscado para além da sobrevivência. As distinções entre os organismos revela haver muitos caminhos estruturais de realização do vivente e não a otimização de *uma* relação ou de *um* valor (MATURANA & VARELA, 2010, p. 125).

Maturana cita como exemplo as várias formas de movimento dos animais que vivem na água. O golfinho, o pinguim, o peixe e a serpente-marinha têm formas muito diferente de locomoção, não existindo nenhum critério para designar alguma como melhor que as demais. O que é importante é apenas a capacidade do organismo de sobreviver, e isso ocorre somente por meio da perpetuação da adaptação ao ambiente. Em lugar da ideia de desenvolvimento superior, Maturana coloca sua concepção de evolução como "algo à deriva" [*Drift*]. Por deriva ele entende a ramificação natural da vida que é determinada pelas mudanças estruturais em um sistema vivo autopoiético em relação a seu ambiente. Ambos podem modificar-se.

O conceito de progresso não tem nenhum sentido no contexto da evolução. Maturana observa:

> Nós vemos a evolução como uma deriva estrutural na contínua seleção filogenética. Não há aqui nenhum "progresso" no sentido de uma otimização na utilização do ambiente, mas apenas a perpetuação da adaptação e da autopoiesis em um processo no qual organismo e ambiente permanecem em constante ajuste estrutural (MATURANA & VARELA, 2010, p. 127).

É interessante que Maturana reformule de uma perspectiva biológica a ideia de conservação de si desenvolvida por Spinoza de uma perspectiva filosófica, e também recuse, assim como este, a ideia de teleologia. A vida significa conservação de si e apenas isso. Se nos antigos se tratava sempre da boa vida, na Modernidade domina a ideia de conservação de si e da mera sobrevivência.

Nos seres vivos multicelulares, o sistema nervoso desempenha um papel crucial na interação entre ser vivo e ambiente. Segundo Maturana, aqui devem ser evitados dois mal-entendidos usuais sobre o sistema nervoso. Maturana designa o primeiro como modelo solipsista e o segundo como modelo representacionista. De acordo com o modelo solipsista, o sistema nervoso tem uma estrutura inata e fixa. O ambiente seria percebido em correspondência a essa estrutura rígida. De acordo com o modelo representacionista, o sistema nervoso seria como uma *tabula rasa*, na qual se gravariam as impressões do ambiente. Ambos os modelos foram defendidos de maneiras diversas, e ambos são, segundo Maturana, falsos. Ele ressalta:

> Nós mostraremos que, para cada organismo, a história de suas interações é uma história de alterações estruturais, que, por sua vez, é uma história bem específica das transformações de uma estrutura de partida na qual o sistema nervoso está envolvido na medida em que amplia o âmbito dos estados possíveis (MATURANA & VARELA, 2010, p. 139).

O sistema nervoso tem uma estrutura de partida, mas esta se alterna por meio de interações com o ambiente. Um exemplo disso: um cordeiro que logo após seu nascimento foi separado de sua mãe e, pois, não foi lambido por ela, posteriormente não mais desenvolve o comportamento típico da espécie, por exemplo, brincar. Com o impedimento da interação entre mãe e seu filhote ocorre uma mudança estrutural do sistema nervoso que tem efeitos para toda a vida (cf. MATURANA & VARELA, 2010, p. 140).

Outras consequências dramáticas que tais alterações estruturais podem ter são ilustradas pelo exemplo de duas jovens meninas, de cinco e oito anos de idade, que foram encontradas em 1922 em um pequeno vilarejo bengali, tendo sido claramente criadas por lobos.

> Quando foram encontradas, as meninas não conseguiam ficar em pé e de pronto caminhavam com as mãos apoiadas no chão. É evidente que elas não falavam, e tinham rostos inexpressivos. Elas só queriam comer carne crua e ficavam ativas de noite, evitavam contato humano e preferiam a sociedade com cães e lobos [...]. A sua separação do seio da família de lobos as fez entrar em uma profunda depressão que levou uma delas à morte (MATURANA & VARELA, 2010, p. 141).

A menina que sobreviveu "nunca foi percebida como realmente humana" (MATURANA & VARELA, 2010, p. 143) pelas outras pessoas que a conheceram de perto. O exemplo mostra o quão é falso querer definir o ser humano e, de forma geral, o ser vivo apenas a partir de sua estrutura genética. Apenas no intercâmbio com um ambiente adequado é que o ser vivo se desenvolve de forma conforme à espécie, ou seja, apenas pela interação com outros seres humanos é que o ser humano se torna ser humano.

A flexibilidade estrutural do sistema nervoso refuta não apenas a tese behaviorista, mas também a corriqueira comparação do cérebro com um computador. Pelo contrário, o sistema nervoso responde de forma autônoma e flexível a desafios postos pelo ambiente, "especificando quais são as configurações do meio que podem desencadear alterações estruturais nele" (MATURANA & VARELA, 2010, p. 148). Maturana se guia pelas pesquisas realizadas pelo biólogo Jakob von Uexküll, que em seu livro *Umwelt und Innenwelt der Tiere* [Mundo-próprio e mundo-interior dos animais], publicado em 1909, desenvolve o conceito de "planta" [*Bauplan*], que é decisivo para o ciclo de funções de mundo da percepção

[*Merkwelt*] e mundo da ação [*Wirkwelt*]. Maturana coloca em seu lugar o conceito de "determinidade estrutural".

O animal como um sistema vivo responde aos desafios postos pelo ambiente em cada caso, e esse sistema é mutável. Isso significa que

> a riqueza em plasticidade do sistema nervoso não é fundada no fato de ele produzir os engramas das coisas do mundo, mas, antes, repousa em sua contínua mudança em concordância com a mudança no meio como resultado dos efeitos de suas interações (MATURANA & VARELA, 2010, p. 186).

Contudo, não apenas o ser vivo individual, mas também populações devem ser compreendidas como sistemas flexíveis e que interagem com seu ambiente. Elas constituem um sistema social. Por exemplo, em uma manada de antílopes em fuga, o animal que fica na retaguarda se põe em uma posição exposta e perigosa para observar o inimigo e certificar-se do trajeto de fuga do rebanho. Isso mostra uma ambivalência fundamental. O indivíduo é uma parte específica de uma unidade social em si flexível e, portanto, é importante, ainda que seja, ao mesmo tempo, intercambiável. De uma perspectiva da teoria dos sistemas, a relação é formulada da seguinte maneira: "O processo é o de uma transformação de comportamento condicionada pela conservação do sistema social por intermédio do comportamento de suas partes constituintes" (MATURANA & VARELA, 2010, p. 226).

Para a organização dessa transformação, que também deve ser compreendida como um processo social, os animais já utilizam linguagem. Os sinais linguísticos empregados pelos animais têm um sentido específico: eles são úteis à coordenação do comportamento. Eles também cumprem a mesma função no ser humano: "Por exemplo, a palavra 'mesa' coordena nossas ações com relação às ações que realizamos quando lidamos com a 'cadeira'" (MATURANA & VARELA, 2010, p. 227).

Contudo, a linguagem do ser humano vai além disso. Maturana designa o "reino da linguagem" como uma competência especificamente humana, dedicando-lhe uma atenção especial. O ponto chave repousa na capacidade de observação do ser humano. Um observador é um ser humano que não é simplesmente uma parte da interação, mas, antes, que a descreve com meios linguísticos. Com base nisso Maturana esboça sua notável teoria de antropologia linguística. Ele afirma:

> Com a linguagem surge também o observador como um ser capaz de linguagem. Ao operar com outros observadores pela linguagem, esse ser cria o eu e seu ambiente como diferenças linguísticas no âmbito de sua participação em

um campo linguístico. Dessa maneira, surge o significado (sentido) como uma relação de diferenças linguísticas. E significado/sentido torna-se uma parte desse campo de perpetuação da adaptação [...]. Nós, seres humanos, somos apenas seres humanos na linguagem, e, por dispormos da linguagem, não há limite para o que pode ser descrito, representado e colocado em contexto (MATURANA & VARELA, 2010, p. 288ss.).

Da mesma forma, não há consciência de si sem linguagem. "Consciência de si, consciência, mente – estes são fenômenos que se dão na linguagem" (MATURANA & VARELA, 2010, p. 249).

O surgimento do observador, do eu e da superação dos limites ligada a tal surgimento levanta a questão sobre em que medida o ser humano, tomado como um sistema vivo que, como os demais seres vivos, tem uma determinação estrutural, pode superar tal determinação e ter acesso à liberdade. A resposta de Maturana é a seguinte:

> Embora o seu operar seja determinista, o organismo é livre quando pode gerar campos consensuais de segunda ordem; ora, como um observador recursivo de suas relações, ele pode então gerar objetos consensuais operacionalmente independentes uns dos outros (MATURANA, 2000, p. 143).

Como observador de suas relações, ele não está mais subordinado aos constrangimentos destas. Ele desenvolve representações que vão além do que é dado. Ele se move no campo da fantasia e da criatividade. Maturana tinha aparentemente em vista a ditadura de Pinochet, em 1973, quando acrescenta: "Portanto, toda tirania política tende, explícita ou implicitamente, a reduzir a criatividade ou liberdade, prescrevendo todas as interações sociais para eliminar o ser humano como observador, e estabilizar a própria dominação" (MATURANA, 2000, p. 143).

As reflexões de Maturana sobre ética partem do conhecimento da "estrutura social e biológica do ser humano" (MATURANA & VARELA, 1978, p. 264). Esse conhecimento pode nos ajudar na compreensão de que apenas em cooperação com os demais podemos produzir um mundo no qual é possível uma convivência que não negue as outras pessoas. O "imperativo social" tem como objetivo superar conflitos e tornar possível a "coexistência". Mais ainda: como biólogo, ele é guiado pela ideia de que, "*de um ponto de vista biológico, sem amor, sem aceitar os outros, não existe processo social algum,* [pois] *o amor é uma dinâmica biológica com raízes profundas*" (MATURANA & VARELA, 2010, p. 266). Assim, sua conclusão é: "*Nós temos apenas o mundo que produzimos em conjunto com os demais, e apenas o amor nos permite produzir esse mundo*" (p. 267).

O principal problema da antropologia de Maturana consiste na suposição do surgimento de um "observador capaz de linguagem", do eu, da liberdade e da criatividade. Eles apenas seriam possíveis por meio de uma mudança de categorias, e esta sempre pressupõe um salto qualitativo. Não basta aqui a "linguagem animal" do ser humano, interpretada pragmaticamente no sentido de uma coordenação de comportamentos através de sinais com o objetivo de sua conservação. Ademais, tampouco é convincente sua suposição de um "ser capaz de linguagem", que pode comportar-se "recursiva" e reflexivamente, gerando um campo comunicacional de "segunda ordem". É evidente que isso somente pode ocorrer se o monismo for superado em sua unidimensionalidade.

Nos países de língua alemã, a influência de Maturana pode ser percebida no neurofisiólogo Wolf Singer e no sociólogo Niklas Luhmann.

CULTURA
E HISTÓRIA

V

O ser humano como ser de carências
O modelo de compensação

Na mitologia antiga, o ser humano se compara aos deuses e, em contraposição a estes, reconhece em si uma carência grave e insuperável: sua mortalidade. Neste contexto entram todas as fraquezas e necessidades que tornam a vida tão penosa: o desamparo da infância, doença, golpes do destino, velhice e morte.

É notável que o ser humano, apesar de sua posição única no mundo, continuamente ressalte suas carências e fraquezas. Mesmo quando são sublinhadas, ao menos em parte, as realizações particulares do ser humano, não existe, abstraindo-se do conceito de subjetividade, uma antropologia digna de menção no pensamento europeu que não deixe de realçar as fraquezas e carências, a debilidade do pensamento, a doença e o caráter trágico do ser humano. Não obstante, pode-se objetar que o ser humano de fato se expressa mal quando se compara como imortal. Nessa objeção, porém, deve-se levar em conta que essa comparação por ele encenada só tem o sentido de ressaltar as carências do ser humano em relação a algo por ele fantasiado, a saber, o que é perfeito, porém inatingível.

Entretanto, já na época mitológica a comparação do ser humano com os deuses foi suplantada – ou ao menos complementada – pela comparação entre ser humano e animal. Mas o espantoso é que o ser humano se sai mal mesmo na comparação com o animal. Este é, cada um à sua maneira, perfeito, ou seja, ele dispõe de tudo aquilo que necessita para a vida. Não é o caso do ser humano. Ele está particularmente desamparado não apenas como recém-nascido, mas também como adulto lhe faltam muitas coisas de que necessita para a vida, antes de tudo vestimentas. A sua constituição natural não basta para assegurar-lhe a sobrevivência.

Porém, a inveja que o ser humano nutre em relação aos animais tem um fundamento mais profundo. Ela repousa em uma insegurança em relação a si mesmo nutrida pela consciência da discórdia e dilaceramento. Herder designou o ser humano como o "inválido de suas forças superiores". Em todo caso, contudo, apenas é possível a sobrevivência ao ser humano caso ele compense as graves carências de sua existência. O conceito de compensação funciona como modelo adequado para tanto. As formas de pensar tal compensação, porém, são distintas.

Platão apresentou as carências do ser humano em três mitos. Eles giram em torno dos deuses Eros, Prometeu e Hermes. São aqui tematizados os âmbitos do amor, ofícios e artes, domínio do fogo e, finalmente, da política.

Em Herder, a natureza é o que provê o ser humano com os instrumentos adicionais e necessários para a vida: razão, liberdade e, indissociavelmente ligado à razão, a linguagem; por fim, o senso para bem e mal.

Também para Gehlen os meios de compensação das carências naturais pertencem à própria natureza. Ele reúne todos esses meios sob o conceito de cultura, podendo, assim, ser considerado como um dos principais defensores da antropologia da cultura.

1 Eros, Prometeu e Hermes: mitos das carências humanas (Platão)

> Houve um tempo em que só havia deuses, sem que ainda existissem criaturas mortais. Quando chegou o momento determinado pelo Destino para que estas fossem criadas, os deuses as plasmaram nas entranhas da terra, utilizando-se de uma mistura de ferro e de fogo [...]. Ao chegar o tempo certo de tirá-los para a luz, incumbiram Prometeu e Epimeteu de provê-los do necessário e de conferir-lhes as qualidades adequadas a cada um. Epimeteu, porém, pediu a Prometeu que deixasse a seu cargo a distribuição [...]. Nessa tarefa, a alguns ele atribuiu força sem velocidade, dotando de velocidade os mais fracos; a outros deu armas; para os que deixara com natureza desarmada, imaginou diferente meios de preservação [...]. Como, porém, Epimeteu carecia de reflexão, despendeu, sem o perceber, todas as qualidades de que dispunha, e, tendo ficado sem ser beneficiada a geração dos homens, viu-se, por fim, sem saber o que fazer com ela. Encontrando-se nessa perplexidade, chegou Prometeu para inspecionar a divisão e verificou que os animais se achavam regularmente providos de tudo; somente o ser humano se encontrava nu, sem calçados, nem cobertas, nem armas, e isso quando estava iminente o dia determinado para que o ser humano fosse levado da terra para a luz. Não sabendo Prometeu que meio excogitasse para assegurar ao ser humano a salvação, roubou de Hefesto e de Atena a sabe-

doria das artes juntamente com o fogo [...] e os deu ao ser humano (PLATÃO. *Protágoras*, 320c-321c).

Platão (427-347 a.C.) viveu em uma época em que as grandes figuras do sofismo, como Protágoras e Górgias, já haviam deixado a marca de sua influência. Uma parte dessa influência consistia no questionamento dos costumes tradicionais, da ordem jurídica existente e sobretudo da validade dos mitos antigos. A crítica aos mitos, que incluía a negação da existência dos deuses, era parte disso. Sócrates já não acreditava nos mitos antigos, como comprova o diálogo platônico *Eutífron*. Em lugar dos mitos surgia cada vez mais o *logos* que demonstrava e argumentava racionalmente. O seu método era a dialética. Platão a desenvolveu, partindo dos diálogos socráticos. Não obstante, os mitos constantemente surgem com muita força na obra platônica. A sua função é a de exprimir estados-de-coisas que por princípio não são acessíveis ao *logos* racional, como, por exemplo, a questão do destino da alma após a morte (cf. cap. III, 1), ou, ainda, encontrar para determinado estado-de-coisas uma forma expositiva intuitiva, mas somente compreensível simbolicamente.

Platão faz Protágoras falar sobre os mitos de Prometeu e Hermes. Ele primeiro pergunta a seus interlocutores sobre a forma pela qual deve ser apresentada a questão em discussão. Ele diz: "Mas, que preferis: falar-vos eu como um velho que se dirige a jovens e contar-vos uma história [*mythos*], ou expor o assunto sob forma de dissertação [*logos*]?" (*Eutífron*, 320c). A decisão é favorável ao lado do mito, pois é mais "graciosa". Com isso já se deixa em suspenso a pretensão imediata de verdade do mito. De acordo com essa nota preliminar, a forma de dissertação [*logos*] pode expor o estado-de-coisas tão bem quanto o mito. Do interlocutor é diretamente exigido que ele descubra por si mesmo o núcleo racional do mito, isto é, que ele desmitologize o mito. Essa ideia se aplica aos três mitos aqui em questão. Trata-se do mito do amor de Eros, que se encontra no *Banquete*, de Platão, e do mito de Prometeu e de Hermes, que são relatados no diálogo platônico *Protágoras*. Uma marca comum desses mitos é a de elucidar a situação presente do ser humano como o resultado de um evento que ocorreu em uma pré-história mitológica.

O *Banquete* realiza uma exposição sobre o poder do amor. A fala sobre Eros feita no diálogo pelo poeta cômico Aristófanes é particularmente impressionante. Ele começa seu mito da seguinte forma: "Nossa natureza de antigamente não era a mesma de agora, era completamente outra" (189d). Antigamente, ele afirma, não havia dois, mas, sim, três gêneros: o masculino, o feminino e o andrógino, isto é, o masculino-feminino. Cada um deles tinha quatro braços, quatro pernas, dois rostos e dois órgãos genitais. Outrora a forma humana era completamente outra, a saber, ela tinha um formato esférico. Os seres humanos eram completamente diferentes também em outro aspecto. Eles tinham "uma força tremenda" e "um pensamento incrível". Em virtude dessa perfeição, eles fizeram um plano de encontrar uma entrada para o céu e atacar os deuses. Com isso, Zeus sugeriu não exterminar por completo os seres humanos, já que os deuses não desejam abrir mão de suas oferendas e honras, mas apenas enfraquecê-los ao cortá-los ao meio. Os seres humanos não poderiam ter mais paz; para não serem divididos ainda mais, cada ser humano precisaria ver a dificuldade de se andar com apenas uma perna. O plano foi levado a cabo, ordenando-se a Apolo "voltar-lhe [ao ser humano] o rosto e a banda do pescoço para o lado do corte, a fim de que, contemplando a própria mutilação, fosse mais moderado" (*Banquete*, 190e). Após ter ocorrido isso, todos voltaram-se aos demais buscando ajuda; o gênero masculino ao masculino, o feminino ao feminino, e o andrógino aos demais. Se encontrasse a sua metade, cada um não poderia mais dela se separar, desejando estar com ela tão intimamente, como se ambos estivessem "soldados". Aristófanes encerra seu mito com a frase: "É então de há tanto tempo que o amor de um pelo outro está implantado nos seres humanos, restaurador da nossa antiga natureza, em sua tentativa de fazer um só de dois e de curar a natureza humana" (*Banquete*, 191c-d).

O mito fala sobre três estágios: o primeiro conta sobre a perfeição originária do ser humano, o segundo sobre a imperfeição condicionada pelo corte ao meio, e o terceiro, por fim, sobre a restauração da natureza originária através do deus Eros. É notável que haja algo como um estado originário de perfeição do ser humano. Porém, ele foi perdido pela *hybris* humana, sua arrogância. O estado presente deve, pois, ser entendido como uma punição justa. É significativo também que os deuses protejam, com ciúmes, sua primazia e não permitam que os seres humanos se lhes equiparem. Um motivo semelhante é encontrado no mito bíblico do paraíso. Aqui é a árvore da vida que promete a vida eterna, precisando ser protegida contra os seres humanos como um privilégio divino (cf. cap. II, 1). Mas também é interessante no mito platônico o orgulho dos deuses, que não desejam renunciar às oferendas humanas.

Com a introdução de três gêneros originais é esclarecida a existência do amor heterossexual e, é claro, do amor homossexual. O caráter natural disso mostra que a homossexualidade na Grécia antiga era considerada algo dado, a ser explicado, mas não julgado. Em outra passagem do diálogo, o amor que um amante mais velho tem por um amado mais jovem é até mesmo louvado como uma relação pedagógica. De fato, contudo, um relacionamento bissexual é admitido em muitos casos, como, por exemplo, no modo como Homero apresenta o amor de Aquiles por Pátroclo.

Mas o próprio amor, o anelo de um ser humano pela metade que lhe corresponde, deve ser entendido como uma carência fundamental. Quem ama sofre, e o estado de sofrimento é um estado de imperfeição e de carência. Trata-se de um enunciado central do mito. Com o enfraquecimento do ser humano, o ataque aos deuses é temporariamente rechaçado, ou ao menos dificultado, pois o amor é um atalho para a perfeição originária. O anelo por perfeição – e este é o segundo enunciado importante do mito – permanece. Mas a sua satisfação custa tempo e compromete uma grande parte das forças do ser humano. É relevante, contudo, a ideia de que são os deuses que tanto destroem a perfeição originária como ajudam na busca pela sua restauração. Na sequência do diálogo, Sócrates define a filosofia como o anseio por perfeição guiado por Eros.

O mito de Prometeu é um outro exemplo de exposição das carências humanas. Lembremos que, em sua própria versão, Platão pôde referir-se a uma amostra de Hesíodo (cf. cap. I, 2). Em Hesíodo, o mito é incorporado no conflito entre novos deuses olímpicos, dentre os quais encontra-se Zeus, e os antigos deuses, determinados matriarcalmente, dentre os quais encontram-se os Titãs. Prometeu é um deles. Os Titãs são vencidos pelos deuses olímpicos e exilados nas profundezas do Tártaro, mas Prometeu, aquele que, entre todos, mais amava os seres humanos, consegue antes disso obter alguns benefícios aos seres humanos. Dentre eles está a oferenda do fogo. Ele rouba o fogo protegido por Zeus, que queria privar os seres humanos dele, e os presenteia aos seres humanos (HESÍODO, 1985, v. 567). Mas Zeus não deixa essa ignomínia recair sobre si. Ele produz um mal aos seres humanos como compensação por tal benefício. O mito de Pandora relata isso. Em Hesíodo, Prometeu é a figura que leva o fogo aos seres humanos, contudo, não com compensação para uma carência, mas, antes, como um presente caridoso. Também aqui a ideia de compensação desempenha um papel, contudo, não a compensação de uma carência por meio de um ato caridoso, mas, inversamente, a compensação de ato caridoso por meio de um "mal" antes não conhecido. Os seres humanos, que até então viviam "distantes do mal e sem flagelos onerosos", estão agora sujeitos a "infindáveis sofrimentos".

Platão conta a história de forma inteiramente nova em seu diálogo *Protágoras*. Prometeu e seu irmão Epimeteu não são aqui os antagonistas de Zeus, mas, sim, seus ajudantes. Eles seguem suas instruções. Um mito de criação é contado. Não se trata, como no mito bíblico, da criação do mundo, mas da dos seres vivos. Os deuses os formam "nas entranhas da terra, utilizando-se de uma mistura de ferro e de fogo, acrescida dos elementos que ao fogo e à terra se associam" (320d). Os seres vivos criados pelos deuses devem ser dotados por Prometeu e Epimeteu de todas as faculdades necessárias para a vida. Epimeteu recebe a missão de distribuir, e Prometeu, a de avaliar tais faculdades. Chama a atenção que Platão se refira a observações biológicas bem certeiras na descrição do mundo animal. Dito de forma moderna, Platão atenta para o princípio de equilíbrio ambiental. O princípio da criação é a conservação da espécie em um ambiente hostil. Animais pequenos e frágeis são dotados de possibilidades de fuga, como, por exemplo, os pássaros ou as "habitações subterrâneas"; as presas têm inúmeras crias, os predadores, poucas; a proteção contra calor ou frio é assegurada por uma pelagem adequada.

Somente o ser humano está particularmente desamparado. Ele está "despido, descalço, descoberto, desarmado". O específico desamparo humano foi desde cedo tematizado na Grécia antiga. Por exemplo, Anaximandro escreve que o ser humano não poderia em absoluto sobreviver sem a ajuda dos demais. Ele pressupõe, portanto, que os primeiros seres humanos teriam primeiramente se desenvolvido como peixes, deixando de sê-lo somente após poderem cuidar de si mesmos (cf. DK 12 A 30). Protágoras, que toma a palavra no diálogo homônimo, parte do pressuposto de que há claramente apenas um número determinado de características a serem dadas, e estas – assim como na Bíblia – já estariam distribuídas entre os animais antes que os seres humanos fossem criados.

Portanto, o ser humano é um ser de carências em razão de como foi criado pelos deuses. Ele precisa de uma compensação dessas carências. Disso cuida Prometeu. Como em Hesíodo, o fogo faz parte dessa compensação. Essa oferenda é complementada pelas artes de Atenas e Hefesto. Atenas, a deusa protetora da *pólis*, é ao mesmo tempo a deusa protetora dos ofícios, e Hefesto é o deus dos ferreiros. Prometeu entra sorrateiramente nos aposentos de ambos e furta-lhes as artes. É notável que o fogo seja introduzido como a parte imprescindível da arte da ferraria: "Pois, sem o fogo, além de inúteis as artes, seria impossível o seu aprendizado" (*Protágoras*, 321d). O uso do fogo, portanto, é tematizado na época de uma técnica já avançada, e não em seu sentido elementar como meio para a preparação de alimentos.

Em sua exposição, o próprio Platão aponta para a desmitologização. Ela consiste em libertar o mito de seus trajes pré-históricos e apresentar seu significado antropológico atual. Chama a atenção, por exemplo, que, por um lado, as carências específicas do ser humano e, por outro, o uso do fogo e da técnica, sobretudo dos ofícios, sejam ressaltados como características fundamentais "*anthropina*", ou seja, especificamente humanas. Como torna clara a referência a Hesíodo, o uso do fogo tem uma posição central. Já desde há muito tempo se sabia que todo animal evita o fogo. O seu uso pelo ser humano pressupõe a superação do medo natural que todos os seres vivos sentem pelo fogo. O domínio do fogo precede, pois, o domínio de si por parte do ser humano. Este domínio de si tem seu fundamento no domínio do fogo. A passagem central do mito de Prometeu pode ser resumida na seguinte tese: a técnica compensa as carências que pertencem ao ser humano em razão da negligência divina. Assim como no mito do paraíso, a criação divina precisa ser aprimorada. Somente esse aprimoramento garante a sobrevivência humana.

O terceiro mito acerca de uma carência humana surge na sequência imediata. A transição entre ambos é feita pela passagem: "Assim, foi dotado o homem com o conhecimento necessário para a vida, mas ficou sem possuir a sabedoria política" (*Protágoras*, 321d). Hermes, o mensageiro e intérprete dos deuses, desempenha uma função central no mito que tematiza o surgimento da política. A política e a questão da formação política estão no centro do diálogo *Protágoras*. O ponto de partida é a questão discutida por Sócrates e Protágoras sobre se a capacidade política é passível ou não de ser aprendida. Protágoras, ele mesmo um professor de formação política, responde positivamente, enquanto Sócrates levanta dúvidas a respeito disso. Para explicar sua resposta, Protágoras conta um mito que apresenta a habilidade política como um presente de Hermes aos seres humanos. Ele primeiramente nota que o ser humano goza de "benefícios divinos" por ter acesso às artes de Hefesto e Atenas, além de ser, "devido à sua afinidade com os deuses", o único entre todos os animais a crer nos deuses e "ter levantado altares e a fabricar imagens" deles. Aqui e na invenção da música e da poesia devem ser reconhecidas outras *"anthropina"*. Por fim, fazem parte disso a produção de casas, calçados, vestes e meios de subsistência. Protágoras complementa a ideia da seguinte forma:

> Providos desse modo, a princípio viviam os homens dispersos; não havia cidades; por isso eram dizimados pelos animais selvagens, dada a sua inferioridade em relação a estes; as artes mecânicas chegavam para assegurar-lhes os meios de subsistência, porém eram inoperantes na luta contra os animais (*Protágoras*, 322d).

Para proteger-se dos animais, os seres humanos fundaram as cidades. Contudo, mal começaram a viver conjuntamente, os seres humanos se viram diante de um novo perigo, desta vez vindo de si mesmos; pois, "quando se juntavam, justamente por carecerem da arte política, causavam-se danos recíprocos, com o que voltavam a dispersar-se e serem destruídos como antes" (*Protágoras*, 322d). Mas Zeus, que não apreciava que o gênero humano se aniquilasse, enviou Hermes aos seres humanos com a tarefa de levar-lhes "pudor e justiça". Fica ainda a questão, porém, de se essa habilidade, assim como as demais artes, deve ser repartida entre alguns seres humanos ou entre todos igualmente. Zeus ordena que todos devam possuí-la, pois "as cidades não poderão subsistir se o pudor e a justiça forem privilégio de poucos, como se dá com as demais artes" (*Protágoras*, 322d). Mais ainda, "todo ser humano incapaz de pudor e justiça sofrerá a pena capital, por ser considerado flagelo da sociedade" (322d).

O motivo da fundação originária das primeiras *poleis* é novamente uma carência. Trata-se de uma fraqueza física do ser humano em comparação com os animais. A *pólis* apresenta-se, portanto, como uma comunidade de proteção. Tal motivo não ressurge em Aristóteles. Ele define o ser humano como um "*zoon politikon*", isto é, como um ser vivo que naturalmente vive em comunidade. No mito em questão, trata-se de uma mazela exterior que motiva a formação da *pólis*. Na *República*, Platão fornece como motivo de formação da *pólis* o princípio de divisão do trabalho que surge da cooperação de diferentes ofícios e contribui para a satisfação recíproca das necessidades.

Chamam também a atenção o motivo para o fracasso da *pólis* originária. Os seres humanos não a toleram. Nela impera não o princípio do bem comum, mas, antes, o do conflito. O ser humano não parece ser por natureza um ser político. Isso contradiz diretamente a concepção aristotélica e também a medieval. Ele lembra, antes, a ideia de Hobbes sobre a "guerra de todos contra todos" como estado de natureza. No mito platônico, ele leva à derrocada da humanidade.

Por fim, "justiça e pudor" são habilidades necessárias que tornam possível a convivência política. Elas são um presente divino. Trata-se, aqui, também de um *"anthropinon"*. É instrutivo também referir-se a Hesíodo, que em uma comparação entre animal e ser humano ressalta o princípio da justiça como domínio humano. O princípio da justiça é contraposto ao princípio da violência que impera entre os animais. No entanto, a posição da justiça permanece ambivalente no diálogo *Protágoras*. Por um lado, ela deve ser compreendida como um presente dos deuses a todos os seres humanos, por outro, contudo, pondera-se se alguns deles são incapazes de adquiri-la. Permanece a tensão entre o "dom" garantido divinamente e a eventual incapacidade humana de agir conforme a ele. Ele constitui o elo de ligação para a necessidade da formação política.

O seguinte ponto chama a atenção quando se considera nos três mitos a relação entre carência e compensação: o mito de Eros parte de uma perfeição originária do ser humano que foi perdida por culpa dele mesmo, sendo tendencialmente compensado com a ajuda divina. No mito de Prometeu e no mito de Hermes, a causa da carência humana é a falta de previdência e sabedoria por parte do deus Epimeteu. É notável aqui que as carências divinas sejam a causa das humanas. Estas são compensadas por dádiva divina, isto é, os deuses remediam as desvantagens que eles mesmos produziram por descuido nos seres humanos. Mas é significativo também que as carências sejam apenas compensadas. Pela capacidade de compensação o ser humano não consegue obter nenhuma primazia diante dos animais.

A história de recepção dos mitos platônicos é considerável. Ela diz respeito tanto à definição do ser humano como ser de carências, como também à ideia de compensação. O mito de Hermes mostra bem isso. A interpretação do amor como a busca por uma "melhor metade" foi transmitida ao uso corriqueiro da língua, ainda que sua origem histórica tenha caído no esquecimento.

O mito de Prometeu deixou suas marcas até na Modernidade. A ideia de que cultura e técnica devem ser entendidas como compensação de carências naturais tornou-se reconhecidamente um modelo da antropologia da cultura. Não obstante, cumpre notar que houve uma significativa mudança de acento. Na antropologia moderna, o ser humano tem carências por natureza, ao passo que nos antigos elas surgem na relação do ser humano com os deuses. O mito foi objetivado. Blumenberg buscou recentemente reabilitar o mito como uma interpretação própria do significado da realidade que não deve ser substituída pelas ciências.

2 O primeiro libertado da criação (Herder)

> A abelha zumbe como suga; o pássaro canta como faz o ninho – mas como o ser humano fala por natureza? Absolutamente não! Ele não fala em absoluto como *age* o animal, pois não faz nada por puro instinto. Em um recém-nascido, eu retiro o grito de sua máquina sensível; fora disso, é mudo. Com suas vozes, não expressa nem representações nem instintos, ao contrário do que todos os animais fazem à sua maneira. Nu como é, é a criatura mais desamparada da natureza quando é colocada entre os animais. Totalmente desprovido de roupa, fraco e necessitado, covarde e desarmado e, o que constitui o resumo de sua indigência, privada de toda orientação vital. Dotado de uma sensibilidade tão dispersa e reduzida, de tais aptidões indeterminadas e adormecidas, de tais instintos divididos e tênues, evidentemente refere-se a mil necessidades, destinadas a um grande círculo – e, no entanto, tão impotente e abandonado que nem sequer tem uma linguagem para mostrar suas carências. Não, semelhante contradição não é o governo da natureza. Nele tiveram que dormir outras faculdades escondidas em vez dos instintos (HERDER, 1982, 2, p. 108).

Johann Gottfried Herder nasceu em 1744 em Mohrungen (Prússia Oriental). Em 1762 começou a estudar primeiro medicina e depois teologia e filosofia em Königsberg. Ele frequentou lá as aulas do Kant "pré-crítico", fascinando-se por seus ensinamentos e personalidade. Herder fez amizade com Hamann e por sua indicação tornou-se professor na *Domschule*, em Riga. Ele travou contato com Diderot e d'Alembert em viagens que fez à França. Em Hamburgo conheceu Lessing, e em Strasbourg tornou-se amigo de Goethe. Em 1771 Herder tornou-se conselheiro do consistório e capelão em Bückeburg, e em 1776 tornou-se superintendente geral em Weimar com a intermediação de Goethe. Entre 1788 e 1799 viajou à Itália, tendo, porém, se decepcionado. Após ajudar temporariamente Goethe e Schiller em *Die Horen*, Herder rompeu em 1796 com o classicismo de Weimar. Em 1798 tornou-se amigo de Jean Paul. Em 1799 fez uma crítica à filosofia transcendental de Kant no escrito *Verstand und Erfahrung. Eine Metakritik zur Kritik der reinen Vernunft* [Entendimento e experiência – Uma metacrítica da Crítica da razão pura]. Ele faleceu em 1803 em Weimar.

A filosofia de Herder deve ser compreendida como expressão do Esclarecimento e, ao mesmo tempo, como sua crítica. A ideia que o guia pode ser caracterizada pelos conceitos de experiência, desenvolvimento, formação ou cultura (*Bildung*), natureza e história da natureza, individualidade e linguagem. O seu ponto de partida é uma concepção de ciência natural centrada em Leibniz e Spinoza. A fórmula "*deus sive natura*" é para Herder tão central quanto a ideia de uma natureza naturante [*natura naturans*]. Desde seu primeiro escrito filosófico de relevância, *Über den Ursprung der Sprache* [*Sobre a origem da linguagem*], de 1774, Herder recusa a metafísica, que pensa, para além da experiência, poder derivar *a priori*, a partir de conceitos, pensamento, linguagem e razão. Para ele, o pensamento é um ato organicamente condicionado de reflexão, e não a realização de um sujeito transcendental.

Na Modernidade, na qual foi revivida a definição do ser humano como um ser de carências, Herder e Gehlen são tidos como seus principais defensores (*HWP*, 5, 712). Herder tratou do tema em *Sobre a origem da linguagem* como resposta à pergunta posta pela *Berliner Akademie der Wissenschaften*. O escrito apresenta as primeiras elaborações da antropologia de Herder. Ela é determinada pelo contraste surgido, por um lado, das carências naturais do ser humano e, por outro, de sua compensação pela linguagem. A segunda elaboração relevante de sua antropologia encontra-se em sua obra, mais extensa, *Ideen zur Philosophie der Geschichte der Menschheit* [*Ideias para uma filosofia da história da humanidade*], cujas primeiras duas partes foram publicadas em 1784. Nessa obra, Herder realiza modificações significativas de suas primeiras teses antropológicas, de modo que é necessário apresentar ambas as concepções.

Em seu primeiro escrito, Herder trata das teses correntes de seu tempo a respeito da origem da linguagem. De acordo com uma delas, a linguagem humana deve ser entendida como uma continuação da linguagem natural encontrada nos animais. A sua base é composta por sons da sensação ou interjeições [*Empfindungslaute*]: "*Esse suspiro, esses sons são linguagem. Há, pois, uma linguagem da sensação, que é uma lei imediata da natureza*" (HERDER 2, p. 92). O ser humano compartilha essas interjeições com o animal. Contudo, segundo Herder, essa concepção não basta para compreender a linguagem humana, pois esses sons são dependentes da situação, e seu âmbito de significação é muito estreito. Com efeito, "*restos desses sons naturais*" se encontram "*em toda linguagem originária* [...], mas, por certo, eles não são o fio condutor principal da linguagem humana" (HERDER 2, p. 95). Assim, é equivocada a tentativa de Condillac de desenvolver a linguagem humana com base neles, pois "de maneira alguma a linguagem humana se forma a partir de ressonâncias sonoras da sensação" (HERDER 2, p. 104).

Também é infundada a interpretação da linguagem como algo convencional, isto é, como resultado de um acordo humano, pois todo acordo já pressupõe a linguagem (HERDER 2, p. 118). Por fim, é falsa a tese do teólogo Süssmilch, que interpreta a linguagem como uma dádiva divina (HERDER 2, p. 118). Também aqui já é pressuposto aquilo que, na verdade, deve ser desenvolvido. Ora, para poder aceitar a dádiva divina, os seres humanos já precisariam dispor da capacidade de entender a linguagem. Mas, por sua vez, isso pressupõe a capacidade linguística.

De todas essas aporias Herder conclui que precisa haver um caminho para interpretar a linguagem humana como uma invenção humana específica. Para tanto, cumpre explorar a situação específica do ser humano em comparação com a do animal. A primeira distinção que chama a atenção diz respeito ao instinto. Herder nota:

> Está fora de dúvida que *o ser humano está longe dos animais no que diz respeito à força e à segurança do instinto, que ainda não tem absolutamente o que chamamos de habilidades e impulsos inatos a muitas espécies animais* (HERDER 2, p. 105).

O império do instinto é ligado a um modo de vida bem restrito. "Todo animal imediatamente entra no círculo ao qual pertence desde o nascimento e no qual permanece por toda a sua vida e morre" (HERDER 2, p. 105). Acresce-se a isso uma outra observação. Quanto mais afiados os sentidos do animal, tanto menor é o círculo de sua atividade. Com efeito, a abelha constrói sua colmeia com grande sabedoria,

> porém, fora daqueles favos e fora dos seus afazeres pré-determinados em tais favos, ela não é nada. A aranha tece com a arte de Minerva, mas toda a sua arte está igualmente entrelaçada naquele espaço limitado de tecido; esse é o mundo dela. Quão admirável é o inseto e quão estreito é o seu círculo de ação! (HERDER 2, p. 105ss.).

Conclui-se que o círculo vital do animal é bem restrito, mas, devido ao instinto, em seu interior ele dispõe de tudo o que precisa para viver. Os instintos e impulsos lhe dão segurança e lhe garantem a sobrevivência.

Bem diferente é a situação do ser humano:

> Considerado como animal nu e sem instinto, o ser humano é o mais miserável dos seres. Nenhum impulso obscuro e inato o atrai para seu elemento e sua esfera de ação, para seu sustento e suas tarefas. Não há odor ou farejo que o leve para a grama para silenciar sua fome, não há professor cego e mecânico que lhe construa o ninho! Lá está ele, fraco e exausto, abandonado à perturbação dos elementos, à fome, a todos os perigos, às garras de qualquer animal mais forte, a morrer de diversos modos; lá está ele privado de instrução imediata de sua criadora e da guia segura de sua mão, perdido, portanto, onde quer que ele esteja (HERDER 2, p. 160).

Se a diferença entre ser humano e animal consistisse apenas nessas carências, a natureza seria "sua madrasta mais rígida, ao passo que é a mãe mais amorosa de qualquer inseto" (HERDER 2, p. 109). O *topos* da "*natura noverca*", a natureza madrasta, torna-se parte constituinte da definição do ser humano como um ser de carências.

Contudo, as carências são compensadas. São justamente as fraquezas dos sentidos e a carência de instinto que lhe são vantajosas. Ora, isso significa a superação dos constrangimentos envolvidos, e apenas assim essas carências se tornam uma "*primazia da liberdade*" (HERDER 2, p. 110). Por não ser mais limitado por um círculo restrito de ação, o ser humano obtém uma

> *perspectiva mais ampla*. Ele não tem um único trabalho no qual age de maneira imperfectível, mas ele tem espaço livre para se exercitar em muitas coisas e, por conseguinte, melhorar constantemente. Nenhum pensamento é trabalho imediato da natureza, mas justamente por isso pode se tornar o trabalho do ser humano [...]. Não será mais uma máquina infalível nas mãos da natureza, mas ele mesmo se tornará objetivo e fim de seu trabalho (HERDER 2, p. 110).

O conjunto da "disposição de suas forças" é "entendimento, razão, consciência [*Besinnung*]" (HERDER 2, p. 110). Elas constituem o fundamento para a invenção da linguagem humana. O ponto de partida é constituído pela consciência e ponderação [*Besonnenheit*] e, com ela, pela reflexão: "O ser humano, colocado no estado de ponderação que lhe é próprio, e esta ponderação (reflexão), agindo livremente pela primeira vez, inventou a linguagem" (HERDER 2, p. 115). A invenção da linguagem se dá num ato da reflexão, no qual a atenção é dirigida à marca específica de uma sensação, isolando-a das demais e ligando-a a um "lema interno". Herder escreve:

> O ser humano demonstra ter reflexão quando a força de sua alma age tão livremente que, em meio ao oceano de sensações que a invadem, ele é capaz de isolar, se eu puder assim expressá-lo, uma única onda, detê-la, dirigir-lhe a atenção e estar consciente de vê-la [...]. O ser humano, então, demonstra ter reflexão não apenas se é capaz de conhecer viva ou claramente todas as propriedades, mas, também, de reconhecer uma ou mais delas como propriedades distintivas em si: o primeiro ato deste reconhecimento fornece um conceito claro, trata-se do primeiro juízo da alma [...]. *Com ele é inventada a linguagem humana* (HERDER 2, p. 115ss.).

As notas características específicas da sensação que suscitam a formação de palavras são bem distintas em objetos diversos. Na ovelha é o balido (HERDER 2, p. 117), nas ervas é o odor e o gosto (HERDER 2, p. 166). "Quanto mais ele coleciona experiências, quanto mais conhece coisas distintas e de lados diversos, tanto mais rica torna-se sua linguagem" (HERDER 2, p. 166). Entretanto, a formação da linguagem não é a invenção de um indivíduo. O pensamento e fala humanos estão fadados ao diálogo.

> Eu não posso conceber o primeiro pensamento humano nem ordenar o primeiro juízo ponderado, sem que dialogue na minha alma ou sem tentar fazê-lo; assim, o primeiro pensamento humano prepara, pela sua própria essência, a possibilidade do diálogo com os outros (HERDER 2, p. 126).

Da mesma forma, a aquisição da linguagem pela criança apenas é compreensível a partir do diálogo. Ela não é determinada por imitação – isso também poderia ser feito por um papagaio –, mas pelo fato de que a criança "inventa junto" a linguagem no uso de sua própria razão (HERDER 2, p. 120). Diferentemente do mito de Prometeu, Herder concebe a compensação das carências naturais não pelo uso do fogo e pela aquisição de habilidades técnicas, mas, antes, por meio da liberdade, razão, ponderação, reflexão e linguagem.

Em suas *Ideias para uma filosofia da história da humanidade,* Herder escolhe uma visada cosmológica e de filosofia natural como ponto de partida para suas reflexões sobre antropologia. Ele começa sua obra com a frase: "A nossa Terra é uma estrela entre estrelas" (HERDER 4, p. 17). Isso implica que a Terra, "com infinitas e invisíveis rotações", está ligada ao sol como seu centro, "do qual obtém luz, calor, vida e prosperidade" (HERDER 4, p. 17). Trata-se da "mãe Terra", que "produz, sustenta, nutre, tolera e, por fim, acolhe amorosamente em seu seio" a vida (p. 19). Em lugar da mãe Terra, contudo, Herder utiliza na sequência mais frequentemente o conceito de natureza, mas também o de Deus. Os termos utilizados por Herder remetem tanto à mitologia grega antiga e como à filosofia de Spinoza.

Logo na introdução ele escreve o seguinte sobre os termos que utiliza: "A natureza não é um ser independente, mas, antes, *Deus de tudo em suas obras*" (HERDER 4, p. 15). Contudo, ele prefere o conceito de natureza para não profanar o "santíssimo nome" de Deus através de seu uso constante. Da mesma forma, ele por vezes fala das *"forças orgânicas da criação"* (HERDER 4, p. 15). A concepção de natureza de Herder é também expressa no título da segunda parte da obra: *"Nosso globo terrestre é uma grande oficina para a organização de seres bem diversificados"* (HERDER 4, p. 21). É notável que Herder descreva essa oficina com termos que soam como se ele já defendesse uma teoria da evolução. Por exemplo, ele discute o surgimento da vida da seguinte forma: "A matéria inflamável do ar provavelmente converteu o cascalho em terra calcária, e neste as criaturas vivas do mar, os gastrópodes, foram formadas, pois por toda a natureza a matéria apareceu antes das formas vivas" (HERDER 4, p. 22).

Não há dúvida de que Herder defende uma concepção de graus aos quais são hierarquicamente ordenados a matéria inorgânica, os vegetais, o animal e o ser humano. Contudo, para atingir a Teoria da Evolução a partir desse modelo, dois passos intermediários são necessários. O primeiro consiste em colocar uma ordenação temporal em lugar de uma ordenação hierárquica, e o segundo, em fazer da sequência temporal uma ordem evolutiva. Herder conclui o primeiro passo, mas não o segundo. Herder esclarece de forma definitiva:

> Nenhuma criatura que conhecemos saiu de sua organização originária e acomodou-se em detrimento de outra, pois ela apenas age com forças que são inerentes à sua organização, e a natureza conhece caminhos suficientes para fixar todos os seres vivos na posição que ela lhes assinalou (HERDER 4, p. 34).

Não obstante, Herder se exprime bem frequentemente com a linguagem da evolução e, com efeito, nas passagens onde apresenta como uma espécie de metamorfose a transição de um estágio inferior a outro superior. Dessa forma, a natureza torna-se, para ele, uma "história da natureza" (HERDER 4, p. 30). O fundamento para tanto é a ideia de que

> parece existir na grande diversidade dos seres vivos da Terra uma certa uniformidade da estrutura e como que uma *forma principal*, que se altera na mais abundante diversidade. Por exemplo, a semelhança na constituição óssea dos

seres terrestres é surpreendente: cabeça, tronco, mãos e pés são, em geral, as partes principais; mesmo seus órgãos centrais são constituídos de acordo com *um* protótipo e como que variam de forma infinita [...], e muitas figuras grosseiras são semelhantes ao ser humano em suas partes internas principais (HERDER 4, p. 25ss.).

No entanto, as variações não devem ser entendidas no sentido do pensamento evolutivo, mas, antes, como formas de expressão de uma natureza lúdica (HERDER 4, p. 29), que produz em sequência as diversas formas de vida semelhantes entre si. O método de "anatomia comparada" se oferece para conhecer a posição específica do ser humano no reino animal. Ele tem o seguinte pressuposto: "Assim, nós colocamos a metafísica de lado e nos guiamos pela fisiologia e pela experiência" (HERDER 4, p. 31).

Quando se compara o ser humano com os outros "animais terrestres", chama a atenção que ele ocupe uma posição intermediária. Na "sutileza dos sentidos", na "força muscular", na "elasticidade das fibras", ele fica atrás dos outros animais, e, no entanto, ele tem em comum com os outros animais terrestres, ao menos como predisposição, "partes, impulsos, sentidos, faculdades, artes". O ser humano é uma "criatura intermédia" também no sentido de ser "*uma forma aprimorada, na qual traços de todas as espécies reúnem-se a seu redor na mais refinada totalidade*" (HERDER 4, p. 27). Herder não fala mais aqui de um ser de carências. Inversamente, o ser humano é uma "criatura intermédia", superior ao animal em toda sua forma.

A reflexividade do ser humano se mostra sobretudo em sua postura ereta. Ela não deve ser confundida com uma transitória postura bípede, da qual muitos quadrúpedes são também capazes. Ela pressupõe uma completa mudança de figura. A comparação com o macaco, do qual o ser humano mais se aproxima, serve para compreendê-la: "O macaco [...] não tem mais nenhum instinto determinado; sua força de pensamento permanece à margem da razão" (HERDER 4, p. 36). Não obstante, uma anatomia comparada torna muito complexa a especificidade da figura humana. As mudanças mais significativas são: a fronte se sobressai, o crânio se arqueia, o nariz torna-se menor, os lábios formam uma boca, o rosto torna-se oval: "E como tudo isso se dá? Pela formação da cabeça para a *postura ereta*, pela organização externa e interna para a *perpendicularidade*" (HERDER 4, p. 39ss.).

A "massa cerebral" aumenta com a mudança de figura, mas a massa não é decisiva, e sim sua estrutura, sua organização, pois,

> segundo a transição gradual de organizações que a natureza nos pôs diante dos olhos, como poderia ser outra coisa senão a *estrutura do próprio cérebro*, a elaboração perfeita de suas partes e fluidos, finalmente a bela disposição e proporção dos mesmos para a receptividade de sensações mentais e ideias nos mais felizes momentos da vida (HERDER 4, p. 42).

Postura ereta, aumento e remodelação do cérebro, e, finalmente, a capacidade correlata de sensações mentais constituem um nexo orgânico. Por fim, Herder exprime com as seguintes palavras a destinação específica e a posição privilegiada do ser humano em relação ao animal:

> para sentir a proeminência dessa destinação, consideremos o que está incluído nas grandes dádivas da *razão* e da *liberdade*, e como a natureza, por assim dizer, hesitou antes de confiá-las a uma criatura tão fraca e complicada como o ser humano. O animal é apenas um escravo servil [...]. O ser humano é o primeiro *liberto* da criação; ele permanece ereto. Ele segura a balança do bem e do mal, do falso e do verdadeiro: ele pode pesquisar, ele deve escolher (HERDER 4, p. 64).

Com essas reflexões já chegamos ao âmbito da ética. A ética de Herder é determinada pela ideia de humanidade. Não se trata, contudo, de uma ética do dever, mas de uma ética formativa, de modo que sua ideia fundamental é: formação para a humanidade. Herder a desenvolveu no escrito *Briefe zur Beförderung der Humanität* [Cartas para a promoção da humanidade], publicadas entre 1793 e 1797. Ele discute primeiramente o conceito de humanidade, delimitando-o em relação a ser humano, condição humana [*Menschlichkeit*], deveres humanos, dignidade humana e amor ao ser humano. Ele discute a sua recusa dos dois primeiros da seguinte forma:

> Infelizmente, em nossa linguagem atrelou-se tão frequentemente à palavra "ser humano" e ainda mais à misericordiosa expressão "condição humana" conotações de infâmia, fraqueza e falsa compaixão, que se acostumou a considerá-las ora com um olhar de desprezo, ora com um dar de ombros (HERDER, 1968, p. 210).

O conceito de humanidade provém da língua latina e do direito romano. Os romanos tinham duras leis contra crianças, escravos, pessoas sob custódia, estrangeiros e inimigos. O cidadão romano que agia de forma justa e clemente com relação àqueles que lhe eram sujeitos era tido por "*humanus*". Apoiando-se nisso, Herder procurou apreender e reviver o conceito de humanidade. Para ele, o conceito de humanidade liga-se à ideia de que o ser humano pode aperfeiçoar as características que lhe são específicas.

Ele explica essa concepção da seguinte forma:

> Assim como cada classe de criaturas naturais forma um reino seu próprio [...], da mesma forma ocorre com o gênero humano, com a marca especial e suprema de que a felicidade de todos depende dos esforços de todos, e isso ocorre no ser humano somente com a maior variedade possível nesta unidade muito sublime. Não podemos ser felizes ou inteiramente dignos e moralmente bons, havendo, por exemplo, um *único* escravo, que é infeliz por culpa dos seres humanos; pois os vícios e maus hábitos que o tornam infeliz também têm efeito sobre nós ou derivam de nós (HERDER, 1968, p. 225).

A história de recepção de Herder transcorre de forma dissonante. Ao passo que Goethe se deixa influenciar por sua filosofia da natureza, Kant critica duramente suas *Ideias* em uma recensão. Wilhelm von Humboldt retira importantes ideias da filosofia da linguagem de Herder. Mas foi seu conceito de uma história da natureza que ganhou um significado central e que marcou os desenvolvimentos posteriores. Por exemplo, na Teoria da Evolução de Darwin e Portmann encontram-se enunciados que parecem ser uma continuação de ideias de Herder.

3 Cultura como compensação de carências naturais (Gehlen)

> De uma perspectiva morfológica, o ser humano é determinado, em contraposição a todos os mamíferos superiores, sobretudo por meio de *carências*, que devem ser designadas, no exato sentido biológico do termo, como inadaptabilidades, inespecializações, primitivismos, ou seja, como um ser não desenvolvido – ou seja, o ser humano é determinado essencialmente de forma negativa. Faltam-lhe a pelagem corporal e, assim, a proteção natural contra as inclemências climáticas; faltam-lhe órgãos naturais de ataque, mas também uma constituição corporal própria à fuga [...]; ele possui uma carência de instintos genuínos que põe francamente sua vida em risco [...]. Em consequência de seu primitivismo orgânico e falta de meios, o ser humano é inviável à vida em todas as efetivas esferas primitivas da natureza. Assim, ele mesmo deve compensar a perda dos meios que lhe são organicamente vedados, e isso ocorre pela remodelação ativa do mundo para servir-lhe à vida [...]. Ele precisa obter uma proteção contra as inclemências climáticas, nutrir e criar os filhos, que permanecem por muito tempo e de forma anômala não desenvolvidos; justamente devido a essa necessidade elementar, ele carece do trabalho

conjunto, portanto, de um entendimento com os demais. Para ser capaz de existência, o ser humano é constituído para recriar e vencer a natureza, e, portanto, para a possibilidade de *experiência* do mundo: ele é um ser que age, pois inespecializado, e, assim, prescinde de um meio ambiente ao qual seja naturalmente adaptado. O conjunto de toda a natureza que é por ele remodelada para servir-lhe a vida chama-se *cultura*, e o mundo da cultura é o mundo humano (GEHLEN, 1978, p. 33-37ss.).

Arnold Gehlen nasceu em 1904 em Leipzig e era filho de um editor. Após doutorar-se em filosofia na Universidade de Leipzig, Gehlen obteve sua *Habilitation* na mesma universidade com o trabalho *Wirklicher und unwirklicher Geist – Philosophische Untersuchungen in der Methode absoluter Phänomenologie* [Espírito efetivo e inefetivo – Investigações filosóficas sobre o método de fenomenologia absoluta], tendo sido supervisionado pelo orientador de seu doutorado, Hans Driesch. Em 1933 Gehlen tornou-se assistente do sociólogo Hans Freyer, também em Leipzig, e em 1934 obteve uma cadeira de professor na mesma universidade como sucessor de Driesch. Em 1938 ele tornou-se professor da Universidade de Königsberg e em 1940 da Universidade de Viena. Em 1947 ele tornou-se professor de sociologia pela recém-fundada Verwaltungshochschule de Speyer, e em 1962 mudou-se para a Technische Hochschule de Aachen, onde permaneceu, na mesma cadeira, até sua aposentadoria, em 1969. Gehlen faleceu em Hamburgo em 1976.

A ideia que guia o pensamento de Gehlen pode ser formulada assim: o ser humano é, por natureza, um ser de carências que pode assegurar a sobrevivência somente por meio da cultura e da técnica. As carências naturais devem ser compreendidas como inadaptabilidades, inespecializações e primitivismos. Como uma inadaptabilidade devemos entender, por exemplo, a falta de pelagem, ou seja, a falta de proteção contra as inclemências climáticas. Uma inespecialização é, por exemplo, a mão humana, que não é disposta para nenhum uso específico. Primitiva é a dentição humana. Gehlen observa: "A dentição do ser humano, por exemplo, tem como característica primitiva a completude e indeterminação da estrutura, que não faz de sua dentição nem a de um herbívoro e nem a de um carnívoro, ou seja, um predador" (GEHLEN, 1978, p. 34). Os primitivismos despertam a impressão de que o ser humano teria vindo ao mundo em um estágio embrionário ainda imaturo. Fazem parte disso a infância extraordinariamente longa e, com ela, o desamparo.

Essa descrição apoia-se na pesquisa biológica de seu tempo. No entanto, ela concorda em grande medida com o mito de Prometeu, conforme relatado por Platão; e Gehlen refere-se repetidamente a ele, assim como, decerto, a Herder. É notável, porém, que como um outro estágio intermediário ele mencione Tomás de Aquino, que formulou a ideia da carência humana da seguinte forma:

> A alma espiritual é a alma mais perfeita. Mas quando o corpo de outros seres sensíveis (ou seja, os animais) possuem uma proteção dada naturalmente, pelugem ao invés de vestes e cascos ao invés de calçados, assim como armas dadas pela natureza, como garras, presas e chifres; então parece que a alma espiritual não poderia ter-se unido a um corpo tão imperfeito, ao qual tais auxílios são tão escassos (GEHLEN, 1978, p. 35).

Um aspecto adicional da posição especial do ser humano, também ressaltado por Gehlen, consiste na "carência de instintos genuínos que põe sua vida em risco". A redução de instintos faz com que falte ao ser humano um modelo consolidado de estímulo e reação. Trata-se da celeridade e da certeza com as quais um ser vivo reage a estímulos do ambiente próprios da espécie e, assim, encara perigos e garante sua sobrevivência. Padrões de comportamento dados naturalmente para situações de vida recorrentes estão ausentes no ser humano, tornando-o desamparado. Diferentemente do animal, que reage apenas a estímulos do ambiente importantes à vida, o ser humano não tem nenhum ambiente específico. Ele não é ligado a um ambiente [*umweltgebunden*], mas, antes, aberto ao mundo [*weltoffen*]. Enquanto a abertura de mundo [*Weltoffenheit*] em Scheler e Heidegger é vista como algo positivo, ela parece ser em Gehlen uma carência. Ele fundamenta essa ideia da seguinte forma: a abertura de mundo significa que o ser humano não reage a um estímulo do ambiente importante à vida, mas, antes, dispõe de uma série de estímulos não filtrados. Isso leva, por sua vez, a uma inundação de estímulos. Gehlen observa:

> considerada desse ponto de vista, a abertura de mundo parece fundamentalmente um *fardo*. O ser humano está inteiramente sujeito a uma *inundação de estímulos* estranha aos animais, a um grande afluxo "inconveniente" de impressões que de alguma forma o dominam. Ele está diante não de um ambiente de partilha de significados instintivamente produzidos, mas, antes, de um mundo – o correto é expressá-lo negativamente: um *campo de espanto* de estrutura imprevisível, que somente pode ser trabalhado, ou seja, experienciado com "cuidado" e "providência" (GEHLEN, 1978, p. 36).

O conceito de fardo ou ônus [*Belastung*] torna-se um conceito-chave para Gehlen. Em razão de suas carências naturais, por um lado, e de sua inundação de estímulos, por outro, o ser humano está mal provido para a luta da sobrevivência. A sua vida é arriscada e onerosa. Ele somente pode sobreviver caso consiga retirar um fardo de si. Gehlen ressalta: "O ser humano somente pode *retirar um fardo de si* com meios próprios e agindo só, isto é, *retrabalhar, só, as condições de carência de sua existência em chances de prolongar sua vida* (GEHLEN, 1978, p. 36).

A cultura e a técnica surgem como um meio para tanto. À técnica é atribuído um significado fundamental. A rigor, a técnica constitui o fio condutor para a compreensão de cultura. É importante notar que Gehlen não define ambos como elementos, formas de expressão ou instrumentos da mente [*Geist*]. A razão para tanto é que Gehlen pretende superar o dualismo entre corpo e mente, ainda percebido e criticado por ele em Scheler. A sua filosofia tem como objetivo formular a cultura e a técnica de forma a não mais comportarem dualismos. Ele procura fazê-lo com o auxílio do conceito de experiência. Ele não se orienta, aqui, em Kant, para quem a experiência deve ser entendida como o resultado da aplicação das categorias do entendimento ao material dos sentidos, isto é, como síntese de sensibilidade e entendimento. Gehlen reporta-se, antes, a Aristóteles, a quem ele cita, com aprovação, da seguinte forma: "Em nós, seres humanos, a experiência surge da lembrança, pois as lembranças repetidas se reúnem na disponibilidade [*Verfügbarkeit*] de uma única experiência, de modo que a experiência parece ser parecida tanto ao discernimento [*Einsicht*] como ao poder-ser [*Können*]" (GEHLEN, 1970, p. 28). Os aspectos importantes a Gehlen no pensamento aristotélico são "disponibilidade" e "poder-ser". Para ele, assim, a experiência não é um conceito da filosofia teórica, mas, sim, da filosofia prática. O médico com experiência é preferencialmente não um ser humano que possui conhecimentos no campo da medicina, mas, antes, um ser humano capaz de agir medicinalmente. Gehlen coloca o conceito de ação no centro de suas reflexões. Ele afirma: "A existência de um ser não especializado e, pois, aberto ao mundo é dirigida à ação, à ampla modificação prática com vistas aos *meios*" (GEHLEN, 1978, p. 44). Ele discute isso com auxílio do seguinte exemplo:

> Quando você tenta de diversas formas abrir um trinco com uma chave, há uma série de mudanças factuais que se dão no âmbito da chave e do trinco, caso algo emperre e você precise tentar de várias formas abri-lo. Há aqui uma série de tentativas e erros no âmbito factual que você vê, escuta e sente, que, pois, são

anunciadas, que você percebe; e, com essa continuada percepção, você muda a direção de sua ação, finalmente atinge o âmbito factual do sucesso e o trinco se abre. Assim, o processo se dá em círculo, ou seja, é possível descrever tal processo como um ciclo específico, que percorre, no âmbito factual, os membros psíquicos intermediários, as percepções, e os membros motores intermediários [...]. Com esse exemplo eu talvez tenha tornado claro que, quando falamos de ação, colocamos entre parênteses todo dualismo (GEHLEN, 1970, p. 18ss.).

Três momentos são significativos nesse exemplo. Primeiro, pode-se perguntar se com a exposição da relação entre os membros motores e psíquicos intermediários supera-se, de fato, o dualismo. Segundo, é problemática a intenção de Gehlen de manter a "reflexão" supostamente incômoda de fora desse ciclo, pois ela impede a pergunta – que, embora tenha sentido, desestabiliza o ciclo – sobre se de fato está sendo usada a chave correta. Terceiro, torna-se claro que Gehlen possui um conceito instrumental, ou seja, técnico de ação. Agir tem o caráter de um comportamento cujo objetivo é a dominação do ambiente.

É desejável uma ação que tenha a mesma certeza e celeridade que o comportamento instintivo dos animais. Mas isso somente é possível caso os "membros psíquicos intermediários" sejam inteiramente desativados, isto é, caso o comportamento seja automatizado. Gehlen discute a maneira específica como isso ocorre com auxílio do exemplo de como a criança aprende a andar. A criança que ainda não consegue andar ainda se ocupa por completo da "atividade da variação de movimento". Somente mais tarde o decurso dos movimentos é automatizado e a atenção pode ser dirigida a outras coisas. O ganho consiste no seguinte: "O comportamento que se torna hábito é estabilizado ao furtar-se da intervenção da consciência e consolidar-se; ele fica imune à crítica e a objeções, tornando-se, assim, a base para um comportamento variável superior, que brota dele" (GEHLEN, 1978, p. 65).

O objetivo não é o aumento de consciência, mas, sim, sua desativação. Gehlen cita, com aprovação, Nietzsche, que afirma: "Todo agir perfeito é inconsciente e não mais desejado [...]. O grau de consciência torna impossível a perfeição [...]. A consciência é apenas um instrumento da vida e nem de longe o mais necessário com respeito ao que pode ser realizado sem consciência" (GEHLEN, 1978, p. 70). A técnica, contudo, não se esgota na possibilitação de um comportamento tornado hábito. Devido às carências orgânicas do ser humano, a técnica trata sobretudo da compensação dessas carências. Isso ocorre de três formas: ao substituírem-se órgãos [*Organersatz*], ao retirarem-se o fardo de órgãos [*Organentlastung*] e, por fim, ao aprimorarem-se órgãos [*Organüberbietung*]. Armas e fogo são exemplos de substituição de órgãos. O biface é um exemplo de retirada do fardo e de aprimorar órgãos. Da mesma forma, animais de montaria e veículos retiram o fardo e aprimoram o movimento humano natural. O avião também o substitui e o aprimora. Por fim, o próprio orgânico é substituído por outros materiais: madeira por ferro, couro por armadura metálica, luz natural por gás e eletricidade, cores naturais por sintéticas.

Se a função da técnica consiste na compensação de carências naturais do ser humano, sua fascinação, porém, vai bem além disso. Verdadeiras qualidades mágicas lhe são atribuídas. Gehlen vê a razão disso no princípio técnico do autômato que se move por si mesmo. Trata-se do fenômeno do automovimento no qual o ser humano se reconhece como ser vivo. É compreensível, pois, que o *"auto-mobil"*, ou seja, aquilo que se movimenta por si, fascine o ser humano.

A fascinação pela técnica, contudo, fez com que vivêssemos atualmente em uma era da técnica. Os fundamentos da vida do ser humano mudaram de forma tão drástica quanto, anteriormente, apenas ocorrera no neolítico. Portanto, seria ingênuo querer brecar os avanços da técnica por meio da exigência de autolimitação por parte dos técnicos. Gehlen vê o perigo de uma dinâmica autonomizada do avanço técnico e considera ilusório um controle advindo tanto dos indivíduos como das nações. A sua reflexão é a seguinte: "Talvez após uma grande catástrofe o avanço técnico seja posto sob controle e, com ele, também a ciência: com efeito, um controle de normas ético-sociais que fossem independentes dos estímulos da consciência moral individual" (GEHLEN, 1970, p. 101).

Mas a fascinação pela técnica só começa a existir com o desenvolvimento da indústria moderna. Ela está profundamente enraizada na essência do ser humano, determinando mesmo a magia e a religião. Gehlen se remete ao cientista francês da religião Maurice Pradines. Segundo ele, "a magia era uma forma de produzir 'mudanças em prol do ser humano na medida em que as coisas eram desviadas de sua trajetória para nosso proveito'. Porém, esta é uma definição que abrange tanto a magia como a técnica" (GEHLEN, 1978, p. 96). De acordo com essa concepção, a técnica moderna seria a continuação e a transformação da magia com novos meios.

Também a linguagem deve ser compreendida no contexto da técnica. Para Gehlen, ela é um meio de entendimento comum que é necessário para o ser de carências, uma vez que ele pode se afirmar em um ambiente hostil somente através da cooperação. Portanto, a linguagem não é interpretada como forma de expressão da mente, mas, antes, com base em realizações orgânicas. Há cinco estágios destas últimas.

O primeiro estágio, ou a raiz da linguagem, é a "vida do som". Trata-se de um processo "em uma atividade autopercebida, o som repassado é ao mesmo tempo um estímulo da autoestima da própria atividade de repeti-lo, e essa atividade termina em um som que se ouve novamente e que, assim, é um novo incitador" (GEHLEN, 1978, p. 193ss.). A vida do som é a base de uma comunicação realizada sem pensamento. A segunda raiz da linguagem reside na abertura com que a criança encara as impressões do mundo. Ela mostra um alegre interesse no que é visto por ela, exprimindo-se como "tagarelice" do percebido. Essa raiz da linguagem pressupõe a abertura de mundo e se encontra, portanto, no ser humano.

A terceira raiz da linguagem é identificada pelos "balbucios infantis". Eles partem de um reconhecimento de algo, geralmente ligado a um movimento corporal. O importante, contudo, é notar que o balbucio se refere a uma coisa que é reconhecida. Em virtude dessa relação, a criança é capaz de associar a uma coisa um balbucio ouvido por ela, sem ter a percepção da própria coisa que ela espera. Daqui surge a vivência de uma falta. Gehlen observa: "Nessa extremamente significativa *vivência de uma falta* primeiramente apreende-se a intenção *mesma*, a expectativa que se antecipa no som articulado. Primeiramente aqui se dá, de fato, o nascimento do pensamento: uma decepção" (GEHLEN, 1978, p. 201). O pensamento substitui o que é pretendido pela palavra, mas não a coisa real dada, isto é, "originalmente o pensamento não pode se separar da fala, ele significa a *intenção* de uma coisa que ocorre no som articulado" (GEHLEN, 1978, p. 201).

A quarta raiz da linguagem reside no brado. Ele é expressão de necessidades da criança e se dirige a uma resposta, ou ainda, à satisfação dessas necessidades. O brado pretende superar uma situação de desprazer. Nele se exprime expectativa: ele está interessado em estabelecer algo. Todos os comandos têm o brado em sua origem, possivelmente também os nomes.

A quinta raiz da linguagem tem sua origem em sinais articulados. Com eles se dá a passagem para formas de palavras que as crianças primeiramente desenvolvem independentemente de significados convencionais. Aos poucos eles são incorporados situacionalmente, permitindo às crianças participar na linguagem de seu entorno.

Gehlen define a linguagem da seguinte forma:

> A linguagem é um "mundo intermediário", situado entre a consciência e o mundo, ao mesmo tempo ligando-os e separando-os. Na medida em que pretende apreender a coisa mesma, a palavra reverbera – reflete – a si mesma. A intenção apreendida pela palavra decepciona (GEHLEN, 1978, p. 248).

A linguagem cumpre sua tarefa essencial de livrar um fardo na medida em que esse mundo intermediário facilita não apenas a comunicação e a cooperação, mas também liberta os seres humanos da presença imediata das coisas e, não obstante, as torna acessíveis à sua mente.

Em suas reflexões sobre ética, Gehlen é fiel à sua ideia fundamental, a da liberação do fardo. As perspectivas éticas são diretamente derivadas de sua antropologia. Uma vez que o ser humano não dispõe de um repertório de comportamentos instintivamente assegurados, estes precisam ser formados por meio da "educação" e da "disciplina" [*Zucht*]. Sob esses fundamentos antropológicos, o ser humano é um "ser disciplinado" [*Zuchtwesen*]. Gehlen formula esse conceito da seguinte forma:

> Essa designação abrange tudo o que é possível entender por moral, em uma perspectiva *antropológica*: a necessidade de disciplina, a formação forçada, sujeito à qual se encontra um "animal não estabelecido" e da qual a educação e a autodisciplina – também a impregnação pelas instituições nas quais as tarefas da vida são realizadas – são apenas os estágios mais claros (GEHLEN, 1978, p. 61).

Contudo, o padrão de comportamento dado pelas instituições tem não apenas um caráter forçado, ele também liberta o indivíduo de ser sobrecarregado por sua consciência moral, pelos escrúpulos individuais e pelos conflitos relacionados a isso. Com sua concepção sobre as instituições, Gehlen se coloca como sucessor de seu professor Hans Freyer, que via nelas formas do espírito objetivo, isto é, formas de exposição da razão no sentido descrito por Hegel. Mas para Gehlen a razão tem um caráter diverso do que tem em Hegel. O objetivo primário dela não é a liberdade. Ela é, antes, a *"raison d'être"*, isto é, a condição de existência da sociedade. Para Gehlen, a cultura não tem outra função senão aquela que os instintos têm nos animais, a saber, assegurar a sobrevivência.

Gehlen reconhece, entretanto, a completa ambivalência das instituições. Por um lado, elas exercem uma coerção nos indivíduos, por outro, elas os libertam para o desenvolvimento de suas próprias forças. Ou seja:

> [Se] as instituições de certa forma nos esquematizam, se elas, com nosso comportamento, impregnam por completo também nosso pensar e nosso sentir e os tornam algo típico, delas também podemos retirar reservas de energia para apresentarmos, no interior dessas circunstâncias, a singularidade, isto é, agir de forma fecunda, inventiva e frutífera (GEHLEN, 1970, p. 72).

Somente as instituições dão ao ser humano a certeza necessária para que seja possível desenvolver-se pessoalmente de maneira livre. Gehlen argumenta: "É possível, antropologicamente, pensar o conceito de *personalidade* na mais íntima conexão com o de instituições; no sentido mais forte do termo, somente as últimas dão à qualidade pessoal uma chance de desenvolver-se" (GEHLEN, 1970, p. 72).

No entanto, uma dialética particular liga-se a esse processo. As forças libertas do fardo através das instituições não precisam ser utilizadas num sentido criativo; antes, como uma "ênfase de si protestatória" [*protestlerische Selbstbetonung*], elas podem voltar-se de forma disruptiva contra as instituições que as tornaram inicialmente possíveis. Gehlen percebeu essa dialética. A sua forma de resolver esse dilema consiste em ressaltar a necessidade de institucionalmente reconectar, de uma nova forma, as forças libertas. Contudo, essa questão torna-se um problema em uma época em que perdem significado as instituições até então suportadas. Gehlen vê aqui um problema fundamental da sociedade contemporânea.

Na história da recepção de Gehlen, sua concepção de instituição foi duramente criticada pela filosofia, como, por exemplo, por Adorno, com quem ele teve uma discussão a respeito do tema. Uma das críticas diz respeito ao fato de Gehlen não ter fornecido nenhum critério de conteúdo para avaliar a qualidade de uma instituição (cf. GEHLEN, 1981, p. 99). No interior da sociologia, Schelsky e Luhmann apoiam-se nele.

VI

História e historicidade do ser humano

Desde os primórdios da reflexão sobre si mesmo o ser humano tem clareza sobre sua situação na história. Disso faz parte o saber de que antigamente os seres humanos viviam de outra forma e que futuramente viverão também de outra forma, independente da ideia de uma constante da natureza humana. E desde muito cedo atribuiu-se à história em seu todo uma determinada característica bem peculiar. Os primórdios da história são designados na Europa como história do declínio, e remontam a Hesíodo. Ele evoca, nostálgico, a "era de ouro" para descrever os estágios do declínio até os seus tempos (cf. cap. I, 2).

Mas também o mito bíblico do paraíso é uma história de declínio. Trata-se da queda do ser humano, que separa um presente penoso do estado paradisíaco de outrora. Contudo, toda história de declínio contém também uma esperança. Em algum momento – e este "em algum momento" virá talvez em mil anos (milenarismo) ou mais tarde – o estado perdido será recuperado. Isso é aludido por Hesíodo e é encontrado também no Novo Testamento com a profecia do retorno de Cristo. A história universal percorre o tempo transcorrido até então. Com vistas ao "juízo final", ela é ao mesmo tempo história de salvação (cf. cap. II, 2).

Na Modernidade é preparada uma nova compreensão da história. Foi Vico quem ressaltou: "O ser humano faz a história". Na época do Esclarecimento foi crescentemente defendida a ideia de que pode haver um progresso já ao longo da história. A concepção escatológica da história defendida pela teologia foi secularizada, isto é, substituída pela história universal (cf. LÖWITH, 1983).

Foi Kant quem empreendeu a tarefa de esboçar a ideia de um possível transcurso da história universal que contivesse um fim racional da humanidade. Ele ao mesmo tempo esboçou três tipos de possível transcurso histórico: a) aquele segundo o qual a história encontra-se "em incessante regresso para o pior" (história do declínio), ou b) "em constante progressão para o melhor" (história do progresso), ou, por fim, c) "em eterna detença no estádio atual", isto é, "um movimento ascensional perpetuamente mutável e [...] um recair profundo" (KANT, VI, p. 352ss.).

Os autores discutidos na sequência representam as três formas de concepção da história. O próprio Kant defende o modelo de um progresso na história. Este não seria, decerto, demonstrável teoricamente, mas seria uma ideia ainda não malograda de forma definitiva. A razão humana pode orientar-se segundo ela. Kant considera como fim da história "alcançar uma sociedade civil que administre universalmente o direito". Em seu escrito *Zum ewigen Frieden* [*À paz perpétua*], ademais, Kant formula um direito das gentes cujo fim é uma confederação de nações [*Völkerbund*].

Dilthey, que pertence a uma corrente do século XIX designada como historicismo, defende uma concepção de história segundo a qual seria totalmente impossível proferir enunciados sobre o curso da história em seu todo. Não apenas a própria história tem viradas imprevisíveis, como também o olhar do ser humano sobre a história é igualmente sujeito a modificações constantes. O ser humano é historicamente condicionado em suas avaliações e tomadas de posição. Isso constitui sua historicidade.

Heidegger remonta ao primeiro modelo de história, o da história do declínio. Desde seus primórdios nos antigos, pelo menos de forma clara desde Platão, a história seria determinada, na opinião de Heidegger, por um crescente esquecimento do Ser. Ele se manifesta contemporaneamente na dominação da técnica. Assim como toda história do declínio, a concepção heideggeriana é ligada à esperança, ou ainda, à "expectativa" de um retorno às origens e da possibilidade de princípio de um novo reinício.

1 O objetivo da história universal (Kant)

> Como em geral os seres humanos em seus esforços não procedem apenas instintivamente, como os animais, nem tampouco como razoáveis cidadãos do mundo, segundo um plano preestabelecido, uma história planificada (como é, de alguma forma, a das abelhas e dos castores) parece ser impossível. É difícil disfarçar um certo dissabor quando se observa a conduta humana posta no

> grande cenário mundial, e muitas vezes o que isoladamente aparenta sabedoria ao final mostra-se, no seu conjunto, entretecido de tolice, capricho pueril e frequentemente também de maldade infantil e vandalismo: com o que não se sabe ao cabo que conceito se deva formar dessa nossa espécie tão orgulhosa de suas prerrogativas. Como o filósofo não pode pressupor nos seres humanos e seus jogos, tomados em conjunto, nenhum *propósito* racional *próprio*, ele não tem outra saída senão tentar descobrir, neste curso absurdo das coisas humanas, um *propósito da natureza* que possibilite, todavia, uma história segundo um determinado plano da natureza (KANT, AA VIII, p. 17ss.).

A filosofia da história de Kant constitui um ponto de virada na transição da concepção da história como salvação para a concepção de uma história universal secularizada. Qual posição ele assume? A resposta é: a filosofia da história de Kant assume nesse processo uma posição intermediária, que pode ser designada como uma despedida da teologia da história – como ainda se encontra, por exemplo, em Leibniz e sua concepção de teodiceia (cf. cap. IX, 1) – e uma virada para uma filosofia da história orientada na razão.

A posição intermediária específica que Kant assume mostra-se, por exemplo, em sua notável reinterpretação do mito bíblico do paraíso. Ele inverte a interpretação tradicional, sancionada teologicamente. É parte da autocompreensão do pensamento cristão considerar a história do ser humano, desde sua expulsão do paraíso, como uma punição. Assim, a visada romântica do ser humano é direcionada com melancolia para trás e com ansiedade para frente, até uma restauração do antigo estado paradisíaco. O Jesus crucificado promete o paraíso àqueles que foram crucificados consigo (Lc 23,43). A história do paraíso é uma história do declínio. Ela mostra o quão pior é o estado do ser humano desde sua expulsão. A vida do ser humano é completamente miserável. A história é uma punição. Kant, pelo contrário, vê no mito do paraíso não o início de uma história do declínio, mas, antes, de uma história do progresso. Com isso, ele se volta contra a doutrina cristã em um ponto central. Em seu escrito *Mutmasslicher Anfang der Menschengeschichte* [Começo conjectural da história humana], Kant considera a fruição do fruto ofertado ao ser humano como pertencente à razão humana e à curiosidade, não como a violação de uma proibição. Abandonar o paraíso significa deixar um estado de natureza e adentrar em um estado da razão, da liberdade e do progresso. Kant apresenta da seguinte forma sua reinterpretação radical da história da expulsão do paraíso:

> Portanto, este passo está ao mesmo tempo ligado ao abandono do seio materno da natureza: uma mudança honrosa, mas ao mesmo tempo perigosa, na medida em que o impeliu para fora da situação inofensiva e segura de uma infância sob proteção, como que para fora de um jardim a ele provido sem seu esforço, e lançou-o no vasto mundo onde tantas preocupações, esforço e males desconhecidos o aguardam. Futuramente, as dificuldades da vida lhe despertarão muitas vezes o desejo por um paraíso, criação de sua imaginação, onde em calma ociosidade e paz duradoura ele possa sonhar ou passar sua existência. Mas a incansável razão, posicionando-se entre ele e esse lugar imaginário de delícias, impulsiona irresistivelmente o desenvolvimento das capacidades nele postas e não permite o retorno ao estado de rudeza e simplicidade de que o arrancou (*AA* VIII, p. 114ss.).

Segundo Kant, o paraíso é uma problemática "criação da imaginação" humana. Em sua tranquila inatividade e amistosa simplicidade, o ser humano é sonhador e dissipa sua existência. Trata-se de um estado em que as forças da razão não se desenvolvem. É notável que em sua interpretação Kant não atribua nenhum papel a Deus, nem em relação à proibição de comer da "árvore do conhecimento", nem na expulsão do paraíso. Para ele, trata-se, antes, da passagem do "estado paradisíaco de natureza" ao da razão, e que se torna possível pelo uso da liberdade. Trata-se de uma história de emancipação humana do estado de infância ao estado de um adulto racional. Kant desmitologizou o mito bíblico do paraíso, recolocando ao mesmo tempo, porém, a questão acerca do sentido, ou melhor, da direção da história humana.

Ele dedica a essa questão seu escrito *Ideia de uma história universal de um ponto de vista cosmopolita*. A pergunta que Kant se coloca no início é: Como a história se apresenta à visão do ser humano em seus acontecimentos cotidianos? Vista do particular até o geral com um saber convencional, ela é uma mistura de tolice, capricho, maldade e vandalismo. Não se percebe nenhum desenvolvimento linear, mas, antes, idas e vindas, progressos e retrocessos. O curso da história se assemelha àquele dos planetas, visto a partir da Terra. O conceito grego "*planetos*" indica uma caminhada errante, uma perambulação, um vagabundear. No entanto, por meio de uma mudança de ponto de vista, da escolha de um sistema heliocêntrico de referência, o zigue-zague dos planetas subitamente é substituído por uma curva bem formada. Não poderia ocorrer o mesmo com o transcurso da história? Caso sim, a partir de qual ponto de vista poderíamos considerar um transcurso da história que faça sentido? Esta é a questão de Kant, e ele também fornece uma direção para respondê-la. A história teria um sentido se pudéssemos descobrir nela um propósito da natureza. Assim como o curso dos planetas respeita uma lei da natureza, também os acontecimentos da história são parte de um propósito natural.

Porém, o paralelo aparentemente óbvio é enganoso, pois Kant utiliza dois conceitos bem distintos de natureza. A lei da natureza formula o nexo entre causa e efeito no sentido da *"causa efficiens"*. O propósito da natureza segue um princípio teleológico e corresponde à *"causa finalis"*. A lei da natureza é expressão de uma necessidade natural, o propósito da natureza admite a liberdade. A história segue um propósito da natureza, não uma lei da natureza. Assim, Kant fala também de "sabedoria" da natureza. É também notável que Kant coloque o propósito da natureza em lugar dos propósitos de Deus com respeito aos seres humanos que desempenham uma função na teologia da história, sem que, no entanto, lhe seja atribuído um ateísmo. Não obstante, trata-se de uma mudança na terminologia que não pode ser desconsiderada.

Aqui entra uma outra delimitação. Exatamente por não haver uma lei natural da história, não são possíveis enunciados teóricos sobre seu curso futuro. Um prognóstico sobre o curso da história somente pode ser proferido por aquele que faz a história. Mas o ser humano não faz a história, ele, antes, está enredado nela. A história é uma trama de ação e sofrimento de inúmeros seres humanos. Se não pode haver enunciados teóricos sobre a história, então apenas é possível esboçar uma ideia dela. O que guia essa ideia toca a questão: é pensável que, apesar de ser uma mistura flagrantemente óbvia de tolice, capricho e maldade, a história esteja, em seu todo, dirigida a um objetivo terminal racional? Em seu escrito, Kant procura encontrar esse fio condutor. Ele o faz numa sequência de nove proposições, às quais acrescenta elucidações.

A primeira proposição é: *"Todas as disposições naturais de uma criatura estão destinadas a um dia se desenvolver completamente e conforme um fim"* (*AA* VIII, p. 18). A visada teleológica, que é válida no reino animal, aplica-se também ao ser humano. Contudo, ao mesmo tempo Kant faz uma significativa restrição na segunda proposição: *"No ser humano* (única criatura racional sobre a Terra) *aquelas disposições naturais que estão voltadas para o uso de sua razão devem desenvolver-se completamente apenas na espécie e não no indivíduo"* (*AA* VIII, p. 18). O desenvolvimento das disposições é uma questão da razão humana "livre do instinto".

A fundamentação para tanto é a seguinte: "A natureza não faz verdadeiramente nada supérfluo e não é perdulária no uso dos meios para atingir seus fins. Tendo dado ao ser humano a razão e a liberdade da vontade que nela se funda, a natureza forneceu um claro indício de seu propósito quanto à maneira de dotá-lo" (*AA* VIII, p. 19). O ser humano deve "por si mesmo produzir" seus objetivos, antes de tudo a sua "felicidade".

A quarta proposição tematiza os meios dos quais a natureza se serve para levar a cabo seu propósito: "*O meio de que a natureza se serve para realizar o desenvolvimento de todas as suas disposições é o* antagonismo *delas na sociedade* [...]" (*AA* VIII, p. 20). Por antagonismo Kant entende a "insociável sociabilidade do ser humano", isto é, sua propensão à sociedade e sua igualmente grande propensão a isolar-se, uma vez que ele continuamente encontra obstáculos em sociedade: "Essa resistência é a que, despertando todas as forças do ser humano, o leva a superar sua propensão à preguiça e, movido pela busca de projeção [*Ehrsucht*], pela ânsia de dominação [*Herrschsucht*] ou pela cobiça [*Habsucht*], a proporcionar-se uma posição entre companheiros que ele não *suporta*, mas dos quais não pode *prescindir*" (*AA* VIII, p. 21). É esse antagonismo que faz com que, no sentido do princípio de concorrência, as forças do ser humano se desenvolvam, tendo, por fim, o resultado, que não fora desejado por nenhum indivíduo, a transformação da sociedade em um "todo *moral*". Trata-se de uma espécie de astúcia da natureza, que atinge um objetivo positivo pelo caminho indireto do acirramento das "características de fato não adoráveis" do ser humano. E isso torna claro que esse propósito natural se funda na "disposição de um criador sábio, e não na mão de um espírito maligno" (*AA* VIII, p. 22).

O objetivo da história é formulado por Kant na quinta proposição: "*O maior problema para a espécie humana, a cuja solução a natureza a obriga, é alcançar* uma sociedade civil *que administre universalmente o direito*" (*AA* VIII, p. 22). "*Este problema é, ao mesmo tempo, o mais difícil e o que será resolvido por último pela espécie humana*" (*AA* VIII, p. 23). O que distingue essa sociedade é a "máxima liberdade" de seus membros "sob leis exteriores". Trata-se do problema de uma relação estatal externa conforme à lei.

A filosofia da história de Kant não é nem uma ciência da história, ou ainda, uma teoria da história, e nem ética. Ela não fornece nenhum imperativo de ação, mas, antes, desenvolve o objetivo terminal da história como uma ideia, que define seu curso possível, mas de forma alguma certo, pois, "de uma madeira tão retorcida, da qual o ser humano é feito, não se pode fazer nada reto" (*AA* VIII, p. 23).

É notável que Kant inclua em sua concepção até mesmo a guerra, que parece continuamente atrapalhar esse objetivo. Kant argumenta que "todas as guerras são tentativas (não segundo os propósitos dos seres humanos, mas segundo os da natureza) de estabelecer novas relações entre os Estados" (*AA* VIII, p. 24ss.). Essas tentativas resultam num estado jurídico; este é "semelhante a uma república [*gemeines Wesen*] civil, que pode manter-se a si mesma como um *autômato*" (*AA* VIII, p. 25).

Essas passagens não apresentam uma justificativa da guerra; antes, elas apenas exprimem a ideia de que, apesar da guerra e por meio dela, uma "confederação de nações" (*AA* VIII, p. 24), na qual impera o direito, torna-se possível como objetivo terminal da história.

Como poucos antes dele, Kant claramente condenou a guerra sob um ponto de vista ético:

> Pois, para a omnipotência da natureza [...] o ser humano é, por seu turno, apenas uma bagatela. Mas que os soberanos da sua própria espécie assim o considerem e como tal o tratem, quer carregando-o como animal, simples instrumento dos seus propósitos, quer dispondo-os uns contra os outros nos seus conflitos para os deixar massacrar – eis o que não é bagatela alguma, mas a inversão do *fim terminal* da criação (*AA* VII, p. 89).

Mas em relação à violência sempre explosiva, à guerra e às violações do direito, pergunta-se se a ideia de uma tal confederação de nações não seria apenas um anseio. A pergunta é se na história pregressa houve qualquer indício que seja desse objetivo buscado. E Kant vê um tal "signo histórico" na Revolução Francesa. Ele escreve:

> A revolução de um povo rico de espírito, que vimos ter lugar nos nossos dias, pode ter êxito ou fracassar; pode estar repleta de miséria e de atrocidades de tal modo que um ser humano bem pensante, se pudesse esperar, empreendendo-a uma segunda vez, levá-la a cabo com êxito, jamais, no entanto, se resolveria a realizar o experimento com semelhantes custos – esta revolução, afirmo, depara todavia, nos ânimos de todos os espectadores (que não se encontram enredados neste jogo), com uma *participação* segundo o desejo, na fronteira do entusiasmo, e cuja manifestação estava, inclusive, ligada ao perigo, que, por conseguinte, não pode ter nenhuma outra causa a não ser uma disposição moral no gênero humano (*AA* VII, p. 85).

Por fim, resta definir mais precisamente a posição intermediária assumida por Kant no processo de secularização. É ponto pacífico que Kant funda seu sábio propósito da natureza mais uma vez em um "sábio criador", que, decerto, não pode ser demonstrado, mas que, no entanto, serve como uma ideia relevante de uma perspectiva prática. Há, aqui, uma conexão com a teologia da história. Mas outra coisa é decisiva: o objetivo terminal da história não é deslocado para o além, mas, antes, é pensado como um empreendimento bem concreto, fundado em acordos humanos. Não se garante assim a "felicidade", mas, antes, a certeza jurídica e liberdade dos cidadãos em um contexto social. Isso tem um significado "secular". A filosofia da história de Kant formula uma ideia de história universal.

Em seu escrito *À paz perpétua: um projeto filosófico*, de 1795, Kant utilizou a forma de um tratado de paz para nomear as condições pertencentes ao direito dos povos que precisam ser satisfeitas para que um estado cosmopolita seja garantido. No prefácio, Kant discute o título de seu escrito, que se refere a uma inscrição satírica da tabuleta de uma estalagem holandesa, junto com o desenho de um cemitério. Ele se pergunta para quem se dirige a inscrição, para "os seres humanos em geral, ou em particular para os chefes de Estado, que nunca estão fartos de guerra, ou quiçá somente para os filósofos que sonham com este doce sonho" (*AA* VIII, p. 343). Kant divide seu escrito em seis artigos preliminares, três artigos definitivos e dois suplementos.

O primeiro artigo preliminar afirma: "Nenhum tratado de paz deve ser tomado como tal se tiver sido feito com reserva secreta de matéria para uma guerra futura" (p. 343). Essa condição – já aludida por Cícero – de uma paz que merece este nome é, assim, indispensável, pois com uma reserva secreta, uma "*reservatio mentalis*", todo tratado de paz seria designado apenas como um "mero armistício". A paz seria acordada apenas por razões estratégicas, por uma condição temporária de inferioridade, enquanto a "perversa vontade" espera ininterruptamente "a primeira oportunidade favorável" para iniciar uma nova guerra.

O segundo artigo preliminar afirma: "Nenhum Estado independente (pequeno ou grande, isso tanto faz aqui) pode ser adquirido por um outro Estado por herança, troca, compra ou doação" (*AA* VIII, p. 344). A fundamentação para tanto consiste em defender que um Estado não é idêntico ao solo no qual se encontra, mas, antes, que ele apresenta "uma sociedade de seres humanos". Portanto, ele não é uma coisa, mas uma "pessoa moral" (cf. cap. X, 3), da qual não se pode dispor como se dispõe de uma coisa. Esse princípio contradiz a "contratação" de tropas de um outro Estado, pois "com isso usa-se e abusa-se dos súditos como coisas manejáveis à vontade" (p. 344).

O terceiro artigo afirma: "Exércitos permanentes [*miles perpetuus*] devem desaparecer completamente com o tempo" (*AA* VIII, p. 345). Em sua fundamentação, Kant se refere ao fato de que, com um armamentismo permanente, não apenas surge o risco constante de guerra, como também, devido aos grandes custos dos exércitos permanentes, estes mesmos tornam-se "causa de guerras preventivas", para que esse "peso seja desfeito". Ocorre algo diferente com "o exército periódico voluntariamente proposto dos cidadãos em armas para assegurar-se a si e à pátria de agressões externas" (*AA* VIII, p. 345).

O quarto artigo preliminar afirma: "Não deve ser feita nenhuma dívida pública em relação a interesses externos do Estado" (*AA* VIII, p. 345). Se é verdade que as dívidas podem ter sentido no campo da economia de um país, quando voltadas à realização de guerras, contudo, elas podem ter efeitos catastróficos. Elas favorecem a preparação para a guerra e aumentam o risco de levar o Estado à bancarrota, "enredando nos prejuízos muitos outros Estados sem dívidas" (*AA* VIII, p. 346).

O quinto artigo afirma: "Nenhum Estado deve imiscuir-se com emprego de força na constituição e no governo de um outro Estado" (*AA* VIII, p. 346). Kant exclui a possibilidade de tal intervenção mesmo no caso de um Estado estar vivendo uma guerra civil e tomado pela anarquia. Isso significa que "potências externas violariam os direitos de um povo dependente de nenhum outro e que só luta contra seus próprios males" (*AA* VIII, p. 346).

Por fim, o sexto artigo afirma: "Nenhum Estado em guerra com outro deve permitir hostilidades tais que tornem impossível a confiança recíproca na paz futura; deste tipo são: emprego de assassinos [*percussores*], envenenadores [*venefici*], quebra da capitulação e instigação à traição [*perduellio*] no Estado com que se guerreia etc." (*AA* VIII, p. 346). A utilização desses meios é, pois, reprovável e, assim, descartada por princípio; ora, também na guerra cumpre que haja um mínimo de confiança, necessária para que seja possível futuramente obter a paz. Os meios mencionados são, pelo contrário, expressão de uma animosidade que leva, por fim, a uma "guerra de extermínio". Deve ser levado em conta, entretanto, que o estado de natureza do ser humano não é o "estado de paz", mas, sim, o de guerra. Portanto, a paz precisa ser *instituída*.

O estado jurídico, que se vincula a essa ideia, abrange a constituição e tanto o direito interno de um Estado como o direito das gentes. Kant formula os três artigos definitivos em consonância com essa concepção. O primeiro afirma: "A constituição civil em cada Estado deve ser republicana" (*AA* VIII, p. 349). Kant distingue duas formas de governo, ou ainda, de constituição: a republicana e a despótica, e três formas de Estado: a monarquia, a aristocracia e a democracia. A justificativa da constituição republicana é a seguinte: a única constituição "que resulta da ideia do contrato originário, sobre a qual tem de estar fundada toda legislação jurídica de um povo – é a constituição *republicana*" (*AA* VIII, p. 350). Na constituição republicana há a divisão dos poderes em executivo e legislativo; no despotismo isso não existe. O déspota executa as leis que ele próprio deu. Isso significa que "a vontade pública, por conseguinte [...], é manipulada pelo regente como sua vontade privada" (*AA* VIII, p. 352).

Como apenas a constituição republicana tem sua origem em um conceito puro do direito e, ademais, "o consentimento dos cidadãos é requerido para decidir se deve ou não haver guerra" (*AA* VIII, p. 351), é fácil de deduzir que uma guerra é bem improvável em um Estado com constituição republicana, pois são os próprios cidadãos que devem suportar suas consequências. Isso ocorre diferentemente no despotismo, "onde o súdito não é cidadão, e que, portanto, não é republicano". Nele a guerra

> é a coisa sobre a qual menos se hesita no mundo, porque o chefe, não sendo membro do Estado, mas proprietário do Estado, não tem o mínimo prejuízo por causa da guerra à sua mesa, à sua caçada, a seus castelos de campo, festas da corte etc., e pode, portanto, decidir sobre a guerra por causas insignificantes como uma espécie de jogo de recreação (*AA* VIII, p. 351).

Surpreendentemente, é o princípio de divisão de poderes que leva Kant a rejeitar a democracia. Kant argumenta da seguinte forma:

> Entre as três formas de Estado, a *democracia* [...] é necessariamente um *despotismo*, porque ela funda um poder executivo onde todos decidem sobre e, no caso extremo, também contra um [...], o que é uma contradição da vontade geral consigo mesma e com a liberdade (*AA* VIII, p. 352).

Entre as duas outras formas de Estado, a monarquia é preferível à aristocracia. Kant ressalta os méritos da monarquia de seu tempo, pois seu regente, Frederico II, dizia ser "meramente o mais alto servidor do Estado" (*AA* VIII, p. 352).

O segundo artigo definitivo afirma: "O direito das gentes deve fundar-se em um federalismo de Estados livres" (p. 354). A justificação é que os Estados devem ser considerados "como seres humanos individuais" que, em prol da própria segurança, elaboram com outros Estados uma constituição jurídica "igual à civil". O resultado desse acordo seria uma "confederação de nações", que, decerto, não seria um "Estado de nações", pois não há uma legislação vinculante, mas, sim, um estado no qual haveria uma proibição vinculante de guerras entre seus membros. A confederação de nações torna-se, assim, uma "confederação de paz". A noção central de uma tal confederação é a "ideia de uma *república mundial*" (p. 357).

O terceiro artigo definitivo afirma: "O *direito cosmopolita* deve ser limitado às condições da *hospitalidade* universal" (*AA* VIII, p. 357). Por hospitalidade Kant entende um "direito de visita" que cabe a todos os seres humanos "de oferecer-se à sociedade em virtude do direito da posse comunitária da superfície da Terra, sobre a qual, enquanto esférica, não podem dispersar-se ao infinito, mas têm finalmente de tolerar-se uns aos outros" (p. 358).

No primeiro suplemento, Kant sugere que a própria natureza faz com que os seres humanos renunciem à discórdia e à guerra e aceitem os princípios da razão. Trata-se de um princípio de conservação de si, e não da moral, que faz com que mesmo "um povo de demônios (caso tenham entendimento)" erija um Estado no qual impere o direito. Na relação dos Estados entre si, Kant se apoia no "*espírito comercial*, que não pode subsistir juntamente com a guerra e que mais cedo ou mais tarde se apodera de cada povo" (*AA* VIII, p. 368).

No segundo suplemento, desta vez "secreto", Kant torna claro que a exigência platônica de que os filósofos devem ser os regentes não pode ser esperada, e que tampouco seria desejável, "porque a posse do poder corrompe inevitavelmente o livre julgamento da razão" (*AA* VIII, p. 369). Pelo contrário, seria desejável que "não se se atrofie ou se emudeça a classe dos filósofos, mas os deixem falar publicamente" (*AA* VIII, p. 369).

A história da recepção de Kant é ligada sobretudo a seu projeto de uma "paz perpétua". Ele serve como orientação filosófica para a fundamentação de uma confederação de nações.

A filosofia da história de Kant foi ao mesmo tempo aproveitada e transformada por Hegel, o mesmo valendo para Marx. Na segunda metade do século XIX, tal abordagem cedeu lugar a uma consideração da história que deixava pouco espaço para objetivos históricos universais. Também no começo do século XX foi alvo de ceticismo, até ser defendida a tese de que a filosofia da história como um todo deveria ser abandonada para abrir espaço à antropologia (cf. *HWP*, 1, p. 362; MARQUARD, 1982, p. 27).

2 Compreender histórico (Dilthey)

> A vida de cada um tem um sentido próprio. Ele repousa em um contexto de significado no qual todo presente recordado possui um valor próprio, mas que tem, ao mesmo tempo, no contexto da recordação, uma relação com um sentido do todo. Esse sentido da existência individual é bem singular, insolúvel ao conhecer, e representa à sua maneira, como uma mônada de Leibniz, o universo histórico [...]. A autobiografia é a forma mais alta e mais instrutiva na qual o compreender da vida nos enfrenta. Aqui um curso da vida é algo exterior, um fenômeno sensível, a partir do qual o compreender penetra naquilo que produziu esse curso de vida no interior de um meio determinado. E, com efeito, aquele que compreende esse curso de vida é idêntico àquele que o produziu. Daqui resulta uma intimidade particular do compreender. O mesmo ser humano que busca o contexto na história de sua vida tem, em tudo aquilo que ele sente como valores de sua vida, que realizou como fins da mesma, que esboçou como plano de vida, o que ele, olhando retrospectivamente, aprendeu como seu desenvolvimento, e, olhando prospectivamente, aprendeu como a forma de sua vida e de seu sumo bem – em tudo isso ele já constituiu um contexto de sua vida sob diferentes pontos de vista que apenas agora deve ser expresso (DILTHEY, 1968, p. 199ss.).

Dilthey nasceu em 1833 em Biebrich, no Reno. Por desejo de seu pai, Dilthey estudou primeiramente teologia e, após o *Staatsexam* teleológico e uma curta atividade como professor de ginásio, dedicou-se à filosofia e à vida acadêmica. Após doutorar-se em 1864 com uma tese sobre a ética de Schleiermacher e obter logo na sequência sua *Habilitation*, tornou-se professor na Basileia (1867), Kiel (1868) e Breslau (1871), até finalmente encontrar em Berlim seu posto de trabalho acadêmico definitivo. Ele deu aulas lá entre 1882 e 1905. Dilthey faleceu em 1911 em Seis, no Schlern (Bolzano).

A atuação de Dilthey ocorreu em uma época de reviravoltas filosóficas e científicas. Trata-se de *A ruptura radical no pensamento do século XIX*, como Karl Löwith a qualificou de forma precisa no subtítulo de seu *De Hegel a Nietzsche*. A ruptura deve ser entendida como o "colapso do idealismo" e, mais radical ainda, como recusa de toda metafísica. Como a filosofia é entendida em boa medida como metafísica, com o declínio desta última a própria filosofia é posta em dúvida. Os protagonistas desse movimento foram Feuerbach, Marx, Kierkegaard e Nietzsche. Contudo, eles eram de certa forma *outsiders*, pertencendo, quando muito, de forma marginal ao mundo acadêmico.

Mas também Dilthey, que foi um professor e pesquisador acadêmico altamente respeitado, dedicou a grande parte de seu escrito programático científico-teórico, *Einleitung in die Geisteswissenschaften* [*Introdução às ciências humanas*] (1883), à crítica da metafísica, que ele expôs com o seguinte título: *Ihre Herrschaft und ihr Verfall* (*Seu Domínio e sua Queda*). A metafísica fracassa – de acordo com sua tese – na tarefa que ela mesma se coloca. Ora, "*uma representação conteudística do contexto do mundo não pode ser provada*" (DILTHEY, GS I, p. 402). A objetividade do conhecimento por ela buscada não é satisfeita, dissipando-se na "*restrita subjetividade da vida da alma*" (DILTHEY, GS I, p. 404). A crítica à metafísica de Dilthey culmina no enunciado: "A transformação do mundo, por meio dos sistemas modernos, no sujeito que concebe é por assim dizer a eutanásia da metafísica" (DILTHEY, GS I, p. 405). Mas o que surge no lugar da metafísica? Por um lado, as ciências e, por outro, visões de mundo [*Weltanschauungen*] que, contudo, procuram, elas mesmas, fundamentar-se cientificamente. Ambos os aspectos se relacionam em Dilthey.

Mas se a metafísica fracassa na "subjetividade da vida da alma", deve-se perguntar: Como deve ser entendida a vida da alma do ser humano, como deve ser entendido o próprio ser humano? A resposta de Dilthey se concretiza na tentativa de estabelecer um ramo científico que se ocupe exclusivamente da situação do ser humano. Ele designa esse ramo como ciências humanas [*Geisteswissenschaften*], distinguindo-o das ciências naturais. Ele se apoia, aqui, na divisão hegeliana das "ciências filosóficas" em "ciências da lógica", "filosofia da natureza" e "filosofia do espírito" [*Philosophie des Geistes*]. Dilthey diferencia ambos os tipos de ciências não tanto com base na distinção dos âmbitos de objeto, mas, antes, em função dos diferentes métodos que cada uma segue.

As ciências naturais buscam leis universais para eventos naturais. O seu método é o explicar [*Erklären*], isto é, a descoberta de nexos causais, o estabelecimento de hipóteses de leis e, por fim, o conhecimento de uma lei universal da natureza. O método das ciências humanas, isto é, da ciência literária, da ciência da história, da jurisprudência, da pedagogia, da sociologia e da antropologia, é o compreender [*Verstehen*]. Trata-se, aqui, da conceitualização de objetivos, propósitos concretos de ação e nexos históricos. Se se deseja evocar a doutrina das causas propostas por Aristóteles, seria possível dizer que os cientistas da natureza investigam sob os auspícios da "*causa efficiens*", e os cientistas das ciências humanas sob os auspícios da "*causa finalis*".

No curso de suas investigações no campo das ciências humanas, Dilthey conferiu um significado cada vez maior aos nexos históricos. Essa ideia torna-se bem evidente no esboço a um discurso que ele proferiu por ocasião do seu 70º aniversário, em 1903: "O que seja o ser humano, isto lhe diz sua história" (DILTHEY, *GS* VIII, p. 224). Esse juízo corresponde ao de Marx, o grande pensador da história no século XIX. Não obstante, a concepção de história de ambos é radicalmente diferente. Ao passo que Marx aponta um objetivo da história, para Dilthey há apenas uma "inquieta dialética" que faz a história avançar de um objetivo a outro. Isso se torna claro nos grandes "tipos de visão de mundo" que determinam a filosofia. Dilthey distingue três deles: o naturalismo, o idealismo da liberdade e o idealismo objetivo.

O naturalismo se estende de Demócrito a Hobbes, passando por Epicuro. O "direito filosófico do naturalismo" consiste no seguinte:

> No interior da realidade dada em nossa experiência, quão preponderantes são a extensão e a força das massas físicas! Elas apreendem os esparsos fenômenos do espírito como algo não mensurado e que se amplia continuamente (DILTHEY, *GS* VIII, p. 101).

Porém, o naturalismo não pode resolver um problema central. Ora, ele incorre em um círculo quando pretende derivar sua própria teoria a partir de fenômenos físicos. Essa dificuldade leva "o naturalismo a sempre novas versões de sua posição em relação ao mundo e à vida" (p. 101).

De acordo com Dilthey, do idealismo da liberdade fazem parte Anaxágoras, Sócrates, Platão, Aristóteles, Kant, Fichte e Bergson. Aqui é o espírito livre que produz o mundo segundo sua imagem. Dilthey ressalta: "Essa visão de mundo possui nos fatos da consciência o seu fundamento universalmente válido" (DILTHEY, *GS* VIII, p. 111). Contra tal visão de mundo, contudo, pode ser argumentado "que seu princípio não consegue ser definido e fundamentado, numa perspectiva científica, com validade universal. Aqui, pois, se repõe uma inquieta dialética que avança de possibilidade em possibilidade, mas é incapaz de obter uma solução para seu problema" (p. 111).

A visão de mundo do idealismo objetivo procura superar a unilateralidade dos dois outros tipos e uni-los. Dela faz parte a maioria dos filósofos: Xenófanes, Heráclito, Parmênides, Giordano Bruno, Spinoza, Shaftesbury, Herder, Goethe, Schelling, Hegel, Schopenhauer e Schleiermacher. Dilthey caracteriza o idealismo objetivo da seguinte forma:

> Todos os fenômenos do universo têm dois lados: vistos por um lado, na percepção exterior, eles são dados como objetos sensíveis e estão, enquanto tais, numa conexão física; inversamente, quando são, por assim dizer, apreendidos pelo interior, eles trazem em si um nexo vital [*Lebenszusammenhang*], que é passível de ser vivido em nosso próprio interior (DILTHEY, *GS* VIII, p. 117).

Mas como esse nexo deve ser conceitualizado como um todo? Religião, poesia e metafísica o exprimem apenas simbolicamente, pois ele mesmo, como um nexo que abrange a tudo, é "absolutamente não passível de ser conhecido". E aqui também ocorre o seguinte: "Surge aqui uma inquieta dialética, que se impulsiona adiante de sistema a sistema, até ser conhecida, após o esgotamento de todas as possibilidades, a insolubilidade do problema" (p. 117).

Fracassam todas as visões de mundo, todos os sistemas metafísicos que empreendem a tentativa de proferir enunciados definitivos sobre o ser humano e o mundo. Qual é o resultado? A resposta de Dilthey parece resignada: "Todo o histórico é relativo; tomando-os em conjunto, parece haver uma ação oculta de dissolução, ceticismo, subjetividade esmorecida" (p. 167). Contudo, esta não é sua última palavra. Se não podemos fundamentar os sistemas partindo deles mesmos, então resta a possibilidade de interpretá-los como objetivações espirituais de uma vida criadora. Com o conceito de vida, Dilthey explora não apenas o campo da "filosofia da vida" (cf. FELLMANN, 1993), como, ademais, o fundamento para a concepção de ciências humanas. Dilthey ressalta:

> A vida histórica é uma parte da vida em geral. Esta, porém, é o que é dado no vivenciar [*Erleben*] e no compreender. Portanto, viver, tomado nesse sentido, se espraia por toda a extensão do espírito absoluto na medida em que este é acessível por meio do vivenciar. Ora, a vida é um fato fundamental que precisa constituir o ponto de partida da filosofia. Ela é, pois, o que é conhecido pelo interior, ela é aquilo aquém do que não é possível retroceder. Viver não pode ser trazido diante do tribunal da razão (*GS* VII, p. 261).

Não é equivocado descobrir no "fato fundamental" da vida o ponto de partida não apenas da filosofia, como também de uma nova visão de mundo ou de uma metafísica, da metafísica da vida.

Com o conceito de "espírito objetivo" Dilthey novamente se apoia em Hegel. Contudo, ao passo que Hegel entendia por espírito objetivo os resultados da atividade do espírito de dar a si existência na efetividade externa e, assim, realizar-se ou efetivar-se (como, por exemplo, nas instituições do Estado, do Direito, do sistema de educação), para Dilthey a produtora do espírito absoluto é a vida, que apresenta uma "facticidade irracional" (p. 288). Partindo da vida como o "fato fundamental", Dilthey desenvolve as categorias específicas das ciências sociais. Para ele, o modelo é o sistema de categorias que Kant esboçou para os objetos das ciências naturais. Em analogia com a *Crítica da razão pura* de Kant, Dilthey denomina seu projeto de uma "crítica da razão histórica" (p. 191). Aqui se evidencia que Dilthey utiliza conceitos kantianos, mas os reinterpreta no sentido das categorias das ciências humanas. Mostremos isso com auxílio de dois conceitos: o tempo como forma da intuição e a categoria de causalidade.

Para Kant, o tempo é uma forma transcendental da intuição. As suas marcas características são "simultaneidade, sucessão, intervalo, duração, mudança" (p. 193). Segundo Dilthey, trata-se das "relações abstratas" das ciências naturais matemáticas. Nas ciências humanas, pelo contrário, trata-se da "vivência do tempo":

> Aqui o tempo é experienciado como avanço incessante do presente, avanço esse no qual aquilo que é presente continuamente torna-se passado, e o que é futuro, presente. O presente é o preenchimento de um momento temporal com realidade, ele é realidade em oposição à lembrança ou às representações do que é futuro que surgem no aspirar, esperar, ter esperança, temer, desejar [...]. Por assim dizer, o barco da vida é puxado num fluxo em constante evolução, e o

> presente, sempre e em toda a parte onde estamos por sobre essas ondas, é ser passivo, lembrar-se e esperar, em uma palavra, onde vivemos na plenitude de nossa realidade (DILTHEY, GS VIII, p. 193).

O conceito de tempo das ciências naturais e o das ciências humanas se distinguem por aquele ser quantitativo e este qualitativo. A vivência do tempo é uma unidade temporal qualitativamente preenchida, já o tempo da matemática e da ciência natural é composto por instantes inextensos e por suas relações quantitativamente determináveis. Contudo, a vivência do tempo tem um significado central para as ciências naturais também por ser a origem dos conceitos modais de realidade, possibilidade e necessidade. Dilthey esclarece isso da seguinte forma:

> Quando voltamos o olhar para o passado, nós nos comportamos passivamente; ele é o inalterável; o ser humano determinado pelo passado inutilmente se abala em seus sonhos sobre como ele deveria ter sido diferente. Se nos comportamos com vistas ao futuro, então nos encontramos ativos, livres. Aqui, ao lado da categoria de realidade que se nos abre no presente, surge a de possibilidade [...]. Assim, essa vivência do tempo determina o teor de nossa vida em todas as suas direções (DILTHEY, GS VIII, p. 193ss.).

Algo semelhante se dá com a categoria de causalidade. Dilthey observa:

> No mundo histórico, não há a causalidade da ciência natural, pois a causa no sentido da causalidade significa que ela produz efeitos com necessidade segundo leis; mas a história somente sabe de relações de atuar e passividade, de ação e reação (DILTHEY, GS VIII, p. 197).

No mundo histórico, a categoria de causalidade das ciências naturais não tem significado algum, assim como tampouco tem sentido o método do explicar. Em seu lugar surge o compreender. Dilthey esclarece: "O compreender e interpretar [*Deuten*] é o método que satisfaz as ciências humanas. Todas as funções se unificam nele. Ele contém em si todas as verdades das ciências humanas. Em todos os pontos, o compreender abre um mundo. Com base na vivência e no compreender de si mesmo, e numa interação constante de ambos entre si, forma-se o compreender de pessoas e manifestações alheias de vida" (DILTHEY, GS VIII, p. 205).

Dilthey distingue formas elementares e superiores do compreender. Entre as formas elementares conta-se o compreender de manifestações vitais individuais, como a expressão facial, a alegria, a dor ou tristeza, mas também ações elementares, como levantar um objeto, abrir uma porta, serrar um pedaço de madeira etc.

Trata-se de manifestações e ações que compreendemos, pois as conhecemos em nós mesmos. Não se trata, aqui, de uma inferência por analogia, mas, antes, de um "compreender imediato"; é uma redescoberta imediata do eu no tu. As formas superiores do compreender se referem a composições complexas, como um drama, uma instituição ou uma época histórica, que formam um nexo unitário. Nós os compreendemos, pois as manifestações vitais contidas se glutinam num todo. Para tanto, contudo, é necessário que o intérprete se "coloque" num nexo qualquer e "reviva" o todo. Não obstante, mesmo a arte instruída cientificamente da interpretação, isto é, a hermenêutica, esbarra em limites. Em toda interpretação há uma parte de "genialidade pessoal". A razão para tanto é que toda interpretação tem a ver sempre com uma manifestação vital, ou seja, com uma objetivação espiritual da vida, e nunca com a própria vida. Dilthey observa: "Portanto, há um irracional em todo compreender, assim como o é a própria vida" (DILTHEY, *GS* VIII, p. 218).

Um caso especial de compreender é a autobiografia, ou ainda, a "biografia de si", como Dilthey a denomina. O problema do compreender alheio, a necessidade do "colocar-se" e do "reviver" não surge aqui, pois nela o ser humano que produziu seu curso de vida é o mesmo que procura compreendê-lo, ou seja, ao mesmo tempo entender-se. A biografia de si tem o caráter de uma "autoconscientização" [*Selbstbesinnung*]. Mas ela não é uma mera duplicação dos eventos de uma vida, pois a perspectiva daquele que vive e age em seu presente é diferente da perspectiva daquele que permanece em seu passado. Para o agente, o futuro se apresenta como uma profusão de possibilidades a se perder de vista. Para ele, há duvidar e hesitar, caminhos e descaminhos. Para o biógrafo de si, pelo contrário, já foi aplacada a profusão desconcertante de decisões a serem tomadas, e resta o seu próprio curso de vida.

Dilthey discute essa ideia com auxílio das biografias de si feitas por Agostinho, Rousseau e Goethe. Ele mostra que cada uma delas se funda em uma interpretação de si diversa. Para Agostinho, a vivência da conversão é o evento decisivo que conferiu sentido à sua vida pregressa e posterior. Com base nessa vivência, todos os percursos e ações de sua vida são interpretados. Com Rousseau ocorre algo diverso. As suas recordações são determinadas por sua "vivência aventureira", por meio da qual ele libertou-se de seus pais muito religiosos, pelas perseguições que sofreu e as que fantasiou, além de sua solidão. E ainda: ele "se sentia uma alma nobre, distinta, que se compadecia com a humanidade – nisso residia o ideal de seu tempo" (DILTHEY, *GS* VIII, p. 199). E, por fim, Goethe. Em suas reflexões autobiográficas, *Poesia e verdade*, "um ser humano se porta de forma universal-histórica em relação à sua própria existência. Ele se vê numa conexão completa com o movimento literário de sua época. Ele tem o tranquilo sentimento de orgulho pela posição que ocupa" (DILTHEY, *GS* VIII, p. 199).

A frase de Dilthey, "a vida de cada um tem um sentido próprio", constitui o motivo de sua ética. Ela é determinada pela tentativa de ligar o sentimento moral presente no ser humano com ideias da ética kantiana. A mediação é feita pelo "sentimento de solidariedade" (*GS* X, p. 78). O ponto de partida é composto por sentimentos como "benevolência", "compaixão" e "alegria compartilhada" [*Mitfreude*]. Por meio deles o ser humano tem

> cada vez mais [a experiência] da homogeneidade de todas as outras naturezas humanas consigo, surgem a compreensão e a solidariedade de interesses; no outro pulsam os mesmos sentimentos, e o estímulo conjunto é por ele partilhado [...]. Em associação, as vontades agem conjuntamente, elas vivenciam a solidariedade de seus fins [...]. Cultiva-se, assim, respeito [*Respekt oder Achtung*] pela outra pessoa (*GS* X, p. 78).

A história da recepção de Dilthey tem seu cerne no âmbito da pedagogia das ciências humanas, como, por exemplo, em Nohl e Spanger. O seu significado para a hermenêutica filosófica é, em Heidegger, patente e difícil de desconsiderar, e mais tarde, mediado por Heidegger, também em Gadamer e Ricœur.

3 O destino do ser e o ser humano (Heidegger)

> A idade da civilização técnico-industrial abriga em si um perigo crescente, mas muito pouco refletido em seus fundamentos: o teor vivificante da poesia, das artes, do pensar meditativo não é mais experienciado na sua verdade que fala por si mesma. Os campos mencionados são falsificados em um mero instrumento em função da civilização. A sua linguagem, que repousa em si mesma, desvanece na volatilidade das informações que se precipitam, às quais falta a força formativa permanentemente marcante [...]. Cumpre, aqui, reconhecer sobretudo uma coisa em toda sua envergadura: o específico da tecnologia moderna – que, historicamente considerado, apenas veio à luz tardiamente – não é uma consequência ou tampouco apenas a aplicação da ciência moderna. Pelo contrário, essa ciência foi, de fato, determinada pelo saber da tecnologia moderna que primeiramente se ocultou. Esse saber, por sua vez, repousa em um modo único pelo qual o Ser do ente impera na idade industrial. Presumivelmente, a moderna civilização mundial realiza a transição para a fase final do destino epocal do Ser [*epochalen Seinsgeschickes*] no sentido da determinação do Ser

como disponibilidade [*Bestellbarkeit*] incondicionada de todo ente, incluída aqui o ser-humano [*Menschsein*] (NESKE & KETTERING, 1988, p. 275ss.).

Heidegger nasceu em 1889 em Messkirch. Entre 1909 e 1913 ele estudou teologia católica, filosofia, matemática e física em Freiburg. Em 1913 concluiu seu doutorado com a tese *Die Lehre vom Urteil im Psychologismus* [*A doutrina do juízo no psicologismo*], e em 1915 obteve sua *Habilitation* com um trabalho intitulado *Die Kategorien- und Bedeutungslehre des Duns Scotus* [*A doutrina das categorias e do significado em Duns Scotus*]. Entre 1918 e 1923 Heidegger foi *Privatdozent* e assistente de Edmund Husserl. Entre 1923 e 1928 ele foi *ausserordentliche Professor* em Marburg. Em 1928 tornou-se o sucessor de Husserl em Freiburg. Em 1933 e 1934 foi reitor da universidade. Após a guerra, Heidegger foi banido de dar aulas entre 1946 e 1951, mas retomou suas funções entre 1951 e 1958. Heidegger faleceu em 1976.

É necessário contextualizar historicamente o banimento de Heidegger. Ele viveu em uma fase da história alemã repleta de mudanças e catástrofes como poucas outras. Heidegger cresceu no Império Alemão e, jovem, viveu a Primeira Guerra Mundial e a abdicação do imperador. Como muitos outros, ele foi uma testemunha ocular desconcertada do fracasso da República de Weimar. Ele via no nazismo um advento político que parecia concordar com suas próprias convicções sobre a pátria e o povo (HEIDEGGER, 1988, p. 84). A sua inútil tentativa de defender a autonomia da universidade contra a influência do partido o levou, em 1934, a renunciar ao posto de reitor (p. 92). Não obstante, ele se posicionava com ceticismo em relação à redemocratização advinda após a Segunda Guerra Mundial (p. 96). Ele não via nela a forma de governo mais apropriada para encontrar as respostas adequadas às exigências postas pela idade da técnica.

O pensamento de Heidegger se distingue pela crítica à filosofia da subjetividade, da consciência e da metafísica de modo geral. A sua visada filosófica é determinada por uma "destruição da história da ontologia", no sentido da metafísica clássica, e por uma "ontologia fundamental" a ser fundada sobre novas bases (HEIDEGGER, 1963, p. 13). Heidegger partilha com seus contemporâneos filosóficos Nicolai Hartmann (1882-1950) e Ernst Bloch (1885-1977) o interesse por questões ontológicas. Também tem uma orientação ontológica o título de sua principal obra, *Sein und Zeit* [*Ser e tempo*]. O título, contudo, torna também claro o direcionamento específico de sua questão. Heidegger discute o tempo como o "horizonte do Ser" (HEIDEGGER, 1963, p. 437) e, assim, dá à questão do Ser um novo sentido histórico. Não é tematizado um Ser atemporal, como na metafísica clássica, mas, antes, um Ser histórico. Em sua essência, a filosofia de Heidegger é uma filosofia da história.

Heidegger se liga expressamente às ideias de Dilthey. Ele afirma: "A rigor, trata-se, na presente análise, meramente de preparar o caminho à geração atual para a apropriação, ainda a ser feita, das pesquisas de *Dilthey*" (HEIDEGGER, 1963, p. 377). Com efeito, Heidegger dedicou sua obra a Edmund Husserl (cf. cap. XII, 2) e designou suas análises como uma descrição fenomenológica; na realidade, contudo, sua visada filosófica se afastou progressivamente dele. A ideia de um sujeito transcendental pensado a-historicamente, cuja perspectiva de investigação consiste na descrição das ações constitutivas por parte da consciência, pouco se coadunava com um questionamento histórico e hermenêutico. A questão do Ser, que Heidegger tematiza em todas as suas obras, é a questão pela história do Ser, ou ainda, o "destino do Ser". Ela tematiza o sentido histórico do Ser. Heidegger observa: "Quando perguntamos pelo sentido do Ser, a investigação não é profunda e não se fica cogitando o que estaria por detrás do Ser, mas, antes, pergunta pelo próprio Ser na medida em que se envolve na compreensibilidade do Ser-aí [*Verständlichkeit des Daseins*]" (HEIDEGGER, 1963, p. 152). Portanto, o tema é exclusivamente a compreensão do Ser.

Contudo, como a existência ou Ser-aí humano [*menschliches Dasein*] se caracteriza pela compreensão do Ser, o tema possui um sentido duplo. Ele é a chave para responder a uma questão antropológica, a saber, a questão pela essência do Ser-aí; ao mesmo tempo, porém, é a chave para a questão ontológica pelo "Ser mesmo". Em *Ser e tempo*, Heidegger tomou o primeiro caminho. Ele fundamenta essa orientação colocando a seguinte pergunta: "Em *qual* dos entes deve-se ler o sentido do Ser, de *qual* ente deve partir a exploração do Ser [*Erschliessung des Seins*]?" (HEIDEGGER, 1963, p. 7). A resposta de Heidegger é: o ponto de partida é a análise "*do* ente que nós mesmos, aqueles que questionamos, somos" (HEIDEGGER, 1963, p. 7), isto é, a questão "pelo sentido do Ser requer uma explicação prévia e adequada de um ente (Ser-aí) no tocante a seu Ser" (HEIDEGGER, 1963, p. 7). Com isso abre-se um campo de investigação denominado por Heidegger "analítica do Ser-aí".

Para realizar essa analítica, Heidegger escolhe uma visada próxima à de Dilthey. Assim como este pretendia conceber categorias das ciências humanas, Heidegger deseja desenvolver formas de enunciar o Ser-aí humano. Ele as denomina existenciais [*Existenzialien*]. Assim como Dilthey não desenvolvera uma sistemática coesa para as categorias das ciências humanas, tampouco Heidegger o fez para os existenciais. Pelo contrário, toda a analítica do Ser-aí se caracteriza como uma exploração de existenciais. A analítica do Ser-aí, portanto, possui o caráter de uma antropologia existencial.

Um exemplo básico disso é o conceito de mundo. Mundo não é nem o "todo do ente" [*All des Seienden*], nem um campo determinado de objetos e tampouco uma espécie de recipiente onde vivemos; antes, ele é um "caráter de Ser do Ser-aí" [*Seinscharakter des Daseins*] (HEIDEGGER, 1963, p. 64). O "Ser-no-mundo" do Ser-aí significa um "Ser-em" [*Sein-Bei*], um "Ser-familiarizado-com" [*Vertraut-Sein-Mit*]; mais radicalmente ainda, "mundo é [...] um caráter do próprio Ser-aí" (HEIDEGGER, 1963, p. 64). Heidegger afirma: "mundo designa [...] o conceito ontológico-existencial da *mundanidade* [*Weltlichkeit*]" (HEIDEGGER, 1963, p. 65). Mundanidade é "a totalidade referencial da significância" (p. 123). Ao existencial da mundanidade liga-se a ideia de "abertura de mundo do Ser-aí" (p. 137). O conceito de abertura de mundo foi empregado por Heidegger e Scheler praticamente na mesma época (cf. cap. VII, 2). Com a interpretação existencial do mundo Heidegger abandona a ideia de independência e autonomia do mundo em relação ao Ser-aí, isto é, o mundo se dá apenas como um nexo de significação para um Ser-aí, e nunca como algo que existe em si. No interior do nexo de significação constituído pelo mundo, o ente encontra o Ser-aí de diversas formas. Heidegger distingue o ente no modo de ser do estar-à-mão [*Zuhandenheit*] do ente no modo de ser do estar-dado [*Vorhandenen*]. O estar-à-mão nos encontra no cotidiano sob o modo de coisas utilizáveis ("o instrumento" ["*das Zeug*"]). Ele demonstra sua utilidade no uso. Em contraposição, o estar-dado de um ente se caracteriza por um distanciamento em relação ao uso. Apenas assim ele pode tornar-se objeto de uma consideração teórica.

Pressupondo que há esses dois modos do ente no nexo de significação do mundo, coloca-se a questão sobre o modo do próprio Ser-aí. Deve-se primeiramente notar que não se questiona sobre o que seja o Ser-aí, mas, antes, sobre quem ele seja. A pergunta existencial aponta para o "quem do Ser-aí". A resposta de Heidegger é a seguinte:

> O Ser-aí é o ente que sempre eu mesmo sou, o ser é sempre meu [...]. O quem é aquilo que, na mudança dos comportamentos e vivências, se mantém como idêntico e, assim, refere-se a essa diversidade (HEIDEGGER, 1963, p. 114).

Aquilo que se mantém como idêntico na mudança dos fenômenos [*Erscheinungen*] é designado na metafísica clássica como substância, tendo sido submetido, desde Kant, a uma profunda crítica. Tanto mais notável é o restante da caracterização do Ser-aí feita por Heidegger. Ele afirma:

> Por mais que se rejeite a substância da alma ou o caráter de coisa da consciência e a objetividade da pessoa, fica-se, de partida, ontologicamente atrelado a algo cujo Ser guarda, explícita ou implicitamente, o sentido de estar-dado. A substancialidade é o fio condutor ontológico para a determinação do ente a partir do qual se responde à pergunta sobre quem. De maneira explícita, o Ser-aí é concebido de partida como estar-dado (HEIDEGGER, 1963, p. 114).

Com isso, também o Ser-aí é incluído na virada ontológica. Ele se distingue do conceito kantiano de sujeito pelo fato de, ao contrário deste, não ser entendido como a execução de ações, mas de fato como uma substância (cf. VON HERRMANN, 2004, p. 2).

Se, porém, o Ser-aí do ente é o que "sempre eu mesmo sou", torna-se incontornável a questão pelo Ser do outro. Na filosofia da subjetividade, surge com frequência o problema da intersubjetividade, isto é, a derivação do outro sujeito a partir de um sujeito que é, primeiramente, "*solus ipse*". Heidegger procura evitar esse problema ao interpretar o Ser do outro como um "estar-dado-com no interior de um mundo" ['*Mit'-Vorhandensein innerhalb einer Welt*], ou seja, como uma determinação existencial do Ser-aí. "O mundo do Ser-aí é *mundo compartilhado*. O Ser-em é *Ser-com* os outros. O Ser-em-si intramundano destes outros é *Ser-aí-com* [*Mitdasein*]" (HEIDEGGER, 1963, p. 118).

O que é decisivo para a analítica do Ser-aí de Heidegger é a referência ao tempo e à historicidade. Portanto, ela é, de uma forma específica, uma antropologia histórica. A historicidade do Ser-aí se evidencia pelo seu caráter de finitude. Esta se mostra no problema da morte. A morte se funda no cuidado [*Sorge*] pelo Ser-aí como um todo. Daqui surge a seguinte situação paradoxal: "Alcançar a totalidade do Ser-aí na morte é, ao mesmo tempo, a perda do Ser do aí" (HEIDEGGER, 1963, p. 237). Mas o conceito de morte [*Tod*] tem um duplo significado. Por um lado, ela significa o "óbito" [*Ableben*] do ser humano em um sentido "médico-biológico".

Por outro lado, o "morrer" [*Sterben*] deve ser entendido num sentido existencial. Trata-se da *"forma de Ser* na qual o Ser-aí está *para* sua morte" (HEIDEGGER, 1963, p. 247). O morrer não ocorre somente ao final da vida, mas, antes, determina e acompanha o Ser-aí por completo.

> A morte é uma possibilidade de Ser que o próprio Ser-aí sempre tem de assumir [...]. Nessa possibilidade, o que está em jogo para o Ser-aí é pura e simplesmente seu Ser-no-mundo. Sua morte é a possibilidade de não-poder-mais-ser-aí. Se, enquanto tal possibilidade, o Ser-aí está na iminência de si mesmo [*seiner selbst sich bevorsteht*], ele está inteiramente referido a seu Poder-ser mais próprio [*eigenstes Seinskönnen*]. Estando na iminência de si, todas referências a outro Ser-aí estão, nele, desfeitas (HEIDEGGER, 1963, p. 250).

Ao mesmo tempo, porém, a possibilidade da morte dá ao Ser-aí a liberdade para seu Poder-ser mais próprio:

> A liberação antecipadora para a própria morte liberta do perder-se nas possibilidades ocasionais, de tal maneira que permite compreender e escolher em sentido próprio as possibilidades factuais que se antepõem às insuperáveis (HEIDEGGER, 1963, p. 264).

As possibilidades factuais que permitem uma escolha ao Ser-aí referem-se à liberdade do Ser-aí. Mas essa liberdade tem um caráter ambivalente: "A liberdade, porém, apenas se dá na escolha de uma possibilidade, ou seja, implica suportar não ter escolhido e não poder escolher outras" (HEIDEGGER, 1963, p. 285). Na escolha e na necessária recusa de possibilidade, aquele que escolhe tem um débito ou culpa [*Schuld*]. O Ser-culpado ou Estar-em-débito [*Schuldigsein*] é, portanto, uma característica incontornável do Ser-aí, e está ligado da forma mais íntima com a consciência moral [*Gewissen*].

A consciência moral consiste em aceitar esse Ser-culpado ou Estar-em-débito. A consciência moral se mostra como um clamor [*Ruf*]. No clamor da consciência moral, aquele que clama e aquele que é aclamado são idênticos. "*A consciência moral se revela como clamor do cuidado*: aquele que clama é o Ser-aí que, no estar-lançado [...], angustia-se com o seu Poder-ser. Aquele que é aclamado é justamente o Ser-aí, conclamado para assumir o seu Poder-ser mais próprio" (HEIDEGGER, 1963, p. 277). Essas reflexões não se ligam nem à antiga ética eudaimonista e nem à ética kantiana do dever, ambas não são sequer interpretadas por Heidegger como uma contribuição à sua ética; pelo contrário, esta é o resultado de sua análise existencial do Ser-aí. Heidegger parte da situação do Ser-aí, que é um "projeto lançado" ['*geworfener Entwurf*'], isto é, uma unidade de facticidade e existência. A "facticidade do Ser-aí" significa seu "estar-lançado", sua "existência" [*Existenz*] é determinada pelo "compreender". Dessa dialética surge um imperativo categórico bem particular. Heidegger o define assim: "Somente porque o Ser do Aí recebe sua constituição da compreensão e de seu caráter projetivo, somente porque ele *é* tanto o que será quanto o que não será, é que é possível, ao se compreender, dizer-lhe: 'sê o que tu és'" (HEIDEGGER, 1963, p. 145). Não obstante, as passagens mostram que as reflexões de Heidegger sobre a questão do débito ou culpa e da consciência moral, assim como o apelo ao "Poder-ser mais próprio", movem-se no âmbito de uma ética da responsabilidade.

Nos anos de 1930 o pensamento de Heidegger sofreu uma "viragem" [*Kehre*], como ele mesmo a designou. A questão do Ser permaneceu central. Contudo, agora o acesso a ele não mais era buscado a partir de uma análise do Ser-aí, mas, antes, da história do próprio Ser. Todos os enunciados sobre o ser humano devem ser entendidos a partir dela. Heidegger interpreta a história do Ser como uma história do crescente "esquecimento do Ser" (HEIDEGGER, 1966, p. 14). A sua interpretação da história pertence, assim, à concepção de uma "história do declínio" (LÖWITH, 1984, p. 124). O esquecimento do Ser consiste no fato de a metafísica até então ter, decerto, perguntado pelo Ser do ente, mas não pelo "Ser enquanto tal" (HEIDEGGER, 1966, p. 15). Não apenas o Ser enquanto tal permanece oculto, mas mais importante é "que próprio o esquecimento do Ser [...] caiu no esquecimento" (HEIDEGGER, 1966, p. 15).

Os termos "esquecimento" e "ser-oculto" [*Verborgen-Sein*] fazem referência à palavra grega para "verdade", a "*aletheia*". A sua tradução literal é "não-oculto" [*Unverborgene*], o "não-esquecido" [*Unvergessene*]. No mito, "*lethe*" é a corrente do esquecimento na qual todos que nela entrassem esqueciam sua vida passada. Heidegger assume esse termo e entende a verdade como o não-ocultamento do Ser. O primeiro passo no caminho para a verdade do Ser é a busca por recordar a própria história do Ser. É necessário entender as épocas dessa história de declínio. Ela se inicia com o pensamento dos pré-socráticos e ainda não chegou a seu fim na civilização técnico-industrial contemporânea.

A visão romântico-nostálgica de Heidegger mira o início da história europeia nos gregos. O não-ocultamento do Ser se mostra nas primícias do pensamento grego já com o entendimento da palavra "Ser". "A rigor, para os gregos 'Ser' designa presença [*Anwesenheit*]" (HEIDEGGER, 1963, p. 46). Para essa presença do Ser, Heráclito utiliza os conceitos *"physis"* e *"logos"*:

> *"physis"* significa o autoerguer-se que emerge [*aufgehende Sichaufrichten*], o autodesdobrar-se que se detém em si [*in sich verweilende Sichentfalten*]. Nesse vigir [*Walten*], repouso e movimento são encerrados e abertos a partir da unidade originária [...]. Esse vigir, contudo, surge primeiramente do esquecimento, isto é, em grego: ocorre ἀλήθεια [não-ocultamento] quando o poder triunfa como um mundo. Pelo mundo o ente torna-se primeiramente essente (HEIDEGGER, 1963, p. 47).

Contudo, esse não-ocultamento é encoberto pelo pensamento ulterior.

A primeira época do esquecimento do Ser começa em Platão, que da verdade como o esquecimento do Ser fez a correção de uma preposição. Da verdade do Ser surge a verdade preposicional orientada na correção do enunciado. A preposição verdadeira [*"logos"*] vale como a cópia de uma Ideia. A mudança no conceito de verdade modifica também o que aparece como verdadeiro. Trata-se não mais das coisas que se mostram em seu Ser, mas de objetos. "O ente torna-se objeto, seja para o contemplar (visada, imagem) [*das Betrachten (Anblick, Bild)*], seja para o fazer, como feito e cálculo [*das Machen, als Gemächte und Berechnung*)]" (HEIDEGGER, 1963, p. 48). A verdade não é mais o não-ocultamento do Ser, mas, antes, correção, isto é, a correspondência de um enunciado com seu objeto. Objeto é aquilo que se contrapõe a um sujeito como objeto. Ele se torna objeto como o que se contrapõe ao sujeito.

Uma nova época foi aberta no início da Modernidade. Os objetos científicos são pesquisados no âmbito da produção técnica com vistas às suas possibilidades de emprego. "O ente no seu todo é tomado como se ele apenas e tão-somente fosse um ente na medida em que é colocado pelo ser humano representante-produtor" (HEIDEGGER, 1963a, p. 82). É decisivo para esse processo que a técnica não seja a mera aplicação secundária de uma ciência, de resto, apenas teórica, mas, sim, que a transformação das coisas em objetos representáveis já tenha, em si, um caráter técnico. A própria ciência torna-se técnica. E, por assim o ser, todo pesquisador, independente de sua área, "se impulsiona, por si só e necessariamente, para o âmbito da configuração essencial do técnico" (p. 78).

A técnica torna-se signo da "idade do mundo" [*Weltalter*] no qual vivemos. Ela não é um instrumento qualquer que pode ser utilizado para fins bons ou mais, e tampouco um "fazer" do ser humano. A técnica é a época na história do esquecimento do Ser na qual torna-se universal o pôr da natureza [*Stellen der Natur*] no sentido de desafiar [*Herausfordern*], extrair [*Fördern*], produzir [*Herstellen*] e requerer [*Bestellen*]. O caráter integral do pôr faz Heidegger designar a técnica como "armação" ["*Gestell*"]. Ele discute isso com auxílio de um exemplo: "A central hidroelétrica está posta no rio Reno. Èla põe [*stellt*] o Reno em função da pressão de suas águas fazendo com que, desse modo, girem as turbinas, cujo girar faz funcionar aquelas máquinas que geram a energia elétrica" (HEIDEGGER, 1962, p. 15). Entrementes, o pôr adquire o crescente caráter de um requerer, e o ente, de um constante ou subsistente [*Bestand*]. De um "objeto" [*Gegenstand*] faz-se um "subsistente". A técnica moderna oculta um caráter perigoso por muito tempo desconhecido:

> Tão logo o não-oculto não mais interessar ao ser humano como objeto, mas exclusivamente como subsistência, e o ser humano no seio da falta de objeto apenas for aquele que requer a subsistência, – o ser humano caminhará na margem mais externa do precipício, a saber, caminhará para o lugar onde ele mesmo deverá apenas ser mais tomado como subsistência. Entretanto, justamente este ser humano ameaçado se arroga como a figura do dominador da terra. Desse modo, amplia-se a ilusão de que tudo o que vem ao encontro subsiste somente na medida em que é algo feito pelo homem (HEIDEGGER, 1962, p. 26ss.).

O ser humano pode enfrentar esse perigo? É inútil procurar em Heidegger uma ética ou mesmo sugestões políticas. Ele vê uma "salvação" desse perigo no âmbito da poesia e de um pensamento que se opõe ao rebaixamento da linguagem à mera informação e que dá novamente voz ao Ser das coisas. Contudo, Heidegger espera a salvação decisiva de um "Deus a vir", que, porém, se distingue claramente daquele do cristianismo (cf. HEIDEGGER, 1988, p. 99).

Na filosofia, a história de recepção de Heidegger deve ser considerada sobretudo no campo da hermenêutica. Mencionemos Gadamer como um proeminente sucessor desta abordagem. Tampouco deve ser desprezada sua influência no campo da ecologia, na qual os perigos da técnica moderna produziram, ainda rudimentarmente, uma reflexão sobre a relação do ser humano com a natureza.

MODELOS DE GRAUS E
DE DESENVOLVIMENTO

VII
O modelo de graus

A ideia de uma ordenação inquebrantável do ser remonta até os inícios da filosofia grega. Com a dissolução do pensamento mítico, essa ordenação assumiu o caráter de uma ordenação da natureza que inclui em si a ideia de uma lei natural. Essa ordenação encerrava duas dimensões, a temporal e a espacial. Segundo Anaximandro, para o surgimento e o perecimento das coisas há uma "ordenação" que ele interpretava ao mesmo tempo como uma ordenação jurídica. A outra ordenação, a espacial, se orienta pelos conceitos de "acima" e "abaixo", que, com efeito, também podem ser designados em um sentido sensível, como céu e terra – e, por vezes, mundo subterrâneo –, mas que, geralmente, devem ser entendidos metaforicamente. A ordenação representa uma hierarquia. O de cima apresenta o superior em hierarquia.

Foram desenvolvidos três modelos, ou ainda três metáforas para designar essa hierarquia: "graus", "camadas" ou "cadeia dos seres". Considerada de perto, cada metáfora tem um significado distinto. A metáfora do grau é ligada, via de regra, ao conceito de "escala" e com a ideia de que cada coisa possui um lugar fixo num grau superior ou inferior dessa escala (*scala rerum, scala naturae*; cf. LOVEJOY. *Die grosse Kette der Wesen* [*A grande cadeia do ser*], 1993). A metáfora das camadas funda-se na ideia de que as camadas superiores têm as inferiores como base e sem estas não podem existir (cf. HARTMANN. *Der Aufbau der realen Welt* [*A estrutura do mundo real*], 1940). Por fim, a metáfora da "cadeia do ser" contém a ideia de que todas as coisas estão ligadas entre si e que, a rigor, não existe nenhuma distância entre os membros da corrente (Leibniz). Em muitíssimos casos, contudo, essas três metáforas são utilizadas de forma unívoca.

Sob um ponto de vista antropológico, esses modelos se apresentam de duas formas: por um lado, o ser humano assume um lugar determinado no interior da hierarquia do ser, por outro, porém, sua própria essência abrange diversas camadas ou graus.

Qual lugar o ser humano ocupa na hierarquia? A resposta da tradição é ambígua: em um sentido absoluto, tal lugar é apenas intermediário, mas é supremo se comparado com os demais seres vivos. Heráclito ressalta que o ser humano se põe entre Deus e os macacos (DK 22, B 83), da mesma forma como afirmam Pascal e Kant, que ressalta que "a natureza humana [...] ocupa, por assim dizer, o escalão mais intermédio na escala dos seres" (*AA* I, p. 359). Mas a mediania pode também designar o ser humano como um ser híbrido que possui uma mesma distância e uma mesma relação para cima e para baixo, isto é, ele pode ascender para cima ou decair para baixo, como escrevem Plotino e Pico della Mirandola (cf. MIRANDOLA, 1988, p. 10). Não se deve duvidar, porém, que o ser humano ocupa uma posição especial no âmbito da vida. Também os autores aqui tratados são guiados por esta ideia.

Aristóteles distingue quatro graus, ou melhor, camadas do ser, pois cada camada superior guarda em si as características das inferiores. Trata-se das coisas inorgânicas, dos vegetais, dos animais e do ser humano. Scheler segue essa concepção: formações inorgânicas, vegetais, animais e ser humano. Apenas Plessner apresenta uma diferenciação adicional: primeiro, coisas corporais inorgânicas; segundo, coisas corporais orgânicas, isto é, vegetais; terceiro, animais com organização descentralizada, isto é, sem consciência; quarto, animais com organização centralizada, isto é, com consciência; e, quinto, o ser humano, que se distingue pela consciência de si.

1 Vegetal – animal – ser humano (Aristóteles)

> Dentre os corpos naturais, uns possuem vida, outros não [...]. "Viver", porém, diz-se em vários sentidos, e para dizermos que um ente "vive" basta que um deles se concretize – por exemplo, o entendimento, a sensibilidade, o movimento de deslocação e o repouso, e ainda o movimento relativo à nutrição, o envelhecimento e o crescimento [...]. A alma é, em primeiríssimo lugar, aquilo pelo qual vivemos, percepcionamos e discorremos [...]. Das faculdades da alma que referimos, a uns seres, como dissemos, pertencem todas, umas delas a outros, e a alguns seres pertence apenas uma só faculdade. Chamamos, então, "faculdades" às nutritiva, perceptiva, desiderativa, de deslocação e discursiva. Ora, aos vegetais pertence apenas a faculdade nutritiva, ao passo que aos outros

seres pertencem esta faculdade e também a perceptiva. E se estes dispõem da faculdade perceptiva, possuem igualmente a desiderativa, pois o desejo é, de fato, apetite, impulso e vontade. Todos os animais, então, possuem um dos sentidos, o tato, e ao ser a que a sensibilidade pertence pertencem igualmente o prazer e a dor (i. e., o aprazível e o doloroso). Mais, àqueles a que estes pertencem pertence também o apetite, isto é, o próprio desejo do aprazível. Além disso, os animais possuem a percepção do alimento, visto o tato ser o sentido relativo ao alimento [...]. A alguns animais pertence, além daquelas faculdades, também a de deslocação; a outros, pertencem igualmente a faculdade discursiva e o entendimento. É o caso dos seres humanos e, se existir, de outro ser de natureza semelhante ou superior (ARISTÓTELES, *De Anima*, 412a-414b).

Aristóteles nasceu em 384 a.C. em Estagira (Calcídica), como filho de Nicômaco, médico pessoal do rei macedônio Amintas III. Em 367 ele foi aceito na Academia de Platão, permanecendo lá 20 anos. Após a morte de Platão em 347, Aristóteles dirigiu-se a Assos (Ásia Menor) a convite do tirano Hérmias e logo na sequência se casou com sua sobrinha, Pítia. Em 345 Aristóteles muda seu local de pesquisas para Mitilene, em Lesbos. Lá ele conhece Teofrasto, que se tornaria seu aluno e seguidor. Por iniciativa de Filipe II da Macedônia, Aristóteles trabalha de 343/342 a 340 como preceptor de seu filho Alexandre, que em 336, após a morte de seu pai, assume o trono na Macedônia. Em 335/334 Aristóteles retornou a Atenas e fundou ali sua própria escola, o Liceu (também denominado peripatético devido ao passeio que existia ali). Após a morte de Alexandre em 323, Aristóteles abandonou Atenas em razão do incipiente movimento antimacedônico e se dirigiu a Cálcis. Lá ele faleceu em 322.

Durante sua longa filiação à Academia de Platão, Aristóteles não apenas estudou a filosofia de Platão e ocupou-se intensamente dela, mas também se apropriou profundamente de toda a tradição do pensamento grego. O resultado desses estudos foi o desenvolvimento de concepções filosóficas próprias, que são inigualáveis em sua abundância e em seu significado histórico. Elas determinam a linguagem da filosofia e das ciências até hoje. Aristóteles fundou a lógica formal, cunhou termos técnicos que se tornaram a base para a linguagem filosófica especializada posterior, como substância e acidente, forma e matéria, realidade e possibilidade, entre outros. Por fim, ele desenvolveu questionamentos filosóficos e científicos que se tornaram disciplinas autônomas, como biologia, psicologia, ética, política, poética e retórica. Uma grande parte de suas pesquisas dizia respeito ao campo da biologia, sobretudo a zoologia. Os escritos biológicos constituem quase que um terço de sua obra completa. Trata-se de uma nova determinação da relação entre singular e universal, de uma proposta de solução para o problema do movimento, e de sua concepção de uma estrutura de graus do ser.

A questão sobre a relação entre singular e universal é um tema sobre o qual Platão e Parmênides já haviam se debruçado. Ao passo que para Parmênides o singular em geral deve ser visto como um não-ser, em Platão ele recebe uma certa valorização por ser considerado uma imagem do ser que representa o universal de uma coisa. Ele não é um nada, mas apresenta um decréscimo de ser [*me on*] em relação ao ser mesmo. Ora, Aristóteles radicaliza essa valorização do ser do singular e o define como uma substância. Ele é até mesmo a "substância primeira" [*prote ousia*]. Os gêneros e as espécies são, em relação a ele, a substância segunda. Por exemplo, Sócrates é um ente singular que é um ser humano segundo a espécie e um animal segundo o gênero. Sem a existência de Sócrates ou de um outro ente desta espécie não faria sentido falar de "ser humano". O ente singular constitui também a substância, o fundamento para todos os acidentes, isto é, as propriedades que podem ser ditas sobre ela, no caso sobre Sócrates, como, por exemplo, o cabelo branco, uma determinada altura, entre outras.

O interesse pelo ente singular abre campos científicos de pesquisa de maneiras até então desconhecidas. No campo da zoologia, tantos são os animais e as espécies de animais estudadas por Aristóteles que parecem ultrapassar a capacidade de pesquisa de um único cientista. Porém, ele pergunta primeiramente se seria de modo geral justificado investigar tais coisas "insignificantes" e "perecíveis" como "vegetais e animais", ao invés de, como a filosofia da natureza até então fazia, tratar "daquelas substâncias veneráveis e divinas", como o cosmos e as estrelas. Sem colocar em questão a distinção hierárquica de ambos os campos, estas pesquisas têm, na opinião de Aristóteles, uma vantagem considerável em comparação com o cosmos. Ele observa: "Nós estamos em uma posição muito mais conveniente no que diz respeito ao conhecimento dos vegetais e animais perecíveis, pois, decerto, eles crescem junto conosco. Pois, caso se deseje fazer um esforço, é possível apreender muitos fatos sobre cada gênero" (ARISTÓTELES, 1977, p. 379). Com seu interesse pelo singular, Aristóteles abre a perspectiva para um conhecimento mais abrangente do mundo, além de iniciativas de pesquisa para as ciências empíricas. Para ele, a empiria não se esgota no mero registro de casos individuais, mas, antes, significa investigar o singular com vistas ao universal.

O segundo ponto diz respeito ao problema do movimento. Também aqui ajuda uma referência a Platão e Parmênides. Ao passo que Parmênides negava por princípio o movimento, Platão o reabilita ao menos em um âmbito. Sem o movimento não haveria conhecimento algum, pois conhecimento é um voltar-se, por parte da alma, dos sentidos em direção à ideia. Também aqui Aristóteles dá um passo além. Ele procura redefinir o movimento em um sentido fundamentalmente ontológico. A sua doutrina sobre os quatro sentidos de causa fornece uma base para tanto (HÖFFE, 1996, p. 112ss.). Ela é a resposta para a seguinte pergunta: Qual é a causa para a essência de determinado ente? Qual é o motivo para que algo seja do jeito que é? Para um objeto produzido tecnicamente, como, por exemplo, um edifício, a resposta é a seguinte: primeiro, a causa é o fim que o edifício deve satisfazer, por exemplo, criar um espaço para moradia. Segundo, a causa é a forma que esse edifício deve possuir, por exemplo, uma casa. Terceiro, a causa é a matéria, o material a partir do qual a casa deve ser construída. Quarto, por fim, a causa é o artesão que constrói a casa. As quatro causas recebem posteriormente os seguintes nomes: *causa finalis*, *causa formalis*, *causa materialis* e *causa efficiens*. Importante notar que a *causa finalis* é a mais importante. Aristóteles aplica esse modelo também às coisas naturais. Enquanto, para a casa, o fim não repousa nela mesma, mas antes no arquiteto que planejou a casa, nas coisas naturais o fim repousa nelas mesmas. O fim que repousa na coisa mesma é sua entelequia. Isso vale para todas as coisas naturais. A chama do fogo tende sempre para cima, pois isso corresponde à sua natureza. A pedra cai sempre no solo, pois esse fim reside em sua natureza. Da mesma forma, todo ser vivo se desenvolve de um modo que corresponde à sua natureza. A concepção de entelequia tem um significado central para a compreensão aristotélica de natureza em geral e para a de ser vivo em particular. Mais ainda: o motivo filosófico para o interesse que Aristóteles desenvolveu por questões biológicas consiste possivelmente no fato de que o princípio da entelequia é particularmente evidente no exemplo do ser vivo. Em uma série de exemplos, Aristóteles mostra como a finalidade dos órgãos de um ser vivo permite seu modo de vida específico.

O terceiro ponto diz respeito à concepção de uma estrutura de graus do ser. Também aqui Platão é um elemento de conexão. Em *A República*, Platão desenvolve o modelo antropológico de uma hierarquia das capacidades da alma. Os graus da alma são: apetite [*epithymia*], irascibilidade [*thymos*] e pensamento [*nous*]. O apetite se localiza abaixo do diafragma, a irascibilidade, no peito, e o pensamento, na cabeça (cf. PLEGER, 2009, p. 113). Em oposição a isso, o modelo de graus de Aristóteles contém uma variante inteiramente nova. Ele desenvolve uma concepção que abrange desde as coisas naturais inanimadas até o âmbito puramente espiritual do divino, passando pelos seres vivos: vegetal, animal e ser humano. Assim, Aristóteles insere pela primeira vez o ser humano em uma série ao lado de vegetal e animal. Ele não impõe um esquema aos fenômenos, mas, pelo contrário, o desenvolve em razão dos fenômenos observados, como mostra sua afirmação de que há seres vivos que não se deixam enquadrar inequivocamente em um grau determinado, como, por exemplo, o fungo, que apresenta características tanto de um animal, como também, em virtude de estar restrito a permanecer em um só local, de um vegetal (cf. ARISTÓTELES, 1977, p. 383).

Contudo, nem isso e nem a insistência com que Aristóteles ressalta a ideia do movimento e do desenvolvimento pode esconder o fato de que sua concepção acerca dos graus é incompatível com um modelo genético. Para ele, é válido o princípio de constância das espécies. Aristóteles repete com frequência a frase: um "ser humano produz um ser humano" (*Metafísica*, 1.032a). Em conformidade com esse princípio, "o trigo vem a ser do trigo, não da oliveira: a causa, pois, reside na natureza imanente e conforme a fins dos seres mesmos" (Gen. Corr. 333b. Cf. ARISTÓTELES, 1977, p. 12). O conceito de entelequia garante por completo a constância das espécies, na medida em que de um ser vivo vem a ser sempre aquilo que repousa em sua natureza. Esse princípio não é rompido pelo cruzamento de seres vivos que pertencem a espécies distintas, como, por exemplo, o cruzamento de raposa e cão. O "bastardo" que daí resulta se perde após algum tempo (ARISTÓTELES, 1977, p. 392).

Aristóteles desenvolve no escrito *De Anima* (cf. BUCHHEIM, 2003, p. 85) sua antropologia baseada na estrutura de graus da vida. Ele segue, aqui, uma concepção da ciência da natureza. A razão para tanto é que ele coloca a alma no contexto da discussão sobre a existência de seres vivos. O ponto de partida para suas reflexões é composto, portanto, pela distinção dos corpos naturais em corpos animados e inanimados. A vida se torna critério de existência da alma. Aristóteles ressalta "que o animado se distingue do inanimado por viver" (*De Anima*, 413a).

Em sua identificação entre alma e vida, Aristóteles segue a tradição grega que remonta até Pitágoras. Em sua definição de alma. Aristóteles discute isso da seguinte forma: "A alma, portanto, tem de ser necessariamente uma substância, no sentido de forma de um corpo natural que possui vida em potência" (*De Anima*, 412a). A expressão "em potência" indica que a vida pode ser atribuída a um corpo natural somente em razão das atividades da alma. A alma mantém coeso o corpo e faz dele uma unidade viva. Ela é uma unidade de matéria e forma. Com isso se evita qualquer dualismo. Contrariamente à posição que Platão defende no diálogo *Fédon*, Aristóteles afirma: "É evidente [...] que a alma não é separável do corpo e menos ainda uma certa parte dela" (*De Anima*, 412b). Mas a inseparabilidade de alma e corpo significa também que não pode haver imortalidade da alma. A busca pela imortalidade, própria a todo vivente, somente pode ser realizada pelos seres vivos ao "produzir um outro da mesma qualidade que a sua: o animal, um animal; o vegetal, um vegetal. Isto para que possam participar do eterno e do divino do modo que for possível" (*De Anima*, 415a).

Aristóteles também discute unidade de corpo e alma com auxílio de sua doutrina sobre os quatro sentidos de causa. O corpo constitui a causa material. Já à alma, por sua vez, atribui-se um sentido triplo de causa. Aristóteles observa: "A alma é causa e princípio do corpo que vive [...]. Assim, ela é causa enquanto aquilo de que o movimento "provém", aquilo em vista do qual e também na qualidade de substância dos corpos animados" (*De Anima*, 415b).

A causa final adquire uma importância primordial também de acordo com essa determinação. Aristóteles afirma: "A alma é a entelequia originária de um corpo natural orgânico" (*De Anima*, 412a; cf. ARISTÓTELES, 1977, p. 151). A alma garante que, em todo ser vivo, a forma de vida conforme à sua natureza seja satisfeita. Isso somente ocorre pelo fato de a alma ser caracterizada por uma série de faculdades. Aristóteles discute isso por meio de uma comparação entre um artefato e um órgão vivo. Assim como a faculdade de um machado é cortar madeira, a faculdade de um olho consiste em ver. Sem essa capacidade as coisas perdem sua essência (cf. *De Anima*, 412a). Surge, aqui, uma hierarquia de faculdades que são complementadas de grau em grau.

As faculdades fundamentais da alma no âmbito dos vegetais e também no dos animais e do ser humano são: nutrição, crescimento, reprodução e perecimento. A nutrição ocorre nos vegetais por meio das raízes; o crescimento, pelo fato de elas estenderem-se, acima, para o ar, e, abaixo, para o subsolo; a reprodução, por meio das sementes; e, por fim, o perecimento, pelo seu definhar. Aristóteles escreve o seguinte sobre a importância crucial da nutrição e da reprodução: "Assim sendo, temos de nos referir, em primeiro lugar, à nutrição e à reprodução, pois a alma nutritiva pertence também aos outros seres vivos e é a primeira e mais comum faculdade da alma. Ela é, com efeito, aquela pela qual o viver pertence a todos os seres vivos. São funções suas a reprodução e a assimilação dos alimentos" (*De Anima*, 415a). A conexão entre assimilação de alimentos e reprodução consiste no fato de tratar-se, na reprodução, de uma faculdade da alma de conservar um ser vivo em sua existência. Aristóteles observa: "Tal princípio da alma é, consequentemente, uma faculdade que preserva o ente que a possui enquanto tal, e o alimento o permite passar ao exercício. Por isso, privado de alimento, o ente não é capaz de existir" (*De Anima*, 416b).

Além dessas faculdades o animal possui também percepção e locomoção. A percepção se liga ao apetite como um impulso ao aprazível, e Aristóteles identifica ambos (cf. *De Anima*, 431a). A percepção se diversifica nos cinco sentidos: tato, paladar, audição, olfato e visão (cf. *De Anima*, 424b). Mas nem todas as capacidades são atribuídas a todos os animais. A fundamental para todos os animais é apenas o tato (cf. *De Anima*, 413a). O tato tem uma importância elementar para a nutrição. Aristóteles afirma:

> o tato é o sentido relativo ao alimento. Todos os seres vivos se alimentam do que é seco e úmido, quente e frio, sendo o sentido que os percepciona o tato. Dos outros sensíveis, o tato é o sentido por acidente. Ora, o som, a cor e o cheiro em nada contribuem para a nutrição. Já o sabor, por sua vez, é um dos tangíveis (*De Anima*, 414b).

Aristóteles apresenta reflexões bem diversas em relação às demais percepções dos sentidos. Por exemplo, ele afirma que audição e visão sempre necessitam de um meio de transmissão: a audição precisa do ar, que transmite as ondas sonoras, e a visão precisa da luz. Aristóteles torna claro, sobretudo, que percepção e objeto da percepção se correspondem. É necessário que haja algo audível, um som que seja acolhido pelo ouvido, e um objeto visível no meio da luz que seja acolhido pelos olhos. Contudo, ao contrário do que acreditavam os atomistas, o que é acolhido não é a matéria, mas antes apenas a forma desses objetos (cf. *De Anima*, 424a).

Aristóteles muda para o âmbito da percepção humana quando afirma que a correspondência entre objetos da percepção e órgãos da percepção é o que garante que não nos enganemos relativamente à facticidade mesma do ato de percepção, mas, antes, por ocasião de nossas opiniões sobre ela. Ele observa: "A realidade do objeto de percepção e a percepção é uma e a mesma coisa" (*De Anima*, 425b). A fantasia, a imaginação, assume uma posição especial. Aristóteles a concede em alguns animais, mas a tematiza apenas como uma capacidade anímica do ser humano. Aristóteles situa a imaginação entre a percepção e o pensamento. Ele vê uma primeira distinção entre percepção e imaginação no seguinte: "As percepções dos sentidos são sempre verdadeiras, enquanto as imagens da imaginação são maioritariamente falsas" (*De Anima*, 428a). Acresce-se a isso que nós não somos passivos em relação à imaginação como o somos em relação à percepção; pelo contrário, nós a produzimos: "É possível, pois, supor algo diante dos olhos, como os que arrumam em mnemônicas, criando imagens" (*De Anima*, 427b). Os produtos da imaginação não são presos à realidade, pois eles aparecem também no sonho.

A outra delimitação da imaginação é o pensamento. Pelo pensamento o ser humano se distingue do animal e, assim, com ele se atinge um novo grau. O pensamento é um tema do entendimento. Entendimento é a capacidade de a alma pensar (cf. *De Anima*, 428b). Aristóteles distingue duas espécies de entendimento: o entendimento passivo ou que acolhe [*nous pathetikos*] e o entendimento ativo [*nous poietikos*]. Ele afirma: "Se o entender é como o percepcionar, então é sofrer alguma afecção por ação do objeto entendível [...]. O entendimento deve relacionar-se com os objetos entendíveis do mesmo modo que a faculdade perceptiva se relaciona com os sensíveis" (*De Anima*, 429a). O que o entendimento acolhe no pensamento não são, contudo, as formas da realidade, como ocorre na percepção, mas, antes, as formas da possibilidade (cf. *De Anima*, 429a). Na medida em que o entendimento se move no interior do campo da possibilidade, surgem correspondências com a imaginação, a qual, por sua vez, tem sempre a ver não com a realidade, mas com a possibilidade. Aristóteles observa: "Para a alma que pensa, as imagens servem como as sensações. E, quando ela afirma ou nega que uma coisa é boa ou má, evita-a ou persegue-a. Por isso é que a alma nunca entende sem uma imagem" (*De Anima*, 431a). O fato de a percepção orientar-se pela realidade e o pensamento pela possibilidade tem uma consequência decisiva: a percepção não suporta um efeito muito intenso da realidade, como um som muito alto ou cores muito fortes, ao passo que o pensamento consegue suportá-lo. O motivo disso é que a percepção está presa aos órgãos dos sentidos, já o entendimento, não. Essa ideia faz Aristóteles chegar a uma conclusão decisiva. Como ele continuamente afirma a unidade de corpo e alma e todas as consequências de tal unidade, ele atribui ao entendimento um estatuto especial. Aristóteles afirma: "Os órgãos dos sentidos não existem sem o corpo, enquanto o entendimento é algo separado" (*De Anima*, 429a).

Mas se o entendimento é separado do corpo, é preciso então recolocar a pergunta pela imortalidade. O ponto de partida aqui é formado pela ideia de que o entendimento não apenas acolhe os objetos pensáveis "como em uma lousa em que ainda não existe nada escrito em ato" (*De Anima*, 429b), mas, antes, que ele "também é pensável, como as coisas pensáveis" (*De Anima*, 429b). Assim, há o entendimento passivo, que acolhe os objetos do pensamento, e o entendimento ativo, que pensa a si mesmo. Desta distinção Aristóteles extrai a seguinte consequência:

> Existe, pois, um entendimento capaz de se tornar todas as coisas, e existe outro capaz de fazer todas as coisas, como certo estado semelhante à luz [...]. E este é o entendimento separável, impassível e sem mistura, sendo em essência uma atividade [...]. É apenas depois de separado que o entendimento é aquilo que é, e apenas isso é imortal e eterno (*De Anima*, 430a).

A conclusão é: o ser humano é mortal, o entendimento ativo é imortal.

Contudo, as definições mais concisas e historicamente significativas do ser humano feitas por Aristóteles não se encontram no *De Anima*, mas, sim, na *Política*. A primeira definição é: o ser humano é, por natureza, um "*zoon politikon*", isto é, um ser vivo que vive em uma comunidade política. A segunda definição é: o ser humano é um "*zoon logon echon*", isto é, um ser vivo que possui linguagem. Como as passagens indicam, ambas as definições são indissociáveis. Após ter discutido que homem e mulher constituem naturalmente uma comunidade de vida e que desta comunidade desenvolve-se a comunidade familiar da casa e, de muitas casas, o povoado e, de muitos povoados, a *pólis*, Aristóteles afirma, por fim, que "a *pólis* é uma criação natural e o ser humano é por natureza um animal político [*zoon politikon*]" (*Política*, 1.253a). A *pólis* é o objetivo da constituição de todas as comunidades: "Ela é o objetivo destas, pois a natureza de uma coisa é seu objetivo, uma vez que nós chamamos de natureza de cada coisa o que cada coisa é quando o seu desenvolvimento se completa" (*Política*, 1.253a).

A segunda definição é ligada à primeira. Aristóteles a formula assim: "O ser humano é o único ser vivo que possui linguagem [*zoon logon echon*]" (*Política*, 1.253a). Decerto, alguns animais possuem uma voz [*phone*], com a qual podem exprimir dor e prazer, pois "sua natureza foi desenvolvida somente até esse ponto [...]; mas a linguagem tem a finalidade de indicar o conveniente e o nocivo, e portanto também o justo e o injusto; a característica específica do ser humano em comparação com os outros animais é que somente ele tem o sentimento do bem e do mal, do justo e do injusto e de outras qualidades morais, e é a comunidade de seres com tal sentimento que constitui a família e a *pólis*" (*Política*, 1.253a). A indissociabilidade de ambas as definições é notável: a coexistência dos seres humanos em uma *pólis* é ligada indissoluvelmente à capacidade humana de linguagem, pois a comunidade política não pode existir sem o princípio de justiça, e o acordo sobre este não é possível sem a linguagem (BIEN, 1980, p. 120ss.).

Essas definições determinam também os contornos de sua ética. Em sua obra *Ética a Nicômaco*, Aristóteles define o bem como objetivo de todo agir. Segundo o juízo comum, o bem superior aos demais é a felicidade. Contudo, na determinação concreta do que seja a felicidade, as opiniões se apartam. Aristóteles distingue três formas de vida nas quais a felicidade é buscada. Trata-se, primeiro, da vida do gozo [*bios apolaustikos*], segundo, da vida prático-política [*bios praktikos*], e, terceiro, a vida teórica [*bios theoretikos*]. De certa forma, esses modos de vida compõem uma hierarquia, pois também para a vida teórica é inevitável que estejam presentes os meios necessários para a vida e também que exista uma comunidade política. Portanto, a questão é, antes, sobre em qual grau desta hierarquia encontra-se a felicidade suprema.

Aristóteles argumenta a favor da vida teórica. Um argumento gira em torno da autarquia. Deve-se notar, aqui, que a vida do gozo está presa à disponibilidade de bens. A vida prática libertou-se deles, mas permanece atada à obtenção de glória e fama. Apenas a vida teórica está livre de ambas as restrições. O segundo argumento diz respeito ao âmbito ao qual a vida teórica está voltada. Ela se orienta pelo entendimento, ou seja, por aquilo que é o específico e o supremo no ser humano, aquilo que realiza sua natureza e que, portanto, é sua finalidade. Aristóteles argumenta da seguinte forma: "Se, portanto, o entendimento é divino em comparação com o ser humano, a vida conforme ao entendimento é divina em comparação com a vida humana. Mas não devemos seguir os que nos aconselham a ocupar-nos com coisas humanas, visto que somos seres humanos, e com coisas mortais, visto que somos mortais; mas, na medida em que isso for possível, procuraremos tornar-nos imortais e envidar todos os esforços para viver de acordo com o que há de melhor em nós" (*Ética a Nicômaco*, 1.117b). Essa ideia apresenta uma continuação e desenvolvimento do conceito de "entendimento ativo", conforme formulado ao final do *De Anima*. Ela ocupa um lugar central na filosofia aristotélica.

Em relação à história de recepção de Aristóteles, bastam apenas alguns comentários. Pelo menos desde Tomás de Aquino a teologia medieval fez da filosofia de Aristóteles o fundamento de um edifício doutrinal escolástico próprio. As reflexões aristotélicas sobre o significado do singular encontraram expressão no nominalismo. As suas ricas pesquisas sobre biologia, contudo, permaneceram por muito tempo esquecidas. O primeiro a avaliar de forma adequada o pioneirismo de tais pesquisas foi Darwin. O pensamento teleológico de Aristóteles foi duramente criticado no início da Modernidade, sendo substituído por um modelo mecanicista. Na biologia moderna, contudo, ele ganhou uma nova atenção. A ideia de uma organização conforme a fins de um ser vivo, cujo fim é a conservação de si, foi renovada e reabilitada pelo conceito de teleonomia (Konrad Lorenz). Mesmo a ideia aristotélica sobre a geração espontânea de seres vivos a partir da matéria inanimada foi defendida, por exemplo, por Maturana com novos argumentos. A definição aristotélica do ser humano como um ser vivo racional [*zoon logon echon*] permaneceu por muito tempo sem ser questionada. Foram os pensadores da linguagem Hamann, Herder e Humboldt que primeiro voltaram novamente a atenção para o caráter linguístico da razão. A estrutura de graus da vida, a parte de uma estrutura de graus do ser, não apenas foi acolhida quase sem modificações por Scheler e Plessner, como também encontrou reconhecimento para além do âmbito da filosofia especializada.

2 A escala do ser: do impulso ao espírito (Scheler)

> Quatro são os graus essenciais nos quais todo ente aparece em referência a seu ser próprio e interno [*Inne- und Selbstsein*]. Formações *inorgânicas* não têm um tal ser próprio e interno; elas não têm um centro que lhes pertença onticamente [...]. Ao impulso afetivo [*Gefühlsdrang*] dos *vegetais* há um centro próprio e um meio no qual, aberto em relação a seu crescimento, o ser vivo vegetal se insere sem remeter seus diferentes estados a seu centro; contudo, o vegetal possui um "ser interno" e, assim, é animado [*Beseeltheit*]. No *animal* estão presentes a

sensação e consciência, ligando-se a isso um local central de remissão [*zentrale Rückmeldestelle*] dos estados cambiantes de seu organismo e uma alternância de seu centro por meio dessa remissão: ele se dá numa segunda vez. O *ser humano*, porém, em virtude de seu espírito, é ainda uma terceira vez: na consciência de si e na presentificação de seus processos físicos e de seu aparato sensório-motor. A "pessoa" no ser humano precisa ser pensada aqui como o centro que se eleva acima da oposição entre organismo e ambiente. / Não é como se houvesse uma escala na qual um ser originário, na estrutura do mundo, se recurvasse cada vez mais para si mesmo, de modo a, em estágios superiores e em dimensões sempre novas, dar-se conta de si mesmo [*sich seiner inne zu werden*] – até, finalmente, no ser humano, *completar*-se e apreender-se? (SCHELER, 1978, p. 42ss.).

Max Scheler nasceu em 1874 em Munique. Em 1895 ele iniciou seus estudos primeiramente em medicina, em Munique, e na sequência, em Berlim, em filosofia e sociologia, tendo como professores Dilthey e Simmel. Em 1896 ele prosseguiu seus estudos em Jena e obteve o doutorado sob a orientação de Rudolf Eucken. Na mesma universidade ele obteve sua *Habilitation* em 1899. Em 1900 e 1901 ele se encontrou em Halle com Husserl, cuja fenomenologia o impressionou profundamente. Em 1906 Scheler convalidou sua *Habilitation* em Munique e travou contato com membros do círculo fenomenológico local, como Geiger, Daubert e Pfänder. Ele perdeu seu posto em 1910 em razão de complicações pessoais. Em 1914 Scheler se alistou voluntariamente para servir na guerra. Em 1918 ele obteve o cargo de diretor do instituto de ciências sociais de Colônia, tornando-se professor de filosofia e sociologia na universidade local. Em 1928 ele conseguiu o posto de professor na Universidade de Frankfurt, mas faleceu antes de ser empossado no cargo.

Com a filosofia de Scheler começa uma nova época na história da antropologia filosófica. Ela é caracterizada pela busca de desenvolver a antropologia em uma disciplina filosófica fundamental, a partir da qual todas as outras questões são derivadas como subdisciplinas. No prefácio a seu bem conhecido livro *A posição do ser humano no cosmos*, de 1928, Scheler se refere ao acesso pessoal que teve ao tema: "As questões: *O que é o ser humano?* e *Qual a sua posição no ser?* ocuparam-me desde o primeiro florescer de minha consciência filosófica de forma mais essencial do que todas as outras questões filosóficas" (SCHELER, 1978, p. 5).

Scheler especifica a questão acerca da posição do ser humano no ser, a qual ele designa como uma posição particular [*Sonderstellung*], ao subdividir o ser.

Há uma escala do ser com quatro "graus essenciais". Estes abrangem em primeiro lugar o ser inorgânico, em segundo os vegetais, em terceiro o animal e, finalmente, em quarto lugar o ser humano. Aqui Scheler se remete ao modelo de graus de Aristóteles sem modificações significativas. O pensamento ontológico que aqui se manifesta apresenta uma resposta à crise do idealismo e da filosofia da subjetividade. Para Scheler e Hartmann, que o segue, a ontologia se liga à questão acerca da estrutura do mundo real.

O ponto de partida de sua antropologia é a constatação

> de que atualmente os problemas da antropologia filosófica foram colocados em pleno centro de toda a problemática filosófica na Alemanha, e de que, para bem além da filosofia especializada, biólogos, médicos, psicólogos e sociólogos trabalham em uma nova imagem da estrutura essencial do ser humano (SCHELER, 1978, p. 6).

Ao mesmo tempo, contudo, é preciso dizer "que em nenhum momento da história o ser humano tornou-se tão *problemático* como no presente" (SCHELER, 1978, p. 10). É sobretudo problemático que não se possa dar uma definição universalmente aceita do ser humano. Pelo contrário, haveria três âmbitos conceituais antropológicos distintos. Ao passo que a tradição judaico-cristã considerava o ser humano como criatura divina, a filosofia grega antiga o definia no contexto de uma razão que serve de fundamento ao cosmo [*All*] e da qual também o ser humano participa. Por fim, a ciência natural moderna e a psicologia genética interpretavam o ser humano como um resultado tardio do desenvolvimento da Terra que tem formas preliminares no mundo animal, distinguindo-se deste por meio somente de um grau superior de complexidade. Haveria, portanto, uma antropologia teológica, uma antropologia filosófica e uma antropologia científico-natural, que, contudo, seriam inconciliáveis entre si. Não haveria uma ideia unitária do ser humano.

Desta ambiguidade, segundo Scheler, surge um dilema, uma dubiedade no conceito do próprio ser humano. Por um lado, é possível caracterizar o ser humano em termos zoológicos, colocando-o, como Lineu (1707-1778), no topo do conjunto dos mamíferos. Assim se mostra que o ser humano pertence morfológica, fisiológica e psicologicamente a um conjunto de seres vivos que vai do infusório ao ser humano, passando pelo macaco. Nessa perspectiva, entre o macaco e o infusório existe uma diferença maior do que aquela entre o ser humano e o macaco.

Por outro lado, contudo, para Scheler há um "conceito essencial" de ser humano que o diferencia radicalmente em relação a todo o reino animal.

Ora, a tese de Scheler se distingue pela busca de ligar ambas as perspectivas. Mais ainda: como sua obra o mostra, ele pretende, a rigor, desenvolver uma síntese das três definições do ser humano. Com isso ele inverte sua ordem. Scheler começa com a definição científico-natural, passa à filosófica e termina com a teológica. Ele busca atingir a síntese pela integração das três definições em uma estrutura escalonada [*Stufenbau*] do mundo biopsíquico, portanto do mundo acima do inorgânico. Para a consideração do mundo biopsíquico, segundo Scheler, a ideia de que o vivente e o psíquico constituem uma unidade é tão fundamental quanto a ideia de que a vida é determinada por uma gradação [*Stufenfolge*] de forças psíquicas. Tal gradação é incorporada na estrutura escalonada do ser.

Scheler determina a vida de forma dupla. Considerada do exterior, ela é caracterizada pelo automovimento, autoformação, autodiferenciação e autodelimitação de um ponto de vista temporal e espacial. Considerados a partir do interior, pelo contrário, os seres vivos são determinados por um "*ser interno e para si* [...], no qual tomam consciência de si" (SCHELER, 1978, p. 12). A ideia de que – no exato sentido de Aristóteles – a vida é uma unidade biopsíquica tem por significado que todo ser vivo, incluindo aqui os vegetais, tem um lado psíquico, ao qual pertence o "ser interno e para si".

Na gradação de quatro forças psíquicas – o impulso afetivo, o instinto, o comportamento conforme o costume e a inteligência prática –, o impulso afetivo compõe o grau mais inferior. Ele carece de consciência, sensação e representação. Ele é a energia ativa de toda a vida, o "sopro" que propulsiona tudo. Ele é um mero "ir para" e "voltar de", um "prazer sem objeto" e um "sofrer sem objeto". Sentimento e pulsão ainda não estão nele separados, portanto tampouco a pulsão sexual e por alimento. Por outro lado, a sua atividade no ser humano se expande até os "atos mais puros do pensamento" e os "atos de pura bondade". Mas ele se distingue dos centros de força dos corpos inorgânicos, os quais não dispõem de um "ser interno". Por exemplo, observa-se nitidamente o impulso afetivo dos vegetais, o caráter de eles serem animados, no *time-lapse* dos movimentos das plantas trepadeiras na busca por luz e apoio. Após observar esse processo em um filme sobre a natureza, Scheler observa: "A impressão natural de que os vegetais seriam inanimados desaparece completamente" (MADER, 1980, p. 117).

Do impulso afetivo dos vegetais faz parte também o impulso de crescimento, reprodução e morte. O seu modo de existência é completamente dirigido para o exterior, isto é, ele é extático. Portanto, falta-lhe qualquer estado interno consciente, toda remissão, isto é, qualquer reflexão ainda que primitiva. A consciência surge somente na reflexão da sensação, "e, decerto, sempre com *resistências* que surgem oportunamente", pois, segundo Scheler, "toda consciência se funda no sofrer [*Leiden*] e todos os estágios superiores da consciência, num sofrer crescente – em contraposição ao movimento espontâneo originário. Com a consciência, com a sensação, falta aos vegetais todo o 'alerta' da vida, que somente surge com a função de alerta da sensação" (SCHELER, 1978, p. 15). Em razão dessa carência, o vegetal não tem memória e capacidade de aprendizado. Contudo, há nele o fenômeno da expressão, conforme o mostram as formas extremamente ricas dos vegetais, como, por exemplo, de suas folhas. Elas apontam para um "princípio lúdico repleto de fantasia e regido esteticamente, presente na raiz desconhecida da vida" (SCHELER, 1978, p. 16). De acordo com Scheler, o lúdico no processo de desenvolvimento torna claro que o princípio de utilidade, ressaltado por Darwin, é amplamente superestimado.

O que é importante notar é que o impulso afetivo também se encontra no ser humano, ainda que claramente de forma modificada. Aqui ele se liga à vivência de resistência [*Widerstanderlebnis*]. Ele é a raiz da relação do ser humano com a realidade. Tal relação é indissoluvelmente conectada com a vivência de resistência. Da mesma forma, o impulso afetivo dos vegetais se transforma em algo que se designa como "sistema nervoso vegetativo". Dele faz parte o ritmo de sono e vigília.

A segunda "forma essencial psíquica" é o instinto. O acesso a ele ocorre por meio da observação do comportamento. Isso significa que o instinto é primeiramente interpretado a partir de seu lado exterior. Contudo, deve ser observado que ao mesmo tempo se trata, nele, da expressão de estados psíquicos do ser vivo. Assim, um comportamento instintivo apenas pode ser corretamente interpretado quando também se considera seu caráter "teleoclínico" que preenche sentido, isto é, quando ele é compreendido como um acontecimento integral. Trata-se, no instinto, de um comportamento significativo que serve à conservação e reprodução do ser vivo e que transcorre de acordo com um ritmo determinado. O instinto é essencialmente pronto e fixo, sendo modificado pela experiência apenas de forma inessencial. Ele apresenta um repertório comportamental pré-determinado, com o qual o ser vivo reage a significativos estímulos repetitivos do ambiente. O comportamento instintivo também é observado no ser humano. Aqui ele apresenta uma unidade de conhecimentos prévios e ação. Esse conhecimento prévio, contudo, não tem o caráter de uma representação, mas, antes, é um "*sentir de resistências* que acentuam valores e que se diferenciam, se atraem e se repulsam segundo impressões de *valores*" (SCHELER, 1978, p. 24).

O comportamento conforme ao hábito constitui a terceira força psíquica. Ele contém os aspectos da associação, do reflexo condicionado e da reprodução (imitação). Pressupostos para a associação são movimentos refletidos e de tentativa, nos quais se exprime ao mesmo tempo uma pulsão de repetição. Liga-se a isso o esquema de "tentativa e erro". Um estímulo se liga repetidas vezes a uma determinada reação bem-sucedida, diz-se um reflexo condicionado, o segundo aspecto do comportamento conforme ao hábito. Diferentemente do instinto, no comportamento conforme ao hábito o aprendizado desempenha um papel decisivo. Nós falamos de autocondicionamento ou, como, por exemplo, nos experimentos pavlovianos, de condicionamento externo. Deve-se mencionar a imitação como terceiro aspecto do comportamento conforme ao hábito. Ela também tem seu fundamento na pulsão de repetição. Especialmente os animais que vivem em bandos transmitem formas de comportamento aos mais jovens por meio da imitação. A tradição se constitui dessa maneira. Ela desempenha um papel importante também no ser humano. Não obstante, ele pode libertar-se do poder da tradição, transformando a história em uma livre lembrança consciente do passado, presentificando-a e libertando-se, assim, do poder da tradição do passado.

A quarta forma essencial psíquica é a inteligência prática, que deve ser considerada como um corretivo para a memória associativa e para o comportamento conforme ao hábito. O seu ponto de partida é a capacidade de escolha organicamente imposta. A inteligência prática surge quando um ser vivo satisfaz ou tenta satisfazer uma carência de uma nova maneira sem um esquema instintivo anterior ou sem tentativas e erros. Isso diz respeito primeiramente ao lado exterior e observável do comportamento. Pelo seu aspecto interno e psíquico, a inteligência prática é compreendida como um "discernimento [*Einsicht*], que surge subitamente, de um coerente *estado-de-coisas e valorativo* [*Sach- und Wertverhalt*]" (SCHELER, 1978, p. 32). Esse discernimento tem seu fundamento, de um lado, na experiência e, de outro, "antecipadamente, na representação"

(SCHELER, 1978, p. 33). Desde os experimentos com macacos realizados por Wolfgang Köhler, esse discernimento repentino é caracterizado como "momento-eureca" [*Aha-Erlebnis*]. Da inteligência prática fazem parte tanto o uso de ferramentas como também formas primitivas de produção de ferramentas. Aqui inclui-se também o surpreendente fato de que animais superiores são capazes de evitar vantagens imediatas óbvias para obter vantagens maiores, mas temporalmente mais afastadas ou apenas obtíveis por meio de desvios e rodeios. Torna-se claro que o animal superior não é de forma alguma apenas um autômato instintivo e tampouco é determinado apenas por mecanismos de impulsos, de associação ou de reflexo. Segundo Scheler, contudo, entre valores – portanto, por exemplo, entre o agradável e o útil – os animais não são capazes de fazer uma escolha.

Com a inteligência prática recoloca-se a pergunta pela posição particular do ser humano. Caso ela seja atribuída aos animais, haveria então apenas uma diferença de grau entre os animais superiores e o ser humano. Assim, um macaco se diferenciaria de Edison, "considerado apenas como inventor", de maneira, decerto, significativa, mas apenas segundo o grau. A tese acerca de uma diferença apenas de grau entre ser humano e animal é defendida pela Teoria da Evolução de Darwin (cf. cap. VIII, 1). Scheler recusa essa teoria e afirma, pelo contrário, a posição particular do ser humano. Para tanto, porém, é necessário mencionar um critério antropológico específico.

Scheler vê esse critério no espírito [*Geist*]. O espírito é um "genuíno novo fato essencial" que não pode ser remetido a uma "evolução natural da vida", sendo, antes, até mesmo oposto à vida. Dessa maneira, os graus da vida são delimitados, por um lado, pelo ser inorgânico e, por outro lado, pelo espírito. O espírito é mais abrangente do que o termo grego "*nous*", isto é, razão. Ao lado do pensamento de ideias, ele contém também a capacidade de intuir os fenômenos originários ou conteúdos essenciais, assim como uma determinada classe "de *atos volitivos* e *emocionais* como bondade, amor, arrependimento, piedade, desespero ou admiração espiritual, classe esta que encerra em si a livre decisão" (SCHELER, 1978, p. 38). O centro de ação do espírito é um "ser espiritual", isto é, uma "pessoa". Para esta, é característico seu "*entrelaçamento com o orgânico*", incluindo a inteligência impulsiva [*triebhafte Intelligenz*]. Scheler afirma: "Um ser 'espiritual' não é mais, portanto, preso ao ambiente ou aos impulsos, mas, antes, é 'livre do ambiente' e, como desejamos denominar, '*aberto ao mundo*': um tal ser tem '*mundo*'" (SCHELER, 1978, p. 38).

A relação com o mundo se modifica radicalmente por meio do espírito. Na medida em que o espírito se desvincula do sistema de impulsos, surge a possibilidade da coisidade ou objetividade [*Sachlichkeit*]. Isso significa que, em lugar da mera resistência da realidade, surgem agora objetos em relação aos quais o ser humano, enquanto um "ser espiritual", pode comportar-se com distanciamento. Com efeito, os animais superiores tampouco vivem "de forma absolutamente extática em seu ambiente", mas apenas o ser humano é "*desmesuradamente aberto ao mundo*". Ao ganhar uma relação objetiva [*sachliches Verhältnis*] consigo próprio, isto é, ao poder fazer de si próprio um objeto de sua consciência, o ser humano obtém a consciência de si. Esta surge no ato de reflexão. Com ela surge um novo estágio no desenvolvimento do ser. Na estrutura do mundo, a reflexão apresenta um movimento no qual um ser originário se curva a si mesmo, "para, finalmente, no ser humano, *completar*-se e apreender-se" (cf. texto).

Com auxílio do espírito são constituídas as categorias dos objetos, como coisa, substância, espacialidade e temporalidade. É decisivo, contudo, que o espírito não pode reificar [*vergegenständlichen*] a si mesmo. Ele é pura atualidade. Isso vale também para a pessoa como "ser espiritual". Ela é "uma *estrutura ordenada de atos* [...] que continuamente se completa" (SCHELER, 1978, p. 48). A atividade do espírito é compreendida como um "ato da ideação" [*Akt der Ideierung*], isto é, como conhecimento de essência [*Wesenserkenntnis*]. Um exemplo pode iluminar a diferença em relação à inteligência prática. Ao passo que o objetivo da inteligência prática é eliminar uma dor, no conhecimento de essência trata-se de responder a questão sobre a essência da dor e de sua existência no mundo de modo geral. Dessa forma, tornou-se claro a Buda, após ter abandonado o palácio de seu pai e mirado *um* pobre, *um* doente e *um* morto, a constituição essencial do mundo. O conhecimento de essência se dirige ao ser-tal das coisas [*Sosein der Dinge*] e abstrai de toda contingência empírica. Ele suprime o caráter de realidade das coisas, lançando à realidade "um robusto '*não*'". A "desrealização" [*Entwirklichung*] do mundo pela "ideação" significa libertar-se da resistência da realidade e libertar-se do impulso de vida. Diferentemente do animal, que somente pode dizer sim, o ser humano é "aquele que pode dizer não" [*Neinsagenkönner*], um "*asceta da vida*", o "eterno protestante" contra o mero real. Por essa razão, somente o ser humano é também capaz de retirar a vida de si.

Contudo, a intenção de Scheler não é interpretar o espírito apenas como negação da vida, mas também colocá-los em uma relação positiva. Isso ocorre por meio do modelo de sublimação. Esta apresenta a tentativa de não romper o impulso de vida e as energias das pulsões, dirigindo-os para objetivos espirituais positivos. Scheler afirma que o espírito é "impotente" em relação ao poder das pulsões, assim como em geral os graus superiores do ser são mais fracos em relação aos inferiores. Ele expressamente concorda com a tese de Marx segundo a qual aquelas ideias por detrás das quais não haveria qualquer interesse e paixão são forçosamente desaprovadas. A sublimação somente ocorre pelo fato de a "'vontade' espiritual guiada por ideias e valores [...] colocar, como iscas, as representações apropriadas às ideias e aos valores diante dos olhos das pulsões, que permanecem à espreita" (SCHELER, 1978, p. 62), de modo a dirigir as pulsões em direção aos objetivos concebidos pelo espírito. Este não surge de uma renúncia às pulsões e tampouco o ser humano é capaz de reprimir suas pulsões por meio do poder do espírito. Com isso, Scheler contradiz tanto a teoria antiga sobre o poder do espírito como a concepção de repressão das pulsões em Freud (cf. cap. VIII, 2). Sob um ponto de vista moral, isso significa que o ser humano não deve realizar a desacreditada tentativa de combater diretamente suas inclinações e pulsões, mas, antes, de redirigi-las a fins valoráveis.

Scheler amplia a ideia de sublimação a todos os acontecimentos da história. Ele interpreta o tornar-se do ser humano [*Menschwerdung*] e o tornar-se do espírito [*Geistwerdung*] como um processo de sublimação que deve ser interpretado cosmologicamente. Com isso ele une sua cosmologia a reflexões teológicas. Isso se dá pela relação entre o conceito de "divindade" com o de "fundamento de mundo" ["*Weltgrund*"]. No fundamento de mundo trata-se de um ser por si que, desde o início, se encontra numa tensão entre pulsão e espírito. O espírito, portanto também Deus, não deve ser concebido como uma "força criadora de mundo", mas, antes, ele precisa suportar o processo de mundo, que é plena pulsão e sofrimento [*Drangsal*], para tornar-se, ele próprio, vivo. Somente no processo de mundo a pulsão é progressivamente espiritualizada. Esse processo apresenta a autorrealização de Deus. O ser humano tem aqui uma participação essencial, pois ele, ao relacionar o espírito humano com o fundamento de mundo, transcende o mundo. Scheler observa: "No exato instante em que o 'ser humano' se *alça da* [*herausstellte*] natureza e faz dela o objeto de sua dominação [...] – *no mesmo exato instante* o ser humano precisaria também de alguma forma ancorar seu centro *fora* e para além do mundo" (SCHELER, 1978, p. 89). O ser humano torna-se, assim, "excêntrico de mundo" [*weltexzentrisch*]. Dado que, para Scheler, Deus não é um poder criador de mundo, Ele se realiza com o espírito que, no ser humano, tornou-se transparente a si mesmo. O tornar-se do ser humano e o tornar-se de Deus constituem, assim, uma unidade. Entretanto, Deus não é objeto de uma consideração teórica. O tornar-se de Deus ocorre, antes, por meio do empenho da pessoa em realizações conjuntas e identificação ativa. A conclusão é: Deus é o fim do processo de mundo, não seu início.

Scheler desenvolve sua ética no livro *Der Formalismus in der Ethik und die materiale Wertethik* [O formalismo na ética e a ética material dos valores] (1913 e 1916). Diferentemente de Kant, cujo formalismo é reprovado na obra, a ética de Scheler tem sua base no já mencionado sentir de valores, que se orienta num reino de valores ideais. A sua realização ocorre pela sublimação de pulsões e pelo empenho da pessoa. De acordo com Scheler, apenas um sentir de valores motiva o ser humano à ação, e não imperativos abstratos de uma razão pura. Scheler ressalta que o "sentir diz respeito *originariamente* a um gênero próprio de objetos, a saber, os '*valores*'" (SCHELER, 2000, p. 263). Sentimentos determinados por valores são, por exemplo, "amor e ódio", assim como "felicidade e desespero" (cf. SCHELER, 2000, p. 259, 344). Ele dedicou um estudo próprio ao tema *Das Ressentiment im Aufbau der Moralen* [O ressentimento na estrutura das morais] (SCHELER, 2004).

A história da recepção de Scheler é considerável. O conceito de abertura de mundo tornou-se um conceito-chave na antropologia filosófica do século XX. Ele se encontra ao mesmo tempo em Heidegger e em Plessner, e posteriormente em Gehlen e Rothacker. É também notável que a ideia de não colocar Deus no início do processo de mundo, mas, antes, no final de uma crescente espiritualização do mundo, seja central para o cientista natural e teólogo Teilhard de Chardin.

3 A estrutura escalonada da vida (Plessner)

> O animal vive a partir de seu meio, no interior de seu meio, mas ele não vive como meio [...]. Como a coisa vivente que está posta no meio de sua existência, o ser humano conhece esse meio, vive-o e por isso está acima dele [...]. Ele vivencia o soerguimento imediato de suas ações, a impulsividade de suas emoções e movimentos, a radical autoria de sua existência vivente, o colocar-se

de ação a ação, a escolha e também o arrebatamento no afeto e no impulso, ele se sabe livre e, apesar dessa liberdade, exilado em uma existência que o inibe e contra a qual ele precisa lutar. Se a vida do animal é concêntrica, a vida do ser humano, sem poder romper o centramento, ao mesmo tempo fora dele, é excêntrica. *Excentricidade* é a forma característica para o ser humano de sua posicionalidade [*Gestelltheit*] para com o ambiente [...].

Posicionais [*positional*] são três coisas: o vivente é corpo, no corpo (como vida interior ou alma) e fora do corpo como o ponto de vista a partir do qual ele é ambos. Um indivíduo caracterizado posicionalmente desta tripla maneira é uma *pessoa* (PLESSNER, 1975, p. 288-291ss.).

Helmuth Plessner nasceu em 1892 em Wiesbaden e era filho de um médico. Entre 1910 e 1916 ele estudou primeiramente medicina e depois zoologia e filosofia nas universidades de Göttingen, Freiburg, Berlim e Heidelberg. Em Göttingen, Plessner conheceu Husserl. Em 1916 ele se doutorou em filosofia em Erlangen e obteve a *Habilitation* em 1920 em Colônia sob a supervisão de Scheler e Driesch. Em 1926 ele tornou-se professor extraordinário em Colônia, sendo dispensado em 1933 em razão da origem judia de seu pai. Na sequência, Plessner imigra para Istambul. Por intermédio do biólogo Buytendijk ele conseguiu em 1934 um posto de professor de filosofia em Groeningen, sendo dispensado pelo *Reichskommissar* para os Países Baixos. Plessner viveu em Utrecht e Amsterdã sob esconderijo. Em 1946 ele tornou-se professor ordinário de filosofia em Groeningen. Ele retornou à Alemanha em 1951, tornando-se professor de sociologia e filosofia em Göttingen. Em 1955 ele tornou-se presidente da Sociedade Alemã de Filosofia, em 1958 presidente da Sociedade Alemã de Sociologia e em 1960 reitor da Universidade de Göttingen. Ele se aposentou em 1961. Entre 1962 e 1963 ele foi o primeiro ocupante da cadeira Theodor-Heuss de professor na New School for Social Research em Nova York. Entre 1965 e 1972 ele deu aulas de filosofia na Universidade de Zurique. Ele faleceu em 1985 em Göttingen.

As amplas e diversificadas pesquisas científicas e filosóficas de Plessner não se deixam enquadrar de forma inequívoca em uma disciplina ou uma corrente de pensamento determinada. O seu estilo de pensamento não é convencional e suas discussões são interdisciplinares. Isso também contribuiu, independentemente das relações políticas que por um longo tempo impuseram obstáculos à recepção de seu pensamento, para que sua obra não tivesse encontrado a atenção que merecia. Deve-se mencionar particularmente os seus livros de importância histórica e sociológica, Os *Die Grenzen der Gemeinschaft – Eine Kritik des sozialen Radikalismus* [*Limites da sociedade – Uma crítica do radicalismo social*], de 1924, e *Die verspätete Nation* [*A nação atrasada*], de 1959.

A sua principal obra sobre antropologia é *Os graus do orgânico e o ser humano – Introdução à antropologia filosófica*, de 1928, em que une conhecimentos extraídos das ciências naturais a investigações filosóficas. A síntese ocorre em razão de uma "abordagem filosófico-natural", que Plessner preconiza no prefácio (PLESSNER, 1928, p. V). Com essa abordagem ele procura não apenas superar o dualismo cartesiano de "*res extensa*" e "*res cogitans*", mas também aquele dualismo, fundamentado em uma perspectiva teórico-científica por Dilthey, entre ciências naturais e ciências humanas. Quem pretende apreender a realidade do ser humano em sua totalidade precisa proteger-se contra todo unilateralismo. Ele não deve reduzir o ser humano nem a um objeto de pesquisa científico-natural e tampouco interpretá-lo como um sujeito apenas pensante. Assim, uma antropologia orientada numa perspectiva filosófico-natural compreende o ser humano não "como objeto de uma ciência, não como sujeito de uma consciência, mas, antes, como objeto e sujeito de sua vida, isto é, do modo como ele mesmo é objeto e centro [...]. Deve-se, pois, tratar do ser humano como uma unidade pessoal de vida" (PLESSNER, 1928, p. 31ss.). A chave é fornecida por uma "antropologia com base em uma filosofia da existência vivente e de seu horizonte natural" (PLESSNER, 1928, p. 30). Isso significa investigar o ser humano como ser vivo sob o contexto da vida em geral. Não deve ser aqui desconsiderado que a vida se organiza numa sequência de graus. O ponto filosófico de conexão para tanto é fornecido por uma estrutura escalonada do ser, como já ocorrera em Scheler, mas que vai além dele, chegando até Aristóteles. A estrutura escalonada da vida, tematizada por Plessner, se divide da seguinte forma:

Coisas corporais	Coisas corporais inorgânicas	Coisas corporais orgânicas (seres vivos)
Seres vivos	Forma aberta (vegetais)	Forma fechada (animal)
Animal	Organização descentralizada (p. ex., ouriço-do-mar)	Organização centralizada (p. ex., cachorro)
Ser humano	Organização centralizada	E posição excêntrica (*Pessoa*)

O começo na discussão dos graus da vida é composto pela distinção entre coisas corporais orgânicas e inorgânicas. Trata-se de uma difícil definição da vida. Em grande proximidade a Aristóteles, Arthur Meyer (1850-1922) ainda definia as "características da vida" da seguinte forma: nutrição (metabolização), reprodução, desenvolvimento, transmissão genética, crescimento, irritabilidade, regulação, movimento (troca de energia) e estrutura. Para Plessner, contudo, torna-se central um conjunto de conceitos que ele desenvolve a partir da relação entre corpos animados e inanimados, como dupla-aspectividade [*Doppelaspektivität*], posicionalidade, caráter de sistema, organicidade e autorregulabilidade. Para a discussão do primeiro conceito, é central a ideia de que os seres vivos são coisas corporais que, assim como as coisas corporais inorgânicas, são descritíveis fisicamente, mas ao mesmo tempo é acrescentado à coisa corporal um novo aspecto através de seu caráter de ser vivo [*Lebewesenhaftigkeit*]. Isso significa que um ser vivo é caracterizado pela "dupla-aspectividade". Trata-se de um corpo em um sentido físico e em um sentido biológico. Ele pode, assim, ser descrito por categorias tanto físicas como biológicas. Por exemplo, isso se aplica às categorias de espaço e tempo. Assim como todo corpo físico, o ser vivo existe no espaço e no tempo, ele é situado espacial e temporalmente. Como ser vivo, contudo, ele realiza além disso uma determinada relação com espaço e tempo. Ele é "encerrado num espaço" ["*raumhaft*"], isto é, "reivindica um espaço" [*raumbehauptend*], e "encerrado no tempo" ["*zeithaft*"], isto é, ele contém uma "teleologia imanente que manifesta a unidade dos membros no todo do corpo orgânico" (PLESSNER, 1928, p. 177). A sua temporalidade [*Zeithaftigkeit*] significa que o desenvolvimento de um ser vivo nele é disposto desde o início. Para todo ser vivo há uma curva típica da vida, cujos estágios são crescimento, amadurecimento, velhice e morte. Também a morte é parte de sua teleologia imanente. Ao mesmo tempo, contudo, enquanto corpo físico, ele se sujeita de modo universal não apenas à lei da entropia, mas também à possibilidade de uma contingente destruição que vem de fora. Isso significa que também na morte a dupla-aspectividade se manifesta.

O segundo conceito diz respeito à posicionalidade. O seu pressuposto é a "tese segundo a qual coisas vivas são corpos que formam um limite [*grenzrealisierend*]" (PLESSNER, 1928, p. 126). Na medida em que o ser vivo constitui um limite pelo qual ele tanto se delimita em relação ao ambiente como se relaciona com este, surge uma relação interno-externo [*Aussen-Innenbeziehung*]. Em seres vivos simples, pensemos na membrana celular. Plessner observa:

> São chamadas *vivas* as coisas corporais da intuição nas quais a relação, por princípio divergente, interno-externo surge de forma concreta como pertencente a seu ser [...]. Não é exagerado afirmar que toda teoria da vida somente se debruça, a rigor, sobre esse problema (PLESSNER, 1928, p. 89).

Um corpo inorgânico não possui essa relação interno-externo. Com efeito, uma pedra parece ser limitada por sua forma externa, e poderia ser possível tentar designar o interior da pedra como seu interno; contudo, a aparência engana. A pedra não constitui por si mesma nem seu limite e nem uma relação interno-externo.

A terceira característica dos seres vivos é seu caráter de sistema. Trata-se de uma consequência de sua relação interno-externo. A conexão entre externo e interno tem apenas sentido se o interno possui uma determinada estrutura. Plessner observa:

> Há apenas uma possibilidade de que esse Ser-Nele [*In ihm Sein*] se manifeste no corpo: este está referido a um ponto central que nele repousa mas que não tem uma posição espacial, servindo, antes, como centro da região delimitada do corpo e fazendo, assim, da região do corpo um *sistema*. A relação se expande a todos os elementos (partes) que estruturam o corpo e ao corpo como um todo (PLESSNER, 1928, p. 158).

Sistema significa: o ser vivo é um corpo orgânico, cujas partes constituem uma unidade funcional.

O caráter de sistema leva ao de organicidade. Ele vincula as ideias de unidade funcional e de teleologia interna. Plessner afirma: "Organização é a forma de existência do corpo vivo, que precisa se diferenciar e traz para fora, na e com a diferenciação, aquela teleologia interna *segundo a qual* ele ao mesmo tempo é formado e aparece em funcionamento" (PLESSNER, 1928, p. 170). Ao mesmo tempo, porém, Plessner adverte para que não se veja nessa teleologia interna "a efetividade de ideias que transcendem o corpo ou a fantasia arquitetural de Deus" (PLESSNER, 1928, p. 170). Pelo contrário, a vida deve ser entendida a partir de si mesma.

O último aspecto diz respeito à "autorregulação". Ela significa a capacidade de um ser vivo de reagir a influências do ambiente de uma forma útil à sua conservação de si. Adaptação, restituição e assimilação são exemplos de autorregulação. Plessner alerta para que essa capacidade não seja elucidada com conceitos do vitalismo, defendido, por exemplo, por Driesch. Na visão de Plessner, trata-se de uma concepção equivocada, que acredita ser possível reconhecer forças vitais ocultas por detrás dos fenômenos observáveis.

A Teoria da Evolução de Darwin parece tornar desatualizada, de partida, uma concepção biológica que não coloca o aspecto genético no centro das atenções, favorecendo, antes, um modelo de graus aparentemente estático. Contudo, essa objeção não toca a concepção de Plessner. Ele professa não apenas a ideia de desenvolvimento da vida, mas também a de seleção. No entanto, Plessner interpreta a seleção de forma diversa. De acordo com ele, a Teoria da Evolução de Darwin menospreza as possibilidades contidas no próprio ser vivo. Ele argumenta da seguinte forma:

> Vida significa, em si mesma, ser cegamente escolhido [*blind Ausgewähltsein*], ser o selecionado. Vida é necessário descaso de suas possibilidades e, nelas, seleção. Segundo a concepção corriqueira, a seleção somente ocorre por fatores estranhos à vida, pelo clima, pela alimentação, pela luta com os congêneres e pela seleção [*Zuchtwahl*], como se a vida pudesse existir em plena independência como uma massa ainda não modelada, uma corrente ainda não regulada (PLESSNER, 1928, p. 216).

No entanto, de fato há na vida um "mecanismo interno de seleção", que faz com que determinadas possibilidades de um ser vivo não sejam realizadas. Trata-se da "lei do conjuntivo categórico", que faz com que o ser vivo necessariamente permaneça aquém de suas possibilidades. O desenvolvimento se realiza em uma relação tensa, determinada pela ideia de que o organismo individual, por um lado, "traz em si uma grande abundância de possibilidades abertas pela margem de ação de sua ideia formal", e, por outro, está sujeito ao "caminho do desenvolvimento forçado" (PLESSNER, 1928, p. 216) que o indivíduo realmente toma em razão de fatores causais.

A concepção alternativa de evolução proposta por Plessner tem uma primeira aplicação na elucidação do desenvolvimento de vegetais e animais. O "conjuntivo categórico", isto é, a necessidade de optar por uma possibilidade e recusar uma outra, é observado na transição dos seres vivos pluricelulares para os vegetais. Esse constrangimento não existe para os unicelulares. "No entanto, na transição para os pluricelulares ocorre claramente o constrangimento de optar no sentido do vegetal ou do animal. Não pode ser descartada a suspeita de que neste constrangimento à diferenciação se manifeste uma lei essencial da vida em geral" (PLESSNER, 1928, p. 218).

A diferenciação entre vegetal e animal consiste em sua forma. Plessner distingue a "forma aberta" do vegetal e a "forma fechada" do animal. A forma aberta do vegetal é definida por Plessner da seguinte maneira: "Aberta é aquela forma que integra o organismo, em todas as suas manifestações vitais, imediatamente no ambiente e o torna um segmento dependente do círculo de vida correspondente" (PLESSNER, 1928, p. 219). A definição da forma fechada evidencia a distinção entre vegetal e animal. Ela afirma: "Fechada é aquela forma que integra o organismo, todas as suas manifestações vitais, mediatamente no ambiente e o torna um segmento independente do círculo de vida correspondente" (PLESSNER, 1928, p. 226). Via de regra, essa dependência do vegetal encontra expressão na sua característica de estar preso a um local determinado. Ele cresce junto de seu ambiente e frequentemente também está enraizado nele. O animal libertou-se dessa ligação estreita, tornando-se assim independente e movendo-se normalmente de um lugar a outro. Entretanto, assim como já o fizera Aristóteles, Plessner destaca haver "formas de transição" entre planta e animal (PLESSNER, 1928, p. 219).

Com o animal se atinge um novo estágio da vida. Com efeito, o animal apresenta desvantagens em relação ao vegetal, já que ele não é capaz de acumular proteína, gordura e carboidrato a partir de compostos inorgânicos, vivendo "parasitariamente" de outros seres vivos; contudo, de modo geral ocorre que "a forma fechada é intensificação, pois ela alça o corpo vivo a um nível superior de existência" (PLESSNER, 1928, p. 234). A liberação do organismo em relação a seu ambiente lhe dá uma maior independência. Porém, o animal ganha uma distância não apenas em relação ao ambiente, mas também em relação a seu corpo. Plessner exprime isso da seguinte forma: "O Si [*Selbst*], embora um meio puramente intensivo encerrado no espaço, contém agora o corpo [*Körper*] como sua carne [*Leib*]" (PLESSNER, 1928, p. 232), dominando-o. O domínio em relação ao corpo é também a pressuposição para a ativação de um campo sensório-motor de funções, como Uexküll o descrevera. Resulta daqui uma relação entre mundo da percepção [*Merkwelt*] e mundo da ação [*Wirkwelt*]. O animal tem a percepção dos estímulos de seu ambiente e reage a esses estímulos com ações corporais. A reação não se dá de forma alguma apenas como reflexo, de forma involuntária e instintiva. Com efeito, o animal é inquieto em razão de seus carecimentos, um ser que se impulsiona pelos seus impulsos, mas ele não é um autômato dos instintos. Nas suas reações aos estímulos do ambiente, ele tem "a possibilidade de escolha".

Escolha ainda não significa aqui liberdade, mas, antes, poder-escolher e precisar-escolher. "Escolher significa estar em estado de hesitação [...]. A presença de uma abundância indefinida dessas possibilidades significa, na transição para o ato, o precisar, o constrangimento da escolha" (PLESSNER, 1928, p. 240ss.).

Na medida em que o próprio corpo se torna, no animal enquanto um organismo independente, o "meio" de seu mundo da percepção e de seu mundo da ação, abrem-se uma nova possibilidade e um novo constrangimento de diferenciação. Surge aqui a questão sobre se os estímulos do ambiente devem ser regulados a partir de um único centro ou se, pelo contrário, devem ser descentralizados em inúmeros centros. Abrem-se

> dois caminhos divergentes para a organização animal. / Ou o organismo, renunciando a uma junção central, forma centros isolados que permanecem numa associação instável entre si e, em completa descentralização, tornam a realização das funções isoladas independente do todo [...]. Ou o organismo se agrupa de maneira rigorosamente centralizada sob o domínio de um sistema nervoso central, buscando trazer a realização das funções isoladas sob seu controle. Esse é o caminho [...] pela intervenção da consciência. A vida precisa seguir um dos dois caminhos de organização (PLESSNER, 1928, p. 241).

Entretanto, a capacidade da consciência é uma conquista ambivalente, pois ela rompe o curso regular do ciclo sensório-motor. Em uma formulação que se aproxima de uma concepção teleológica da natureza, Plessner afirma: "O antagonismo entre ação e consciência é aquilo que a natureza põe diante dos olhos, quando ela, na medida do possível, retira da perspectiva da consciência os movimentos do próprio corpo" (PLESSNER, 1928, p. 251).

Ambos os caminhos provocam consequências não apenas no mundo da percepção, mas também no mundo da ação. Plessner cita, com aprovação, Uexküll, que discute a distinção entre o modo de vida de um ser orgânico centralizado e o de um descentralizado com auxílio do seguinte exemplo: "Quando o cão caminha, o animal movimenta as pernas – quando o ouriço-do-mar caminha, as pernas movimentam o animal" (PLESSNER, 1928, p. 248). O animal domina seu corpo que, organizado de forma centralizada, tem até mesmo um sistema nervoso central e, assim, consciência; contudo, em comparação ao ser humano, ele esbarra em seus limites: o Si, que ele desenvolve na relação com seu corpo, não lhe é dado a si mesmo. Plessner descreve os limites do animal da seguinte forma: "Que ele possa dominar o corpo por ser dele destacado [...] é o que constitui o caráter de posicionalidade do animal, sustenta sua existência, mas não é algo que ele percebe, não é algo que se nota. Ora, a quem isso deveria ser dado?" (PLESSNER, 1928, p. 239). O animal vive a partir de seu meio, mas ele não vive como meio. O centro de sua existência lhe permanece oculto. Só o ser humano

> é consciente da centralidade de sua existência. Ele tem a si mesmo, ele conhece o seu redor, ele nota a si mesmo, e nisso ele é um *Eu*, o ponto de fuga, que fica "aquém de si", da própria interioridade, aquilo que, excluída toda possível realização da vida a partir do próprio meio, constitui o espectador do cenário desse campo interior, o polo não mais objetivável do sujeito [...]. Nesse grau o mais superior da vida, coloca-se o fundamento para atos sempre novos da reflexão sobre si mesmo, para um *regressus ad infinitum* da consciência de si (PLESSNER, 1928, p. 290ss.).

Os conceitos centrais que constituem a posição do ser humano são aqui postos lado a lado: o ser humano é um Eu, ele é espectador de si mesmo, ele é sujeito, ele é capaz de atos de reflexão e é determinado pela consciência de si. Ao refletir no centro de sua existência, o ser humano se coloca, de alguma forma, para além desse centro. Na realidade, contudo, ele se coloca no interior e no exterior de seu centro, isto é, ele é "excêntrico". A posição centralista permanece a pressuposição da excêntrica, a consciência permanece a pressuposição da consciência de si, o Si permanece a pressuposição de sua reflexão. Ao assumir uma posição excêntrica no ato de reflexão, "o ser humano não mais se coloca no aqui-agora, mas, antes, 'aquém' deste, aquém de si mesmo, sem lugar, no nada" (PLESSNER, 1928, p. 292). A rigor, porém, ele assume uma tripla posição. Primeiro, o ser humano tem a posição de um corpo; segundo, enquanto um ser vivo organizado cêntrico, ele tem a posição no meio de seu corpo; e, por fim, enquanto um ser vivo excêntrico, ele tem uma posição que lhe permite olhar para ambos. Por esse posicionamento triplo, ele é uma pessoa. Enquanto pessoa, ele desenvolve sua relação com o mundo. Plessner distingue aqui o mundo exterior, o mundo interior e o mundo compartilhado [*Mitwelt*].

Em referência ao mundo exterior, isso tem como consequência uma nova determinação da relação do ser humano com o mundo dos objetos. Se o ser humano, em razão de sua posição excêntrica, "se coloca fora de seu lugar natural, fora de si, não preso ao espaço, não preso ao tempo, colocado em lugar algum, no nada [...], então também a coisa corporal do ambiente se coloca 'no vazio' de lugares e tempos relativos" (PLESSNER, 1928, p. 294). Como ser excêntrico, o próprio ser humano pode escolher o sistema de coordenadas no qual registra o posto de um corpo [*Körper*] no espaço. Do entorno [*Umfeld*] dado naturalmente do animal faz-se, dessa forma, um mundo circundante [*Umwelt*]. Por outro lado, contudo, "o ser humano vive como corpo [*Leib*] no meio de uma esfera que, correspondentemente à sua forma empírica, conhece um absoluto acima, abaixo, diante, atrás, direita, esquerda, antes e depois" (PLESSNER, 1928, p. 294).

No que diz respeito ao mundo interior, surge um "duplo aspecto de sua existência como *alma* e *vivência*" (PLESSNER, 1928, p. 295). Na "realização do vivenciar" encontro-me "no Aqui-Agora, no qual ninguém me colocou e do qual nada senão a morte pode me desligar" (PLESSNER, 1928, p. 296). Em contrapartida, processos da alma e, assim, ela própria podem ser objetivados. No ato de reflexão, minhas percepções e sentimentos e, por fim, eu mesmo como Eu que percebe e sente tornam-se objeto da reflexão, a qual se põe numa relação real com um "Tu, Ele, Nós".

O conjunto das pessoas, em cujo interior o Eu fala de si mesmo na primeira pessoa e somente onde pode em absoluto falar, constitui o mundo compartilhado. Pelo mundo compartilhado torna-se primeiramente possível ao ser humano falar de si como um Eu. Plessner observa: "A existência do mundo compartilhado é a condição da possibilidade de que um ser vivo possa apreender a si em sua posição, a saber, como membro desse membro compartilhado" (PLESSNER, 1928, p. 302s.). Mas como o mundo compartilhado é dado ao ser humano? A resposta de Plessner é a seguinte: "Pela forma excêntrica da posição de si mesmo, é assegurada ao ser humano a realidade do *mundo compartilhado*". O ser humano não chega à suposição da existência de uma outra pessoa, que como ele pode dizer a si mesma 'Eu', através de uma conclusão por analogia, "mas, antes, em virtude da estrutura de seu próprio modo de existência" (PLESSNER, 1928, p. 300). Assim, é possível dizer, no limite, que "o mundo compartilhado é real apenas quando existe uma pessoa, porque ela apresenta aquela esfera assegurada pela forma excêntrica de posição que fundamenta toda separação em primeira, segunda e terceira pessoas do singular e do plural" (PLESSNER, 1928, p. 304). Em razão da posição excêntrica, o ser humano pode fazer de si objeto de sua reflexão e, ao mesmo tempo, reconhecer em uma outra pessoa um "*alter ego*".

As consequências que surgem da posição excêntrica para o ser humano na condução de sua vida foram formuladas por Plessner em três "leis antropológicas fundamentais". Trata-se da "lei da artificialidade natural", da "lei da imediaticidade mediada" e, por fim, da "lei do local utópico". Sobre a primeira lei, Plessner afirma que, em razão de sua posição excêntrica, falta ao ser humano a certeza natural do modo de vida dos animais. Isso significa que "o ser humano apenas vive ao conduzir sua vida" (PLESSNER, 1928, p. 310). Na condução de sua vida mistura-se sempre "a dor pela inatingível naturalidade dos outros seres vivos. A certeza de seus instintos foi perdida pela sua liberdade e previdência" (PLESSNER, 1928, p. 310). Como não pode haver nenhum modo de vida natural para o ser humano, "ele precisa de um cumprimento de um gênero não-natural, não-adulto. Por isso, ele é *artificial* por natureza, pelas razões de sua forma de existência" (PLESSNER, 1928, p. 310). O conjunto dos meios artificiais de ajuda para a condução da vida denomina-se cultura. Plessner critica as teorias correntes da cultura. Ele rejeita a teoria espiritualista da cultura, segundo a qual a cultura é, objetivamente, a expressão do espírito dos deuses ou dos seres humanos, ou, subjetivamente, algo da inteligência humana, da consciência ou da alma. Ele critica a teoria naturalista positiva, segundo a qual a cultura é, biologicamente, uma vantagem de sobrevivência na luta pela existência (Darwin) ou, psicologicamente, um mecanismo para controle do medo. Plessner recusa, por fim, a teoria naturalista negativa, segundo a qual a cultura, considerada fisiologicamente, é uma hipertrofia do desenvolvimento da parte superior do cérebro e, considerada psicologicamente, uma domesticação, isto é, sublimação de pulsões (Nietzsche, Freud, Adler), ou, considerada economicamente, como um fenômeno da superestrutura (Marx). A cultura não seria nada disso. A cultura somente pode ser compreendida adequadamente no contexto da forma excêntrica da posição do ser humano. Isso significa que "o ser humano deseja sair da insuportável excentricidade de sua essência, ele deseja compensar o caráter lacunar da própria forma de sua vida, e isso ele somente pode realizar com coisas que são suficientemente pesadas para manter o peso de sua existência na balança". Nesse "carecimento" específico repousa o fundamento último de sua "atividade trabalhada com meios artificiais, o fundamento último [...] da *cultura*" (PLESSNER, 1928, p. 311).

A lei da imediaticidade mediada formula a ideia de que às "coisas reais" é atribuído o estatuto de uma imediaticidade mediada. Com o fio condutor do conceito de posição excêntrica, Plessner procura obter uma conexão entre realismo ontológico e idealismo transcendental no sentido de Husserl. Plessner observa:

"O idealismo da consciência luta com o realismo" (PLESSNER, 1928, p. 330). O ponto de partida é o realismo. Para ele, a realidade se apresenta da seguinte forma: "Coisas lhe são dadas como objetos [*gegenständlich*], coisas reais que *em* seu ser-dado aparecem indissolúveis *de* seu ser-dado. De sua essência faz parte o momento do excedente do peso próprio, do que existe para si [*Für sich Bestehens*], do ser em si [*An sich Sein*], do contrário não se fala de coisas reais" (PLESSNER, 1928, p. 327). A contraposição, o idealismo transcendental, é formulada apenas sob o fundamento da posição excêntrica. Ele pressupõe a reflexividade do ser humano.

> Ele se torna assim consciente daquilo que executa seus atos de percepção e seus atos de saber, ou de sua consciência [...]. Ele descobre sua imanência. Ele vê que facticamente possui apenas conteúdos de consciência e que, por onde está e aonde vá, o seu saber das coisas se interpõe como algo entre ele e as coisas (PLESSNER, 1928, p. 329).

Porém, Plessner não vê contradição alguma entre ambas as posições. Para ele, pelo contrário, o saber da condicionalidade do próprio saber produz ao mesmo tempo um acesso às coisas reais. Ele formula isso da seguinte forma: "Por estar em sua consciência e ter imediatamente apenas imagens do ser real na natureza, alma e espírito, ele estabelece, em e com essas imagens, um mundo real de uma forma imediata para ele" (PLESSNER, 1928, p. 332). A conexão ocorre pelo discernimento de que a imanência da consciência do sujeito (idealismo da consciência) é a pressuposição para o acesso ao Ser-em-si [*Ansich-Sein*] das coisas (realismo).

A última lei antropológica fundamental diz respeito ao local utópico. Ela tematiza o "desraizamento constitutivo" do ser humano, seu "local utópico", isto é, o seu estar em um não-lugar, seu estar-despatriado [*Heimatlosigkeit*]: "Isso lhe dá a consciência da própria nulidade e, em correlação a isso, da nulidade do mundo" (PLESSNER, 1928, p. 341). Com isso surge uma radical questionabilidade da própria existência e do mundo.

> Ele desperta, assim, para a consciência da absoluta contingência da existência e, com isso, para a ideia do fundamento de mundo, do ser necessário que repousa em si, do absoluto ou Deus. Apenas essa consciência possui uma certeza inabalável [...]. Queira ele decidir de um modo ou de outro – permanece-lhe apenas o salto para a fé (PLESSNER, 1928, p. 341ss.).

Plessner torna clara a alternativa diante da qual o ser humano se encontra: o espírito ou a fé. Ele a formula da seguinte maneira:

> Algo permanece característico para toda religiosidade: ela produz um definitivo. Aquilo que a natureza e o espírito não podem dar ao ser humano, o último: assim o é – ela deseja dar-lhe. A última ligação e inserção, o lugar de sua vida e de sua morte, abrigo [*Geborgenheit*], reconciliação com o destino, interpretação da realidade, pátria – apenas a religião oferece tudo isso [...]. Quem deseja ir para a casa, para a pátria, para o abrigo, precisa sacrificar-se na fé. Quem se atém ao espírito não retorna (PLESSNER, 1928, p. 342).

Contudo, a fé não está livre de toda dúvida. Nenhuma prova da existência de Deus a protege. Ele continuamente rompe com a necessidade. A razão para tanto reside na posição excêntrica do ser humano.

> A excentricidade de sua forma de vida, seu estar em nenhum lugar, seu local utópico o constrange a questionar a existência divina, o fundamento desse mundo e, com isso, a unidade do mundo. Se houvesse uma prova ontológica da existência de Deus, então o ser humano, segundo a natureza de sua natureza, buscaria todos os meios possíveis para destruí-la (PLESSNER, 1928, p. 346).

Plessner não escreveu nenhuma ética. Alguns esboços de uma ética da felicidade surgem, contudo, da aspiração constitutivamente condicionada do ser humano ao equilíbrio. A história da recepção de Plessner, por muito tempo de considerável significado político, percorre a segunda metade do século XX nos campos da antropologia filosófica e da sociologia.

VIII
Modelos genéticos

Natureza e histórica constituem, desde sempre, dois âmbitos distintos do ser. Sobre isso, as passagens de Aristóteles sobre a história já indicam, em comparação àquelas sobre a natureza, uma dignidade científica menor. Ao passo que a natureza diz respeito ao que permanece o mesmo, ao universal, ao regrado por leis, a história é determinada por eventos singulares, os quais podem ocorrer deste ou de outro modo. A lei não desempenha nenhum papel neles, mas, antes, a contingência. Em sua famosa conferência *Geschichte und Naturwissenschaft* [*História e ciência natural*], proferida no final do século XIX, Wilhelm Windelband, um importante representante do neokantismo, distinguiu ambas as disciplinas da seguinte forma: "As primeiras são as ciências das leis, as outras, as ciências dos eventos; aquelas ensinam o que sempre é, estas, o que uma vez foi. O pensamento científico é [...] *nomotético*, em um caso, e *idiográfico*, em outro" (WINDELBAND, 1915, p. 145).

O que isso significa para a antropologia? Ora, na medida em que o ser humano é uma parte da natureza, os enunciados sobre ele têm um caráter nomotético; na medida em que é um ser histórico, eles têm um caráter ideográfico. Considerado na estrutura escalonada da vida, o ser humano é, pois, objeto de uma ciência da natureza, e esta tem uma estrutura universal e regrada por leis. Por essa razão, o modelo de graus ou camadas possui um caráter essencialmente estático.

O século XIX, porém, é marcado por um triunfo das ciências históricas que se mostra não apenas pela atividade, nessa época, de importantes historiadores como Droysen e Mommsen, mas também pela ampliação da ideia de historicidade a outros âmbitos da vida, como ao da natureza. A ideia de uma história da natureza, formulada já no século XVIII por Kant e Herder, foi atacada com uma radicalidade até então impensável. Questionaram-se a concepção de uma natureza imutável e com ela também a da constância das espécies. Contudo, para que a ideia de história obtivesse acesso no âmbito da natureza, foi necessário considerar intervalos de tempo que vão muito além daqueles aos quais a ciência da história diz respeito. No âmbito da natureza animada, a história da natureza recebeu o caráter de uma história de desenvolvimento que rompeu com a estrita distinção de ciências da natureza e ciências da história.

Após Lamarck ter questionado a tese sobre a constância das espécies, Darwin foi quem ampliou a ideia de desenvolvimento [*Entwicklung*] das espécies numa teoria geral da evolução [*Evolution*], incluindo nesta o ser humano. A ideia de evolução do ser humano a partir de espécies inferiores e pré-humanas revolucionou a compreensão de si do ser humano em uma medida que, quando muito, só fora atingida pela substituição da visão de mundo geocêntrica pela heliocêntrica.

Partindo de questões das ciências naturais, Freud tematizou o desenvolvimento da criança como um processo de diferenciação do Id [*Es*], Eu [*Ich*] e Supereu [*Über-Ich*]. O desenvolvimento e o fortalecimento do Eu constituem, aqui, o contexto no qual os aspectos teóricos e práticos se entrecruzam.

Portmann investiga o desenvolvimento da criança em seu primeiro ano sob uma perspectiva que deixa claro que o ser humano, comparado com outros mamíferos superiores, nasce um ano mais cedo. Ele designa esse ano como o "ano prematuro extrauterino" ["*extra-uterine Frühzeit*"]

1 A evolução do ser humano (Darwin)

> Tão logo um membro antigo na longa série dos primatas, seja em virtude da mudança no modo como obtinha subsistência, seja em virtude de uma mudança nas condições de seu país nativo, veio a viver menos em árvores e mais no solo, a sua forma de progressão veio a ser modificada; e nesse caso era necessário que ele se tornasse completamente quadrúpede ou bípede. Babuínos habitam terrenos montanhosos ou rochosos e apenas por necessidade escalam árvores altas; eles têm, pois, quase o modo de andar dos cães. Somente o ser humano tornou-se bípede; nós podemos, penso eu, ver em parte como foi que ele obteve uma postura ereta, que constitui uma das diferenças mais conspícuas entre ele e seus aliados próximos. O ser humano não teria obtido sua atual posição dominante no mundo sem o uso de suas mãos, que são tão admiravelmente adaptadas para obedecer à sua vontade (DARWIN, 1982, p. 59).

Charles Darwin nasceu em 1809 em Shrewsbury (Inglaterra). Entre 1825 e 1831 ele estudou medicina e teologia em Edimburgo e Cambridge. Entre 1831 e 1836 ele realizou uma viagem à América do Sul e às Ilhas Galápagos com o barco de pesquisa Beagle (DARWIN, 2008a). A partir de 1842 Darwin viveu na sua propriedade Down House, em Kent. Ele desenvolveu ali os resultados de sua expedição de pesquisa e redigiu suas obras científicas. Em 1859 foi publicada sua principal obra, *On the Origin of Species by Means of Natural Selection, or the Preservation of Favoured Races in the Struggle for Life* [Da origem das espécies por meio da seleção natural ou a preservação de raças favorecidas na luta pela vida]. Em 1871 é publicada sua obra *The Descent of Man, and Selection in Relation to Sex* [A descendência do ser humano e seleção em relação ao sexo]. Darwin faleceu em 1882 em Down (Kent). Ele foi sepultado na Abadia de Westminster.

A principal realização de Darwin no campo da biologia consiste em ter substituído a tradicional teoria da constância das espécies por uma teoria da evolução. Até o século XIX a ideia da constância das espécies era um ponto pacífico tanto na filosofia como na teologia. Na filosofia, mencionemos Aristóteles. Ele exprime essa ideia na seguinte passagem: "Um ser humano produz um ser humano" (*Metafísica*, 1.032a). Para a teologia, a teoria da constância das espécies insere-se no contexto da doutrina da criação. Algumas abordagens iniciais do pensamento evolutivo, que já existiam em Anaximandro e Empédocles, não conseguiram estabelecer-se. Contudo, Darwin encontra um precursor do modo evolucionista de pensar na teoria de Jean-Baptiste de Monet, Chevalier de Lamarck (1744-1829), que não apenas efetuou uma divisão sistemática dos animais, mas também remeteu o surgimento das espécies à transmissão hereditária do uso ou não-uso de órgãos e, assim, questionou a doutrina da constância. O chamado lamarckismo, isto é, a teoria da transmissão hereditária de propriedades adquiridas, foi adotado por Darwin e integrada à sua nova teoria como uma de suas partes principais. Mesmo que também a tese de Lamarck se mostrasse falsa, ela fez surgir o modelo de uma história da natureza. Nesse sentido, a tese de Darwin afirma que também a natureza deve ser interpretada historicamente, e a evolução fornece uma prova para tanto. Uma primeira pista para a ideia de uma história da natureza foi obtida por Darwin de um geólogo de sua época, C. Lyell, que, em razão de seu estudo sobre camadas de rochas e falhas geográficas, concebera a ideia de uma história da Terra.

A questão de Darwin era a seguinte: Como a ideia de desenvolvimento histórico pode ser provada no âmbito dos seres vivos? Para tornar plausível a ideia de transição de uma espécie a outra, parecia-lhe necessário buscar pontos comuns entre as espécies. Ele encontra no campo da embriologia o âmbito mais promissor para encontrar tais pontos comuns. Existe uma espantosa semelhança não apenas entre os embriões de diferentes mamíferos, mas também entre os mamíferos e o ser humano, e, decerto, não apenas entre o embrião de um macaco e o de um ser humano, mas também, por exemplo, entre o embrião de um cão e o de um ser humano (cf. DARWIN, 1982, p. 9). Essas impressionantes semelhanças foram aquilo que fez Darwin considerar como indiscutível o pertencimento do ser humano ao reino animal.

Contudo, a embriologia ensina ainda outra coisa. Se se compara o desenvolvimento de um embrião com o reino animal de modo geral, mostra-se então que a ontogênese de um ser vivo atravessa formas que são encontradas em espécies inferiores, como, por exemplo, os rudimentos de fissuras branquiais dos peixes. Com isso se evidencia não apenas o parentesco de mamíferos superiores, como também o parentesco do reino animal de modo geral. Ora, com base nesses pontos comuns, a ideia de surgimento das espécies recebe um novo acento. A transição de uma espécie a outra parece menos dramática. Não se trata mais de um salto, mas, antes, de uma modificação com base em um amplo ponto comum. Mas quais são os fatores cruciais para o surgimento de novas espécies? Mencionemos os quatro principais.

O primeiro fator são as condições modificadas de vida. O clima e a alimentação também são mencionados por Darwin como possíveis fatores. No entanto, uma inequívoca relação quantitativa entre os diferentes fatores do ambiente e a transmissão hereditária não podia ser demonstrada à sua época. O segundo fator mencionado por Darwin são os "*efeitos do aumento do uso ou não-uso das partes*" (DARWIN, 1982, p. 35). Darwin atribui a isso o fato de os europeus disporem de órgãos sensoriais menos desenvolvidos do que, por exemplo, os indianos. E esse seria "sem dúvida o efeito acumulado e herdado de um uso que se reduziu ao longo de muitas gerações" (DARWIN, 1982, p. 37). O terceiro fator diz respeito à inibição do desenvolvimento, atavismo e modificação correlativa. Com isso se afirma que, já no estágio embrionário, algumas predisposições orgânicas não são desenvolvidas e o indivíduo permanece, assim, em um estágio evolutivo inferior. Darwin discute isso com auxílio do exemplo de um ser humano microcefálico. Aquilo que, numa perspectiva filogenética, deve ser considerado como uma inibição do desenvolvimento apresenta-se, sob uma perspectiva filogenética, como um atavismo, como, por exemplo, quando o cérebro desse ser humano apresenta semelhanças com o de um macaco. Fala-se de mudança correlata quando duas características, por exemplo, a constituição de músculos e a cavidade supra-orbital bem desenvolvida, somente podem modificar-se conjuntamente.

Para Darwin, o fator mais importante da variação das espécies é o quarto, a seleção natural ["*natural selection*"]. Darwin se deparou com esse fator durante a leitura de um livro de Robert Malthus (1766-1834). Em sua autobiografia, Darwin descreve essa experiência crucial da seguinte forma:

> Em outubro de 1838, quinze meses após ter iniciado minha investigação, eu li, por acaso, o livro de Malthus sobre *População*, e, embora minhas longas observações sobre as formas de comportamento de animais e vegetais já tivessem me preparado muito bem para reconhecer que existe em todos os lugares uma luta pela existência, tornou-se evidente a mim, de um só golpe, que sob tais condições as variações vantajosas são mantidas e as desvantajosas, anuladas. O resultado dessa tendência teria de ser a formação de novas espécies. Eu tinha finalmente uma hipótese de trabalho (DARWIN, 2008, p. 129).

É evidente que Darwin ainda não reconhecia a importância da mutação para a evolução, mas apenas a da variação. De resto, ele interpreta Malthus da seguinte maneira: se, como afirma Malthus, a população cresce em proporção geométrica e a produção de alimentos, porém, em proporção apenas aritmética, então nas catástrofes alimentares que daqui resultam apenas os indivíduos mais fortes têm uma chance de sobreviver e reproduzir-se. Em todas as condições difíceis de vida, o ser vivo que tem chances maiores de sobrevivência é aquele mais bem adaptado a seu ambiente. As fórmulas para designar esse estado-de-coisas são: "luta pela vida" ["*struggle for life*"] e "sobrevivência do mais apto" ["*survival of the fittest*"].

Além da seleção natural, Darwin conhece também a seleção sexual e a metódica. A seleção metódica é a do criador que escolhe determinadas propriedades de um animal doméstico, reproduzindo apenas indivíduos que dispõem dessas propriedades. O princípio ressaltado aqui é o de variação. Darwin não distingue ainda aqui entre uma variação hereditária (mutação) e uma não-hereditária (modificação). A seleção sexual significa que a fêmea prefere determinadas características na escolha do macho. A seleção metódica é desconsiderada no surgimento do ser humano, pois o ser humano não foi ele mesmo cultivado metodicamente; a seleção sexual é aceita por Darwin como uma seleção acessória. O fator decisivo reside, porém, na seleção natural.

Darwin admite que o ser humano evoluiu a partir de "ancestrais semelhantes a macacos", considerados por ele como primatas. A floresta era o habitat natural deles. O tornar-se humano vincula-se ao abandono de tal habitat natural. A evolução do ser humano que então ocorria se deu segundo os seguintes passos: postura ereta; a libertação das mãos; constituição das mãos em um instrumento universal do uso e produção de ferramentas, incluindo aqui o aumento de sua sensibilidade; transformação do pé em um ponto de apoio; perda da capacidade de empunhadura dos pés e desenvolvimento de uma genuína bipedia, isto é, locomoção exclusivamente pelos pés (cf. DARWIN, 1982, p. 59ss.).

Darwin descreve com grande clareza a mudança de figura dos "ancestrais semelhantes a macacos" para o ser humano sob a perspectiva da adaptação a uma vida na superfície. Ao supervalorizar as capacidades da mão humana, Darwin se insere numa respeitável tradição. Já nos antigos, em Anaxágoras e posteriormente Aristóteles, o uso refletido da mão, essa "ferramenta de todas as ferramentas", foi ressaltado como aquilo que é peculiar ao ser humano. Contudo, permanece ainda carente de explicação em que medida o ser humano bípede, adaptado à superfície, consegue obter uma posição predominante em relação a seus "ancestrais semelhantes a macacos". Darwin responde a essa questão da seguinte forma:

> Quando era vantajoso ao ser humano ficar de pé e liberar suas mãos e braços – nisto repousa, sem a menor dúvida, o seu extraordinário sucesso na luta pela existência, pois não vejo outro motivo para que não devesse ser vantajoso aos ancestrais do ser humano pouco a pouco adquirirem uma postura ereta ou tornarem-se bípedes. Através disso eles se tornaram pouco a pouco capazes de defender-se com pedras e clavas, atacar suas vítimas ou obter alimento de outra maneira. Os indivíduos mais bem constituídos terão mais sucesso ao longo do tempo e sobreviverão em maior número (DARWIN, 1982, p. 60).

O princípio da seleção natural é aqui formulado com toda a clareza. A postura ereta e o desenvolvimento das mãos em uma ferramenta universal proporcionam ao ser humano uma vantagem de sobrevivência em seu ambiente. Elas se condicionam reciprocamente e favorecem alterações adicionais que, em seu conjunto, põem em marcha uma importante mudança de figura [*Gestaltwandel*] do ser humano. Fazem parte disso a alteração do formato [*Gestalt*] do crânio e o desenvolvimento do cérebro. Mostremos na sequência como Darwin caracteriza essa evolução.

O uso dos braços e das mãos alivia a dentição do ser humano, a qual era caracterizada pela mandíbula preponderante e caninos avantajados. A dentição se torna menor, ao passo que o volume do crânio aumenta, dando lugar à ampliação e ao desenvolvimento do cérebro. Darwin observa: "Ninguém, penso eu, duvida de que o significativo tamanho do cérebro humano em relação a seu corpo, na comparação com as proporções observadas no gorila ou no orangotango, encontra-se numa estreita relação com as faculdades mentais superiores" (DARWIN, 1982, p. 63). Na consideração das capacidades mentais do ser humano, Darwin considera importante atenuar as diferenças entre ser humano e animal, procurando demonstrar que no animal já podem ser encontradas formas precursoras das faculdades mentais do ser humano. No total, ele investiga as faculdades mentais em cinco âmbitos: o primeiro inclui abstração, ideias gerais, consciência de si e individualidade mental [*geistige Individualität*], o segundo tematiza a linguagem, o terceiro o senso de beleza, o quarto a religião, e o quinto as instituições sociais e a moral.

Já no primeiro aspecto, o da consciência de si, fica clara a maneira como Darwin procura atribuir faculdades mentais ao animal. Darwin relativiza o monopólio humano nesse ponto com uma questão: Quem pretende afirmar que um "cão velho, com excelente memória e certa imaginação [...], não pensa nas felicidades e nos sofrimentos que viveu em caçadas? Mas essa seria uma espécie de consciência de si" (DARWIN, 1982, p. 105). Por outro lado – segundo uma espantosa passagem, motivada pelos preconceitos etnocêntricos de sua época –, entre os "selvagens australianos" há seres humanos que utilizam "bem poucas palavras abstratas" e não "atestam consciência de si" (DARWIN, 1982, p. 105). Darwin assume que povos e "raças" "selvagens" e "civilizadas" encontram-se em estágios superiores de evolução bem diversos (DARWIN, 1982, p. 118). Por outro lado, ele tem a convicção de que "animais conservam a consciência de sua individualidade física" (DARWIN, 1982, p. 105).

Em relação ao segundo âmbito, o da linguagem, Darwin também pretende realizar uma diferenciação exata. Para ele, é certo que os animais dispõem de um repertório de sons para se comunicar com seus congêneres. Mais ainda: "Papagaios e outras aves possuem a capacidade [...] de ligar determinados sons a determinadas ideias" (DARWIN, 1982, p. 107). Segundo Darwin, a distinção decisiva entre a linguagem do ser humano e a dos animais consiste no uso constante da linguagem articulada por parte do ser humano, embora se deva admitir que o ser humano também exprime pensamentos e sensações por meio de sons inarticulados. Também no âmbito da linguagem, a distinção entre animal e ser humano consiste não num salto qualitativo, mas, antes, em uma significativa gradação progressiva. Darwin afirma: "O ser humano se distingue dos animais apenas por sua capacidade infinitamente grande de associar sons e ideias os mais diferentes possíveis, e isso depende, por certo, da evolução superior de suas faculdades mentais" (DARWIN, 1982, p. 107).

Darwin formula duas hipóteses sobre o surgimento da linguagem humana. Em primeiro lugar, ele afirma: "O ser humano primitivo, ou melhor, um dos muitos antepassados do ser humano, provavelmente utilizava sua voz para produzir cadências verdadeiramente musicais, isto é, também para o canto, como hoje em dia o faz um dos gibões" (DARWIN, 1982, p. 109). Esse canto cumpre sua função "durante o esforço de atração de ambos os sexos". A outra origem da linguagem consiste no instinto de imitar sons ouvidos, uma inclinação que desempenha um papel central nos macacos, "idiotas microcefálicos" e "raças humanas bárbaras". Portanto, não seria possível que "um dado animal parecido com o macaco e extraordinariamente inteligente tivesse tido a ideia de imitar o uivo de um predador, para assim indicar a seus companheiros macacos o perigo esperado? Esse teria sido o primeiro passo para a formação de uma linguagem" (DARWIN, 1982, p. 109ss.).

No restante do desenvolvimento da linguagem, é de se supor que o uso contínuo da linguagem e o desenvolvimento do cérebro se deram de maneira correlativa. Pensar uma longa sequência de pensamentos é tão impossível sem uma linguagem desenvolvida quanto uma conta longa sem o uso de números. Por fim, Darwin avança o princípio da seleção natural para o desenvolvimento de uma linguagem com seu vocabulário específico e sua gramática específica. "A sobrevivência ou a conservação de certas palavras privilegiadas na luta pela existência é seleção natural" (DARWIN, 1982, p. 114).

Em relação ao terceiro âmbito, o do senso de beleza, Darwin observa que tal senso de beleza ocupa uma sólida posição no interior da seleção sexual, e algo semelhante pode ser admitido para o ser humano. Contudo, há uma ampla margem de variação de gosto e, decerto, também um nível distinto de desenvolvimento do gosto em povos "selvagens" e "civilizados" (cf. DARWIN, 1982, p. 117).

Darwin distingue a fé religiosa como fato antropológico da questão sobre a existência de um criador do mundo. A respeito dessa questão, ele é cuidadoso ao observar que ela foi respondida afirmativamente "por algumas das maiores mentes". Enquanto fato antropológico, o sentimento religioso existe em gradações, que podem ser encontradas em animais e no ser humano. Ele admite haver o grau mais primitivo da religião já em um cão. As formas superiores de "resignação religiosa" são, pelo contrário, "muito complexas". Elas são compostas por "amor, submissão absoluta a algo sublime e enigmático, a um forte sentimento de dependência, medo, respeito, gratidão, esperança por um além, e talvez ainda por outros elementos". Darwin prossegue: "Nenhum ser cujas capacidades intelectuais e morais não se encontram ao menos em um estágio consideravelmente alto poderia ter em si a experiência de uma exaltação anímica tão complexa" (DARWIN, 1982, p. 120). As formas superiores de religiosidade são, portanto, reservadas ao ser humano. No interior da religião, ele observa uma evolução superior que vai do fetichismo ao monoteísmo, passando pelo politeísmo. Os instintos sociais e a moralidade ocupam uma posição central no interior das capacidades mentais do ser humano e dos animais. Com elas é atingido o âmbito da ética.

O ponto de partida para o desenvolvimento do sentimento moral no ser humano é, para Darwin, a tese "de que o ser humano é um ser social" (DARWIN, 1982, p. 136). Enquanto tal, ele possui instintos sociais, dos quais faz parte o amor aos pais e aos filhos, além da simpatia. O fundamento da simpatia reside na consequência de um sentimento primevo de desprazer. A visão do sofrimento de um próximo desperta em nós a lembrança do nosso próprio sofrimento, produzindo sensações desagradáveis em nós. A simpatia que surge inevitavelmente leva à ajuda. "Assim, somos levados a mitigar o sofrimento dos demais, para que suprimamos nossas próprias sensações dolorosas" (DARWIN, 1982, p. 133). Darwin segue aqui a argumentação de Spinoza.

Para Darwin, o surgimento do instinto social é também resultado de uma seleção natural, "pois aqueles bandos nos quais o maior número de membros se destacava por uma simpatia recíproca podiam expandir-se de uma melhor forma e alcançar o maior número de descendentes" (DARWIN, 1982, p. 134). A ideia de que a moralidade seria resultado da seleção natural proporciona à tese da luta pela existência uma considerável nova virada. Ela desloca a tese "*the fittest survives*" da abordagem teórico-individual para uma teórico-social. Considerada da perspectiva teórico-individual, a simpatia é algo impeditivo para os demais, quando não completamente contraprodutivo, uma vez que ela permite a sobrevivência de concorrentes na luta pela existência, mas também dos congêneres mais fracos. A concepção ético-social de Darwin é distinta. Dado que o ser humano, enquanto um "animal social", somente pode sobreviver no interior de um grupo forte e próspero, as chances de sobrevivência do indivíduo dependem da sobrevivência do grupo. Um grupo com fortes instintos sociais é superior a um conjunto de indivíduos que agem de forma não-coordenada. Dessa maneira, o grupo ganha uma vantagem reprodutiva com formas sociais de comportamento em relação a grupos e indivíduos nos quais os instintos sociais são pouco ou nada desenvolvidos. Ao mesmo tempo, a parcela de instintos sociais aumenta na espécie como um todo. Grupos com um forte comportamento social têm, assim, não apenas um sentimento moral mais fortemente desenvolvido, como também são mais bem--sucedidos na luta pela sobrevivência.

Por mais desenvolvido que seja o instinto social, ele se encontra em concorrência e, não raro, em conflito com o de conservação de si e mesmo com o de egoísmo. Este é, geralmente, o mais forte no momento. Como então o instinto social pode encontrar validade diante dos de conservação de si e de egoísmo? A exigência de formas sociais de comportamento é avançada pela própria comunidade. Enquanto um ser social, o ser humano não pode prescindir do reconhecimento dessa comunidade. Mesmo se o instinto social se coloque em segundo plano no momento da ação, o ser humano é ainda capaz de fazer valer em si a exigência da comunidade. Em virtude de qual faculdade ele consegue fazê-lo? A resposta de Darwin é a seguinte: o ser humano consegue fazê-lo, pois ele é um ser moral. E prossegue: "Nós denominamos moral um ser que é capaz de comparar suas ações ou motivos passados e futuros, aprovando-os ou reprovando-os". E então Darwin faz uma afirmação digna de nota: "Nós não temos nenhuma prova em favor da suposição de que os animais possuem essas faculdades" (DARWIN, 1982, p. 140).

Essas faculdades especificamente humanas são ligadas a outras faculdades intelectuais. Fazem parte delas a memória e a fantasia, isto é, a faculdade de poder representar ações futuras e suas consequências. Essas faculdades são o que permitem ao ser humano "refletir" e chegar a um juízo bem-fundado sobre motivos e ações. Elas vão além do efeito imediato de instintos concorrentes. Com base nessas considerações, Darwin chega à avaliação de que o ser humano "pode ser designado como um ser moral somente com resolução" (DARWIN, 1982, p. 140).

A fantasia como origem do juízo moral é também aquilo que torna compreensível o surgimento da consciência moral no ser humano. Darwin discute a origem da consciência moral da seguinte forma:

> No momento da ação, o ser humano está sem dúvida propenso a obedecer ao impulso mais forte; embora ele seja ocasionalmente levado às ações mais nobres, ele segue bem frequentemente seus motivos egoístas às custas de outros seres humanos. Contudo, se, após serem satisfeitas, as impressões anteriores, agora enfraquecidas, sejam medidas com base no instinto social sempre presente e, em pensamento, sejam apresentadas ao juízo de seus companheiros, então o arrependimento certamente se instala em razão de sua grande suscetibilidade à opinião positiva de seu próximo. Ele sentirá remorso, arrependimento, mágoa ou vergonha; o último sentimento se refere quase que exclusivamente ao juízo dos demais. Ele tomará a decisão, em maior ou menor medida firme, de agir de forma distinta no futuro, e isso é a consciência moral, pois ela olha para trás e serve de guia no futuro (DARWIN, 1982, p. 143).

O ser humano enquanto ser moral apresenta uma estrutura complexa. Fantasia, reflexão, vergonha, arrependimento, consciência moral, mas também instintos sociais e egoísmo interagem entre si. No entanto, não se deve esquecer que todos esses aspectos têm sua base biológica na seleção natural. Aqui é válida a simples ideia: "Nenhuma tribo poderia ter subsistido por muito tempo caso assassinato, roubo e traição estivessem na ordem do dia" (DARWIN, 1982, p. 148). O direito é uma condição de sobrevivência de uma sociedade humana.

Não obstante, é possível objetar contra a fundamentação biológica da moral, e o próprio Darwin o faz. Em primeiro lugar, a moral esboçada por ele é até agora apenas uma moral de grupos ou de tribos. As chances de sobrevivência de um grupo ou de uma tribo aumentam quando o grupo fortalece seu modo social de comportamento. Mas essa ideia seria universalizável? Darwin se mostra otimista aqui. Ele afirma:

> Quando o ser humano progride na cultura e tribos pequenas se reúnem em maiores, a reflexão mais simples leva cada indivíduo, por fim, à convicção de que ele tem de estender seus instintos e simpatias sociais a todos, portanto, também aos membros de seu mesmo povo que ele não conhece pessoalmente. Quando ele chega a esse ponto, apenas um limite artificial pode impedi-lo de estender sua simpatia aos seres humanos de todas as nações e raças (DARWIN, 1982, p. 155).

Darwin dá ainda um passo além. A simpatia se estende finalmente à "benevolência para além dos limites da humanidade [*Menschheit*], isto é, o humanismo [*Menschlichkeit*] relativamente aos animais" (DARWIN, 1982, p. 156). Ela tem sua finalidade na "ideia de humanitarismo [*Humanität*]" (DARWIN, 1982, p. 156). Nessas reflexões torna-se claro que Darwin ultrapassa aqui o princípio de seleção natural, pois este desenvolveu seu sentido apenas na luta pela existência com seres vivos concorrentes.

Há ainda um segundo ponto que põe em questão a validade do princípio de seleção natural para a fundamentação da moral. Ele pode ser elucidado em três exemplos. Um gênio do humanismo para com seus semelhantes que se sacrificasse nos préstimos aos demais seres humanos, mas que não tivesse filhos, não poderia legar suas características morais positivas. Darwin observa além disso que esse ser humano, por meio de sua influência, apresenta-se como modelo para a comunidade nessa sua própria forma de comportamento, que pode ser transmitida por tradição e, por fim, herdada. O segundo exemplo diz respeito à seleção negativa na guerra. Os homens jovens, saudáveis e fortes são aqueles sacrificados, enquanto os inaptos, fracos física e psicologicamente, são poupados, tendo a chance de sobreviver e reproduzir-se. Inversamente, "empregamos toda a nossa habilidade para conservar pelo maior tempo possível a vida dos enfermos" (DARWIN, 1982, p. 171). "Por conseguinte, também os indivíduos fracos dos povos civilizados podem reproduzir sua espécie" (DARWIN, 1982, p. 172). Assim, sentimentos morais substituem o princípio de seleção natural. Darwin observa:

> O auxílio do qual acreditamos ser devedores aos desamparados surge principalmente do instinto de simpatia, que aparece originariamente como uma forma secundária do instinto social, mas que, no sentido anteriormente mencionado, torna-se progressivamente mais refinado e generoso. Nós não podemos mais, agora, suprimir essa simpatia, mesmo se nossa reflexão o exige, sem que nossa nobre natureza perca, assim, valor (DARWIN, 1982, p. 172).

A história de recepção de Darwin vai muito além do campo da biologia. Ele revolucionou de forma radical a compreensão do ser humano. Embora Darwin não tenha considerado adequadamente o princípio de mutação, a Teoria da Evolução se consolidou em seus elementos fundamentais. O darwinismo social e a ideologia de raças não podem apoiar-se no Darwin, apesar de certos preconceitos etnocêntricos que se encontram nele. Isso é comprovado pelas suas reflexões sobre ética, as quais são determinadas pela defesa do humanismo e de uma simpatia que abrange toda a humanidade, e pela ideia de um progresso universal da cultura. A biologia contemporânea desenvolve outras diferenciações a partir de sua abordagem teórica, cujos pressupostos fundamentais permanecem até hoje válidos.

2 O desenvolvimento e fortalecimento do Eu [*Ich*] (Freud)

> Supomos que a vida anímica é a função de um aparato [...]. Chegamos ao conhecimento desse aparato psíquico por meio do estudo do desenvolvimento individual do ser humano. Chamamos de Id [*Es*] a mais antiga dessas províncias ou instâncias psíquicas; seu conteúdo é tudo aquilo que é herdado, trazido com o nascimento, estabelecido constitucionalmente; sobretudo, portanto, os impulsos [*Triebe*] que provêm da organização corporal, impulsos que aqui [no Id] encontram uma primeira expressão psíquica cujas formas nos são desconhecidas.
> Sob a influência do mundo exterior real que nos circunda, uma parte do Id experimentou um desenvolvimento particular. O que era originalmente uma camada cortical dotada dos órgãos para a recepção de estímulos e dos dispositivos para a proteção contra estímulos se transformou numa organização especial que desde então serve de mediadora entre o Id e o mundo exterior. A esse distrito da vida anímica demos o nome de Eu [*Ich*] (FREUD, 1994, p. 42).

Sigmund Freud nasceu em 1856 em Freiberg (Mähren). Em 1873, iniciou seus estudos de medicina em Viena. Os seus professores foram o fisiólogo von Brücke e o anatomista cerebral Meynert. Após concluir o serviço militar, Freud terminou seus estudos em 1881. Em 1885 ele se tornou docente de doenças nervosas. Durante o seu estágio subsequente de pesquisa junto ao psiquiatra Jean-Marie Charcot no hospital Salpêtrière, em Paris, Freud conheceu seu método de terapia de histeria. Em 1886 Freud abriu em Viena um consultório para doenças nervosas. Em 1895 ele publicou, junto com seu colega Josef Breuer, seus *Estudos sobre histeria* [*Studien über Hysterie*]. Entre 1901 e 1902 Freud viajou a Roma e Nápoles, e em 1904 a Atenas. Em 1909 ele deu uma série de conferências na Clark University (Worcester, Massachusetts, Estados Unidos). Em 1910 foi fundada a Associação Psicanalítica Internacional. Em 1930 Freud ganhou o *Goethe-Preis* da cidade de Frankfurt, mas já em 1933 seus escritos foram queimados pelos nazistas. Após a "anexação" da Áustria ao Império Alemão em 1938, Freud migrou para Londres. Lá ele faleceu em 1939.

O ponto de partida para a psicanálise desenvolvida por Freud é constituído pelas suas experiências com a terapia de histeria. Seu colega Josef Breuer teve um especial sucesso com a aplicação de um procedimento que denominava catártico. Os pacientes eram submetidos à hipnose, sendo-lhes pedido que recordassem e contassem sobre o surgimento dos primeiros sintomas da enfermidade. Isso ocorria, via de regra, sob um forte envolvimento emocional. Uma paciente que desenvolvera uma insuperável e perigosa repugnância por líquidos contou, durante a hipnose, sobre uma companheira que deixava que seu cão bebesse diretamente do copo. Essa experiência desencadeou nela um nojo por toda forma de bebida. O sintoma desaparecera após o relato; a paciente foi curada (FREUD, 1985, p. 20-25). Ela inventou para a terapia a expressão "*talking cure*".

Contudo, como nem todos os pacientes se prestavam à hipnose e alguns aspectos da enfermidade tampouco podiam ser suficientemente elucidados, Freud substitui esse método por um procedimento no qual os pacientes "deitam-se confortavelmente de costas em um divã, enquanto ele mesmo, fora de seu campo de visão, senta-se numa cadeira atrás deles" (FREUD, 1975, p. 102). Ele então pede para que eles lhe contem a história de sua doença, exortando-lhes a

> dizer tudo o que lhes vem à cabeça, mesmo quando eles acreditam ser algo sem importância, descabido ou sem sentido. Entretanto, é-lhes exigido com particular insistência que nenhum pensamento ou nenhuma coisa que lhes ocorra seja excluída da comunicação por esta ser-lhes vergonhosa ou dolorosa (FREUD, 1975, p. 103).

Justamente as vivências dolorosas são aquilo que, geralmente, é "reprimido" e, portanto, "esquecido". O objetivo da terapia consiste justamente no preenchimento de lapsos de memória. A psicanálise de Freud se desenvolve, dessa maneira, a partir do método catártico de Breuer. Freud teve a experiência de que os lapsos de memória se referem, em muitos casos, a vivências traumáticas na infância. A inclusão de todo o curso da vida na terapia o fez desenvolver reflexões para uma antropologia própria, que era teoricamente coerente e podia fornecer as bases para seus esforços terapêuticos. É surpreendente, porém, que Freud não tenha trazido a uma concepção unitária toda a sua série de reflexões antropológicas. Pelo contrário, encontram-se nele abordagens para cinco modelos no total, que ele combina conforme sua intenção de momento.

Freud se remete a modelos antropológicos que desempenharam uma função importante na história do pensamento europeu, mas cujas origens ele não menciona. Tais modelos são os seguintes. Primeiro, o modelo mecânico. Freud afirma: "Nós supomos que a vida anímica é a função de um aparelho ao qual atribuímos extensão espacial e composição por várias partes, ou seja, que representamos semelhante a um telescópio, um microscópio e afins" (FREUD, 1994, p. 42). Em outras passagens ele o descreve como "uma caldeira, cheia de estímulos borbulhantes" (FREUD, 1997, p. 511). O aparelho apresenta um mecanismo que é posto em movimento por meio de "energias e forças". Problemas anímicos têm o caráter de "disfunções" [*Funktionsstörungen*] (FREUD, 1994, p. 78). Os precedentes são os modelos mecanicistas de Descartes, Leibniz e La Mettrie. A segunda concepção é o modelo "tópico" (p. 57). Nele são importantes as "províncias", setores que se relacionam entre si, como, por exemplo, o "mundo exterior", o "mundo interior" e a "camada cortical" (FREUD, 1994, p. 42), que realiza a intermediação entre ambos, do indivíduo. Os predecessores são Epiteto e Agostinho, para cuja antropologia era importante a relação entre externo e interno. A terceira concepção é o modelo de dominação. Nele são importantes as "instâncias" (FREUD, 1994, p. 42) que possuem a tendência de reprimir parcelas da psique e se sujeitarem. O Eu tem de afirmar-se diante delas. Um predecessor seria o modelo platônico da *pólis*, segundo o qual a dominação em uma comunidade política é comparável à dominação da parte superior da alma relativamente às inferiores. A quarta concepção é um modelo de "economia" (FREUD, 1994, p. 52). De acordo com ele, há uma espécie de "orçamento anímico" equilibrado ou desequilibrado. Nele é importante a compensação de tensões e de "*desarmonias* quantitativas" (FREUD, 1994, p. 78). Deve-se recordar aqui a teoria dos humores, de Hipócrates, e a ideia de "ataraxia", a serenidade da alma, em Epicuro. A quinta concepção é o modelo genético, que formará, na sequência, o fio condutor para a exposição da antropologia de Freud. O seu ponto de partida é uma unidade originária, que continuamente se diferencia ao longo de seu desenvolvimento. O modelo para tanto é a embriologia, mas também a Teoria da Evolução de Darwin. Um resumo bem condensado de sua antropologia motivada pela psicanálise é dado por Freud na obra *Compêndio de psicanálise*, de 1938, redigida durante seu período de emigrado na Inglaterra.

Freud inicia suas reflexões com a observação de que a psicanálise tem uma "pressuposição fundamental [...] cuja discussão fica reservada ao pensamento filosófico e cuja justificação se encontra em seus resultados" (FREUD, 1994, p. 41). Ele descreve essa pressuposição da seguinte forma:

> Daquilo que chamamos de nossa psique (vida anímica), conhecemos duas coisas: em primeiro lugar, o órgão corporal e cenário dela, o cérebro (sistema nervoso); por outro lado, nossos atos de consciência, que são dados imediatamente e não nos podem ser esclarecidos por nenhuma descrição. Tudo o que está entre os dois nos é desconhecido; não há uma relação direta entre os dois pontos terminais de nosso conhecimento. Se ela existisse, no máximo forneceria uma localização exata dos processos da consciência e nada faria por sua compreensão (FREUD, 1994, p. 41).

É também desconhecida a conexão entre a organização corporal individual e sua base filogenética (FREUD, 1994, p. 97). Freud transforma o problema corpo-alma naquele da relação entre organização corporal e consciência. A psique, a vida anímica, mantém relações com ambos os lados, mas as linhas de conexão, sobretudo aquela na direção da organização corporal, permanece enigmática. A psique abrange essencialmente três "províncias ou instâncias" que constituem uma unidade sob a perspectiva da história de seu desenvolvimento. Elas são: o Id, o Eu e o Supereu.

O Id forma a instância psíquica mais antiga. Ela representa o patrimônio hereditário do ser humano, sua constituição e os "impulsos que provêm de sua organização corporal" (FREUD, 1994, p. 42). Freud caracteriza o Id assim:

> O poder do Id expressa o autêntico propósito vital do indivíduo. Ele consiste em satisfazer suas carências inatas [...]. Chamamos de *impulsos* as forças que supomos existir por trás das tensões de carência do Id. Eles representam as exigências corporais feitas à vida psíquica (FREUD, 1994, p. 44).

Mas em que consiste o autêntico propósito de vida que é representado pelo "obscuro Id", que "constitui o cerne de nossa essência"? A resposta de Freud é clara: "O Id obedece ao implacável princípio de prazer" (FREUD, 1994, p. 94). Ele esclarece de forma inequívoca: trata-se das "sensações de prazer-desprazer" que "dominam os fluxos no Id com violência despótica" (FREUD, 1994, p. 94). A teoria freudiana dos impulsos passou por uma significativa modificação ao longo do tempo. Ele distinguia originalmente um impulso de conservação de si e um impulso de conservação da espécie, posteriormente reunidos por ele em um único, denominado Eros. Como contraposição, ele concebe a partir de 1920, possivelmente sob o pano de fundo da Primeira Guerra Mundial, o impulso de destruição ou de morte.

A conexão entre ambos os impulsos é descrita por Freud da seguinte maneira:

> Depois de muitas hesitações e vacilos, nos decidimos a aceitar apenas dois impulsos fundamentais: *Eros* e *impulso de destruição* [...]. O objetivo do primeiro é produzir unidades cada vez maiores e assim conservá-las, ou seja, produzir ligações; o objetivo do outro, ao contrário, é desfazer conexões e assim destruir as coisas. Quanto ao impulso de destruição, podemos pensar que seu objetivo último parece ser o de levar as coisas vivas ao estado inorgânico. Por isso também o chamamos de *impulso de morte* (FREUD, 1994, p. 45).

O objetivo do impulso de morte é reconduzir o vivente novamente ao estado a partir do qual ele outrora se desenvolveu.

Como exemplos da interação de ambos os impulsos Freud menciona a função biológica de alimentar-se e o ato sexual.

> Assim, o ato de comer é uma destruição do objeto com o objetivo último da incorporação; o ato sexual, uma agressão com o propósito da mais íntima união. Essa ação conjunta e oposta dos dois impulsos fundamentais produz toda a variedade dos fenômenos vitais (FREUD, 1994, p. 45).

Ademais, Freud presume que ambos os impulsos fundamentais têm uma analogia com o "par de opostos da atração e da repulsão que domina no inorgânico" (FREUD, 1994, p. 45). O Eros representa uma energia que Freud designa como libido (FREUD, 1994, p. 46). A libido representa o princípio de prazer. Ela tem fontes somáticas, referindo-se a determinadas partes do corpo, as chamadas "zonas erógenas", e tendo como objetivo impulsivo o estímulo sexual. Por meio pela surge uma "tensão de estímulos" que é sentida como desprazer, ao passo que "sua diminuição é sentida como *prazer*" (FREUD, 1994, p. 43). Freud pondera se o princípio de prazer não se encontra possivelmente até mesmo em uma relação com o impulso de morte. Ele afirma: "A ponderação de que o princípio de prazer exige uma diminuição, no fundo talvez uma extinção das tensões de necessidade (*nirvana*), leva a relações ainda não apreciadas entre o princípio de prazer e as duas forças primordiais, Eros e o impulso de morte" (FREUD, 1994, p. 94).

Diferentemente da teoria freudiana da libido, suas suposições de um impulso de destruição encontraram bastante resistência também entre seus seguidores (cf. FROMM, 1977). Sobre os críticos do impulso de destruição, Freud afirma de forma irônica: "A criança pequena não gosta de escutar quando se menciona a tendência inata do ser humano ao 'mal', à agressão, à destruição e, assim, à crueldade" (FREUD, 1974, p. 247ss.).

O Id e os impulsos fundamentais ligados a ele determinam o ser humano durante toda a sua vida. No entanto, o Id não é capaz de garantir a existência do ser humano. Ele está sujeito a uma falha decisiva. Freud a formula da seguinte forma: "O objetivo de conservar-se vivo e proteger-se por meio do medo de perigos não pode ser atribuído ao Id" (FREUD, 1994, p. 44). A conservação da vida tem de ficar a cargo de uma outra instância, que, porém, ainda tem de ser desenvolvida. A sua pressuposição reside nos "órgãos corporais para receber estímulos", nos órgãos dos sentidos, que foram formados pelo Id. Com eles, é estabelecido o contato com o mundo exterior. Eles constituem uma forma de "camada cortical" e fazem a intermediação entre o Id e o mundo exterior. Freud define: "A esse distrito de nossa vida psíquica demos o nome de *Eu*" (FREUD, 1994, p. 42. cf. texto). Atribui-se ao Eu um papel central para o ser humano. A sua principal tarefa consiste na conservação de si. Ele somente pode cumpri-la quando o Eu pode afirmar-se a si mesmo, tanto em relação aos desafios e perigos do mundo externo como também contra as exigências impulsivas do Id. As inúmeras realizações que o Eu deve fazer são descritas por Freud da seguinte maneira:

> Em consequência da relação pré-formada entre a percepção dos sentidos e a ação muscular, o Eu dispõe dos movimentos voluntários. Ele tem a tarefa da conservação de si; cumpre-a, para fora, tomando conhecimento dos estímulos, armazenando experiências sobre eles (na memória), evitando estímulos demasiado intensos (por meio da fuga), confrontando estímulos moderados (por meio de adaptação) e por fim aprendendo a modificar convenientemente o mundo exterior em seu favor (atividade); cumpre-a, para dentro em relação ao Id, obtendo o domínio sobre as exigências dos impulsos, decidindo se deve admitir a satisfação dessas exigências, adiando tal satisfação para momentos e circunstâncias favoráveis no mundo exterior ou reprimindo totalmente suas excitações (FREUD, 1994, p. 42ss.).

A autoafirmação apenas é bem-sucedida quando o Eu age de maneira flexível. Em relação ao mundo exterior, isso significa que ou ele se adapta às suas especificidades ou as altera em seu favor; em relação ao Id, isso significa que ou ele satisfaz a exigências dos impulsos, as adia ou as reprime por completo. Isso exige uma faculdade superior de julgar, sendo necessária a experiência armazenada na memória para instruí-la. Em sua atividade de intermediação, o Eu atribui à realidade do mundo exterior, isto é, à *"prova de realidade"* (FREUD, 1994, p. 95), uma importância maior do que às exigências impulsivas do Id. O Eu defende o *"princípio de realidade"* (FREUD, 1994, p. 95) contra o Id. Pois, ao passo que o Id "não conhece qualquer cuidado com o asseguramento da continuidade, qualquer medo" (FREUD, 1994, p. 94), o Eu colocou-se "a tarefa de conservação de si" (FREUD, 1994, p. 95).

Com o controle do Id e do mundo exterior por parte do Eu, contudo, o desenvolvimento do Eu ainda não está completo. O Eu desenvolve uma relação específica com uma parte do mundo exterior, a saber, com seus pais. O Supereu se forma em referência a eles. Freud descreve essa etapa de desenvolvimento da seguinte forma:

> Como precipitado do longo período de infância durante o qual o ser humano em desenvolvimento vive na dependência de seus pais, forma-se no seu Eu uma instância especial em que essa influência parental tem continuidade. Ela recebeu o nome de *Supereu*. Na medida em que esse Supereu se separa do Eu ou a ele se contrapõe, ele é um terceiro poder que o Eu tem de levar em conta (FREUD, 1994, p. 43).

Freud ressalta que na influência dos pais se exprime não apenas a "essência pessoal dos pais", mas também as influências da tradição da família, do povo, da "raça" e do meio social. "Da mesma forma, no curso do desenvolvimento individual, o Supereu acolhe contribuições da parte de posteriores continuadores e substitutos dos pais, como educadores, modelos públicos e ideais respeitados na sociedade" (FREUD, 1994, p. 43).

As estruturas essenciais do Supereu se formam nos primeiros cinco anos de vida. Nesse período também se dá o desenvolvimento psicossexual decisivo da criança. Freud ressalta ser um erro negar a sexualidade infantil e presumir que ela começa apenas com a puberdade. Ademais, seria necessário ampliar o conceito de sexualidade. Este não se refere de forma alguma apenas ao uso dos órgãos sexuais, mas, antes, abrange todas as formas de obtenção de prazer que resultam da organização corporal do ser humano. Com base nesse conceito ampliado de sexualidade, Freud descreve quatro fases do desenvolvimento psicossexual da criança. Eles são os seguintes: as fases oral, sádico-anal, fálica e, após um longo "intervalo", a genital. Assim como ocorreu com sua teoria da destrutividade, também essa teoria freudiana suscitou fortes críticas entre seus seguidores (cf. HORNEY,

1997). No entanto, ele persistiu com ela, pois apenas ela parecia tornar compreensível o desenvolvimento do Supereu.

A primeira fase, a oral, é descrita por Freud da seguinte maneira:

> O primeiro órgão que surge como zona erógena e faz uma exigência libidinosa à psique é, desde o nascimento, a boca. Toda a atividade psíquica é de início orientada para proporcionar satisfação à necessidade dessa zona. Naturalmente, esta serve em primeiro lugar à conservação de si por meio da nutrição, mas não se pode confundir fisiologia com psicologia. No sugar da criança, em que ela insiste com obstinação, mostra-se muito cedo uma necessidade de satisfação que – embora partindo da assimilação de alimentos e por ela estimulada – aspira pelo ganho de prazer independentemente da nutrição e que por isso pode e deve ser chamada de *sexual* (FREUD, 1994, p. 49).

A segunda fase, a sádico-anal, é caracterizada por ele da seguinte maneira:

> Já durante essa fase oral surgem, com o aparecimento dos dentes, impulsos sádicos de maneira isolada. Sua proporção é muito maior na segunda fase, que chamamos de sádico-anal, pois nela a satisfação é buscada na agressão e na função excretora. O direito de incluir as aspirações agressivas na categoria de libido se fundamenta na concepção de que o sadismo é uma mistura de impulsos formada de aspirações puramente libidinosas e de aspirações puramente destrutivas, uma mistura que a partir de então não cessará (FREUD, 1994, p. 50).

A terceira fase, a fálica, transcorre de forma bem diferente em meninos e meninas. A "dualidade dos gêneros" é, para Freud, um "fato biológico" que, apesar de nosso conhecimento, deve ser aceito, portanto, como um "grande enigma". De uma perspectiva psicológica, essa fase significa o seguinte: o menino e a menina têm primeiramente um interesse intelectual na exploração da sexualidade.

> Ambos partem do pressuposto da existência universal do pênis. Mas agora os caminhos dos sexos se separam. O menino entra na fase edípica, começa a atividade manual com o pênis enquanto tem fantasias com alguma atividade sexual envolvendo esse órgão e a mãe, até que, devido à ação conjunta de uma ameaça de castração e da visão da ausência de pênis na mulher, experimenta o maior trauma de sua vida, que dá início ao período de latência com todas as suas consequências. A menina, depois da tentativa frustrada de imitar o menino, vivencia o reconhecimento de sua falta de pênis [...] com consequências duradouras para o desenvolvimento do seu caráter; devido a essa primeira desilusão na rivalidade, tal reconhecimento muitas vezes é acompanhado de um primeiro afastamento da vida sexual em geral (FREUD, 1994, p. 50ss.).

Independente de quão distintamente transcorrem os desenvolvimentos dos meninos e das meninas nessa terceira fase, eles concordam em algo: por volta da idade de cinco anos, eles terminam a primeira fase do desenvolvimento psicossexual e introduzem a fase de latência, que representa um "intervalo". É notável que Freud fundamente a fase de latência não em termos biológicos, mas, sim, psicológicos. Ela termina com a puberdade. Com ela se inicia a quarta fase, a genital. Ao passo que nas fases anteriores os impulsos parciais aspiram à obtenção de prazer independentemente um do outro, na puberdade eles são integrados numa aspiração geral por prazer por meio da completa organização das funções sexuais.

O desenvolvimento psicossexual é inserido no contexto da relação entre pais e criança. Cada uma dessas fases é parte da educação e, enquanto tal, determinada por ordens e proibições. O Supereu se articula nelas. É o caso da fase oral, na qual a nutrição dada ou recusada desempenha um papel importante, assim como a fase sádico-anal, cujo ponto principal é educação higiênica. É particularmente importante, contudo, a fase fálica, na qual ordens e proibições ligam-se a ameaças e decepções. O motivo de a criança obedecer aos pais é "o medo da *perda do amor*" (FREUD, 1994, p. 96). Ela atinge seu ápice na terceira fase. Assim, Freud a coloca numa direta conexão com o surgimento do Supereu. Ele afirma: "Na verdade, o Supereu é o herdeiro do complexo de Édipo e só é instituído após a liquidação deste" (FREUD, 1994, p. 101). Em lugar do puro princípio de prazer entra o Supereu em medida sempre crescente. Contudo, o desenvolvimento do Supereu continua. Enquanto a criança até seu quinto ano de vida identifica as ordens e as proibições de seus pais, na sequência se inicia uma fase na qual esses, por meio de identificação, "são acolhidos no Eu como uma parte constituinte do mundo interno". Por meio dessa identificação surge a "consciência moral", provinda do Supereu (FREUD, 1994, p. 101). A voz interior da consciência moral substitui de fato as ordens e proibições proferidas pelos pais. Mas ocorre algo mais. É significativo que o Supereu transformado em consciência moral "frequentemente desenvolva uma severidade para a qual os pais reais não deram o modelo. Além disso, que ele não preste contas ao Eu somente por seus atos, mas igualmente por seus pensamentos e intenções não executadas, que ele parece conhecer" (FREUD, 1994, p. 101).

É a desproporcional severidade do Supereu que, na ligação com os demais desafios do mundo interno e do mundo externo, levam a um enfraquecimento do Eu e, em muitos casos, a enfermidades psíquicas. Freud descreve da seguinte forma a situação do Eu enfraquecido:

> Esse Eu não pode mais cumprir a tarefa que o mundo exterior, incluindo a sociedade humana, lhe coloca. Ele não dispõe de todas as suas experiências; uma grande parte de seu patrimônio de lembranças se perdeu. Sua atividade é inibida por ordens severas do Supereu; sua energia se consome em tentativas inúteis de se defender das exigências do Id. Além do mais, sua organização está danificada devido às incessantes irrupções do Id, ele está cindido, não consegue mais fazer nenhuma síntese correta, é dilacerado por aspirações que se opõem umas às outras, conflitos não resolvidos, dúvidas não sanadas (FREUD, 1994, p. 76).

A psicanálise enquanto terapia diz respeito ao Eu enfraquecido, doente. É digno de nota que Freud toma como ponto de partida da terapia o lema do conhecimento de si, conhecido e propagado desde a Antiguidade. Ele afirma:

> Nosso caminho para fortalecer o Eu enfraquecido parte da ampliação de seu conhecimento de si. Sabemos que isso não é tudo, mas é o primeiro passo. A perda de tal conhecimento significa para o Eu a perda de poder e influência; é o primeiro indício palpável de que ele está restringido e bloqueado pelas exigências do Id e do Supereu. Assim, a primeira parcela de nossa ajuda é um trabalho intelectual de nossa parte e uma exortação ao paciente para cooperar com ele (FREUD, 1994, p. 72).

O objetivo de fortalecimento do Eu consiste em tornar o paciente capaz de encontrar uma resposta adequada aos três grandes desafios que ele se põe diariamente: o desafio do mundo externo real, as exigências impulsivas do Id e as ordens do Supereu. A resposta adequada não significa nem uma submissão acrítica a essas exigências e tampouco uma recusa acrítica. Pelo contrário, trata-se de examiná-las e intermediá-las sob a perspectiva da autoafirmação do Eu. Freud afirma: "Assim, uma ação do Eu é correta quando satisfaz ao mesmo tempo as exigências do Id, do Supereu e da realidade, ou seja, quando consegue conciliar suas reivindicações entre si" (FREUD, 1994, p. 43).

Esquematicamente, é possível expor o desenvolvimento e a posição do Eu em relação ao Id, ao mundo externo e ao Supereu, considerados de baixo para cima, da seguinte forma:

Mundo exterior – realidade Mundo exterior físico			Mundo exterior - realidade Pais e outras instâncias morais; Supereu
(Capacidades do Eu: adaptação à realidade física e a suas alterações)			*(Capacidades do Eu: identificação com o Supereu [consciência moral] e autoafirmação em relação a ele)*
		Eu – mundo interior Princípio de realidade: conservação de si e princípio modificado de prazer	
		(Capacidade do Eu: domínio sobre as exigências do Id)	
		Id (princípio de prazer) Impulsos fundamentais: Eros e destruição	
		Organização corporal Origem dos impulsos	
		Base filogenética	

Sob a perspectiva da ética, as reflexões de Freud sobre o Supereu e sobre a consciência moral podem ser apresentadas da seguinte forma: sua exposição deve ser entendida como uma genealogia da moral sob uma perspectiva terapêutica. No interesse da saúde do Eu não ocorre nenhum exame das pretensões morais sob o ponto de vista do conteúdo, mas apenas da quantidade. Tais pretensões precisam ser rebaixadas em um Eu enfraquecido. Contudo, o fortalecimento do Eu motivado terapeuticamente não é um fim em si. Antes, o objetivo é, servindo à saúde do Eu, realizar um equilíbrio entre o Eu, o Id, o mundo externo físico e as exigências morais da sociedade. As reflexões de Freud não mais tematizam, como ainda ocorria em Kant, um Eu forte, que amplia suas pretensões de forma desproporcional e para o qual, pois, precisam ser traçados limites por meio de um imperativo categórico; antes, trata-se aqui de um Eu ameaçado ou enfraquecido, que tem de lutar pela conservação de si ou autoafirmação. As reflexões de Freud, portanto, não servem a uma ética imperativa, mas, antes, a uma ética terapêutica.

A história de recepção de Freud tem seu centro na disseminação da psicanálise como terapia e nas formas de terapia que lhe são aparentadas, como, por exemplo, a terapia centrada na pessoa, de Rogers. A principal influência de Freud reside no campo da psicologia clínica e menos em seus esquemas teóricos. O impulso de destruição e o complexo de Édipo foram desde cedo criticados e outros elementos teóricos ainda são discutidos. No entanto, a sua abordagem mudou o pensamento. Conceitos como "repressão" ou o chamado "ato falho" tornaram-se patrimônio público, assim como o "complexo de Édipo". A influente psicologia de Piaget também tematiza estágios do desenvolvimento moral da criança, mas para tanto emprega outros métodos e outros conceitos.

3 A constituição da forma [*Gestalt*] humana (Portmann)

> Comparemos a forma de desenvolvimento do ser humano [...] com os traços mais importantes da ontogênese de mamíferos superiores. Como a mais significativa oposição, chama aqui a atenção que o ser humano recém-nascido não atingiu o tipo da forma madura conforme a espécie nem na maneira de locomoção, nem na postura corporal e nem em sua forma de comunicação. Ao invés de amadurecer no ventre materno até esse estágio de formação, até uma cria da forma mais evoluída de mamífero, o pequeno ser humano abandona o ventre da mãe em um estágio muito precoce e "vem ao mundo" [...].
> O tempo que o ser humano, compreendido como um genuíno mamífero, ainda precisaria passar no ventre da mãe [...] corresponde [...] a algo como o primeiro ano após o nascimento. Esse período surge com especial clareza na contraposição com a norma entre os animais. Nós o denominamos "ano prematuro extrauterino" (PORTMANN, 1956, p. 69).

Adolf Portmann nasceu em 1897 na Basileia. Ele estudou zoologia em sua cidade-natal. De 1922 a 1924 seguiram-se estágios de pesquisa em Munique, Helgoland, Berlim, Paris e Banyuls-sur-mer. Em 1926 ele se tornou docente na Basileia e de 1931 até sua aposentadoria, em 1968, ele foi lá professor e diretor do Instituto Zoológico. Em 1947 Portmann tornou-se reitor da Universidade da Basileia. Nos anos seguintes ele se tornou membro e membro honorário de inúmeras sociedades científicas nacionais e internacionais. Em 1965 ele obteve o *Sigmund-Freud--Preis* da *Akademie für Sprache und Dichtung* de Darmstadt e em 1976 o *Goethe--Preis* para arte e ciência da *Goethe-Stiftung* de Zurique, assim como a medalha de ouro da *Humboldtgesellschaft*. Ele faleceu em 1982 na Basileia.

Para Adolf Portmann, a Teoria da Evolução apresenta o campo de suas próprias pesquisas zoológicas. Ele afirma: "O reconhecimento da evolução, numa perspectiva da história da Terra, dos organismos como processo de uma autodiferenciação da vida é de fato, enquanto uma 'teoria universal da evolução', uma suposição fundamental da pesquisa contemporânea sobre a vida" (PORTMANN, 1979, p. 39). As questões ainda deixadas em aberto dizem respeito a meros detalhes.

A Teoria da Evolução possui três fases: a primeira fase é o próprio darwinismo, a segunda o neodarwinismo e a terceira a teoria universal da evolução. O pressuposto fundamental da Teoria da Evolução é a suposição de que "as primeiras formas de seres vivos teriam sido formadas a partir de substâncias inorgânicas" (PORTMANN, 1979, p. 39). Permanece sem ser respondida a seguinte questão: "Esse foi um acontecimento único num tempo primevo longínquo ou ele ainda ocorre hoje em dia" (PORTMANN, 1979, p. 39). Para responder a essa questão, foram realizadas inúmeras tentativas de produzir condições para o surgimento da vida sob condições laboratoriais. "O resultado é a demonstração de que, sob cuidadoso controle de todos os reagentes [...], surgem de fato compostos orgânicos simples, como ácido etanoico, aminoácidos, entre outros, em quantidade considerável" (PORTMANN, 1979, p. 27). Entretanto, também não se pode negar que "ainda permanece sendo uma outra questão a da passagem para um ser orgânico, mesmo da espécie mais simples, que conserve a si mesmo e se prolifere" (PORTMANN, 1979, p. 29).

Uma primeira diferença significativa no interior da vida surge da distinção entre unidades de vida unicelulares e pluricelulares. A característica peculiar da unidade de vida unicelular é a de que "a proliferação das unidades de vida [ocorre] por meio da divisão, nas quais "os elementos que se autoproliferam são, cada um deles, transmitidos a duas formações subsidiárias" (PORTMANN, 1979, p. 16). Isso significa "que não há genuinamente morte nessa esfera de vida" (PORTMANN, 1979, p. 16). Também é importante reconhecer "que os primeiros estágios de vida não podem ser denominados nem vegetais e nem animais" (PORTMANN, 1979, p. 31). Em relação a esse estágio "protovital" de vida, as exigências mínimas colocadas ao "'primeiro' ser vivo" são maiores. Ele tem uma estrutura complexa e é um sistema.

> Uma tal estrutura [*Struktur*] molecular já superior, que, graças às suas características de sistema, conserva a si mesma e se reproduz na troca de matéria com o ambiente, precisa concluir, para o exterior, de uma forma aberta, a estrutura [*Gefüge*] de seus componentes autorreprodutíveis. Uma membrana limitante torna-se, portanto, um órgão importante no organismo mais simples (PORTMANN, 1979, p. 31ss.).

Ora, as condições da reprodução de seres vivos formam o ponto de partida da Teoria da Evolução de Darwin. Contra a corrente suposição de que Darwin teria considerado somente a seleção como a responsável pelo desenvolvimento das espécies, deve ser ressaltado que, para ele, a combinação de três fatores desempenha uma importante função. Eles são: variação hereditária, seleção e isolamento. Darwin menciona repetidas vezes o princípio de variação. Este afirma que os descendentes de um ser vivo são gerados de forma distinta. Porém, Darwin ainda não distingue entre as variações hereditárias e as não-hereditárias. Por fim, ao lado da seleção, o fator do isolamento desempenha um importante papel. Ele afirma que, por meio de "afastamento espacial ou de postergação temporal da atividade reprodutiva" (PORTMANN, 1979, p. 38), pode resultar uma vantagem de sobrevivência de um tipo determinado. O limite da abordagem de Darwin consiste na sua recusa em atribuir, em sua concepção, um papel adequado à mutação.

A redescoberta das leis hereditárias descoberta por Gregor Mendel (1822-1884) significou um complemento decisivo para a teoria de Darwin. No início, contudo, parecia que essas leis refutavam as suposições de Darwin, pois a "pesquisa original da transmissão hereditária levou a certas argumentações conservadoras", uma vez que elas "ressaltavam, ainda de forma impressionante, a influência de fatores, aos quais se confiava a preservação, a constância das organizações" (PORTMANN, 1979, p. 36). Contudo, no início do século XX foi descoberto o lado "revolucionário" da transmissão hereditária:

> Em 1909 foram constatadas em laboratório as primeiras modificações hereditárias súbitas e teve então início a investigação mais precisa sobre tais "mutações" para vegetais e animais. Em 1927 resultou bem-sucedida a provocação de tais modificações permanentes por meio da exposição à radiação, e perto do início da Segunda Guerra Mundial já conhecíamos a possibilidade de desencadeamento químico de alterações hereditárias (PORTMANN, 1979, p. 36).

O princípio de mutação foi logo investigado também em formações maiores de organismos. A genética de populações foi assim desenvolvida. Todos esses resultados de pesquisa modificaram a concepção de Darwin de forma tão drástica que se introduziu o nome "neodarwinismo" para essa teoria ampliada da evolução. Desde então, seleção e mutação são consideradas como as principais construtoras da evolução. Contudo, ambas são interpretadas meramente sob uma perspectiva funcional, isto é, sob a consideração de estruturas convenientes à conservação da vida.

No entanto, segundo Portmann, uma teoria universal da evolução não poderia parar aqui. Ora, ela desconsideraria um terceiro fator importante da evolução, que consiste na aparição apenas sensivelmente perceptível de formas [*Gestalten*]. A importância do "fenômeno da forma" é sensivelmente evidente no nível da diferenciação dos gêneros. A constituição de características típicas de cada gênero é interpretada sob a perspectiva funcional como vantagem reprodutiva. Porém, desconsidera-se aqui que cada seleção somente pode dizer respeito a algo existente, a "algo ao menos existente nos primórdios", isto é, pressupõe-se a existência de características que devem constituir aquilo que é apenas "tardiamente digno de seleção". Segundo Portmann, o critério para a formação de características típicas de cada sexo não é aquilo que é digno de seleção, mas, antes, a forma.

Ele afirma: "Ora, nós observamos que as características selecionadas, como, por exemplo, padrões de cor, chifres, cornos ou também o canto, possuem, todas, caráter de forma, o que remete a um completo ordenado de causas. As formas [*Formen*] que encontramos a serviço da sexualidade são parte de fenômenos de formas [*Gestaltphänomenen*] mais abrangentes" (PORTMANN, 1979, p. 44). Portanto, a evolução não deve ser compreendida apenas como um processo de seleção a serviço da conservação da espécie, mas também como uma produção de formas autônoma e sem uma finalidade determinada. Essas formas têm um caráter estético. Com a ênfase nos aspectos estéticos e morfológicos dos seres vivos, Portmann se coloca na tradição da pesquisa da natureza à qual pertencem Goethe e Alexander von Humboldt. Portmann considera uma tarefa fundamental da pesquisa sobre a vida a compreensão dos caráteres formais de seres vivos. Ele discute essa concepção com ajuda do exemplo da relação entre a flor e a folha no tulipeiro. Portmann afirma:

> Ninguém desconhece a ordem natural hierárquica que a própria planta nos ensina: a primazia da forma de flor. Porém, nós também examinaremos com o interesse mais intenso as relações formais que ligam a forma [*Form*] da flor com as das folhas, e indicaremos o íntimo parentesco das predisposições (PORTMANN, 1978, p. 48).

Portmann menciona dois fatores adicionais que devem ampliar a Teoria da Evolução. Trata-se das "duas principais características do vivente": "interioridade da vivência de mundo [*Innerlichkeit des Welterlebens*] e exposição de si na forma [*Selbstdarstellung in der Gestalt*]" (PORTMANN, 1979, p. 68ss.). Portmann discute o primeiro aspecto com auxílio do exemplo da observação de uma coruja-do--mato. Torna-se aqui claro como Portmann procura vincular sua concepção de ciência natural com uma compreensão mais abrangente da natureza, denominada por ele "ciência da natureza" [*Naturkunde*] (PORTMANN, 1979, p. 73). Ela é determinada através do respeito pela vida. A reflexão de Portmann na observação de uma coruja-do-mato é a seguinte:

> A visão dos grandes olhos da coruja-do-mato, a imersão na força expressiva dessa fronte nos adverte sobre o que significa a vida superior dos animais. Aqui nós vemos um ser que tem sua própria vivência de mundo, que vive espaço e tempo segundo uma própria lei da espécie. Seguir no rastro de tudo aquilo que é mostrado por essa interioridade, da estrutura do sistema nervoso e dos órgãos de sentido até a especificidade do comportamento, é a maior tarefa do trabalho zoológico (PORTMANN, 1978, p. 288).

Por fim, mencionemos o princípio de exposição de si. Como exemplo, desta vez numa perspectiva antropológica, Portmann se refere ao jovem motociclista para quem o "barulho das motos [...] é um mal que não é simples de ser evitado", mas, antes, uma forma de "melhoramento de si" e "exposição de si" (PORTMANN, 1979, p. 101). Fenômenos de forma, interioridade como vivência de mundo e exposição de si são as formas [*Formen*] sem finalidade determinada sob as quais deve ser considerado o desenvolvimento da natureza, no sentido de um complemento essencial da Teoria da Evolução.

A antropologia de Portmann se guia por esse aspecto. Ele considera o ser humano como uma forma específica da vida. Para descrever a posição particular do ser humano, Portmann se reporta também à comparação entre animal e ser humano. Contudo, ele se opõe à concepção tradicional de que o ser humano seria plenamente determinado como um ser de carências. Para Portmann, pelo contrário, trata-se de investigar essa tese e atentar para aspectos por muito tempo desconsiderados. É o caso, por exemplo, da nudez do ser humano, tradicionalmente considerada como uma carência ou falha. Contra isso, Portmann afirma:

> [Nossa] pele nua se tornou uma formação ricamente dotada de órgãos de sentidos [...]. Correspondentemente, o ato de tatear e pegar o próprio corpo realizado pela criança pequena desempenha um papel importante, porém ainda pouco notado, no surgimento de toda vivência de mundo. Mas essa interação de movimentos e estrutura de pele somente é possível em associação com uma organização central superior já dada, isto é, na representação central superior das áreas da pele e na disposição expandida para movimentos da mão. Assim, a

>disposição corporal do recém-nascido, frequentemente julgada como de mero desamparo, é, na realidade, bem mais do que desamparo, a saber, ela é uma forma particular da liberdade, de liberdade adstrita que poderia muito bem ser uma parábola para toda nossa forma de vida (PORTMANN, 1978, p. 56ss.).

Ao passo que o filhote do macaco, agarrado à pelagem da mãe, participa de seus saltos aventureiros e, assim, parece estar em vantagem em relação à desamparada posição supina do recém-nascido, a mão deste, ricamente dotada de órgãos de sentido, liga-se, num exame mais detido, a uma faculdade que torna possível ao recém-nascido apreender as coisas no sentido literal e no figurado, o que extrapola em muito as capacidades do filhote de macaco.

A posição particular do ser humano se mostra já em seu nascimento. O específico desamparo fora desde há muito ressaltado, mas sempre interpretado apenas como uma carência. Para Portmann, trata-se, pelo contrário, de ver nele o necessário ponto de partida para o desenvolvimento específico do ser humano, do recém-nascido à criança pequena. Comparado com os mamíferos superiores mais próximos, o recém-nascido é um "prematuro fisiológico". Portmann escolhe para a sua caracterização a formulação paradoxal "altricial secundário" ["*sekundärer Nesthocker*"]. Tal formulação carece de elucidação. A expressão "*Nesthocker*" provém do mundo das aves e se refere àquelas aves que não são imediatamente capazes de voar, permanecendo, antes, um tempo mais longo no ninho [*Nest*], como, por exemplo, o passeri e o pica-pau, em oposição aos precociais [*Nestflüchtern*], como a galinha, pato, entre outras aves (cf. PORTMANN, 1956, p. 29ss.).

Essa distinção foi então também aplicada a outros grupos de animais, como, por exemplo, aos mamíferos. Aqui essa característica se mostra como um nível distinto de desenvolvimento. Uma comparação torna isso claro:

>[Os altriciais,] com uma estrutura corporal pouco especializada e um desenvolvimento inferior do cérebro, distinguem-se principalmente pelo período curto de gestação, pela prole numerosa em cada ninhada e pelo estado de desamparo do filhote no momento do nascimento. Na maior parte dos casos, esses filhotes não têm pelagem, seus órgãos de sentido ainda estão retraídos, e a temperatura de seu corpo ainda é completamente dependente do calor externo (predadores de insetos, muitos roedores, predadores de pequeno porte, sobretudo mustelídeos) [...]. Uma imagem completamente distinta de desenvolvimento é mostrada nos graus superiores de organização dos mamíferos, cuja estrutura corporal é especializada e cujo cérebro apresenta uma formação mais rica (ungulados, cetáceos, prossímios e símios). Neles o desenvolvi-

mento no ventre materno tem uma duração muito longa, a prole por ninhada é na maioria dos casos limitada a um ou dois filhotes, e os recém-nascidos são bem desenvolvidos, bem parecidos com os mais velhos na forma e no comportamento (PORTMANN, 1956, p. 29ss.).

Estes são os típicos precociais. Por exemplo, logo depois do nascimento, o potro coloca-se de pé por conta própria e segue sua mãe.

Quando essas características são utilizadas para ajuizar a situação do ser humano, salta aos olhos que o recém-nascido humano, por um lado, deve ser contado no interior dos mamíferos superiores, incluindo aqui o relativamente longo período de gravidez da mãe e o número pequeno da prole, mas também, por outro lado, que ele apresenta, em seu desamparo, características dos altriciais. Esse fato paradoxal faz com que Portmann fale de um "altricial secundário" no caso do ser humano. O tempo que no ser humano seria necessário para atingir um estágio de maturidade comparável ao dos mamíferos superiores no nascimento é o de um ano. Uma gravidez prolongada em doze meses seria completamente possível a partir de razões biológicas. Por exemplo, o tempo de gestação do elefante é de 21 a 22 meses.

Outras especificidades do ser humano saltam à vista, como, por exemplo, o peso ao nascer. Ao passo que o tempo fetal no ser humano com cerca de 280 dias é parecido ao dos primatas, o seu peso ao nascer é significativamente maior. Nos primatas este gira em torno de 1.500 a 1.800 gramas, enquanto no ser humano é de 3.200 gramas, e, decerto, independentemente do peso da mãe. Ainda mais marcante é o peso distinto do cérebro, que nos primatas gira em torno de 180 e 200 gramas e no ser humano, por sua vez, é de 370 gramas. Essa discrepância aumenta ainda mais na fase adulta, embora aqui o peso corporal seja aproximadamente o mesmo.

As proporções dos membros do corpo dos primatas e dos recém-nascidos humanos são igualmente diferentes. Ao passo que as proporções corporais do filhote do primata equiparam-se em boa medida àquelas dos seus pais – aqueles são como que cópias menores destes –, no ser humano há as típicas proporções do recém-nascido. Isso é sobretudo evidente no comprimento das pernas. Em sua forma madura, o comprimento das pernas no chimpanzé é 1,69 vez, no ser humano, pelo contrário, 3,94 vezes maior do que o comprimento das pernas do recém-nascido.

Pressupondo que o ser humano necessita de um ano completo para atingir um estágio de maturidade comparável ao dos mamíferos superiores, coloca-se a pergunta pelo desenvolvimento do recém-nascido realizado não no útero, mas, sim, fora dele, isto é, "extrauterino". Portmann designa esse primeiro ano do recém-nascido como o "ano prematuro extrauterino". Ele ocorre em um ambiente social que tem o caráter de um "útero social". O útero é social na medida em que nele realmente ocorrem os processos biologicamente determinados de amadurecimento que são característicos da espécie humana. Contudo, isso ocorre em um ambiente culturalmente muito distinto e, assim, marcado pela plasticidade. No interior do ano prematuro extrauterino, o ser humano desenvolve três competências humanas decisivas: a postura ereta, a linguagem e, ligado a elas, o agir criterioso.

Nenhum ser humano desenvolve a postura ereta sem ajuda humana. Em casos isolados, em que recém-nascidos foram criados por lobos, eles se locomovem como quadrúpedes. Contudo, a bipedia do ser humano não é uma capacidade que somente é adquirida pela educação, mas, antes, já está disposta em germe. Assim, "a formação da coluna vertebral para sua futura forma elástica e de apoio" já está disposta "no segundo mês fetal" (PORTMANN, 1979, p. 81). No entanto, a coluna vertebral no recém-nascido ainda não se encontra completamente alongada, desenvolvendo sua forma em "S", característica da espécie, somente após o indivíduo colocar-se de pé e aprender a andar. Assim, o ser humano, por suas próprias predisposições biológicas, é disposto a um aprendizado social. Portmann formula essa especificidade da seguinte forma.

"Absolutamente nenhum mamífero atinge sua postura característica da espécie como o faz o ser humano, a saber, por meio de um esforço ativo e apenas após um longo tempo depois do nascimento" (PORTMANN, 1956, p. 69). A aquisição da postura ereta mostra essa interação entre desenvolvimento e ambiente social. As seguintes etapas são características:

> 2 a 3 meses: domínio da postura da cabeça. 5 a 6 meses: desejo e obtenção de uma postura sentada. 6 a 8 meses: aprumo de todo o corpo com auxílio dos adultos e apoiando-se em objetos. 11 a 12 meses: primeiro pôr-se livremente de pé e passos independentes, subsequentemente um aprendizado veloz do pôr-se livremente de pé e do caminhar. 11 a 13 meses: aprendizado da postura ereta a partir de uma posição de bruços (PORTMANN, 1956, p. 70).

Contudo, seria equivocada a suposição de que o complicado movimento de locomoção não pode ser desenvolvido no útero. Contra isso há o fato de que a capacidade de andar e voar nas aves, por exemplo na codorniz, amadurece sem exercício prévio.

A interação entre predisposição e ambiente também se dá em relação à segunda competência humana: a linguagem. É uma simplificação grosseira reduzir a competência linguística à capacidade de produzir sons. Decerto, já o recém-nascido dispõe de um repertório de sons significativamente mais rico do que, por exemplo, o do chimpanzé, porém um outro aspecto é decisivo. Se se busca nos animais uma faculdade correspondente àquela da linguagem humana, o resultado é negativo: "Em nenhum outro lugar se encontra a possibilidade de empregar, em livre ordenação, uma palavra como 'signo', apartado de uma determinada situação" (PORTMANN, 1951, p. 96). Nota-se um desenvolvimento característico também para a aquisição da linguagem. O ponto de partida é a "capacidade para gritar, murmurar, guinchar ou estalar a língua" (PORTMANN, 1956, p. 73). Essas expressões sonoras ampliam-se, nos primeiros seis meses, até uma fase do balbucio, "até genuínos monólogos balbuciantes, com os quais o pequeno ser produz um verdadeiro arsenal de formações linguísticas, muitas das quais ele nunca mais utilizará em seu idioma futuro" (PORTMANN, 1956, p. 73). A próxima fase é decisiva, iniciando com nove ou dez meses. Nela imitam-se palavras do entorno. Portmann discute esse fato da seguinte forma: "São reproduzidas palavras que se relacionam com estados-de-coisa e que, no início, podem significar fatos complexos bem distintos. As palavras conotam desejos, aspirações, assim como constatações; por assim dizer, elas substituem frases inteiras" (PORTMANN, 1956, p. 73). O desenvolvimento da linguagem, porém, não ocorre apenas pela imitação: na medida em que a criança exprime desejos e faz constatações, a sua linguagem vai além da mera imitação e torna-se um ato mental produtivo. Aquilo que a criança aprende ao longo do desenvolvimento de sua linguagem é a capacidade da "expressão controlada", que, segundo Portmann, constitui a essência da linguagem humana.

O agir criterioso também se desenvolve em estágios. No início há um comportamento instintivo, que é reconfigurado com o período de imitações condicionadas. Mesmo as imitações são acompanhadas de "atos momentâneos de discernimento", o famoso "momento-eureca" [*Aha-Erlebnis*], que também foi observado como uma "das realizações limítrofes mais interessantes do chimpanzé".

> O que é decisivo na criança humana, contudo, é *a superação definitiva desse estágio por volta do nono ou décimo mês do primeiro ano, a obtenção de um*

> *estágio em que discernimento, compreensão de contextos significativos torna-se elemento característico de nosso comportamento.* Esse agir criterioso começa com a apreensão de concatenações de ferramentas, com a inteligência técnica. Ele se inicia com a transposição de um caso isolado da resolução de um problema a situações análogas, mas muito distintas, por meio da qual a criança avança de um estado-de-experimentação [*Feldverhalten*] a um estado-de-coisas [*Sachverhalt*], da apreensão subjetiva à objetiva (PORTMANN, 1956, p. 74).

O desenvolvimento do agir criterioso abrange três momentos: inteligência técnica, conhecimento de situações análogas com o objetivo de resolução de problemas, e a compreensão de contextos significativos.

O desenvolvimento da criança, do primeiro ano até a puberdade, é frequentemente considerado como uma "retardação fisiológica relativamente autônoma". Contudo, tal juízo é falso. Com vistas aos desafios que são colocados para a criança em desenvolvimento, "a qual precisa acolher um poderoso legado da tradição em processos complexos de aprendizado" (PORTMANN, 1979, p. 82), o significado dessa etapa não pode ser desconsiderado. Contudo, um novo estágio de vida e uma nova vivência de mundo se iniciam com a puberdade. A mudança é determinada pela "precedência da imaginação" na criança e a "predominância" do racional com o início da puberdade. A vivência de mundo da criança pode ser descrita da seguinte maneira:

> Nós crescemos em nossos primeiros anos com a preponderância das relações emotivas com o ambiente e com o próprio ser individual. Essa infância vive da confiança na verdade das impressões sensíveis, conforme temos experiência imediata delas. Forma-se a imagem de um mundo que é preciso denominar como primário: o mundo da terra jacente, por cima do qual se arqueia o céu, o mundo no qual o sol diariamente nasce e se põe, o rico e maravilhoso mundo dos sentidos, do qual vive, por toda a vida, a arte e a poesia. É o mundo no qual também há a verdade dos sonhos, no qual nós vivemos alegremente a realidade dos contos de fadas e dos mitos (PORTMANN, 1979, p. 83ss.).

Essa vivência de mundo é dissolvida ou ao menos reconfigurada na puberdade através da visão racional de mundo do adulto. Em lugar da verdade imediata da sensação do vermelho, verde e amarelo surge agora o conhecimento de que as cores são ondas eletromagnéticas, cuja frequência é acessível a uma apreensão quantitativa (cf. PORTMANN, 1979, p. 84).

Portmann defende que a primeira visão de mundo não seja completamente abandonada em prol da segunda, movendo-se, com essa sugestão, no campo da ética. Em seu livro *Das Tier als soziales Wesen* [*O animal como ser social*] ele documentou ricamente os resultados de suas pesquisas sobre o comportamento animal (cf. PORTMANN, 1962). Contudo, ele não sucumbe à tentação de transpor o comportamento animal ao humano. Ele afirma que o estudo das formas sociais dos animais não nos fornece uma receita, "uma forma de convivência a ser selecionada como a 'correta', como se fosse biologicamente fundamentada" (PORTMANN, 1979, p. 97). Assim, seria completamente insustentável o desejo de derivar uma ética social a partir da assim chamada "luta pela existência". Uma tal derivação desconhece a distinção de princípio entre animal e ser humano, que consiste no fato de que no ser humano, apesar de predisposições significativas, "a relação com o mundo é completamente aberta e sujeita à própria discrição" (PORTMANN, 1979, p. 96), ao passo que nos animais, mesmo nos superiores, ela é significativamente estanque.

Para o ser humano o problema da ética surge de sua liberdade. Portmann formula sua tarefa da seguinte maneira:

> A abertura de nossas predisposições de afeição recoloca a todo indivíduo, a toda geração, a tarefa de encontrar a solução para as relações sociais, de buscar a síntese de dados naturais relativamente constantes e a situação histórica específica [...]. Tanto encontrar como manter formas sociais é, no ser humano, uma tarefa do espírito (PORTMANN, 1979, p. 97).

Portmann vê a tarefa política de seu tempo no equilíbrio entre as pretensões do indivíduo e as do Estado; já a sua tarefa como cientista seria

> apontar para a desgraça que o ser humano planejador causou [...] em seus habitats vitais, onde está prestes a aniquilar a sua base de existência, onde ele empesteia o ar respirável e a água da vida, ameaça a veste verde da Terra que nos alimenta, onde ele extermina formas tremendas de vida que, assim como nós, são a obra de um acontecimento oculto, enigmático (PORTMANN, 1979, p. 130ss.).

A história de recepção de Portmann é intimamente ligada à influência do círculo de Eranos. Trata-se de uma associação internacional de cientistas que se encontravam regularmente nas proximidades de Ascona, no Lago Maggiore. A sua abordagem era interdisciplinar. As comunicações dadas ali eram reproduzidas no *Eranos-Jahrbuch*, que era publicado periodicamente.

INDIVÍDUO
E PESSOA

IX

O ser humano como indivíduo

A palavra "*individuum*" corresponde à palavra grega "*atomon*", traduzida para o latim por Cícero, e designa o "indivisível". A palavra grega ocupa uma posição central na teoria dos átomos de Leucipo e Demócrito, significando os menores e indivisíveis elementos da matéria. Com efeito, no *Fédon*, de Platão, a alma é indivisível; contudo, nem a ele e nem a Aristóteles ocorreu designar o ser humano como um átomo.

Entretanto, Aristóteles tem uma importância na história do conceito de individualidade difícil de ser desconsiderada. Tal importância consiste em ele ter dirigido atenção ao particular de uma maneira até então não concebível; mais ainda: para ele a coisa particular se torna uma "substância primeira", a denominada "*prote ousia*". Como exemplo ele fornece – também não por acaso – o ser humano particular (ARISTÓTELES, *Metafísica*, 1.017b-1.018a). Em contrapartida, todos os conceitos universais são "substâncias segundas". Eles apenas têm um sentido se há uma substância primeira à qual se referem. O conceito de "ser humano" tem um significado, se há um "este aqui", como, por exemplo, este "Sócrates", "nesta carne e nestes ossos" (*Metafísica*, 1.034a). Sem a nova interpretação que Aristóteles dá ao particular seria dificilmente pensável a história do indivíduo e da individualidade como expressão que leva em conta o ser humano particular.

Contudo, a tradução de "átomo" por "indivíduo", mesmo devido ao sentido idêntico de ambas as palavras, não é de forma alguma evidente. A palavra "átomo" era e permaneceu sendo um conceito da física, mesmo após a física do século XX ter dividido teórica e tecnicamente o átomo em partes ainda menores; o conceito de indivíduo, pelo contrário, tornou-se um conceito central da antropologia filosófica desde a Modernidade. O único vínculo que conecta o átomo com o indivíduo é ambos dizerem respeito ao particular. Porém, mais importante é a diferença entre ambos: o átomo é determinado pela sua indivisibilidade, o indivíduo pela sua singularidade.

Leibniz fez dessa diferença o fundamento de sua filosofia da individualidade. Ele distingue os átomos físicos, que devem ser entendidos como corpos extensos – aos quais, por essa razão, não se atribui de forma alguma a verdadeira indivisibilidade –, e os átomos metafísicos, que ele denomina mônadas. Estas são indivíduos que refletem o mundo de forma única.

Wilhelm von Humboldt pode ser designado, na sequência de Leibniz, como um dos mais significativos e influentes defensores de uma teoria da individualidade. Ela é o fim supremo do ser humano. O seu desdobramento teórico é o objetivo de sua antropologia, de sua filosofia política, de sua teoria de formação cultural [*Bildung*] e de sua filosofia da linguagem.

Enquanto para Humboldt indivíduo e sociedade são mediados entre si e se enriquecem mutuamente, Schopenhauer vê no princípio de individualidade apenas o momento em que o particular se desconecta do universal. O *"principium individuationis"*, que tem como consequência a separação e o isolamento, leva necessariamente ao sofrimento, devendo ser por isso superado. Nietzsche inicialmente segue o pensamento de Schopenhauer, mas logo se volta contra ele. Nietzsche se torna um importante apologista do princípio de individualidade e está disposto a aceitar o sofrimento ligado a ele. Nietzsche interpreta o indivíduo como expressão de uma "vontade de potência".

1 O indivíduo como mônada (Leibniz)

> A *mônada* de que vamos falar aqui não é outra coisa senão uma substância simples, que entra nos compostos; *simples*, quer dizer, sem partes [...].
> É preciso, inclusive, que cada mônada seja diferente de cada outra. Com efeito, não há nunca na natureza dois seres que sejam perfeitamente um como o outro e onde não seja possível encontrar uma diferença interna ou fundada numa denominação intrínseca [...].
> Ora, esta ligação ou este acomodamento de todas as coisas criadas a cada uma e de cada uma a todas as outras faz com que cada substância simples tenha relações que exprimem todas as outras e que ela seja, por conseguinte, um espelho vivo perpétuo do universo.
> E como uma mesma cidade olhada de diferentes lados parece completamente diferente e é como que multiplicada perspectivamente; acontece igualmente que, através da multidão infinita das substâncias simples, há como que outros

tantos universos que não são todavia senão as diferentes perspectivas de um único segundo os diferentes pontos de vista de cada mônada (LEIBNIZ, 1965, p. 439; 443 e 465).

Gottfried Wilhelm Leibniz nasceu em Leipzig em 1646, dois anos após o término da "Guerra dos Trinta Anos". Ele viveu em toda a sua clareza as consequências dessa guerra, das quais fazem parte as tensões confessionais e políticas em sua terra natal. Ele foi aquilo que se denomina uma criança prodígio, iniciando-se com pouco mais de oito anos, como autodidata, na leitura de textos latinos. Como filho de um professor, foi-lhe permitido matricular-se precocemente na Universidade de Leipzig; com pouco mais de 21 anos, Leibniz concluiu seus estudos com um doutorado em jurisprudência.

O restante da sua vida transcorreu em meio a uma incansável atividade nos mais diferentes campos científicos, diplomáticos e técnicos. Os seus contatos científicos, que ele cultivou através de viagens e um número incrível de cartas, conectaram-no ao mundo erudito europeu. Muitos de seus projetos fracassaram ou não foram concluídos, assim como seu plano de escrever a história da Casa de Welf, para o qual realizou uma série de viagens com o objetivo de colher material. Um outro projeto, também fracassado, dizia respeito aos seus planos de reconciliar ambas as confissões (cf. HUBER, 1951, p. 156ss.). Ele somente conseguiu fundar a "*Sozietät der Wissenschaften*" (*Akademie*) em Brandenburgo, para a qual serviram de modelo a *Royal Society* inglesa e a *Académie des Sciences* francesa. Em 1700 ele se tornou seu primeiro presidente. Planos de fundação de uma Academia em Petersburgo remontam a seus contatos com o Czar Pedro I. Igualmente multifacetadas foram as suas investigações filosóficas e científicas.

No campo da matemática mencionemos a descoberta do cálculo infinitesimal que ele desenvolveu em paralelo ao método de fluxões de Newton; contudo, consolidou-se a linguagem formal desenvolvida por Leibniz (cf. SEIDEL, 1979, p. 74ss.). Deve-se também mencionar a máquina de calcular projetada por ele, tida por uma precursora na história da técnica de computação. No âmbito da filosofia, há uma série de importantes teorias que tornam difícil escolher uma entre todas elas. Acresce-se ser difícil isolar uma das outras, pois elas formam uma unidade especulativa. Leibniz faleceu em 1716 em Hannover.

Para sua concepção de individualidade é crucial sua monadologia, isto é, sua teoria sobre as mônadas. A mônada é definida como "uma substância simples, que entra nos compostos; *simples*, quer dizer, sem partes". Ao passo que no *Discours de métaphysique* [*Discurso de metafísica*], de 1686, Leibniz fale geralmente de "substância individual" (LEIBNIZ I, 73ss.), em seu lugar aparece na *Monadologia*, de 1712/1714, o conceito de "mônada". Ambas as expressões designam o mesmo. A mônada é uma "substância individual" simples. Isso significa que a mônada é um indivíduo, e o indivíduo é uma mônada (cf. CASSIRER, 1962, p. 384ss.). A *Monadologia* contém o desdobramento de sua teoria da individualidade (cf. *HPW* 4, p. 311). Ela apresenta uma grande complexidade conceitual. Diferenciemos aqui quatro aspectos.

Como indivíduo, a mônada é, primeiro, parte de uma harmonia preestabelecida entre corpo e alma; ela é, segundo, um sujeito cognoscente; ela é, terceiro, como um microcosmo, um espelho vivo do mundo, o qual é, ele mesmo, um macrocosmo; e ela é, quarto, determinada pela singularidade e liberdade. Todos esses quatro aspectos formam uma unidade. Nenhum deles pode ser compreendido sem os demais.

O primeiro ponto diz respeito ao dualismo de corpo e alma, que, apesar da ideia de unidade, possui uma relevância decisiva. Ele se baseia no fato de que há não apenas tantas substâncias quantas são as mônadas, mas também duas espécies estruturalmente diversas, as simples e as compostas. As substâncias simples são as mônadas, e elas se diferenciam em enteléquias, almas e espíritos. As substâncias compostas são os corpos constituídos materialmente. As substâncias simples são indivisíveis, isto é, individuais, as compostas são não apenas divisíveis, mas também *de facto* infinitamente divisíveis. Substâncias simples e indivisíveis são ordenadas entre si, assim como o ponto sem extensão no centro de um círculo se relaciona com os raios extensos do círculo. Elas se correspondem, mas pertencem a uma ordem conceitual distinta. A substância extensa, composta, e a substância inextensa, simples, formam um dualismo. No ser humano, ele se apresenta como a relação entre alma e corpo. O problema da mediação entre ambos os âmbitos se vincula ao dualismo.

Leibniz recusa a suposição de Descartes sobre a existência de um órgão de mediação no cérebro humano, assim como o ocasionalismo de Geulincx e Malebranche, segundo o qual Deus interviria "ocasionalmente" para coordenar corpo e alma. Para ele, os dois modelos ferem as leis da natureza. A solução desenvolvida por Leibniz é sua concepção de harmonia preestabelecida. Para a compreensão desse modelo é necessário tornar claro que não se trata aqui de intermediar duas substâncias estanques, mas, antes, duas séries de eventos estruturadas de forma distinta. Trata-se de uma série de eventos físicos – pertencentes à ordenação da natureza – de corpos, por um lado, e de uma série de eventos anímicos-espirituais, por outro (cf. FINSTER & HEUVEL, 1990, p. 64ss.).

Leibniz se refere à teoria dos quatro sentidos de causa em Aristóteles (cf. VII, 1). Os termos latinos são: *causa formalis, causa materialis, causa efficiens* e *causa finalis*. Leibniz adota os dois últimos, a causa eficiente e a causa final, ao passo que a física de seu tempo recusava a causa final e aceitava apenas a causa eficiente. Leibniz admite que também ele inicialmente se fascinara pelas teorias dos físicos de seu tempo. Ele afirma: "Encantou-me a sua bela maneira de explicar mecanicamente a natureza" (LEIBNIZ, 1933, p. 105). Depois, contudo, ele reconheceu que uma concepção física segundo a qual haveria apenas átomos materiais não seria capaz de "encontrar princípios para unidades reais", e prossegue: "Eu precisei, assim, buscar novamente as *formas substanciais*, atualmente tão desacreditadas, e, por assim dizer, reabilitá-las [...]. Aristóteles as denomina *primeiras entelequias*. Eu as denomino, talvez de modo mais compreensível, *forças originárias*" (LEIBNIZ, 1933, p. 106ss.). O resultado dessa reabilitação não é uma rejeição completa por parte de Leibniz da física de seu tempo, mas, antes, a distinção entre duas séries de causas: a da causa eficiente e a da causa final – aquela coordena os corpos e esta, a alma. Leibniz afirma:

> A alma segue as suas próprias leis e o corpo também as suas; e encontram-se em virtude da harmonia preestabelecida entre todas as substâncias, já que todas elas são representações de um mesmo universo. / As almas agem segundo as leis das causas finais por apetições, fins e meios. Os corpos agem segundo as leis das causas eficientes ou dos movimentos. E os dois reinos, o das causas eficientes e o das causas finais, são harmônicos entre si (LEIBNIZ I, 475ss.).

Mas como essa harmonia deve ser explicada? A resposta de Leibniz é: na criação do mundo, Deus ordenou ambas as séries de causas de tal modo que elas se harmonizam entre si no curso do mundo. Uma intervenção "ocasional" de Deus é, pois, tão supérflua quanto um órgão específico de mediação. A "harmonia preestabelecida" garante o seguinte fato impressionante: "Quando desejo levantar o braço, isso ocorre no exato momento em que, no corpo, tudo está pronto para esse feito, de modo que o corpo se movimenta em virtude de suas próprias leis"

(LEIBNIZ, 1933, p. 78). Ambas as séries causais formam um paralelismo psicofísico, e, decerto, do modo como Spinoza havia suposto.

O segundo aspecto de sua monadologia diz respeito ao conceito de subjetividade. O pensamento de Descartes é corretamente considerado como o início da filosofia moderna da subjetividade. Para ele, o eu pensante apresenta uma instância autônoma que não é dependente nem de Deus nem do mundo. Ele amplia o conceito de "pensar" de tal modo a abarcar também o sentir, o desejar e o representar. Também Leibniz compreende o sujeito a partir do fio condutor de seus atos de conhecimento. Estes, porém, não se encontram num mesmo nível, mas, antes, são ordenados hierarquicamente. Eles vão desde percepções obscuras e confusas, passando pelas percepções distintas, até os atos reflexivos da apercepção. Contudo, como cada percepção está ligada à mônada enquanto uma substância, cada mônada é ao mesmo tempo substância e sujeito. De uma perspectiva substancial, elas são ordenadas em enteléquias, ou seja, em mônadas simples ou "despidas", em almas e espíritos. Esses graus da substância correspondem a graus de conhecimento. O grau da substância "despida" corresponde à representação obscura ou confusa, o grau da alma se liga à percepção distinta, e o grau do espírito é reservado ao ato reflexivo da apercepção. Ele surge somente no ser humano. Leibniz segue aqui a concepção de Platão, que igualmente relacionou graus de ser e graus de conhecimento. Da perspectiva da história da filosofia, é significativo que em Leibniz a concepção de substância é transformada em um modelo de sujeito que se define pelos atos de conhecimento. Essa concepção encontra seu ápice no conceito kantiano de sujeito transcendental.

O terceiro aspecto diz respeito ao modelo cosmológico da relação entre microcosmo e macrocosmo. Também aqui um precursor pode ser encontrado na filosofia da natureza de Platão, mas também em Nicolau de Cusa. A ideia fundamental é "que cada porção de matéria" expressa e reflete "todo o universo". Para Leibniz, a matéria não apenas "é infinitamente divisível [...], mas também é efetivamente dividida sem fim" (LEIBNIZ I, p. 471). O microscópio, desenvolvido pelo holandês Leeuwenhoek (1632-1723), possibilitara que se tornassem visíveis em uma gota d'água os mais ínfimos seres vivos. Essa descoberta foi o que levou Leibniz à seguinte declaração:

> Vê-se, aqui, que na mais ínfima porção de matéria há um mundo de criaturas, seres vivos, animais, enteléquias, almas. / Cada porção de matéria pode ser

> compreendida como um jardim repleto de plantas, e como uma lagoa repleta de peixes [...]. / Assim, não há no universo nada baldio, nada estéril, nada morto, nenhum caos, nenhuma confusão (LEIBNIZ I, p. 471).

Isso significa que cada mônada é uma unidade vital, refletindo em si todo o universo. O autor da ordenação do universal é Deus. Leibniz discute essa ideia da seguinte forma:

> Da perfeição do autor supremo segue-se ainda que não só a ordem do universo inteiro é a mais perfeita possível, mas também que cada espelho vivo representando o universo segundo o seu ponto de vista, ou seja, que cada mônada, cada centro substancial, deve ter as suas percepções e os seus apetites ordenados da melhor forma possível, de modo a ser compatível com todo o resto (LEIBNIZ I, p. 431).

As teses de Leibniz sobre o Deus criador perfeito, o melhor de todos os mundos possíveis, a harmonia preestabelecida e a correspondência entre microcosmo e macrocosmo através da reflexão do mundo em cada mônada – todas estas ideias se unem, aqui, em uma unidade conceitual.

Esta última encontra sua consumação no quarto aspecto, segundo o qual a mônada, enquanto um indivíduo, é determinada pela singularidade e pela liberdade. Elas tornam-se evidentes por meio da distinção entre o conceito de indivíduo e o de átomo (cf. *HWP*, 4, 299ss.). A teoria antiga do átomo foi alvo de um novo interesse na física do início da Modernidade. Contudo, as mônadas, isto é, os indivíduos, não são para Leibniz átomos físicos, mas, antes, metafísicos. Ambos se distinguem por princípio. Leibniz afirma: "As mônadas são os verdadeiros átomos da natureza" (LEIBNIZ I, 439). Elas formam o fio condutor de sua concepção de individualidade. Ao passo que o átomo físico é extenso e intercambiável, a mônada, enquanto um átomo metafísico, isto é, enquanto um indivíduo, é inextensa e singular. Ao passo que o átomo físico está sujeito à causa eficiente, o indivíduo segue princípios teleológicos, isto é, ele apresenta uma enteléquia.

Uma característica marcante da concepção leibniziana de individualidade consiste na ênfase na singularidade do indivíduo. Leibniz relata ter, em um passeio, pedido a seu acompanhante que encontrasse duas folhas idênticas. Ele não conseguiu. Em uma carta a Clarke (1675-1729), um teólogo e filósofo inglês, Leibniz conta desse evento e o comenta assim: "Não há absolutamente dois indivíduos indiscerníveis" (LEIBNIZ, 1978, p. 372; cf. JANKE, 1963, p. 77). Para Leibniz, esse episódio foi uma prova adicional de que na natureza não há "dois entes", isto é, "dois indivíduos [...] que sejam perfeitamente iguais entre si" (LEIBNIZ I, p. 443). Isso significa que cada indivíduo é distinto de todos os demais. Contudo, essa distinção oculta um perigo. Trata-se do perigo do isolamento e da separação em relação a todos os demais, pois, de acordo com Leibniz, "as mônadas não têm janelas" (p. 441). Mas a concepção de individualidade de Leibniz não incorre nesse perigo, pois existe um contrapeso importante. Ele consiste no fato de todo indivíduo ser um espelho do mundo, e, decerto, de um mesmo mundo idêntico para todos.

Entretanto, o mundo se apresenta para cada indivíduo de maneira distinta, conforme a visão que lhe é própria sobre o mundo. Cada indivíduo vê diferentemente o mundo conforme seu ponto de vista, seu *"point de vue"*. Leibniz discute essa ideia com auxílio do exemplo da vista de uma cidade, que surge a partir de diferentes pontos de vista. Pode-se aqui pensar nas representações sobre as vistas de cidades de von Merian (1593-1650), que obteve desde cedo grande notoriedade. Elas podem ilustrar o modelo de Leibniz de forma exemplar. Cada vista da cidade representa um conjunto específico de edifícios, isto é, uma configuração específica de objetos. Ao mesmo tempo, contudo, cada vista da cidade permite uma reconstrução do ponto do observador ao qual a cidade se apresenta a partir dessa perspectiva. Trata-se, aqui, da vista subjetiva do observador. Mas ambos se equivalem. À luz da concepção de individualidade, isso significa que o indivíduo une subjetividade e objetividade em sua visão de mundo. Dessa maneira, torna-se possível que as muitas visões de mundo dos indivíduos se complementem e que o mundo seja pensado como uma unidade das vistas possíveis dele. O perigo do solipsismo, isto é, do isolamento, é assim evitado. Para o conhecimento do mundo, o indivíduo é referido por completo à complementação de sua perspectiva através de outras.

A conexão entre subjetividade e objetividade no indivíduo surge, para Leibniz, não apenas através da metáfora do espelho, mas também por meio de uma reflexão lógica. Segundo a lógica tradicional, o particular e o universal formam uma oposição. Para Leibniz, contudo, o particular e o universal unem-se no indivíduo. Ora, o indivíduo nada mais é senão a combinação específica de uma série de conceitos universais. A sua tese é que os predicados estão contidos no sujeito [*praedicatum inest subjecto*]. Se se ligam entre si, por exemplo, todos os predicados que podem ser atribuídos a Sócrates, como idade, tamanho, proveniência, sexo, nacionalidade, estado civil, profissão etc., então há, por fim, apenas um único sujeito aos quais todos esses conceitos são atribuídos conjuntamente.

A singularidade do indivíduo não consiste apenas em que ele pode distinguir-se, num dado momento, de todos os outros indivíduos, mas também em seu curso temporal. Todo indivíduo tem uma biografia singular. Já em seu *Discurso de metafísica*, de 1686, Leibniz formula essa ideia da seguinte maneira: "Nós dissemos que o conceito de uma substância individual contém, de uma vez por todas, tudo aquilo que pode ocorrer a ela" (LEIBNIZ I, p. 85ss.). Isso significa que todo "*conceito individual de cada pessoa*" contém a história dela (LEIBNIZ I, p. 85ss.). Em razão da harmonia preestabelecida de tudo o que ocorre, isso também significa, porém, que em cada instante o decurso restante da vida já está fixado. Em uma de suas obras redigidas em alemão, Leibniz formula da seguinte forma a ideia da determinação de tudo o que ocorre: "Que tudo é engendrado por meio de uma fatalidade estabelecida é tão certo quanto três vezes três é nove, pois a fatalidade consiste em que tudo se liga entre si como uma cadeia, e tudo ocorrerá tão infalivelmente, antes mesmo que ocorra, como ocorrera quando ocorreu [...]. E essa cadeia consiste no decurso de causas e efeitos" (LEIBNIZ, 1978, p. 117ss.). Deus compõe o início dessa cadeia, pois Ele é a primeira causa e a razão suficiente de tudo o que ocorre. Leibniz também exprime essa ideia da seguinte forma: "O presente gesta o futuro, o futuro se deixa ler no passado" (LEIBNIZ I, p. 431). Isso significa que o futuro é certo para todo indivíduo. Assim, no instante mesmo de seu nascimento, convém à individualidade de "César" em algum momento "atravessar o Rubicão" (p. 91).

A concepção de harmonia preestabelecida, pela qual não apenas duas séries de eventos são encadeadas entre si, mas também cada qual é fixada desde o início em seu decurso temporal, não parece ser unificável com a ideia de liberdade do indivíduo. De forma surpreendente, contudo, Leibniz não apenas defendeu o princípio da liberdade, como até mesmo faz referência a ela no título de uma de suas obras mais conhecidas: *Essais de théodicée sur la bonté de Dieu, la liberté de l'homme et l'origine du mal* [*Ensaios de teodiceia sobre a bondade de Deus, a liberdade do homem e a origem do mal*]. No prefácio à obra, Leibniz aponta para o significado fundamental do princípio de liberdade. Ele afirma:

> Há dois famigerados labirintos nos quais nossa razão frequentemente se perde: um concerne à grande questão da *liberdade e da necessidade*, sobretudo

relativamente ao surgimento e origem do mal; o outro consiste na definição da *continuidade* e dos *indivisíveis* [...]. O primeiro coloca quase todo o gênero humano em constrangimento, do outro se ocupam apenas os filósofos (LEIBNIZ II, 1, 13ss.).

A argumentação relativa ao problema da relação entre liberdade e necessidade é digna de menção. Leibniz não relativiza nem o princípio de determinação nem o da liberdade, procurando, antes, provar sua coexistência. Ele aqui se remete a uma figura de pensamento de Boécio. Este distinguia entre a previsão e a causação de um evento. Assim, a previsão do impacto de uma pedra arremessada não é a sua causa.

Contudo, essa ideia não é suficiente para Leibniz, pois Deus é de fato a causa de tudo o que ocorre. A sua argumentação é a seguinte: Deus, que criou o melhor de todos os mundos possíveis, projetou todas as possibilidades antes da criação, prevendo também todas as ações livres do ser humano. Dentre todos os possíveis, Ele escolheu aquele no qual não apenas se garantia a harmonia de ambas as causalidades distintas, mas que também seria o melhor em seu desenvolvimento. Leibniz formula essa ideia na *Teodiceia* da seguinte maneira: "E por tudo no mundo estar sabiamente ligado entre si, é então claro que Deus, na previsão daquilo que ocorreria de maneira livre, também preordenou dessa maneira as coisas restantes, ou – o que dá no mesmo – ele escolheu aquele mundo possível no qual tudo era ordenado dessa maneira" (LEIBNIZ II, 1, 287). De acordo com essa concepção, o indivíduo não é livre de maneira ilusória, mas, sim, realmente livre, pois Deus respeitou e considerou suas decisões livres na criação do mundo.

A ideia de mal, de um lado, e a de felicidade, de outro, desempenham uma função central na ética de Leibniz. O problema do mal é parte da *Teodiceia* e inclui a questão: Como é possível que um Deus sábio, onipotente e bom permita o mal no mundo? Para responder a essa questão, Leibniz realiza primeiramente uma distinção do mal em três espécies: o mal metafísico, o mal físico e o mal moral. O mal metafísico consiste na imperfeição das coisas. Deus precisa levar em conta essa imperfeição, pois uma perfeição de todas as coisas, isto é, do mundo, significaria uma duplicação da perfeição de Deus e levaria, assim, a um segundo Deus, em si mesmo não distinguível. Os dois males restantes, o mal físico, por exemplo, catástrofes naturais, e o mal moral, que inclui as ações más do ser humano, são um mal apenas aparentemente, pois são um meio necessário para evitar um mal ainda maior. No entanto, em muitos casos falta ao ser humano o conhecimento dessa conexão, não lhe restando outra coisa senão confiar que o mal aparente seja compensado por Deus em outro lugar. Leibniz segue aqui essencialmente a argumentação de Agostinho, que já notara que

> Deus não teria criado nenhum ser humano [...] cuja futura maldade ele teria previsto, caso ele já não soubesse como tal maldade serviria ao bem e, assim, tivesse adornado o todo ordenado do mundo como um magnífico poema, por assim dizer, com todas as espécies de antítese (AGOSTINHO, 1991, p. 29).

Relativamente à categoria da felicidade, Leibniz segue a seguinte ideia. Ele define a felicidade como perfeição. Esta é definida da seguinte forma:

> *Perfeição* eu denomino toda a elevação do ser, pois, assim como a doença é, por assim dizer, uma degradação e um rebaixamento da saúde, também a perfeição é algo que se eleva por cima da saúde, mas a própria saúde consiste nos meios e na escala, fornecendo o fundamento para a perfeição (LEIBNIZ I, p. 393).

A perfeição suprema consiste na imitação de Deus:

> O correto fruto e verdadeira marca do amor de Deus é o amor ao próximo ou um claro zelo pela promoção do bem universal. É uma imitação de Deus, o tanto quanto nos é possível; uma vez que Deus fez tudo da melhor maneira e dirigido ao melhor, nós também, tanto quanto podemos, queremos dirigir tudo ao melhor possível (LEIBNIZ I, p. 396).

O caminho até lá, contudo, somente é feito – como em Spinoza (cf. cap. IV, 2) – passando pelo "conhecimento de Deus".

A história da recepção de Leibniz é ambígua. A sua suposição otimista de que vivemos no melhor dos mundos se enfraqueceu com o terremoto de Lisboa em 1755, quando todo o continente europeu foi tomado por profunda comoção, fazendo da *Teodiceia* o objeto de intensas controvérsias. Desde então a questão tornou-se tema de discussões filosóficas e teológicas. O escrito de Kant *Über das Misslingen aller philosophischen Versuche in der Theodizee* [Sobre o fracasso de toda tentativa filosófica na teodiceia], de 1791, encerrou, decerto, a discussão filosófica, mas não a teológica (MARQUARD, 1982, p. 57ss.). Dois âmbitos do pensamento de Leibniz permaneceram indiscutivelmente significativos: por um lado, o da matemática e da lógica, e, por outro, sua contribuição fundamental para o desenvolvimento e disseminação da concepção de individualidade.

2 A formação [*Bildung*] da individualidade (Humboldt)

> O fim último e mais elevado de todo ser humano é a formação [*Ausbildung*] a mais elevada e a mais proporcional de suas forças em sua especificidade individual [...].
> Os caráteres individuais devem ser formados de maneira a permanecerem específicos, sem tornarem-se unilaterais; de maneira a não obstruírem a realização das exigências universais da excelência ideal universal; de maneira a serem específicos não devido a falhas e extremos, mas, antes, não ultrapassando seus limites essenciais e permanecendo consequentes em si mesmos. Nessa consequência interna e congruência externa com o ideal, todos devem, pois, agir conjuntamente de maneira comunitária. Pois, apenas comunitariamente a humanidade pode atingir seu ápice mais elevado, e ela precisa da unificação de muitos não apenas para produzir obras maiores e mais duradouras por meio do simples aumento das forças, mas, antes, para também preferencialmente, por meio de uma maior multiplicidade de suas disposições, mostrar sua natureza em sua verdadeira riqueza e em toda sua amplitude [...]. O ideal da humanidade, contudo, apresenta tantas formas diversas quantas são as maneiras pelas quais elas são compatíveis entre si. Portanto, tal ideal somente pode aparecer na totalidade dos indivíduos (HUMBOLDT, 1969, 1, 224; 339ss.).

Wilhelm von Humboldt nasceu em Potsdam em 1767, dois anos antes de seu irmão, Alexander. De 1787 a 1789 ele estudou direito e outras disciplinas em Frankfurt/Oder e em Göttingen. Após seu estágio oficial na *Kammergericht* de Berlim, Humboldt exerceu serviço público em direito de 1790 a 1791. De 1797 a 1801 ele viveu com sua família em Paris, fazendo viagens à Espanha e ao País Basco. De 1802 a 1808 ele foi o representante oficial da Prússia junto à Santa Sé, em Roma. Em 1809 Humboldt foi nomeado para o *geheimen Staatsrat* e para a diretoria da seção para cultura e ensino do Ministério do Interior. Ele exerceu essa função, entre outros lugares, no Congresso de Viena, em 1814, e nos acordos de paz em Paris, em 1815. Humboldt tornou-se Ministro para Assuntos Comerciais [*ständischen Angelegenheiten*] da Prússia em 1819, porém, em virtude de suas reservas à política restaurativa prussiana, ele abandonou o cargo ao final do mesmo ano. No período entre 1820 até a sua morte, em 1835, Humboldt exerceu a função de intelectual independente em seu castelo, em Tegel.

O pensamento multifacetado de Humboldt é guiado pelo princípio de desenvolvimento e formação da individualidade. A individualidade designa o caráter, a especificidade do indivíduo. Para ele, o indivíduo é o singular, dado na efetividade

[*Wirklichkeit*], em oposição ao conceito, que sempre designa o universal. Ao passo que Hegel, seu contemporâneo, ressaltava que a ideia mesma apresentava a efetividade determinante, em Humboldt efetividade e ideia são divergentes. Com sua tematização do princípio da individualidade, Humboldt ultrapassa a abordagem filosófica do Esclarecimento, aproximando-se da do romantismo. Contudo, ele evita qualquer unilateralidade, buscando unir impulsos de ambas as correntes de pensamento. Assim, seu pensamento é determinado pelo princípio da mediação. Ele diz respeito à mediação do indivíduo com o ideal e à mediação do empírico com o especulativo. Ora, se, por um lado, o indivíduo se distingue por ser dado na experiência, ele contém então, por outro, elementos especulativos em si mesmo. A seguinte definição dada por Humboldt confirma isso.

O indivíduo deve ser entendido como um conjunto de forças. O caráter do indivíduo, isto é, sua individualidade, é determinado pela predominância de forças específicas que têm a tendência de desenvolverem-se. O indivíduo apresenta, assim, uma unidade teleológica cujo objetivo é o desenvolvimento das forças que nele se encontram. Em seu desenvolvimento completo efetiva-se o ideal da humanidade, que deve ser entendido como uma harmônica "totalidade de indivíduos". Desenvolvimento e formação da individualidade tornam-se o fio condutor do pensamento de Humboldt. Porém, o conteúdo especulativo do princípio da individualidade ainda é respaldado por uma outra ideia. Com efeito, todo indivíduo se distingue por sua singularidade, diferenciando-se, assim, de todos os demais; contudo, a multiplicidade aqui envolvida é uma vez mais suprimida [*aufgehoben*] em uma unidade superior na medida em que "o mundo se reflete em diferentes indivíduos" (HUMBOLDT I, p. 239). Em sua ideia de individualidade, Humboldt segue a metafísica de Leibniz.

Por meio dessa metafísica, Humboldt evita um perigo que ameaça a ideia de individualidade. Ora, se todo indivíduo é completamente diferente de todos os demais, então não poderia haver nada em comum entre os indivíduos. O indivíduo estaria completamente isolado. No plano humano, isto significaria que o acordo entre os indivíduos seria tão impossível quanto o reconhecimento de padrões comuns de ação. Apenas a suposição metafísica de uma vida em um mundo comum e o reflexo deste em uma série de variações individuais podem anular esse perigo. Mais ainda: o ideal da humanidade somente pode ser atingido socialmente. Com efeito, em conformidade à sua concepção, Humboldt chamou a atenção para os limites do entendimento do outro, mas para ele não há, no interior desses limites, um campo vasto de similaridades. O tema de seus escritos tardios de filosofia da linguagem é justamente ir a fundo nessas questões.

O conceito de indivíduo tem primeiramente um sentido lógico e ontológico. Ele designa o singular em oposição ao universal. Um indivíduo é "esta pedra", "esta folha", "este ser humano", mas também "o homem" em oposição "à mulher" em um sentido específico de gênero, além de "a nação", "a cultura", "a linguagem" etc. No centro das reflexões de Humboldt está o ser humano no sentido mais amplo, isto é, o mundo do ser humano. Ao lado da individualidade do ser humano, incluem-se aqui também a sua diferenciação entre homem e mulher, o âmbito da formação, da linguagem, do Estado e do direito. O pensamento de Humboldt tematiza a antropologia no sentido mais amplo do termo.

Em sua obra *Plan einer vergleichenden Anthropologie* [*Plano de uma antropologia comparativa*], de 1797, Humboldt ressaltou ser o "estudo do ser humano" (HUMBOLDT I, p. 337) o seu tema central. A sua antropologia recebe um acento particular por não procurar uma determinação do "caráter universal de espécie do ser humano", mas, antes, "apenas suas diferenciações individuais" (HUMBOLDT I, p. 337). Aqui são distinguidas as diferenciações essenciais das meramente contingentes, investigadas suas causas e considerado seu desenvolvimento ulterior.

A importância de uma antropologia comparativa se deve não apenas a seu interesse teórico. Segundo Humboldt, na realidade não há nenhum "afazer prático" na vida do ser humano que não seja referido ao conhecimento do ser humano, e, decerto, já no conhecimento do ser humano individual "conforme ele nos aparece diante dos olhos". No entanto, não é simples deixar-se guiar por um conceito de indivíduo que não seja nem muito restrito nem muito amplo. Ao passo que o filósofo é inclinado a desenvolver um conceito muito amplo que avalia o ser humano apenas segundo suas predisposições possíveis, aquele que está comprometido com afazeres práticos inclina-se a considerar o indivíduo apenas em suas limitações contingentes. Evitar ambos os perigos é tarefa de uma antropologia comparativa. Humboldt desenvolve seu plano com as seguintes palavras:

> Para ao mesmo tempo conhecer com exatidão o ser humano da forma como ele é e avaliar com liberdade até onde ele pode desenvolver-se, é necessário que o sentido prático de observação e o espírito filosofante sejam ativos comunitariamente. Essa ligação, porém, é consideravelmente facilitada quando o conheci-

mento individual de caráter é alçado, em uma antropologia comparativa, a um objeto da reflexão científica (HUMBOLDT I, p. 338).

O conhecimento do caráter individual é importante para cada ser humano, mas principalmente para o legislador que tem de estudar o caráter de uma nação, de modo a exercer influência sobre ela. Se se trata do ideal de humanidade, então é preciso pensar para além do âmbito da nação particular e refletir sobre a relação das nações entre si. Aqui se mostra que também as nações compõem uma totalidade de indivíduos, em cujo interior cada qual contribui para essa totalidade. Se falta um único indivíduo, então o todo é prejudicado. Humboldt discute essa ideia com auxílio do exemplo da Suíça. Ele nota que, no interior das "nações europeias", ela "não teve, em seu todo, uma participação considerável na cultura e no progresso dessa parte do mundo". Porém, ela preservou a "simplicidade dos costumes" e "limitou as suas carências a um número tão pequeno [...] que ninguém poderia ver suas singularidades soçobrarem sem uma profunda compaixão" (HUMBOLDT I, p. 340). A ideia decisiva para Humboldt é que o ideal da humanidade somente pode se realizar no desenvolvimento dos indivíduos em uma totalidade.

Para o ser humano singular, isso significa que

> ele deve conservar seu caráter, recebido pela natureza e pela situação; apenas nele pode mover-se facilmente e ser ativo e feliz. Por esse motivo, contudo, ele deve não menos satisfazer as exigências universais da humanidade e não deve colocar nenhum limite à sua formação espiritual. O conhecedor prático do ser humano deve conciliar essas duas exigências contraditórias entre si e realizar ambas as tarefas ao mesmo tempo (HUMBOLDT I, p. 340ss.).

A individualidade do ser humano singular e a da nação se encontram em uma relação de influência recíproca. Por um lado, só as forças reunidas dos seres humanos singulares compõem o caráter da nação, por outro lado, porém, é a nação que constitui a pressuposição para as realizações dos seres humanos singulares, pois "o caráter nacional se reflete em todos os indivíduos" (HUMBOLDT I, p. 346) e os inspira em sua atividade. A tarefa do indivíduo é deixar com que as relações em que se encontra o influenciem e não recusar nenhuma influência, mas também, em sua atividade, remodelar tais influências segundo "princípios objetivos". Surge dessa maneira uma fecunda relação de influência recíproca na formação do ser humano individual e da nação à qual ele pertence. Para a efetivação do ideal da humanidade, o indivíduo está referido a todos os demais, pois o "ser humano, tomado isoladamente, é fraco e capaz de muito pouco com suas próprias forças de curta duração" (HUMBOLDT I, p. 346). Portanto, "deve ser investigado como a perfeição do ideal, inatingível a um único indivíduo, exprime-se socialmente em muitos" (HUMBOLDT I, p. 355).

Em seu estudo sobre a diversidade dos indivíduos humanos Humboldt se depara, por fim, com o "fato capital" que uma antropologia comparativa deve tematizar.

> Esse fato é a distinção dos gêneros, determinados pela natureza como uma singularidade tão inequívoca de cada um e como uma diversidade tão fortemente contrastante que, de uma maneira racional, não é mesmo possível que surja a ideia de confundir o caráter de um com o do outro, ou eliminar a individualidade de ambos por meio de um terceiro (HUMBOLDT I, p. 363ss.).

No âmbito da antropologia filosófica Humboldt faz parte do pequeno grupo de pensadores que tematizaram a relação entre os gêneros. Esta surge, para ele, pela ideia de individualidade. Dessa maneira, a individualidade dos gêneros torna-se um tema central de uma antropologia comparativa. É de se notar também que, ao contrário do que é costumeiro, Humboldt não escolhe o homem como fio condutor para a comparação entre os gêneros, mas, sim, a mulher. Para sua comparação, ele adota quatro critérios: a constituição corporal, as capacidades intelectuais, o caráter estético e, por fim, a sensibilidade e a vontade.

Com relação ao primeiro critério, Humboldt observa que a constituição corporal da mulher é

> menor, mais fraca e mais delicada; seus ossos são mais finos e mais flexíveis; a sua força muscular é mais apropriada para uma lenta resistência do que para um repentino esforço; a sua forma tem contornos suaves e delicados, abundantes e graciosos [...]; sua organização física, por fim, se distingue pela preponderância da irritabilidade e a atividade do sistema nervoso, e por uma certa passividade em virtude da qual ela pode suportar males por mais tempo e encarar mais facilmente grandes mudanças (HUMBOLDT I, p. 364).

Com relação às faculdades intelectuais, a mulher se distingue por meio de uma forte inclinação à consideração imediata da natureza. Segundo Humboldt, na observação de objetos, elas se voltam sempre diretamente à efetividade mesma, deixando-se influenciar por esta, sem, contudo, revelá-la em detalhe e "esmiuçá-la"; pelo contrário, elas ligam à mesma "seu modo subjetivo de representação" e "dão prosseguimento nela, como em seu elemento mais singular, apenas sua própria vida interior" (HUMBOLDT I, p. 365). Humboldt resume as capacidades intelectuais específicas do gênero feminino da seguinte forma:

> O mais elevado e o melhor na atividade universal do espírito em geral, a apreensão de uma riqueza múltipla, o genuíno deter-se na natureza e no conteúdo imediato, a tendência em associar tudo e por todas as partes, a carência de não apenas sempre referir o próprio eu e o mundo circundante um ao outro, mas também de fundi-los por completo em Um – tudo isso é dado imediatamente por sua própria natureza (HUMBOLDT I, p. 366).

Ao passo que o homem é inclinado a "esmiuçar" as coisas em suas partes individuais, a mulher apreende sempre o nexo do todo. Mas exatamente essa capacidade é de particular importância para o processo de conhecimento. Portanto, não espanta que Humboldt afirme: "Exatamente por esse motivo, o espírito feminino tem uma influência tão benéfica ao masculino" (HUMBOLDT I, p. 366).

Em relação ao caráter estético, trata-se aqui de uma faculdade específica. Nele, a "energia do espírito" precisa mover-se em um nível intermediário, a saber, "entre a atividade da sensibilidade e a do entendimento puro" (HUMBOLDT I, p. 367), ou seja, entre a simples matéria, por um lado, e o conceito, por outro. Este âmbito intermédio é ocupado pela *"forma"* [*Gestalt*]. Com vistas a essa faculdade, a mulher é superior ao homem. Humboldt observa: "Esse unir de forças heterogêneas do ânimo, esse pairar entre a realidade e a pura espiritualidade é, pois, extraordinariamente próprio à completa predisposição intelectual das mulheres. Em graus similares de cultura, elas são, bem mais do que os homens, voltadas ao mais elevado e ao ideal" (HUMBOLDT I, p. 367). Uma restrição que Humboldt aponta nesse aspecto distintivo do caráter estético das mulheres é de que, nelas, corre-se o risco de que "sua avaliação seja fundamentada em uma experiência talvez unilateral, muito dependente de sua individualidade" (HUMBOLDT I, p. 369). Também é questionável se a mulher é capaz, no âmbito da produção artística, de libertar-se de leis exteriores na fantasia, dar a si mesma a lei e "dispor uma forma de tal modo que ela se eleve acima da natureza e, contudo, seja ainda inteiramente natureza" (HUMBOLDT I, p. 370).

Por fim, a individualidade dos gêneros deve ser avaliada relativamente à sensibilidade e à vontade. A seguinte distinção deve ser notada: "Assim como nos homens o espírito é o mais ativo e animado, assim o é a intenção [*Gesinnung*] nas mulheres" (HUMBOLDT I, p. 371). Isso tem uma consequência importante: "Pois, na medida em que o espírito, ao menos segundo seus fins últimos, sempre se demore no campo da universalidade e da necessidade, e a fantasia no reino das possibilidades, apenas o presente individual pertence ao sentimento e à intenção" (HUMBOLDT I, p. 371). Isso significa que o espírito do homem tende a deter-se não apenas no âmbito da necessidade, mas também no da fantasia e da possibilidade. Em contrapartida, à mulher "é próprio um decisivo e constante direcionamento para a efetividade" (HUMBOLDT I, p. 371). Para fundamentar isso, Humboldt apresenta uma curiosa reflexão. Ela diz respeito ao papel maternal do gênero feminino. "Para dar e conservar a vida e a existência, ele [gênero feminino] precisa manter-se fiel à natureza e à efetividade, e ligar-se fortemente a elas" (HUMBOLDT I, p. 371). O sentido de efetividade da mulher tem um fundamento biológico natural.

Em sua *Theorie der Bildung des Menschen* [*Teoria da formação do ser humano*], que, contudo, permaneceu um fragmento, Humboldt enriqueceu em um aspecto suas ideias sobre o desenvolvimento e a formação da individualidade do ser humano. As forças do indivíduo somente chegam ao seu desenvolvimento quando possuem um objeto no mundo no qual podem ser testadas. Humboldt formula essa ideia da seguinte maneira:

> No centro de todas as espécies particulares de atividade está, decerto, o ser humano, que, sem qualquer propósito que se dirija a algo singular, apenas pode desejar fortalecer e elevar as forças de sua natureza, conferir valor e duração à sua essência. Contudo, visto que a mera força precisa de um objeto no qual ela é exercida, e a mera forma [*Form*], o mero pensamento [precisa de] uma matéria [*Stoff*] na qual, nela exprimindo-se, possa perdurar, assim também o ser humano [precisa de] um mundo fora de si (HUMBOLDT I, p. 235).

Dessa maneira, eu e mundo divergem para, ao mesmo tempo, religarem-se na atividade. A mediação entre eu e mundo ocorre pela formação. A formação recebe, assim, uma dupla função: formando-se em sua atividade, o ser humano ao mesmo tempo forma objetos no mundo. Ele mesmo inscreve seu próprio caráter na natureza inanimada e, assim, ao mesmo tempo confere à sua própria existência uma permanência duradoura.

Humboldt confere à formação um significado central para o ser humano. Ele afirma que, sem a formação, "a existência do ser humano é mais efêmera que a existência do vegetal, o qual, quando esmaece, ao menos está certo de deixar atrás de si o germe de uma criatura igual a si" (HUMBOLDT I, p. 236). Contudo, é importante que o ser humano, em toda sua entrega ao objeto de sua atividade formadora, "não perca a si mesmo nessa alienação, mas, pelo contrário, faça resplandecer, em tudo aquilo que ele empreende fora de si, a luminosa luz e o calor benfazejo em seu âmago" (HUMBOLDT I, p. 237). Se ele consegue realizar isso, então a formação exterior corresponde à interior, e o resultado exterior de sua atividade "se nos mostra aqui, como em um espelho ao mesmo tempo luminoso e congregante, em uma referência imediata à nossa formação interior" (HUMBOLDT I, p. 238). Nesse processo recíproco da formação surge uma "nova e própria visão do mundo [*Ansicht der Welt*]" (HUMBOLDT I, p. 239).

A formação de uma visão própria de mundo é também o tema dos escritos de Humboldt sobre filosofia da linguagem. Para ele, "em toda linguagem há uma visão de mundo singular" (HUMBOLDT III, p. 434). Isso significa que também à linguagem se atribui individualidade, e isto em um duplo sentido. A fundamentação para tanto é a seguinte: "Pois a individualização no interior da sintonia geral é de tal modo incrível na linguagem que seria tão correto dizer que todo o gênero humano tem uma linguagem quanto que cada ser humano possui uma particular" (HUMBOLDT I, p. 424). Na linguagem se articula uma relação recíproca entre eu e mundo. Ao passo que, por um lado, o ser humano recebe impressões do mundo, por outro lado, é o "trabalho que se repete infinitamente do espírito que torna o som articulado capaz de ser a expressão do pensamento" (HUMBOLDT I, p. 418). Humboldt define a linguagem com essa formulação: ela é a articulação de pensamentos que o ser humano forma em razão de seu enfrentamento com o mundo. Isso significa que a linguagem é capaz de desmembrar as impressões e articulá-las, isto é, desmembrá-las por meio de palavras e frases no âmbito de uma estrutura gramatical peculiar a cada idioma.

Contudo, é significativo que a linguagem não deva ser compreendida como um vocabulário lexical, que se encontra reunido nos dicionários, sendo, antes, apenas trazida à vida em cada ato individual de fala. Por fim, porém, a linguagem cumpre a função de mediação entre os falantes individuais, sem apagar, aqui, as diferenças de seus pensamentos. Humboldt desenvolve da seguinte forma a dialética que aqui se desdobra:

Tampouco se afirma aqui que a linguagem, como um órgão universal, compensa essas diferenças entre si. Ela constrói muito bem pontes de uma individualidade para outra e medeia o entendimento recíproco; porém, antes, ela aumenta a diferença mesma, pois ela, por meio da elucidação e apuração de conceitos, leva de forma mais clara à consciência o modo como tal diferença deita raízes na predisposição originária do espírito (HUMBOLDT I, p. 558).

Dessa maneira, a linguagem contribui decisivamente não para suprimir a diferença multifacetada entre os indivíduos, mas, antes, para mantê-la na totalidade dos indivíduos.

O desenvolvimento de uma "individualidade livre" constitui também o cerne das reflexões de Humboldt sobre o Estado. Ele as apresentou em seu escrito *Ideen zu einem Versuch, die Gränzen der Wirksamkeit des Staats zu bestimmen* [*Ideias para uma tentativa de determinar os limites da eficácia do Estado*], de 1792. Essa obra apresenta a tentativa de, sob o pano de fundo do pensamento do Esclarecimento e da Revolução Francesa, traçar limites ao Estado absolutista. O *"citoyen"*, isto é, o cidadão, deve ter a possibilidade de, no interior de um campo assegurado externa e internamente pelo Estado, poder seguir seus próprios fins sem impedimentos. Humboldt afirma enfaticamente *"que a verdadeira razão não pode desejar para o ser humano um outro estado senão aquele [...] em que cada indivíduo goza da liberdade mais irrestrita para desenvolver-se, a partir de si mesmo, em sua especificidade"* (HUMBOLDT I, p. 69). Porém, o desenvolvimento da liberdade individual é afetado se "o poder refletido do Estado inibe o livre jogo das forças" (HUMBOLDT I, p. 72). Isso significa, por exemplo, que o Estado deve ficar longe tanto do âmbito da educação como do da religião. A sua tarefa não é a de "influir positivamente sobre os costumes". Uma tal tentativa se encontra "fora dos limites da eficácia do Estado". A sua tarefa consiste, antes, em salvaguardar a segurança interna e possibilitar aos cidadãos celebrar contratos de maneira voluntária. No âmbito do direito penal, é tarefa do Estado "cuidar da segurança do cidadão" (HUMBOLDT I, p. 156) e punir a transgressão das leis. A teoria do Estado de Humboldt já foi interpretada como uma defesa de um Estado mínimo [*Nachtwächterstaat*], mas tal interpretação não levou em conta a situação histórica específica. O objetivo principal de Humboldt era o de primordialmente lutar pelos direitos do cidadão contra um Estado absolutista.

As ideias de Humboldt sobre ética e filosofia do direito são também inspiradas pela ideia de individualidade. Por meio desta, o princípio dos direitos humanos universais, desenvolvido no Esclarecimento, recebe um novo destaque. Se o direito natural ressalta que todo ser humano, como exemplar de sua espécie, tem os mesmos direitos humanos, então há, para Humboldt, um direito universal do ser humano de ser reconhecido como indivíduo. Não é o apelo ao universal o que define seu impulso ético, não é a subordinação do indivíduo a esse universal o que é o decisivo para ele, mas, antes, o reconhecimento de sua individualidade devido a todo ser humano. No escrito *Über den Entwurf zu einer neuen Konstitution für die Juden* [*Sobre o esboço de uma nova constituição para os judeus*], de 1809, Humboldt expõe essa ideia da seguinte maneira:

> O Estado deve não exatamente aprender a respeitar os judeus, mas, sim, suprimir a forma desumana e preconceituosa de pensar segundo a qual um ser humano é julgado não de acordo com suas características específicas, mas, antes, segundo sua ascendência e religião, considerando-o, contra todo o verdadeiro conceito de dignidade humana, não como um indivíduo, mas como alguém pertencente a uma raça e que, por assim dizer, necessariamente partilha com ela certas características. Mas o Estado somente pode realizar isso ao definir com muita evidência que não mais reconhece uma diferença entre judeus e cristãos (HUMBOLDT IV, p. 97).

A história de recepção de Humboldt se estende primeiramente ao âmbito da pedagogia. Ele desenvolveu o ideal de formação neo-humanista que foi fundamental no âmbito das escolas e universidades. Mas a sua compreensão liberal do Estado também se provou influente. Por fim, sua filosofia da linguagem deixou claras marcas na gramática transformacional de Noam Chomsky.

3 O indivíduo como "vontade de potência" (Nietzsche)

> A medida da *liberdade*, quer para o indivíduo, quer para a sociedade, é dada pelo grau de resistência que deve incessantemente ser suplantado para permanecer *no apogeu*: a liberdade, bem entendido, considerada como força positiva, como vontade de potência. Bem poderia ser que a força superior da liberdade individual, da soberania, crescesse, a cinco passos de seu contrário, ali onde o perigo da escravidão está suspenso acima da existência, igual a cem espadas de Dâmocles. Percorra-se a história: as épocas em que o "indivíduo" se torna maduro até essa perfeição, a de ser *livre*, em que se realizou o tipo clássico do ser humano *soberano*, ó não! nunca foram épocas humanitárias!
> É mister que não haja escolha: ou no apogeu – ou embaixo, arrastando-se como um verme, insultado, aniquilado, espezinhado. Necessitamos de tiranos contra nós, para nos tornarmos tiranos, isto é, *livres*. Não é magra vantagem ter cem

espadas de Dâmocles suspensas sobre nós: assim aprendemos a dançar, assim alcançamos a "liberdade do movimento" (NIETZSCHE, 1956, p. 798ss.).

Nietzsche nasceu em 1844 em Röcken bei Lützen (Saxônia). Em 1864 ele começou seus estudos em Bonn em teologia e filologia clássica, prosseguindo-os em Leipzig. Nietzsche leu a principal obra de Schopenhauer, *Die Welt als Vorstellung und Wille* [O mundo como vontade e representação], e se impressionou muito com ela. Em 1868 ele conheceu Richard Wagner. Em 1869 Nietzsche tornou-se professor extraordinário de filologia clássica na Basileia. Em 1870 ele serviu voluntariamente como enfermeiro na guerra franco-prussiana e adoeceu severamente. Em 1872 foi publicada sua obra *Die Geburt der Tragödie aus dem Geist der Musik* [O nascimento da tragédia a partir do espírito da música]. Por motivos de saúde Nietzsche precisou abandonar seu posto de professor em 1879. A partir de então Nietzsche foi repetidas vezes ao norte da Itália. Em 1883 foi publicada a primeira parte de *Also sprach Zaratustra* [Assim falava Zaratustra], em 1886, *Jenseits von Gut und Böse* [Para além do bem e do mal], e em 1887, *Genealogie der Moral* [Genealogia da moral]. Em 1889 Nietzsche teve um colapso mental em Turim. Ele foi atendido primeiro em um hospital psiquiátrico na Basileia e depois em Jena. Até sua morte ele recebeu os cuidados de sua mãe a partir de 1890 e de sua irmã a partir de 1897. Nietzsche faleceu em Weimar em 1900.

O pensamento de Nietzsche tem como centro o conceito de vontade, cuja história vale a pena relembrar. Esse conceito foi um tema central na filosofia dos estoicos. Eles distinguiam entre, por um lado, as coisas que se encontram fora de nós e que estão sujeitas à necessidade, e, por outro, o nosso interior, no qual somos livres. A este último pertencem representação, opinião e pensamento, além da vontade. O conceito de vontade livre [*liberum arbitrium*] perpassa a história da filosofia até Kant e Hegel. Ele também foi defendido na teologia, com exceção de Agostinho e Lutero. Com Schelling, contudo, começa uma nova determinação do conceito. Em sua *Philosophie der Offenbarung* [Filosofia da revelação], ele liberta a vontade em relação ao contexto antropológico e a torna um conceito ontológico fundamental. Schelling afirma: "A vontade está por toda parte e em toda a natureza, do grau mais profundo ao mais elevado. O *querer* é o fundamento de toda natureza" (SCHELLING, 1856-1861, 13, p. 213).

Schopenhauer segue essa concepção. Em sua obra *O mundo como vontade e representação*, ele distingue, assim como Kant, entre coisa em si e o âmbito dos fenômenos. Para ele, contudo, a coisa em si é o mundo, cujo caráter é uma vontade cega. Os fenômenos, aos quais as representações se referem, são objetivações da vontade. Objetivações são ao mesmo tempo individuações da vontade, a qual conhecemos intuitivamente em nossa própria percepção corporal. As objetivações da vontade ocorrem sempre em graus superiores, dos corpos celestes até as formas mais individuais da consciência. Elas são guiadas pelo impulso de conservação de si. Com isso, porém, eles entram em contraposições recíprocas e num conflito entre si. O resultado do conflito dos indivíduos entre si é o sofrimento. Evitar o sofrimento somente é possível por meio da tarefa do *"principium individuationis"*, o princípio da individualidade. Schopenhauer apresenta três caminhos para tanto: a estética, a ética e a ascese. Na consideração desinteressada da obra de arte, em particular na música, encontra-se um trabalho momentâneo da vontade. Na ética são os princípios da justiça e da compaixão que realizam o mesmo. A justiça significa não prejudicar ninguém ["*neminem laede*"]. De modo particular, porém, por meio da compaixão não apenas se encerra o conflito entre os indivíduos, mas também, de modo geral, são suprimidas suas diferenças. A compaixão faz com que o ser humano "não mais realize uma distinção egoísta entre sua pessoa e uma outra, mas, antes, participe do sofrimento dos outros indivíduos tanto quanto de seu próprio" (SCHOPENHAUER, 1988, p. 488). O terceiro caminho é determinado pela ascese, isto é, pela resignação. Isso significa que "a vontade doravante se afasta da vida; os prazeres, nos quais ela reconhece a afirmação dos próprios, agora lhe causam arrepios. O ser humano atinge o estado de abnegação voluntária, de resignação, da verdadeira serenidade e completa ausência de vontade" (SCHOPENHAUER, 1988, p. 488s.).

Nietzsche desenvolve sua própria filosofia no enfrentamento com Schopenhauer. Os conceitos de vontade, individualidade, vida, compaixão e ascese tornam-se aqui temas centrais. Contudo, altera-se a forma com que são definidos. Da fase em que travou contato com Schopenhauer, é possível distinguir uma época em que Nietzsche se apropriou de suas ideias e, por fim, a fase de uma decidida oposição a ele e de desenvolvimento de sua concepção de uma vontade de potência.

À primeira fase pertence um escrito de juventude de Nietzsche, redigido em 1862 com o título *Willensfreiheit und Fatum* [*Liberdade da vontade e fatum*]. De forma surpreendente, neste escrito já se encontram todos os temas que determinariam o seu pensamento posterior. Sobre a relação entre indivíduo e vontade, Nietzsche afirma o seguinte:

> Na liberdade da vontade reside, para o indivíduo, o princípio da separação, da divisão do todo, da ausência absoluta de limites; o *fatum*, todavia, coloca novamente o ser humano em sua união orgânica com o desenvolvimento do todo, e, enquanto tenta dominá-lo, obriga-o a um livre desenvolvimento de forças opostas; a liberdade absoluta da vontade, sem *fatum*, faria do ser humano um deus; o princípio fatalista faria dele um autômato (NIETZSCHE, 1994, 2, p. 60).

Em poucas palavras, a individualização pressupõe a liberdade da vontade. Ela é um processo de separação em relação ao todo e de desenvolvimento próprio das forças. O seu objetivo final é a apoteose do indivíduo. O indivíduo é algo absoluto. Nietzsche descreve aqui *avant la lettre* a ideia do indivíduo como uma vontade de potência.

Essa concepção, contudo, foi interrompida pela apropriação que Nietzsche fez da filosofia de Schopenhauer. Isso já pode ser visto em seu primeiro trabalho, com o qual ele se mostrou ao público após assumir o posto de professor de filologia clássica: trata-se do escrito *O nascimento da tragédia a partir do espírito da música*. Aqui Nietzsche defende a tese de que a tragédia grega é composta por dois elementos estilísticos, o dionisíaco e o apolíneo. O apolíneo defende o onírico, o mundo das imagens e da bela aparência; o dionisíaco, pelo contrário, defende a embriaguez e o êxtase. Contudo, é significativo que Nietzsche dê um passo além. Apolo defende o "*principium individuationis*", ao passo que Dionísio defende a sua dissolução. Nietzsche afirma que "seria possível designar o próprio Apolo como a grandiosa imagem divina do *principium individuationis*, de cujos gestos e olhares [...] todo o prazer da sabedoria da 'aparência' fala a nós" (NIETZSCHE, 1980, 1, p. 28). Dionísio é a sua contraposição. Nietzsche nota que sempre se mistura algo de terror à embriaguez. Ele afirma:

> Se a esse terror acrescentarmos o delicioso êxtase que, à ruptura do *principium individuationis*, ascende do fundo mais íntimo do ser humano, sim, da natureza, ser-nos-á dado lançar um olhar à essência do *dionisíaco*, que é trazido a nós, o mais de perto possível, pela analogia da *embriaguez* (NIETZSCHE, 1980, 1, p. 28).

Ainda que a tragédia seja determinada por ambos os elementos, Nietzsche não deixa dúvidas de que para ele o elemento dionisíaco possui maior importância. De forma inequívoca, ele afirma:

> Sob a magia do dionisíaco torna a selar-se não apenas o laço de pessoa a pessoa, mas também a natureza alheada, inamistosa ou subjugada volta a celebrar a

> festa de reconciliação com seu filho perdido, o ser humano [...]; agora se rompem todas as rígidas e hostis delimitações que a necessidade, a arbitrariedade ou a "moda impudente" estabeleceram entre os seres humanos. Agora, graças ao evangelho da harmonia universal, cada qual se sente não só unificado, conciliado, fundido com o seu próximo, mas um só (NIETZSCHE, 1980, 1, p. 29).

Na tragédia se torna claro "que nós teríamos de considerar o estado de individuação como a fonte e origem primeira de todo sofrimento, como algo em si mesmo reprovável" (NIETZSCHE, 1980, 1, p. 72). Porém, contra a dissolução da individualidade na embriaguez surge uma forte exigência de Apolo. Nietzsche afirma:

> Apolo, porém, mais uma vez surge a nós como a divinização do *principium individuationis* [...]. Esta divinização [...] somente conhece uma lei, o indivíduo, isto é, a manutenção dos limites do indivíduo, a *medida* em sentido helênico. Como divindade ética, Apolo exige dos seus a medida e, para poder mantê-la, conhecimento de si (NIETZSCHE, 1980, 1, p. 39ss.).

Na tragédia surge a interação de ambos os momentos a partir da combinação do coro, que representa o musical, isto é, o dionisíaco. Com o dramático, a ação, que constitui o dialógico e o racional, isto é, o apolíneo. Na história da tragédia grega, o dramático, o diálogo racional, ganhou uma importância sempre maior em relação ao musical. Com essa precedência do racional, a tragédia, por fim, "foi aniquilada" (NIETZSCHE, 1980, 1, p. 75). Sócrates, que auxiliou na consolidação da concepção do diálogo racional, teve aqui uma participação decisiva (cf. NIETZSCHE, 1980, 1, p. 83).

A contraposição tematizada por Nietzsche é aquela entre racionalidade e embriaguez, entre razão e vida. Com outros pensadores de seu tempo Nietzsche associa uma grande desconfiança em relação à razão. Aquela leva a uma ruptura não apenas com o idealismo de Hegel, mas também com a metafísica e a teologia. Em seu lugar surge a busca pela efetividade [*Wirklichkeit*], e para os críticos de Hegel dessa época ela é o ser humano singular, como em Kierkegaard, ou a efetividade histórica, como em Marx. Nietzsche encontra uma decisiva efetividade na vida. Isso o liga a Dilthey. Assim como este, Nietzsche estava convicto de que a vida não pode ser trazida ao "tribunal da razão", precisando, antes, ser determinada por meio de um irracional. Em que pesem todas as suas diferenças, tanto Nietzsche como Dilthey, que, de resto, também foi por algum tempo professor na Basileia, podem ser contados no interior da filosofia da vida (FELLMANN, 1993). Para Nietzsche, o conceito de vida se liga ao de vontade de potência, que foi concebido por ele após sua ruptura com a filosofia de Schopenhauer (cf. FRENZEL, 1980, p. 123).

Nietzsche reinterpreta todos os conceitos centrais de Schopenhauer e, decerto, em um sentido diametralmente oposto. Em lugar da resignação surge a afirmação da vida, em lugar da negação da verdade, a vontade de potência, em lugar da supressão do *"principium individuationis"*, o princípio da individualidade, e finalmente em lugar da compaixão, a propagação da inclemência para consigo próprio e para com os outros. A vontade de potência e a vida formam para ele uma unidade incontornável. Nietzsche afirma: "Onde encontrei vida, ali encontrei vontade de potência; e até mesmo na vontade daquele que serve encontrei vontade de ser senhor [...]. Apenas onde há vida há também vontade; mas não há vontade de vida, senão – assim te ensino – vontade de potência" (NIETZSCHE, 1980, 4, p. 147ss.). A vida e a vontade de potência não apenas formam uma unidade, elas também se fundem ontologicamente. A vida é não apenas uma categoria biológica, mas sobretudo uma categoria ontológica. Nietzsche afirma: "O ser – nós não temos outra representação dele senão 'vida'. – Como então é possível que algo 'seja' morto" (NIETZSCHE III, p. 483). Daqui se segue que, já que tudo é vida, não pode haver uma vontade de vida, mas apenas uma vontade da vida.

A mesma fundação ontológica vale para a vontade de potência. Nietzsche afirma: "O efeito de cada átomo se exerce sobre o todo do ser – ele não mais é pensado quando se deixa de pensar essa radiação de potência de vontade. Por esse motivo, chamo-o de um *quantum* de '*vontade de potência*'" (NIETZSCHE, 1980, 13, p. 258). A partir daqui é desenvolvida a concepção de uma nova física, cujo conceito fundamental é a "vontade de potência". Nietzsche desenvolve essa ideia da seguinte forma:

> Imagino que todo corpo específico aspira a tornar-se totalmente senhor do espaço e a estender sua força (– sua vontade de potência:) e a repelir tudo o que resiste à sua expansão. Mas incessantemente choca-se com as aspirações semelhantes de outros corpos e termina por arranjar-se ("combinar-se") com os que lhe são suficientemente aparentados: então *conspiram justamente para conquistar a potência*. E o processo prossegue... (NIETZSCHE, 1980, 13, p. 373ss.).

Com isso fica claro que para Nietzsche a "vontade de potência" torna-se fundamento de uma visão própria de mundo. Ele formula seu princípio assim: "*Esse mundo é a vontade de potência – e nada além disso!* E também vós próprios sois essa vontade de potência – e nada além disso!" (NIETZSCHE III, p. 917).

No âmbito da antropologia, a afirmação da vontade coincide com a adesão ao princípio da individualidade. Nietzsche concorda com Schopenhauer que cada individualização está ligada a um aumento do sofrimento. Contudo, foi exatamente o exemplo da tragédia antiga que o levou a reavaliar a individualização e a reconhecer que o sofrimento pertence à vida humana e que evitar o sofrimento não se liga em todos os casos à concepção de vida de um herói trágico. Sob esse pano de fundo Nietzsche desenvolve o modelo de uma antropologia trágica, que nada tem a ver com o pessimismo de Schopenhauer. Em Nietzsche, a individualidade significa aumento de potência, aceitação do sofrimento, desprezo da felicidade e disposição ao isolamento e à solidão.

A seguinte passagem comprova o quanto Nietzsche inverteu Schopenhauer e, com isso, ao mesmo tempo se distanciou de sua interpretação anterior da tragédia grega: "O indivíduo é algo completamente *novo* e que foi *criado* de forma completamente *nova*, algo absoluto, todas as ações são algo completamente *seu*. / Em última instância, o indivíduo extrai de si mesmo os valores para suas ações, pois ele também precisa *interpretar de forma completamente individual* os valores legados" (III, p. 913). Chama a atenção que Nietzsche apreenda o indivíduo a partir de um desenvolvimento histórico. Ele não se encontra de forma alguma em todas as épocas como um ator histórico, mas, antes, é o resultado de um longo e árduo processo histórico, no qual a humanidade se disciplinou e tornou-se "realmente calculável com auxílio da moralidade do costume e da camisa-de-força social" (NIETZSCHE, 1980, 5, p. 293). Contudo, a moralidade dos costumes não é o objetivo do desenvolvimento da humanidade, mas, antes, apenas o meio para produzir algo que vai além desse estado: o indivíduo. Nietzsche descreve esse objetivo da seguinte maneira:

> Mas coloquemo-nos no fim do imenso processo, ali onde a árvore finalmente sazona seus frutos, onde a sociedade e sua moralidade do costume finalmente trazem à luz aquilo *para o qual* eram apenas o meio: encontramos então, como o fruto mais maduro da sua árvore, o *indivíduo soberano*, igual apenas a si mesmo, novamente liberado da moralidade do costume, indivíduo autônomo supramoral (NIETZSCHE, 1980, 5, p. 293).

O indivíduo soberano não está mais preso ao costume, mas, antes, produz seus próprios valores a partir de si mesmo. Ele é "*legibus absolutus*", isto é, não está mais sujeito a leis. Ele é autônomo; ele é um absoluto. Portanto, o objetivo não pode ser o de tornar o indivíduo um mero exemplar da espécie humana. Pelo contrário, a pergunta é a seguinte:

> Inversamente, não deveria cada indivíduo buscar *atingir uma espécie superior à do ser humano*, em virtude das suas coisas mais individuais? A minha moral seria aquela que progressivamente *retira* do ser humano seu caráter universal e o torna específico, o torna, até certo grau, incompreensível para os demais (e, assim, o torna para eles objeto de vivências, de espanto, de ensinamento) (NIETZSCHE, 1980, 9, p. 237).

Nietzsche denomina além-do-homem [*Übermensch*] o indivíduo que vai além da espécie humana até então. Em sua obra *Assim falava Zaratustra* Nietzsche desenvolveu essa concepção. Em seu discurso ao "povo", ele coloca na boca de Zaratustra as seguintes palavras:

> *Eu vos ensino o além-do-homem.* O ser humano [*Mensch*] é algo que deve ser superado. Que fizestes para superá-lo? / Até agora todos os seres criaram alguma coisa que os ultrapassou; quereis ser o refluxo dessa grande maré e retornar ao animal, em vez de superar o ser humano? (NIETZSCHE, 1980, 4, p. 14).

Com essa concepção do desenvolvimento do ser humano, Nietzsche se vê em claro contraste com a Teoria da Evolução de Darwin. A sua crítica foi despertada sobretudo pela expressão "luta pela existência". O argumento de Nietzsche tem uma base de crítica da ideologia, quando afirma:

> Todo o darwinismo inglês exala como que o ar sufocante do excesso populacional inglês, o odor de miséria e aperto da arraia-miúda. Mas um investigador da natureza deveria sair de seu reduto humano: e na natureza não *predomina* a indigência, mas a abundância, o desperdício, chegando mesmo ao absurdo. A luta pela existência é apenas uma *exceção*, uma temporária restrição da vontade de vida; a luta grande e pequena gira sempre em torno da preponderância, de crescimento e expansão, de potência, conforme a vontade de potência, que é justamente vontade de vida (NIETZSCHE, 1980, 3, p. 587).

Nietzsche se volta contra a ideia de que o objetivo da evolução seja a conservação da espécie. Segundo Nietzsche, no desenvolvimento se trata não da evolução, mas do aumento de potência. Por outro lado, contudo, em seu centro está não a espécie, mas o indivíduo. O objetivo da evolução não é a conservação da espécie, mas a individuação. Nietzsche discute assim essa ideia:

> A *individuação*, julgada da perspectiva da teoria da descendência comum, mostra um contínuo desagregar-se de um para dois e um contínuo perecer dos indivíduos *para ganho de poucos* indivíduos que dão prosseguimento ao desenvolvimento: a massa superdimensionada morre sempre ("o corpo"). / O fenômeno fundamental: *inúmeros indivíduos sacrificados em nome de poucos*: como aquilo que os possibilita. Não se deve deixar enganar: a mesmíssima coisa acontece com *povos* e *raças*: eles constituem o "corpo" para a produção de *indivíduos valorosos* particulares que dão prosseguimento ao grande processo (NIETZSCHE III, p. 897).

Também em oposição a Darwin, Nietzsche não vê de forma alguma a sexualidade apenas em seu significado para a espécie, mas também como um acontecimento individual. Ele afirma:

> A enorme importância pela qual o indivíduo toma o *instinto sexual* não é uma *consequência* de sua importância para a espécie, mas, antes, a geração é a realização genuína do indivíduo e, por conseguinte, seu interesse supremo, sua *expressão suprema de potência* (naturalmente, avaliada não a partir da consciência, mas a partir do centro de toda individuação) (NIETZSCHE III, p. 898).

No âmbito da ética, o indivíduo constitui também o ponto central de referência para as reflexões de Nietzsche. O indivíduo autônomo é aquilo que não se sujeita a uma moral dada, mas que, antes, dá leis a si mesmo e cria novos valores. Porém, o desenvolvimento de um indivíduo autônomo está ligado a determinadas condições históricas, pois a moral é, ela mesma, um fenômeno histórico. Nietzsche tematizou o desenvolvimento da moral em dois escritos: o *Além do bem e do mal*, de 1886, e *Genealogia da moral*, de 1887.

O ponto de partida de suas reflexões é a oposição entre dois tipos de moral. Ele afirma: "Há uma *moral dos senhores* e uma *moral dos escravos*" (NIETZSCHE, 1980, 5, p. 208). Entre ambos os tipos, contudo, há também formas mistas e tentativas de conciliação. Em sua forma pura, a moral dos senhores se distingue pelas seguintes características. Aqueles que são os senhores são os que definem o conceito de "bom". Com tal conceito é caracterizado o estado elevado de alma dos "seres humanos nobres". Com a palavra "nobre" são designadas distinções de hierarquia. O ser humano nobre conserva uma distância em relação aos seres humanos interiores hierarquicamente. Um "*pathos da distância*" o distingue (cf. GERHARDT, 1988). "O nobre afasta de si os seres nos quais se exprime o contrário desses estados de elevação e orgulho: ele os despreza" (NIETZSCHE,

1980, 5, p. 209). O conceito de "ruim" constitui o oposto do conceito de "bom". A oposição de "bom" e "ruim" é idêntica àquela entre "nobre" e "desprezível". Segundo a moral dos senhores, desprezíveis são os seguintes seres humanos:

> Despreza-se o covarde, o medroso, o mesquinho [...], o que rebaixa a si mesmo; a espécie canina de homem, que se deixa maltratar, o adulador que mendiga, e sobretudo o mentiroso (NIETZSCHE, 1980, 5, p. 209).

A moral dos senhores não diz respeito em primeiro lugar a ações, mas, antes, caracteriza seres humanos. Estes são os aristocratas:

> O ser humano de espécie nobre *se* sente como aquele que determina valores [...]. Tudo o que conhece de si, ele honra: uma semelhante moral é glorificação de si. Em primeiro plano está a sensação de plenitude, de potência que quer transbordar, a felicidade da tensão elevada [...]. O ser humano nobre honra em si o poderoso, e o que tem potência sobre si mesmo [...], que com prazer exerce rigor e dureza consigo [...]. Uma tal espécie de ser humano se orgulha justamente de *não* ser feito para a compaixão (NIETZSCHE, 1980, 5, p. 209).

O "ser humano nobre" encara o ideal de abnegação com hostilidade e ironia, e a compaixão e o "coração cálido" com menosprezo.

Em contraposição a isso se encontra a moral dos escravos. Assim como na moral dos senhores, há um tipo de ser humano que cabe a ela. Trata-se dos "violentados, oprimidos, prisioneiros, sofredores, inseguros e cansados de si" (NIETZSCHE, 1980, 5, p. 211). Esses seres humanos lançam um olhar pessimista sobre o mundo. Eles têm um ressentimento pela situação do ser humano em geral e tendem a condenar o próprio ser humano. A relação deles com os poderosos é determinada pela desconfiança e pela dúvida de se a felicidade destes é genuína.

> Inversamente, as propriedades que servem para aliviar a existência dos que sofrem são postas em relevo e inundadas de luz: a compaixão, a mão solícita e afável, o coração cálido, a paciência, a diligência, a humildade, a amabilidade recebem todas as honras – pois são as propriedades mais úteis no caso, e praticamente os únicos meios de suportar a pressão da existência. A moral dos escravos é essencialmente uma moral de utilidade (NIETZSCHE, 1980, 5, p. 211).

A moral dos escravos designa como boas as características acima e como mau tudo aquilo que se opõe a essas virtudes. Nietzsche vê sob o predomínio da moral dos escravos não apenas o cristianismo, como também toda a cultura de seu tempo.

Mas quais são as condições para o desenvolvimento de um indivíduo soberano, autônomo? Nietzsche as descreve assim: o pressuposto é uma sociedade aristocrática, que, "em uma constante luta com os vizinhos ou os oprimidos em revolta ou que ameaçam revoltar-se", cultivou em si virtudes que lhe permitem conservar a dominação: "Ela o faz com dureza, inclusive deseja a dureza; toda moral aristocrática é intolerante" (NIETZSCHE, 1980, 5, p. 215). Contudo, a dominação é finalmente assegurada, então "diminui-se a enorme tensão; talvez já não existam inimigos entre os vizinhos, e os meios para viver, e até mesmo gozar a vida, são encontrados em abundância" (NIETZSCHE, 1980, 5, p. 215). Neste momento, porém, a moral aristocrática, que surgira apenas da certeza de dominação, sobreviveu. Surge aqui um ponto de virada na história: "Atingiu-se o ponto inquietante e perigoso em que a vida maior, mais múltipla e mais abrangente *vive além* da velha moral; o 'indivíduo' está aí, obrigado a uma legislação própria, a artes e astúcias próprias de conservação de si, elevação de si, redenção de si" (NIETZSCHE, 1980, 5, p. 216). O individualismo de Nietzsche culmina em uma apoteose do ser humano de potência que possui traços ideológicos. Ele menciona como exemplos os sofistas na Grécia antiga, que defendiam o "direito dos mais fortes", o príncipe renascentista Cesare Borgia e, em seu século, Napoleão (cf. FRENZEL, 1980, p. 125). No entanto, a sociedade não está à altura desses indivíduos. Ela tenta combatê-los e, a despeito deles, impor uma outra espécie de ser humano, a saber, os "*medíocres*" (NIETZSCHE, 1980, 5, p. 217). Segundo Nietzsche, estes encontram expressão, por exemplo, nas reivindicações por democracia e socialismo.

A história de recepção de Nietzsche se mantém constante. Contudo, ela não transcorreu linearmente. Após Nietzsche ter suscitado com seu escrito sobre a tragédia uma breve, porém acalorada discussão entre especialistas, as suas obras filosóficas posteriores permaneceram amplamente esquecidas. Uma exceção foi o historiador dinamarquês de literatura, Georg Brandes, que em 1888 deu aulas na Universidade de Copenhague sobre o "filósofo alemão Friedrich Nietzsche". No início do século XX, houve uma fase de apropriação ideológica, que atingiu seu ápice com o nazismo. Mencionemos Alfred Baeumler, que também editou textos de Nietzsche. Esses autores encontraram efetivos pontos de contato na concepção nietzscheana de uma "moral dos senhores" e no livro *A vontade de potência*, editado com a participação da irmã de Nietzsche. Foi ocultada a crítica de Nietzsche ao antissemitismo e ao nacionalismo, que se desenvolveu na Alemanha após a fundação do *Reich* (cf. MANN, 1966, p. 479ss.). Em paralelo, houve uma recepção no interior da filosofia especializada. Nietzsche foi interpretado no contexto da história da metafísica. Mencionemos Karl Löwith (1935), Karl Jaspers (1936) e Martin Heidegger (1936). Nesses autores, os aspectos ideológicos da obra de Nietzsche foram completamente desconsiderados. O mesmo vale para interpretações filosóficas da segunda metade do século XX. Porém, seria mais adequado relacionar ambos os aspectos de seu pensamento. Na filosofia francesa, os aspectos relativos à filosofia da vida tiveram uma influência considerável.

X
Do conceito de pessoa

A palavra latina "*persona*" é uma tradução da palavra grega "*prosopon*", que significa o mesmo que "máscara". Na cultura grega, as máscaras eram utilizadas como máscaras protetoras, que protegiam contra inimigos, ou como máscaras mágicas, que deviam dar a seus portadores os poderes do *daemon* representado (LESKY, 1984, p. 46ss.). Na tragédia grega, a máscara recebeu uma nova e fundamental importância. Ela era então utilizada por um ator (*hypokrites*) e representava o papel em um drama encenado em honra do deus Dionísio.

A tragédia surgida na Grécia não pode ser menosprezada em sua importância para a história europeia. Em oposição a ações públicas puramente ritualísticas de sacerdotes – por exemplo, ações de sacrifícios –, a tragédia apresentava uma tentativa de encenar o destino dos seres humanos através de atores, trazendo-o para perto dos espectadores de uma maneira tocante e exemplar. O drama encenado fazia aquele que o presenciava confrontar-se com sua própria situação.

É esse significado fundamental que foi o pressuposto para que, na tradução do conceito "*prosopon*" para "*persona*", ocorresse uma considerável ampliação de sentido. Primeiro, o significado de pessoa no sentido de "máscara de um ator" foi ampliado e tomado para designar o ser humano de forma geral. Para tanto, era necessário tomar o palco e o ator sobre ele como metáfora da situação do ser humano no mundo. A ideia é que todo o mundo é um palco e os seres humanos são atores sobre ele.

No léxico romano, três significados de "*persona*" progressivamente ganharam importância: a) como papel, b) como pronome pessoal e c) como sujeito jurídico.

Cícero tem o mérito de ter feito do conceito de pessoa o fundamento de uma nova definição antropológica. O ser humano é pessoa. Mas isto em uma dupla perspectiva: em primeiro lugar, por desempenhar um papel, em segundo lugar, como um ser humano particular com características singulares, isto é, como pessoa individual. No Novo Testamento, o conceito de pessoa tem exclusivamente o significado de papel. Para os Padres da Igreja Tertuliano e Agostinho, o conceito de pessoa ganha um significado particular no interior das reflexões sobre a trindade divina.

Boécio, adepto da filosofia antiga e cristão, conecta entre si dois dos aspectos mencionados por Cícero: o da razão e o da individualidade. De forma surpreendente, nele o modelo fundante do papel desaparece por completo. Não obstante, a sua definição de pessoa como uma substância individual dotada de razão dá uma nova direção ao pensamento teológico e filosófico, como, por exemplo, em Tomás de Aquino.

Na Modernidade, Locke desenvolve sua definição de pessoa no contexto da filosofia da subjetividade. Trata-se da identidade mediada da consciência de si. Uma pessoa é aquela que está consciente de si como sujeito percipiente no próprio ato de percepção.

Kant desenvolve o conceito de pessoa em relação ao do eu. O eu como sujeito pertence à sua filosofia transcendental, ao passo que o eu como pessoa pertence a um questionamento antropológico que se diferencia daquela. O conceito de pessoa ocupa uma posição central em sua antropologia, em sua ética e em sua filosofia do direito.

1 O ser humano como pessoa (Cícero)

> Nós precisamos reconhecer que somos dotados por natureza de dois papéis [*personis*]: um deles é universal, resultando do fato de sermos, todos, igualmente dotados de razão e da superioridade que nos distingue dos animais [...]. O outro, porém, é o que é atribuído ao indivíduo em particular [*quae proprie singulis est tributa*]. No que diz respeito à constituição física, há grandes diferenças: nós vemos alguns se distinguirem pela velocidade na corrida, outros pela força na luta; quanto à aparência física, alguns são atraentes, outros elegantes. Quanto ao caráter, também há grandes diferenças [...].
> Quanto aos dois papéis [*personis*] que mencionei acima, acresce-se um terceiro, imposto por certa sorte ou por certas circunstâncias, assim como um quarto, que assumimos por nosso próprio juízo. A posição de reis, comandantes militares, nobres, nobreza de nascimento, riqueza e influência, além de seus opostos, dependem do acaso e são, portanto, controlados pelas circunstâncias. Mas

qual papel [*personam*] devemos desempenhar, isto depende de nossa vontade. Assim, alguns se dedicam à filosofia, outros ao direito civil, outros à oratória, e quanto às virtudes, alguns preferem distinguir-se em uma, outros em outras (CÍCERO, 1992, p. 95, 101).

Cícero, que provinha da fidalguia, nasceu em 106 a.C. em Arpino. Até 82 a.C., em Roma, completou formação em jurisprudência, retórica e filosofia. De 81 a 80 a.C. foi documentada sua primeira aparição como orador em um tribunal. Entre 79 e 77 a.C. Cícero fez viagens de estudo para a Grécia. Em 75 a.C. ele serviu como questor em Lilibeu (Sicília). Com o processo bem-sucedido contra Verres, Cícero se tornou o "primeiro orador de Roma". Em 63 a.C. ele se tornou cônsul. A sua atividade foi marcada pela condenação da tentativa de golpe político perpetrada por Catilina e pela execução dos catilinários. Essas ações, contudo, foram logo duramente criticadas, e em 58-57 a.C. foi decidido o seu exílio para a Grécia. Nesse período surgiram as primeiras obras filosóficas de Cícero. Na guerra civil de 49 a 47 a.C. ele ficou ao lado dos pompeianos e contra César. Em 47 a.C. Cícero foi anistiado por este. Nos anos que se seguiram, publicou novas obras filosóficas. Após o assassinato de César em 44 a.C., Cícero obteve novamente uma posição de autoridade no senado. Contudo, os seus ataques públicos contra os antigos defensores de César levaram a seu assassinato em 43 a.C.

A influência de Cícero ocorreu sobretudo nos campos da retórica, da política e da filosofia. Da perspectiva da história da filosofia, Cícero viveu na época do helenismo, "o período dos três séculos antes de Cristo" (HOSSENFELDER, 1985, p. 13). Fizeram parte dele o estoicismo, o epicurismo e o ceticismo. Em sua teoria do conhecimento, Cícero defende um ceticismo moderado. Seu lema é o de decidir-se pelo enunciado mais provável depois de um exame de argumentos e contra-argumentos. Em sua ética, Cícero defende em larga medida posições estoicas mescladas a ideias aristotélicas e platônicas. Em concordância com a teoria dos estoicos, Cícero afirma: "[Como] segundo os estoicos tudo que surge na Terra é produzido para proveito do ser humano, mas os seres humanos existem em prol dos seres humanos para poderem ser úteis mutuamente, nós somos obrigados a seguir aqui a condução da natureza e colocar no centro de nossos interesses a utilidade geral, por meio do cumprimento mútuo dos deveres, por meio do dar e receber" (CÍCERO, 2008, I, p. 19). Motivos importantes de seu pensamento se fazem aqui presentes: a natureza universal, que se constitui como o fundamento da vida humana, o lema de viver de acordo com ela, e a ideia do cumprimento dos deveres em prol do bem comum. A ética, portanto, recebe um significado decisivo em sua filosofia. Todo conhecimento teórico adquire seu sentido por meio de seu significado prático. A sua própria vida, em grande medida dedicada à política, seguiu essa concepção. Da perspectiva da história da filosofia, porém, Cícero foi significativo por um outro aspecto. Em razão de seu estudo intensivo da filosofia grega, ele se apropriou de seus conceitos centrais e os traduziu para o latim. Ele se tornou, assim, aquele que legou, interpretou e traduziu a filosofia grega no Ocidente latino.

No contexto da transposição da língua grega para o latim, inclui-se também a tradução do conceito grego *"prosopon"* para "máscara" no termo latino *"persona"*. Ora, a palavra *"prosopon"* pertence ao jargão teatral e, portanto, não é um conceito filosófico. Tanto mais significativo é que ela tenha se tornado um conceito filosófico por meio de Cícero. Ele foi um dos principais responsáveis para que o conceito de pessoa se tornasse um novo conceito fundamental da antropologia filosófica o qual possui uma história de recepção de profundas raízes. Para compreender o seu desenvolvimento, é necessário considerar sua complexa pré-história. Ela abrange os seguintes aspectos: primeiro, a pessoa como papel em um drama, segundo, como metáfora antropológica, terceiro, como pronome pessoal, e, quarto, como sujeito jurídico.

Quanto ao aspecto do papel, cumpre notar que, partindo do drama grego, os romanos no século primeiro antes de Cristo, portanto na época de Cícero, também possuíam atores com máscaras em suas tragédias e comédias (WILPERT, 1969, p. 472). A máscara evidencia o papel, escondendo o ator por detrás de si. Entre ele e sua máscara, desenvolve-se a relação do ator com seu papel.

A peça tematiza situações trágicas e cômicas da vida. Ela representa exemplarmente os dramas humanos. Portanto, não é exagerado conceitualizar o mundo como um palco e como atores os seres humanos que nele atuam. A pessoa apresentada torna-se uma metáfora antropológica para o papel que cada ser humano desempenha no grande palco do mundo. Mencione-se Pitágoras como um dos primeiros que traçou tal comparação, e foi surpreendentemente Cícero que notou isso. Segundo Cícero, a questão sobre a essência dos filósofos foi respondida por Pitágoras da seguinte forma: "A vida dos seres humanos lhe parece ser igual àquele mercado que costumava ser celebrado com todo o esplendor dos jogos e com a presença de toda a Grécia" (CÍCERO, 2008, I, p. 438). Nesses jogos competitivos, alguns eram os competidores e outros eram comerciantes que ofertavam suas mercadorias: "Havia, porém, alguns poucos que desprezavam tudo o mais e consideravam com atenção a natureza das coisas. Esses se denominavam amantes da sabedoria, precisamente filósofos" (CÍCERO, 2008, I, p. 438ss.). A história é um exemplo para a escolha de um modo de vida [*bios*] no mercado da vida e, com ele, o ser humano decide-se por um papel que ele crê desempenhar. Platão aproveita a ideia da escolha livre do desprovido da própria vida no mito final da *República*. Em Aristóteles, finalmente, na sequência da narrativa atribuída a Pitágoras, são discutidos três modos de vida entre os quais é preciso escolher um. Trata-se do modo de vida orientado pelo gozo [*bios apolaustikos*], o modo de vida prático-político [*bios praktikos*] e o modo de vida teórico [*bios theoretikos*], o qual, assim como o modo de vida filosófico em Pitágoras, é apresentado como o superior.

O terceiro aspecto diz respeito à pessoa em um contexto gramático-retórico. O gramático romano Varrão (nascido em 116 a.C.), um contemporâneo mais velho de Cícero, desenvolve a concepção dos pronomes pessoais no contexto da retórica. Segundo ele, há três papéis do falante, "pois há três pessoas: aquela que fala, aquela a quem se fala, e aquela de quem se fala" (*HWP*, 7, 272). A expressão "*persona*" no contexto da gramática pode ser entendida como "papel do falante", mas também como primeira, segunda ou terceira "pessoa".

O quarto aspecto é tematizado pelo próprio Cícero, que não apenas fizera um nome como orador e político, mas também trabalhou como advogado de direito. Pessoa é o papel que alguém assume em um processo. Ele descreve seu papel como advogado da seguinte forma:

> Para minha pessoa, eu costumo me esforçar para que cada um me informe sobre suas questões e para que ninguém esteja presente, de modo a que ele possa falar tanto mais francamente. Eu costumo, assim, defender o ponto de vista do oponente no processo, de modo a que ele defenda seu próprio ponto de vista e apresente abertamente tudo aquilo que ele pensou sobre suas questões. E assim, quando ele já foi embora, eu assumo, na maior calma de espírito, três papéis em uma pessoa: o meu próprio, o do oponente no processo e o do juiz (CÍCERO IV, p. 138).

O restante da história do direito romano comprova essa concepção: o sujeito jurídico é a pessoa e, surpreendentemente, não o ser humano, em latim, *homo*. A razão é a seguinte: "Por sua vez, a palavra '*homo*' (propriamente 'ser humano') designava, para os juristas, frequentemente os escravos, e era, portanto, pouco apropriada como expressão geral para indicar os seres humanos particulares" (*HWP*, 7, 273). O conceito "*persona*" tem o significado de pessoa no sentido da designação geral de um ser humano particular. Assim, a gramática e a jurisprudência têm uma participação decisiva no desenvolvimento do conceito de "*persona*" no sentido de pessoa.

Em resumo, o desenvolvimento do conceito de pessoa pode ser apresentado da seguinte forma. Primeiramente, "*persona*" significa a máscara do ator. Essa expressão torna-se, então, uma metáfora antropológica, isto é, o ser humano é quem desempenha um papel. Por fim, a expressão "*persona*" torna-se um conceito geral que designa o ser humano particular. O ser humano é então pessoa em um sentido substantivo. Contudo, o significado metafórico não desaparece. Isso significa que "*persona*" designa, dependendo do caso, papel ou "ser humano particular". A expressão é empregada por Cícero nesse duplo sentido. Isso é comprovado pelas reflexões a respeito do conceito de pessoa que ele desenvolveu em sua última obra filosófica, *Dos deveres*, de 44 a.C. Em primeiro lugar, ele evidencia ser a natureza que dota o ser humano com o predicado "*persona*". Trata-se da sábia natureza universal racional que o faz, e claramente para o bem do ser humano. Em segundo lugar, fica claro que ao ser humano atribui-se, por natureza, não somente um papel, mas quatro. A concepção de uma diversidade de papéis liga-se a isso. Cada ser humano particular deve desempenhar quatro papéis.

O seu primeiro papel consiste em ser dotado de razão. Por meio disso o ser humano se distingue do animal. Em oposição ao animal, o ser humano é o ser vivo racional. A definição aristotélica do ser humano recebe um novo caráter sob a égide do papel. A razão não é mais apenas um caráter essencial do ser humano, uma característica de sua natureza imutável, mas, antes, enquanto papel, ela é realizada no jogo de papéis. O ser humano somente é racional quando cumpre o papel que lhe é atribuído. Mas isso não é garantido. Seres humanos que se entregam desmesuradamente a seus "prazeres" perdem sua "dignidade" e colocam em risco seu papel como seres racionais, por meio do qual se distinguem do animal. Eles são, dessa forma, "seres humanos apenas segundo o nome, não segundo a coisa mesma" (CÍCERO, 2008, I, p. 58).

O segundo significado de "persona" diz respeito às características atribuídas ao ser humano particular, como características corporais e faculdades, sua aparência "digna", sua beleza e em particular suas competências mentais. Todas essas características são atribuídas ao ser humano por natureza e, decerto, a cada indivíduo em particular ["*quae proprie singulis est tributa*"]. Trata-se de características imutáveis que o tornam um ser humano singular. Por meio delas, ele se torna um "indivíduo". Cícero vincula um lema moral a esse dado: "Todo indivíduo deve conhecer sua aptidão individual e mostrar-se como um juiz severo a respeito de suas características boas e más" (CÍCERO, 2008, I, p. 61ss.). Nessa passagem, o entendimento de "*persona*" como papel atinge seu limite, pois o ser humano particular não desempenha suas características; pelo contrário, ele as é, ele é definido por elas. Em conformidade ao jargão do direito romano que então se desenvolvia, "*persona*" designa já aqui o ser humano particular. Por essa razão, uma interpretação segundo a qual o conceito "*persona*" em Cícero abrangeria apenas o "papel social que se perpetua" (*HWP*, 7, 271) é tão insustentável quanto aquela que afirma que o conceito de pessoa, na medida em que contém "personalidade, individualidade", seria "uma criação da tradição cristã" (*HWP*, 7, 269; cf. tb. KOBUSCH, 1993, p. 23).

O terceiro significado de "*persona*" abrange a posição do ser humano na sociedade. Tal posição lhe é atribuída através de acasos e circunstâncias temporais. Ele traz algumas delas em si já desde o nascimento, como nobreza e às vezes riqueza; outras ele adquire ao longo da vida, como a posição de rei, comandante militar e outras funções de honra, incluindo aqui os necessários meios de poder. É surpreendente que, no contexto da terceira significação, Cícero faça do acaso e das circunstâncias temporais os responsáveis pela posição do ser humano na sociedade, e não as proezas próprias. O decisivo, contudo, é que somente aqui o conceito "*persona*" designa um papel social.

O quarto significado de "*persona*" contém, por fim, os objetivos que nós mesmos perseguimos em nossa vida. Trata-se do papel que nós procuramos desempenhar na sociedade. Cícero pensa aqui sobretudo em papéis profissionais. Ele nomeia três atividades ligadas a esses papéis: a filosofia, o direito civil, isto é, a atividade do advogado de direito, e a eloquência, isto é, o papel de orador. Esses são exemplos não apenas de profissões, mas também de modos de vida. É importante a ideia de que cada indivíduo tem de escolher um modo de vida. Ele se decide a respeito disso enquanto este ser humano particular, isto é, enquanto pessoa.

A escolha do papel é, ao mesmo tempo, a escolha de um caminho de vida, e ela exige uma especial reflexão. Cícero discute essa ideia com auxílio do exemplo da história contada por Xenofonte sobre "Hércules na encruzilhada". De acordo com ele, Hércules "havia chegado na idade [...] que a natureza determinou para a decisão sobre qual caminho de vida cada indivíduo deve seguir" (CÍCERO, 2008, I, p. 63). Cícero afirma que, por certo, essa decisão ocorre na maioria dos casos pela adoção de expectativas de papel já definidas, "porém alguns escolhem o caminho correto de vida com certa sorte ou por meio de suas boas predisposições naturais, independente da educação de seus pais" (CÍCERO, 2008, I, p. 64). É evidente que, independente das expectativas da sociedade, o indivíduo tem de escolher seu caminho de vida. Não há dúvida que também nesse quarto aspecto Cícero ressalta inequivocamente a importância central do indivíduo. A pessoa é o ser humano individual que precisa decidir-se e é quem tem responsabilidade por sua decisão em um sentido jurídico. O conceito ciceroniano de pessoa compreende, portanto, os aspectos essenciais que, no decorrer da história, adquiriram importância central: pessoa como ser racional, como ser humano particular com características individuais, como possuidor de um papel social e como ser humano que persegue objetivos individuais e é um agente com responsabilidade.

A ética de Cícero é centrada na ideia de uma vida conforme a natureza. Isso não precisa ser comandado. A busca por isso pertence à natureza do ser humano, em primeiro lugar a conservação de si. Cícero explica: "Primeiro, a um ser vivo de toda espécie é dado por natureza proteger sua vida e seu corpo, e procurar e obter para si tudo [...] o que é necessário à vida, como nutrição, abrigo e assim por diante" (CÍCERO, 2008, I, p. 14). Em segundo lugar aparece a reprodução: "A todos os seres vivos é comum também o desejo [*appetitus*] de união sexual, para reproduzir-se, e um grande cuidado pelos descendentes" (CÍCERO, 2008, I, p. 14). O terceiro aspecto diz respeito ao planejamento de vida que o ser humano realiza diferentemente do animal, que está preso apenas ao presente:

> Porém, uma vez que dispõe de razão, com a qual ele aprende as consequências de seus atos, o ser humano vê as causas de seu agir [...], compara semelhanças e liga e conecta relações futuras com presentes, ele se dá conta, sem mais, do decurso de toda sua vida, preparando tudo o que é exigido para conduzir essa vida (CÍCERO, 2008, I, p. 14).

O quarto aspecto diz respeito à formação de comunidades: "Com ajuda da razão, a mesma natureza liga o ser humano com o ser humano em uma comunidade de vida e de linguagem [...], instigando-o a cuidar de tudo o que contribui para um estilo grandioso de vida e para a subsistência" (CÍCERO, 2008, I, p. 14ss.). O quinto aspecto diz respeito à aspiração à verdade: "Uma característica especial do ser humano é sua busca e perseguição da verdade [...]. Disso se depreende que tudo o que é verdadeiro, simples e puro corresponde em maior medida à essência do ser humano" (CÍCERO, 2008, I, p. 15). O sexto ponto concerne a aspiração à superioridade e à autonomia. É evidente "que um espírito que é por natureza bem provido não deseja obedecer a ninguém a não ser a quem dá bons conselhos, ensina ou distribui justas e legítimas instruções em prol da utilidade" (CÍCERO, 2008, I, p. 15). Por fim, há uma aspiração, peculiar apenas ao ser humano, à ordem e à beleza. Não se trata de

> um efeito acidental da natureza e da razão que o ser humano seja o único ser vivo a perceber o que é ordem, o que é proporcionado e o que em palavras e atos é medida. Exatamente por isso nenhum outro ser vivo sabe, em tudo o que é percebido com a visão, o que é beleza, graça e harmonia das partes (CÍCERO, 2008, I, p. 15).

Todas essas tendências, tomadas em conjunto, resultam no que é moral [*Moralische*]: "De todos esses pressupostos dados pela natureza surge e se constitui aquilo que buscamos: o que é moral [*honestum*]" (CÍCERO, 2008, I, p. 16). Com efeito, há também uma tendência ao proveito próprio, mas entre ela e o que é moral existe uma contradição apenas na aparência, pois a longo prazo o que é moral se mostra sempre como aquilo de maior proveito (cf. CÍCERO, 2008, I, p. 102).

Ao lado dessas tendências morais elementares, Cícero desenvolve uma espécie de casuística, na qual os aspectos morais são discutidos em uma série de casos particulares. Mencionemos alguns exemplos que foram significativos da perspectiva da história de sua recepção. Um primeiro exemplo trata do problema da obrigação de devolução de um bem a um proprietário que enlouqueceu nesse ínterim. Cícero se remete aqui à *República* de Platão, chegando ao mesmo resultado. Não há uma obrigação onde há uma obrigação de ordem mais elevada, a qual afirma que não devemos prejudicar ninguém. Toda obrigação é ligada a uma situação, isto é, "caso as circunstâncias sejam alteradas, altera-se também o dever, que não permanece o mesmo" (CÍCERO, 2008, I, p. 23). Uma máxima ainda mais universal diz respeito à prevenção de guerras e à manutenção da paz. Para Cícero há ademais uma condição especial: "Na minha opinião, é preciso sempre zelar por uma paz que não inclua propósitos ocultos" (CÍCERO, 2008, I, p. 25; cf. KANT, *À paz perpétua*, 1º artigo definitivo).

Chamam a atenção também as reflexões de Cícero sobre o tratamento dado a escravos. Com efeito, ele não defende uma abolição da escravidão, mas argumenta por um tratamento humano:

> Mas nós não podemos esquecer que também aos mais inferiores é preciso dispensar justiça. A posição mais inferior é ocupada pelos escravos; não dão um conselho disparatado aqueles que aconselham tratá-los como se tratam os assalariados: se lhes é exigido desempenho e se lhes dá um ordenado (CÍCERO, 2008, I, p. 29).

Cícero não inclui apenas os escravos em suas reflexões sobre ética, mas até mesmo salta os limites nacionais e desenvolve a concepção de uma ética universal. Ele afirma: "Nós precisamos conservar, proteger e cuidar do pertencimento natural que a tudo e todos abrange e da íntima comunidade de toda a humanidade" (CÍCERO, 2008, I, p. 78). Cícero torna-se, assim, um cofundador da ética de uma humanidade universal (cf. CÍCERO, 1989, I, p. 333; *HWP*, 3, 1.216).

A história da recepção de Cícero é duradoura e ramificada. Em relação ao conceito "*persona*", dois sentidos devem ser diferenciados: "*persona*" entendida como papel e como designação para o ser humano individual com suas características singulares, isto é, como pessoa. Trata-se do significado que também se impôs nos campos da gramática e da jurisprudência. Chama a atenção que ambos os significados percorreram histórias distintas de recepção. Discutamos aqui as suas etapas mais importantes.

Para o primeiro significado, mencionemos Epiteto (55-135), um filósofo estoico do primeiro e do segundo séculos depois de Cristo. Ele discute a situação do ser humano mediante recurso ao significado metafórico de "*persona*". Ele afirma:

> Observa: tu tens de desempenhar um papel em uma peça determinada pelo diretor. Tu tens de desempenhá-lo, sendo a peça longa ou curta. Se te é dado o papel de um pedinte, tu então tens de fazê-lo correspondentemente ao caráter do papel, o mesmo vale se deves fazer o papel de um aleijado, de um senhor ou de um filisteu. Tua tarefa é tão somente cumprir bem o papel que te é atribuído: não te cabe escolher o papel (EPITETO, 1984, p. 29).

Os estoicos deixaram marcas evidentes no desenvolvimento do cristianismo inicial em Israel, à época uma província romana. Portanto, não é nenhuma surpresa que aqui também surja o conceito de "*persona*". Um exemplo é o Apóstolo Paulo, que possui cidadania romana e dispunha de uma ampla formação helenista ao lado de sua formação teológica. Os seus escritos constituem a fonte mais antiga do Novo Testamento e, assim, do cristianismo. Em sua *Epístola aos Romanos*, ele utiliza o conceito "*persona*" da seguinte forma: "Pois Deus não faz acepção de pessoas" (Rm 2,11). O contexto evidencia que o conceito de pessoa deve ser aqui compreendido como papel. Paulo argumenta desta maneira: o importante não é a questão de se alguém é grego, judeu ou pagão, pois também os pagãos, que não têm a lei (mosaica), podem viver segundo a lei, uma vez que "com isso mostram que os preceitos da lei estão inscritos em seus corações; eles têm como testemunha a própria consciência moral" (Rm 2,15). A pessoa é o papel exteriormente perceptível que alguém desempenha: sua posição social, sua nacionalidade, até mesmo seu pertencimento a uma religião. A sua contraposição é o interno, o "coração" e a "consciência moral".

Assim como Paulo, Mateus utiliza o conceito "*persona*" para designar a posição exterior e a aparência que alguém possui. Ele afirma: "Mestre, sabemos que és sincero [...], pois não olhas a aparência de pessoas" (Mt 22,16). O mesmo vale para Lucas (Lc 20, 21). A conclusão é: no Novo Testamento, o documento fundador do cristianismo, o conceito "*persona*" tem o sentido de "papel social". Trata-se do meramente exterior, que, em oposição ao interior do ser humano, não merece nenhuma consideração. Tampouco se encontram indicações incipientes para uma compreensão do conceito "*persona*" no sentido de "ser humano particular", "individualidade" ou mesmo "personalidade". A tradução da passagem citada de Paulo com a formulação "Pois não há aparência do ser humano particular diante de Deus" seria equivocada.

A compreensão de "*persona*" no sentido de papel é também assumida pelo Padre da Igreja Tertuliano (c. 160-220 d.C.). Para ele, o conceito "*persona*" possibilita solucionar um problema crucial do cristianismo inicial. Trata-se do problema de conservar o caráter monoteísta da religião cristã a despeito das três instâncias divinas: pai, filho e espírito santo. Ele vê uma abordagem inicial para a solução na referência à concepção gramatical dos papéis do falante. A fórmula trinitária, decisivamente preparada por ele, é a seguinte: "Três papéis – uma substância" ["*tres personae – una substantia*"] (*HWP*, 7, 276).

Contudo, para Agostinho (354-430 d.C.), que ficou profundamente impressionado por um escrito perdido de Cícero, *Hortensius*, a fórmula trinitária tornou-se novamente um problema. Trata-se de um problema dogmático, não exegético, pois, segundo Agostinho, "nós tampouco encontramos em algum lugar das Escrituras a menção a três pessoas" (BRASSER, 1999, p. 43). Essa fórmula torna-se questionável para Agostinho, pois o significado original de pessoa no sentido de papel não mais era presente para ele. Ele entende "pessoa" como uma substância e se coloca, pois, diante da alternativa de afirmar ou três substâncias e três pessoas ou então uma substância e uma pessoa. A fórmula "uma substância e três pessoas" lhe parece paradoxal. Ele se pergunta, portanto, "por que se fala, devido à mesma unidade de essência, de 'três substâncias', ou ainda de 'três pessoas', e não de uma substância e uma pessoa?" (BRASSER, 1999, p. 43). Relativamente a esse dilema, ele por fim reconhece: "Então o que [mais] resta senão conceder que essas fórmulas foram produzidas sob o constrangimento de ter de dizer algo?" (BRASSER, 1999, p. 43).

Para Boécio (480-524 d.C.), formado em Roma e um estadista respeitável, e que, embora cristão, procurou na filosofia e não na fé seu consolo após ser sentenciado à morte na prisão, o conceito "*persona*" liga-se definitivamente à substância. Ele chega à seguinte definição: "Pessoa é a substância individual de uma natureza racional" ["*persona est naturae rationabilis individua substantia*"] (*HWP*, 7, 280). Boécio adota aqui as duas primeiras determinações do conceito "*persona*" de Cícero e as unifica no conceito de substância.

Essa definição é apropriada por Tomás de Aquino (1225-1274), que busca defendê-la contra possíveis objeções. Uma objeção central é a de que seria impossível fornecer uma determinação essencial da substância individual, pois essa seria apenas possível em relação a um universal: "Pois nenhuma coisa individual é determinada em sua essência. A pessoa, porém, designa uma coisa individual" (BRASSER, 1999, p. 57). Tomás de Aquino responde a essa objeção referindo-se a Aristóteles, que designava a coisa individual como uma substância primeira. A primeira e a segunda substâncias se ligam na pessoa de forma singular. Tomás de Aquino afirma:

> Contudo, de uma maneira ainda mais singular e perfeita, o particular e isolado se encontra na substância dotada de razão, que tem domínio sobre seu agir [...]. As atividades, porém, pertencem aos seres particulares. E, assim, entre as substâncias restantes, os seres particulares de natureza dotada de razão possuem também um nome especial, e este nome é *pessoa* (BRASSER, 1999, p. 58).

A influência de Cícero pode ser facilmente notada também na ética de Tomás de Aquino, como em sua concepção de uma tendência conforme à natureza por parte do ser humano.

Também Kant (1724-1804) se insere com seu conceito de pessoa na tradição que parte de Cícero, da gramática romana e da jurisprudência. Ademais, de particular importância é a influência de Cícero na ética de Kant. Algumas ideias centrais do escrito *Dos deveres*, de Cícero, manifestam-se nela.

2 A identidade da pessoa (Locke)

> Sendo essa a premissa da qual devemos partir para descobrir em que consiste a *identidade pessoal*, devemos considerar o que a palavra *pessoa* representa. Segundo penso, essa palavra representa um ser pensante inteligente, de razão e reflexão, que pode se considerar [*a thinking intelligent Being, that has reason and reflection, and can consider it self as it self*], em diferentes tempos e lugares, igual a si mesmo, uma mesma coisa pensante; e somente por ter a consciência, que, sendo inseparável do pensar, parece-me essencial a este. Sabemos bem o que fazemos quando vemos, ouvimos, provamos, tocamos, meditamos ou queremos uma coisa qualquer: é impossível percebermos sem *percebermos* que percebemos. Isso vale para toda sensação ou percepção presente, e é o que faz de cada um, para si mesmo, o que se chama de *si mesmo* [...]. O alcance da identidade de uma pessoa é igual à extensão retrospectiva da consciência que ela tem de uma ação ou de um pensamento; ela é agora tão ela mesma quanto era antes; e o eu mesmo presente, que agora reflete sobre uma ação passada, executou ele mesmo essa ação (LOCKE, 1968, 1, p. 419ss.).

John Locke nasceu em 1632 em Wrington/Somerset (Inglaterra). Em 1652 ele foi admitido no Christ Church College, em Oxford. Após obter seu título de *Magister* (1658), Locke tornou-se lá docente de grego, a partir de 1660, de retórica, a partir de 1662, e *Censor of Moral Philosophy*, a partir de 1663. Em 1667 ele se tornou, em Londres, secretário, médico de câmara e confidente de A.A.C. Earl of Shaftesbury. Locke ocupou diversos cargos públicos e em 1668 tornou-se membro da Royal Society. Em 1671 ele começou a redigir sua obra *Essay Concerning Human Understanding* [*Ensaio sobre o entendimento humano*], publicada em 1689. Em 1674 Locke graduou-se em medicina. Por razões de saúde, ele morou quatro anos na França, de 1675 a 1679, e aproveitou o tempo para estudar intensivamente a filosofia cartesiana. Após Shaftesbury deixar a Inglaterra acusado de alta traição à pátria, Locke o sucedeu. Ele passou os anos de 1683 a 1689 na

Holanda. Após seu retorno à Inglaterra, publicou em 1690 sua obra *Two Treatises of Government* [*Dois tratados sobre o governo*]. Ele faleceu em 1704 em Oates (Essex), na Inglaterra.

Uma marca característica da filosofia da Modernidade é a interpretação do ser humano como um sujeito que, em contraste com Deus enquanto o sujeito absoluto, torna-se progressivamente o ponto de referência do conhecimento humano. Isso implica um novo interesse pela investigação das faculdades cognitivas humanas que, em contraste com o "*intellectus divinus*", são investigadas em suas capacidades peculiares e em seus limites. Esse interesse encontra repercussão nas obras de Descartes, *Regras para a direção do espírito*, *Discurso sobre o método* e em suas *Meditações*. Com o *Ensaio acerca do entendimento humano*, Locke liga-se a esse projeto em sua intenção, ainda que não em seus resultados, enquanto Leibniz responde a ele com *Novos ensaios sobre o entendimento humano*. A isso se seguiram a obra de Hume, *Ensaio sobre o entendimento humano*, e finalmente a *Crítica da razão pura*, de Kant. No jargão medieval, trata-se de uma investigação mais exata sobre a "*lumen naturale*" do ser humano, ou, formulado na linguagem da Modernidade, sobre as faculdades cognitivas do sujeito humano. Contudo, Descartes ainda designa o sujeito como uma substância, ainda que como uma substância pensante [*res cogitans*]. No fundo, porém, essa substância recebe as características de um sujeito, pois ela existe por meio de atividade, a atividade do pensar. Por essa razão, Descartes já se pergunta se essa substância ainda existiria caso o eu – por exemplo, durante o sono – não pense.

No contexto de uma filosofia da subjetividade, Locke desenvolve o conceito de pessoa que não é uma substância. Mas ele dá um passo além e recusa de modo geral a suposição de ideias inatas do entendimento. Locke vê na experiência a fonte decisiva do conhecimento humano e desenvolve, em oposição ao racionalismo da Europa continental, a concepção do empirismo anglo-saxão. O motivo para investigar o entendimento humano é fundamentado da seguinte forma: "Sendo o *entendimento* aquilo que põe o ser humano acima dos demais seres sensíveis, que o torna superior a eles e permite que os domine, sua própria nobreza faz dele tema digno do labor de uma investigação" (LOCKE, 1968, I, p. 22). Contudo, segundo Locke, o entendimento age "sem dar-se conta de si mesmo; requer-se por isso arte e esmero para pô-lo à distância e torná-lo objeto de si mesmo" (p. 22). O seu método consiste em investigar a origem das ideias "que o ser humano percebe em sua mente" (p. 24).

Locke formula de forma bem ampla o conceito de ideia. A ideia é todo "*objeto do entendimento*". Aqui se incluem "*fantasma, conceito, representação, seja lá o que for, de que a mente se ocupa no pensar*" (p. 28). A investigação acerca do entendimento humano tem o objetivo de conhecer e investigar a sua extensão, "em que medida dispõe de faculdades para alcançar certeza, e quando só nos resta julgar e conjeturar" (p. 24). Diferentemente de Descartes, Locke não tinha a ambição de encontrar um fundamento inabalável [*fundamentum inconcussum*] sobre o qual a ciência pudesse ser refundada. Para ele, o entendimento está a serviço da vida prática. Portanto, não se deve, "com presunção e destempero, requerer demonstração ou reclamar certeza onde só há probabilidade. Isso é o suficiente para governar tudo o que mais nos concerne" (LOCKE, 1968, I, p. 26). Por outro lado, o conhecimento do provável protege contra "um ceticismo completo", para o qual tudo é questionável, tornando impossível qualquer decisão.

Locke começa sua investigação com a tese de que, com pouquíssimas exceções, não há ideias inatas. Ele discute essa tese nos âmbitos dos "princípios práticos" e dos "princípios teóricos". Os seres humanos obtêm conhecimento não por meio de ideias inatas, mas "somente por meio do uso de suas capacidades naturais" (p. 29). Assim, o conhecimento da cor surge não por meio de uma ideia inata, mas, antes, exclusivamente por meio da visão atribuída ao ser humano. Mas o mesmo vale também para princípios abstratos, como, por exemplo, para o princípio de identidade e para o princípio de contradição, assim como para princípios da matemática, incluindo a geometria. O argumento de Locke é o seguinte: esses princípios não são reconhecidos por todos os seres humanos, sendo mesmo incompreensíveis para crianças e mentecaptos. Mas eles precisariam sê-lo, caso fossem inatos, pois do contrário surgiria a situação paradoxal de se atribuir a um ser humano um saber do qual ele nada sabe. As ideias que não são inatas são adquiridas. Locke discute da seguinte maneira o surgimento do conhecimento com base em faculdades naturais:

> Os sentidos primeiramente deixam entrar ideias *particulares* que preenchem o gabinete ainda vazio; e quando a mente gradativamente se familiariza com algumas delas, elas são alojadas na memória e nomeadas. Posteriormente, após ter avançado um bocado, a mente as abstrai e gradativamente aprende o uso de nomes gerais. Dessa maneira, o espírito é preenchido com ideias e linguagem,

os *materiais* com os quais pode exercitar sua faculdade discursiva (LOCKE, 1968, I, p. 38).

O entendimento é primeiramente um "gabinete vazio", ou ainda, uma "tábula rasa" (LOCKE, 1968, I, p. 76). A recepção de ideias ocorre por meio dos sentidos, sendo armazenadas na memória. É decisiva a faculdade de abstração, por meio da qual as ideias são ligadas a nomes gerais, isto é, a conceitos. Pela linguagem, esses nomes são conectados entre si em um processo discursivo. Em vez de "conceito" Locke utiliza aqui "nomes gerais", evidenciando assim sua abordagem marcadamente nominalista. A sua descrição do surgimento do conhecimento compõe o quadro de sua teoria do conhecimento. Locke distingue duas fontes de conhecimento: a percepção externa [*sensation*] e a percepção interna [*reflection*]. Com auxílio dos sentidos, o entendimento acolhe as ideias simples, que são combinadas pelo entendimento em ideias complexas. Aqui se insere sua distinção de qualidades primárias e secundárias da matéria. As qualidades primárias dizem respeito à solidez, extensão, formato e movimento; as qualidades secundárias são aquelas que "por intermédio de suas qualidades primárias [...] produzem em nós sensações diversificadas, como, por exemplo, cores, sons, sabores etc." (LOCKE, 1968, I, p. 148).

Os princípios práticos tampouco são inatos. Locke lista uma série deles. Ele nomeia em primeiro lugar o princípio de justiça e o mandamento de cumprimento de contratos. Ambos os princípios são, decerto, amplamente difundidos, mas não são inatos, senão "regras de conveniência" (LOCKE, 1968, I, p. 54). Para a continuação da discussão do problema de princípios práticos inatos, Locke afirma que mesmo a ideia de Deus, que deve ser considerado como garantia de todos os princípios práticos, não é inata. Contra tal concepção se impõem as bem diversas representações de Deus nas diferentes religiões. Entretanto, Locke não defende o ateísmo. Para ele, a existência de Deus surge do princípio de causalidade, pois "as manifestações visíveis de uma sabedoria e um poder extraordinários aparecem tão claramente nas obras da criação que nenhum ser racional que deseja refletir seriamente sobre elas pode deixar de descobrir uma divindade" (LOCKE, 1968, I, p. 87). Isso significa que "aquele que a descobre fez um uso correto de sua razão, refletiu maduramente sobre as causas das coisas e as remontou até sua origem" (LOCKE, 1968, I, p. 87). Contudo, se até a ideia de Deus não é inata, então exatamente a mesma coisa vale para outros princípios morais amplamente difundidos. O reconhecimento universal dos mesmos ocorre em muitos casos devido ao medo do inferno (LOCKE, 1968, I, p. 58). Também a consciência moral não é inata, mas, antes, "nada mais é senão nossa própria opinião" (LOCKE, 1968, I, p. 58). Mas como a formação da consciência moral nas crianças se dá "antes que a memória se inicie", a consciência moral é, por fim, considerada como inata.

Entretanto, em sua crítica da suposição de ideias práticas inatas, Locke faz algumas exceções surpreendentes. Ele afirma:

> Eu admito que a natureza implantou no ser humano um desejo por felicidade e uma repugnância pela infelicidade; esses são, de fato, princípios morais inatos que (como tem de ser o caso nos princípios morais) realmente intervêm continuamente em todas as nossas ações e as influenciam (LOCKE, 1968, I, p. 54ss.).

Porém, desejando assim evitar a aparência de contradição, ele logo afirma: "Essas são *inclinações do desejo* do bem, e não verdades implantadas no entendimento" (LOCKE, 1968, I, p. 55). Ao mesmo contexto pertencem as "ideias fracas" nas crianças recém-nascidas "de fome, sede, calor e de certas dores que elas podem ter sentido no seio materno" e que "elas carregam consigo para o mundo" (LOCKE, 1968, I, p. 80).

A ideia de substância recebe um significado particular. Locke ressalta que se trata aqui de uma ideia "cuja posse seria de utilidade universal para os seres humanos" (LOCKE, 1968, I, p. 95) e cuja existência, portanto, também deveria ser universalmente admitida. Na realidade, contudo, ela não é nem inata nem adquirida por meio da experiência. Locke constata: "Trata-se da ideia de *substância*, que nós não podemos possuir nem obter por meio da sensação ou da reflexão" (LOCKE, 1968, I, p. 95). Por esse motivo, nós temos de admitir que

> da *substância* em geral não possuímos nenhuma ideia *clara* e, por isso, designamos com essa palavra meramente uma suposição incerta de algo desconhecido por nós mesmos, isto é, de algo do qual não possuímos nenhuma ideia (específica, evidente, positiva) e que consideramos como *substrato* ou suporte de ideias por nós conhecidas (LOCKE, 1968, I, p. 95).

Por outro lado, contudo, a renúncia à ideia de substância teria consequências drásticas, pois sem ela as coisas perderiam seu fundamento, sua constância no tempo e ao mesmo tempo sua identidade. Embora não seja inata e nem fundada na experiência, a ideia de substância é uma suposição necessária do entendimento, sem a qual falar sobre coisas idênticas se tornaria impossível.

De modo surpreendente, o problema da identidade é aquilo a que Locke vincula suas reflexões sobre antropologia. Trata-se do problema da identidade da pessoa. O ponto de partida é composto por suas reflexões sobre o conceito de identidade em um sentido geral. A identidade dos corpos deve ser diferenciada da dos seres vivos. A identidade dos corpos consiste em neles ser combinado um certo número de partículas de matéria, isto é, de átomos. O importante aqui não é a forma de sua ordenação, mas o seu número. Ocorre algo diferente nos seres vivos, isto é, nos corpos vivos: "Um carvalho que cresce de uma muda até uma grande árvore é ainda o mesmo carvalho" (LOCKE, 1968, I, p. 413). Trata-se da forma de organização que garante a sua identidade. Ela "*perfaz* a vida individual" (LOCKE, 1968, I, p. 414). O mesmo ocorre com os animais. Também aqui a organização conforme a um fim é o mais decisivo. Contudo, em oposição a uma máquina, por exemplo um relógio de bolso, que também deve ser concebido como uma organização conforme a um fim, nos animais o movimento vem do interior, nas máquinas, do exterior (cf. LOCKE, 1968, I, p. 415).

O mesmo vale para a identidade do ser humano. "Ela consiste claramente em nada mais senão a participação na mesma vida, que prossegue por meio das partículas da matéria que se encontram continuamente em fluxo e que, em sua sucessão, se combinam com o mesmo corpo organizado capaz de vida" (LOCKE, 1968, I, p. 415). A ideia do ser humano deve ser entendida como "uma criação de sua própria forma ou modo de formação" (LOCKE, 1968, I, p. 416). Por esse motivo, um papagaio falante de modo racional, caso ele existisse, não seria designado como ser humano, como o é um "ser humano estúpido irracional". Pois, segundo Locke, "não é apenas a ideia de um ser racional pensante ou falante que constitui [...] a *ideia do ser humano*, mas, antes, a ideia de um corpo com certa forma a ela ligada" (LOCKE, 1968, I, p. 419).

É necessário distinguir aqui a questão da identidade da pessoa, pois "a mesma *substância*", "o mesmo *ser humano*" e "a mesma *pessoa*" designam não a mesma ideia, mas, antes, três ideias diferentes (LOCKE, 1968, I, p. 416). A identidade da pessoa é determinada pela consciência, e esta é constituída primeiramente pela percepção da própria percepção. Ela

> é o que faz, de cada um, para si mesmo, o que chama de *si* [*self*] mesmo. Não é preciso considerar, nesse caso, se o si mesmo persiste numa mesma substância ou se em diversas. A consciência que sempre acompanha o pensar é o que faz,

de cada um, o que ele denomina si mesmo, distinguindo-se assim de todas as outras coisas pensantes. O permanecer-si-mesmo de um ser racional é, portanto, aquilo em que consiste a identidade da pessoa (LOCKE, 1968, I, p. 420).

A identidade da pessoa é garantida exclusivamente pela consciência, e não por uma substância atribuída à pessoa. Ora,

> diferentes substâncias são unidas por meio da mesma consciência [...] numa pessoa do mesmo modo como diferentes corpos são unidos por meio da mesma vida num ser vivo, cuja identidade, na mudança das substâncias, é garantida por meio da unidade de uma vida que subsiste (LOCKE, 1968, I, p. 421).

Contudo, a consciência é suscetível a falhas. Ela é rompida pelo sono e prejudicada pelo esquecimento. Contra essas objeções, Locke nota que a consciência é capaz de reunir na consciência presente ações separadas temporalmente e os estados de consciência que se ligam a elas, assim como atualizar algo esquecido por meio da lembrança. "Pois a mesma consciência une as ações separadas em uma e a mesma pessoa, independente de quais sejam as substâncias que contribuíram para a sua realização" (LOCKE, 1968, I, p. 421). Por exemplo, pode-se notar a pouca importância da substância para a identidade da pessoa pelo fato de que essa identidade não é suprimida no caso da amputação de um membro qualquer. "Pois a identidade da pessoa fica fora de dúvida, ainda que não tenha mais um membro que lhe pertencia" (LOCKE, 1968, I, p. 422). Por outro lado, há uma relação estreita entre a consciência de uma pessoa e o seu corpo, que constitui uma substância. Locke comenta essa relação da seguinte forma: "Assim, cada parte de nosso corpo, que se liga vitalmente com o aquilo que em nós tem consciência, constitui uma parte de nosso si" (LOCKE, 1968, I, p. 435). A consciência "acompanha" a substância corporal própria, assim como as percepções e ações próprias. De modo geral, é possível dizer que:

> Aquilo com o que a consciência *pode* unificar esse ser pensante presente constitui a mesma pessoa e forma com ele e apenas com ele o mesmo si. Por conseguinte, a consciência atribui todas as ações àquele próprio ser e as reconhece como suas próprias até onde aquela consciência alcança, mas não além (LOCKE, 1968, I, p. 428).

Essa ideia inclui também a lembrança, que é parte da consciência. No caso de uma total amnésia, a pessoa seria privada de sua existência anterior. Daqui resulta que ela "teria de iniciar um novo registro a cada novo período, pois sua consciência *não poderia* ir além desse novo estado [...]. A identidade da pessoa tem a mesma medida da consciência" (LOCKE, 1968, I, p. 424ss.).

Essas reflexões têm uma consequência mais ampla, sobretudo de natureza jurídica. Ora, coloca-se a questão sobre em que medida alguém pode ser responsabilizado por ações que não são acessíveis à sua consciência. Locke distingue aqui vários casos. O primeiro caso diz respeito a ações de mentecaptos ou pessoas que enlouqueceram. Os tribunais distinguem nesse caso a imputabilidade de ações de um sujeito racional e a imputabilidade de ações de um louco: "Do ser humano são feitas, assim, diferentes pessoas" (LOCKE, 1968, I, p. 430). Ocorre algo diverso com os delitos no estado de embriaguez ou de sonambulismo. Aqui os tribunais julgam contra o acusado. "Pois nesses casos nós não podemos decidir com segurança o que é real e o que é dissimulação. Portanto, o desconhecimento no estado de embriaguez e no sono não vale como desculpa" (LOCKE, 1968, I, p. 431). Contudo, todos os condenados injustamente podem esperar que "naquele grande dia, em que os mistérios de todos os corações serão revelados, ninguém poderá ser responsabilizado por aquilo de que não tem conhecimento algum" (LOCKE, 1968, I, p. 431).

Portanto, a identidade da pessoa não pode ser atribuída a um ser humano por outra pessoa, mas apenas por si mesmo. Ela é garantida pela consciência própria, que é sempre consciência de si. Contudo, a consciência não é apenas a reunião de estados de consciência presentes e armazenados na memória, ou ainda, que já se passaram e são relembrados. Ela é fundamentalmente determinada por sua orientação pelo futuro, e esta é motivada por um interesse pela felicidade. Nela todos os estados de consciência e todas as ações encontram seu motivo fundante. Locke afirma: "Tudo isso repousa em um interesse pela felicidade, que é algo que inevitavelmente acompanha a consciência; pois o ser que é consciente da alegria e da dor deseja que esse si consciente seja feliz" (LOCKE, 1968, I, p. 436).

Em resumo, é possível afirmar que a pessoa não é uma substância. A identidade da pessoa é, antes, formada pela unidade da consciência. Esta envolve, primeiro, a consciência presente, incluindo aqui a percepção do próprio corpo; segundo, as lembranças disponíveis à pessoa; e, terceiro, a expectativa interessada do futuro. Essa unidade, decerto, se modifica ao longo do tempo e, com ela, a identidade da pessoa. Também a percepção, a lembrança e a expectativa do futuro não são imunes a ilusões. A questão da identidade da pessoa precisa, portanto, ser separada da questão da verdade.

As reflexões de Locke sobre a ética se referem, sobretudo, ao âmbito da política. O conceito de pessoa tem aqui uma posição central. Em sua obra *Dois tratados sobre o governo*, Locke desenvolve uma teoria moderna do contrato. Assim como em Hobbes, seu ponto de partida é o estado de natureza. Contudo, diferente daquele, para Locke esse estado não é determinado por uma guerra de todos contra todos. Trata-se, antes, de um estado jurídico. Locke o descreve assim:

> [É] um estado de *perfeita liberdade* para regular suas ações e dispor de suas posses e pessoas do modo como julgarem acertado, dentro dos limites da lei da natureza [...]. Um estado também de *igualdade*, em que é recíproco todo o poder e jurisdição, não tendo ninguém mais que outro qualquer – sendo absolutamente evidente que criaturas da mesma espécie e posição, promiscuamente nascidas para todas as mesmas vantagens da natureza e para o uso das mesmas faculdades, devam ser também iguais umas às outras, sem subordinação ou sujeição (LOCKE, 1977, p. 201ss.).

Esse estatuto jurídico é o que faz dos seres humanos particulares pessoas. Portanto, Locke afirma: "O ser humano tem, nesse estado, uma liberdade não controlada de dispor sobre sua pessoa e sua propriedade" (LOCKE, 1977, p. 203).

O direito natural esboçado por Locke é ao mesmo tempo um direito racional e um mandamento de Deus. Ele não se refere apenas aos seres humanos particulares, mas também a toda a humanidade. Isso significa: "E a razão, em que essa lei consiste, ensina à humanidade [...] que, sendo todos iguais e independentes, ninguém deveria prejudicar a outrem em sua vida, saúde, liberdade ou posses. Pois todos os seres humanos são a obra de um mesmo Criador onipotente e infinitamente sábio" (LOCKE, 1977, p. 203). Segundo o direito natural, o ser humano deve conservar a si mesmo "e, segundo a possibilidade, também todo o *resto da humanidade*" (LOCKE, 1977, p. 203). O direito e o dever de conservação de si também autorizam os indivíduos a protegerem-se, com todos seus recursos, contra todo ataque à sua pessoa e à sua propriedade. Isso inclui expressamente o direito ao assassinato do atacante (LOCKE, 1977, p. 206). No estado de natureza cada pessoa assume o papel do Estado que ainda não existe. Cada um age como juiz da própria causa. Assim, aquele que é atacado não comete uma injustiça, mas, antes, apenas pune. Isso significa que "todo crime cometido no estado de natureza deve ser punido no estado de natureza exatamente com a mesma severidade que em um Estado" (LOCKE, 1977, p. 207). Em todo lugar onde o direito natural não é observado, onde a liberdade, a vida e a propriedade são ameaçadas, o estado de natureza se torna um estado de guerra. Isso significa que "*a ausência de um juiz comum dotado de autoridade coloca todos os seres humanos em estado de natureza; a força sem direito sobre a pessoa de um ser humano causa o estado de guerra*" (LOCKE, 1977, p. 211ss.).

Não obstante, já no estado de natureza há o direito à propriedade. A fundamentação jusnaturalista da propriedade em Locke é surpreendente. Ela assume uma conexão íntima entre pessoa, trabalho e propriedade. Locke escreve: "Embora a Terra e todas as criaturas inferiores sejam comuns a todos os seres humanos, cada ser humano tem uma *propriedade* em sua própria *pessoa*. A esta ninguém tem direito algum além dele mesmo. O *trabalho* de seu corpo e a *obra* de suas mãos, pode-se dizer, são propriamente dele. Qualquer coisa que ele então retire do estado com que a natureza a proveu e deixou, mistura-a ele com o seu trabalho e junta-lhe algo que é seu, transformando-a em sua *propriedade*" (LOCKE, 1977, p. 216ss.). O ser humano que colhe frutos se apropria por esse trabalho dos objetos da natureza, não precisando, para essa atividade, do assentimento dos demais, pois ela serve à sua conservação de si. O mesmo vale para o cultivo e exploração da terra. Contudo, há aqui um limite natural. Cada um deve se apropriar de tanta terra quanto necessário para seu sustento. Deve-se evitar que um excedente produzido se estrague.

Porém, esse princípio é superado com a introdução do dinheiro, pois há então a possibilidade de amealhar ilimitadamente propriedade durável. Com o aumento da riqueza também crescem, contudo, os conflitos jurídicos. Com eles cresce a necessidade de deixar o estado de natureza e de criar uma comunidade política. Mas isso somente é possível quando o indivíduo estiver preparado para abdicar de seu "poder natural" e transferi-lo para uma "sociedade civil". Isso significa que

> aqueles que estão unidos em um corpo único e têm uma lei estabelecida comum e uma judicatura à qual apelam, com autoridade para decidir sobre as controvérsias entre eles e punir os infratores, estão em *sociedade civil* uns com os outros (LOCKE, 1977, p. 253ss.).

Mas a comunidade política civil se distingue da monarquia absolutista, condenada por Locke com palavras duras. O erro decisivo dela consiste em não proteger os seus cidadãos em relação à arbitrariedade e à injustiça do soberano (LOCKE, 1977, p. 255ss.). A comunidade política civil, pelo contrário, é obrigada a governar

> segundo as *leis vigentes* promulgadas pelo povo, e de conhecimento deste, e não por meio de decretos extemporâneos; por *juízes imparciais* e probos, a quem cabe solucionar as controvérsias segundo tais leis [...]. E tudo isso não deve estar dirigido a outro *fim* a não ser a *paz*, a *segurança* e o *bem público* do povo (LOCKE, 1977, p. 281).

Entretanto, apesar da divisão de poderes defendida por Locke em poder executivo e poder legislativo, a comunidade política civil não está completamente imune a abusos. Caso o Estado abuse do direito de forma escancarada, é autorizada a resistência contra ele: "Cabe ainda *ao povo um poder supremo* para remover ou *alterar o legislativo*, quando julgar que este age contrariamente à confiança nele depositada" (LOCKE, 1977, p. 294).

A história de recepção de Locke se evidencia no século XVIII na Inglaterra, França e na América do Norte. Na declaração de independência americana surgem ideias centrais de sua filosofia política, como, por exemplo, a de igualdade de todos os seres humanos e os "direitos inalienáveis" a "vida, liberdade e busca da felicidade". As suas ideias também marcaram a discussão política antes e durante a Revolução Francesa. A compreensão contemporânea de uma democracia representativa com um sistema parlamentar, a ideia de soberania popular, o princípio de divisão dos poderes e o direito de resistência foram fundamentalmente influenciados pelo pensamento de Locke. Na Alemanha, a teoria do conhecimento de Locke, mais ainda que seu pensamento político, estimulou a discussão filosófica, como, por exemplo, em Leibniz e Kant. A sua teoria forneceu também pontos de partida para o empirismo lógico. Por fim, sua concepção de pessoa influenciou fortemente a discussão sobre tal conceito na filosofia anglo-saxã do século XX, como, por exemplo, em Peter Strawson.

3 A pessoa como fim em si mesma (Kant)

> Que o ser humano possa ter o eu como representação, eleva-o infinitamente acima de todos os demais seres que vivem na terra. É por isso que ele é uma *pessoa*, e uma e mesma pessoa em virtude da unidade da consciência em todas as modificações que lhe possam suceder, ou seja, ele é, por sua posição e dignidade, um ser totalmente distinto das coisas, tais como os animais irracionais, aos quais se pode mandar à vontade, porque sempre tem o eu no pensamento,

mesmo quando ainda não possa expressá-la, assim como todas as línguas têm de pensá-lo quando falam na primeira pessoa, ainda que não exprimam esse eu por meio de uma palavra especial. Pois essa faculdade (a saber, a de pensar) é o *entendimento*.

Mas é notável que a criança que já sabe falar suficientemente bem comece no entanto bastante tarde a falar por meio do eu (talvez bem depois de um ano), tendo até então falado de si na terceira pessoa (Carlos quer comer, andar etc.), e uma luz parece se acender para ela, quando começa a falar por meio do eu: a partir desse dia nunca mais volta a falar daquela outra maneira. – Antes simplesmente *sentia* a si mesma, agora *pensa* em si mesma. – A explicação desse fenômeno poderá custar bastante ao antropólogo (KANT, 1983, 6, p. 407).

Em suas preleções de lógica, Kant distingue o conceito escolástico de filosofia do conceito mundano de filosofia. Segundo o primeiro, a filosofia é "o sistema dos conhecimentos filosóficos ou dos conhecimentos racionais por conceitos [...]. Segundo o conceito mundano, ela é a ciência dos fins últimos da razão humana. Esse conceito superior dá à filosofia *dignidade*, isto é, um valor absoluto" (KANT. *Werke* III, p. 446). Na discussão desse conceito, Kant escreve:

O domínio da filosofia nesse sentido cosmopolita deixa-se reduzir às seguintes questões: *1) O que posso saber? 2) O que devo fazer? 3) O que me é lícito esperar? 4) O que é o ser humano?* À primeira questão responde a *metafísica*; à segunda, a *moral*; à terceira, a *religião*; e à quarta, a *antropologia*. Mas, no fundo, poderíamos atribuir todas essas à antropologia, porque as três primeiras remetem à última (KANT. *Werke* III, p. 447).

A antropologia constitui, assim, o fim último de todo filosofar. Surpreende, porém, que em sua *Anthropologie in pragmatischer Hinsicht* [Antropologia de um ponto de vista pragmático] Kant não procure fazer justiça a essa pretensão abrangente, mas, antes, a discuta apenas como uma disciplina filosófica própria. Contudo, na realidade questões antropológicas perpassam toda a sua obra em diferentes contextos. É até mesmo possível encontrar em Kant esboços de diferentes modelos antropológicos, os quais, contudo, não se contradizem. Kant, assim, interpreta o ser humano, por um lado, em um sentido dualista como "cidadão de dois mundos" (cf. cap. III, 3), e, por outro, como um ser histórico (cf. cap. VI, 1). Uma outra concepção antropológica gira em torno do conceito de pessoa. Este é tema tanto de sua filosofia teórica como de sua filosofia prática.

A *Crítica da razão pura* adquire um significado antropológico pelo exame que a alma, tema da psicologia racional no interior da metafísica clássica, recebe na perspectiva da filosofia transcendental. Tal exame conclui que a psicologia racional se enreda em contradições. É necessário suprimi-las. Em Descartes, por exemplo, a contradição consiste em designar o "eu penso", por um lado, como uma substância que deve ser compreendida como a substância simples e imortal da alma, e, por outro lado, como pura atividade do pensar, representar, desejar, sentir etc. Visto que também Kant faz da expressão "eu penso" o fundamento do uso do entendimento, o problema de sua interpretação como substância torna-se inevitável para ele. Não há dúvida de que o "eu penso" é o sujeito do conhecimento; a questão, contudo, é se se trata aí de uma substância. A prova da substancialidade da alma funda-se no seguinte silogismo:

> Aquilo que só pode ser pensado como sujeito também existe apenas como sujeito e, portanto, é uma substância. Ora, um ser pensante, considerado apenas enquanto tal, só pode ser pensado como sujeito. Logo, ele também só existe enquanto tal, i.e. como substância (KANT. *Werke* II, p. 348).

Porém, esse silogismo não é válido, pois o "eu penso" é tomado como sujeito de uma atividade como se fosse um objeto.

Referido ao problema da pessoa, a falácia (paralogismo) se revela da seguinte maneira:

> Aquilo que é consciente da identidade numérica de si mesmo em diferentes tempos é, nessa medida, uma pessoa. Agora, a alma é etc. Logo, ela é uma pessoa (KANT. *Werke* II, p. 370).

Kant elucida a antecedente da seguinte maneira:

> Pois ela diz apenas, de fato, que, em todo o tempo em que sou consciente de mim, sou consciente desse tempo como pertencente à unidade de mim mesmo [...]. A identidade da pessoa, portanto, encontra-se inevitavelmente na minha própria consciência (KANT. *Werke* II, p. 371).

Um erro surge nesse enunciado, se a identidade da pessoa é interpretada como uma substância a ser encontrada no tempo. Ele então faz do sujeito e sua consciência um objeto exterior.

A situação é diferente para a consciência de si do sujeito, pois

> nós mesmos não podemos julgar, a partir de nossa consciência, se somos ou não permanentes como alma, já que só contamos como nosso eu idêntico aquilo de que somos conscientes e, assim, temos de julgar necessariamente que, em todo o tempo durante o qual somos conscientes de nós mesmos, somos exatamente os mesmos (KANT. *Werke* II, p. 372).

A consciência da identidade da pessoa como uma substância simples e que permanece no tempo é uma ilusão necessária, que somente é enganosa se compreendida como um enunciado objetivo. Por esse motivo, os conceitos de substância, simplicidade e personalidade são autorizados apenas de forma relativa. Eles são "*necessários e suficientes para o uso prático*" (KANT. *Werke* II, p. 373). Com sua concepção sobre a identidade da pessoa, Kant se insere, na linha da transformação da metafísica da substância, em uma filosofia da subjetividade à qual também Locke pertencia.

Kant distingue a antropologia como disciplina sistemática em dois pontos de vista. Ela pode ser incluída sob uma perspectiva fisiológica ou sob uma pragmática. "O conhecimento fisiológico do ser humano trata de investigar o que a *natureza* faz do ser humano; o pragmático, o que *ele* faz de si mesmo, ou pode e deve fazer como ser que age livremente" (KANT. *Werke* VI, p. 399). A antropologia fisiológica, contudo, não contribui em nada para o conhecimento prático do ser humano, pois quem dela se ocupa e espera assim obter explicações, por exemplo, sobre o funcionamento da memória

> pode argumentar com sutilezas [...] sobre os traços deixados no cérebro pelas impressões das sensações sofridas, mas tem de confessar que é mero espectador nesse jogo de suas representações, e que tem de deixar a natureza agir, porque não conhece as fibras e nervos cefálicos, nem sabe manejá-los para seu propósito, ou seja, tem de confessar que nada se ganha com todo raciocínio teórico sobre esse assunto (KANT. *Werke* VI, p. 399).

Mas aquele que disciplina sua memória e "a utiliza de modo a ampliá-la" age sob uma promissora perspectiva pragmática. Ele entende o ser humano como um "ser que age livremente". Sob essa base Kant desenvolve sua antropologia. Ele inicia suas reflexões com a definição do ser humano como pessoa. O ser humano é pessoa por poder ter o eu em sua representação. Seguindo o que escrevera na *Crítica da razão pura*, Kant afirma sobre a identidade da pessoa: "[O ser humano], em virtude da unidade da consciência, é uma e a mesma pessoa em todas as modificações que podem lhe suceder" (KANT. *Werke* VI, p. 407). A identidade da pessoa não é garantida por meio de uma substância imutável que permanece a mesma, mas, antes, por meio da atividade produtora de unidade por parte da consciência.

Um outro aspecto chama a atenção. Kant vincula a representação do eu com o desenvolvimento da fala da criança. Essas reflexões recebem um significado particular. Mesmo no âmbito da antropologia filosófica é notadamente raro tematizar a situação da criança e seu desenvolvimento. As inúmeras definições antropológicas determinam o ser humano como um adulto. Quando algo em absoluto é dito sobre a criança, afirma-se algo sobre suas falhas, isto é, sobre aquilo que falta ao ser humano no sentido pleno da palavra. Por exemplo, segundo Aristóteles, falta razão à criança, o que explica ela não ser capaz de buscar a felicidade, pois isso não é possível sem a razão. Na concepção romana, a criança é *"infans"*, isto é, aquele que não fala. De modo geral, a criança é apresentada como um ser de carências. Se o ser humano é definido como um ser de carências, ele é uma criança de modo potencializado. Via de regra, deixa-se de lado a pergunta sobre como a criança se desenvolve até ser um adulto e qual contribuição, por exemplo, a educação pode realizar a esse respeito. Platão, Kant e Humboldt são aqui exceções que chamam a atenção.

Kant escolhe um aspecto decisivo no desenvolvimento infantil da fala, a saber, a passagem da fala em terceira pessoa para a utilização da primeira pessoa do singular. Ele vê essa passagem como um passo decisivo não apenas para o desenvolvimento da fala, mas também como um passo para o desenvolvimento da compreensão de si da criança como pessoa. Segundo Kant, tão logo utiliza a palavra "eu", "é como se uma luz se acendesse" na criança. Kant também afirma não se tratar de uma escolha de palavras acidental e, portanto, possivelmente cambiável, mas, antes, de um novo estágio da consciência, aquém do qual a criança, uma vez tendo-o atingido, não pode mais retroceder. Trata-se do desenvolvimento da criança de um estado no qual ela sente a si própria para um estado no qual ela pensa a si própria. De uma perspectiva sistemática, isso significa o seguinte para a definição do ser humano como pessoa: o ser humano é pessoa por poder ter o eu em sua representação, mas ele realiza essa possibilidade por acolher a palavra "eu" em sua fala e reivindicá-la para si.

Kant, que pôde colher ricas experiências pedagógicas em sua longa atuação como tutor particular, atribui à educação da criança uma enorme importância em seu escrito *Über Pädagogik* [Sobre a pedagogia]. Ela evidencia uma característica específica do ser humano: ele carece de educação. Kant afirma: "O ser humano é a única criatura que tem de ser educada" [KANT VI, p. 697]. Assim, sem o conceito de educação não é possível uma compreensão adequada do ser humano e sua definição permanece incompleta. Formulado antropologicamente, isso significa que o ser humano, em oposição ao comportamento guiado pelo instinto dos animais, é um ser que carece de educação. Isso equivale a dizer que sem a educação, a qual somente pode ser feita pelo próprio ser humano, a criança não se torna um ser humano. Ora, "o ser humano somente se torna ser humano pela educação. Ele não é nada senão aquilo que a educação faz dele. Deve-se notar que o ser humano somente é educado por seres humanos, por seres humanos que também são educados" (KANT VI, p. 699). Portanto, a condição da sociedade é fundamentalmente dependente da capacidade dos educadores.

Contudo, Kant vê na educação não apenas a condição necessária para o tornar-se ser humano por parte do ser humano individual, mas também a vincula às mais altas expectativas para o desenvolvimento da humanidade em geral. Ele formula essa ideia da seguinte maneira:

> Talvez seja o caso que a educação se torne cada vez melhor e que cada geração que se segue dê um passo a mais em direção à perfeição da humanidade, pois por detrás da educação se oculta o grande mistério da perfeição da natureza humana [...]. Isso nos abre o prospecto de um gênero humano mais feliz no futuro (KANT VI, p. 700).

A perfeição consiste em que "todas as predisposições naturais do ser humano se desenvolvam de forma proporcionada e conforme a fins" (KANT VI, p. 702). Devido ao significado central da educação para o ser humano individual e para a humanidade de modo geral, o mecanismo até então prevalecente na educação precisa ser evitado e "a arte da educação [precisa] [...] ser transformada em ciência" (KANT VI, p. 704). As exigências depositadas nos pedagogos são correspondentemente altas: "Apenas por meio do esforço de pessoas [...] que tomam participação no melhor do mundo e são aptas à ideia de um estado futuro melhor é possível que a natureza humana se aproxime paulatinamente de seu fim" (KANT VI, p. 706).

A educação moral adquire uma importância especial. Kant define o objetivo dela da seguinte forma: "Ela é a educação para a personalidade, educação de um ser que age livremente, que conserva a si mesmo e se constitui como um membro na sociedade o qual pode ter um valor interno a si mesmo" (KANT VI, p. 712). Kant vincula o valor interno do ser humano ao conceito de dignidade. Trata-se da dignidade da humanidade que é representada por cada ser humano individual em si. Salvaguardá-la é um dever para consigo mesmo que ele deve cumprir. A dignidade significa "que cada ser humano tem uma certa dignidade em seu interior, a qual o enobrece diante de todas as criaturas, e seu dever é não trair essa dignidade da humanidade em sua própria pessoa" (KANT VI, p. 749). Pessoa e personalidade são os conceitos centrais da pedagogia de Kant.

Em sua *Fundamentação da metafísica dos costumes*, Kant desenvolveu uma ética em cujo centro se encontra o "imperativo categórico". Dele se deriva o dever do ser humano de examinar se seu agir pode ser o caso particular de uma lei universal. Ele não prescreve ações particulares, como, por exemplo, os "dez mandamentos", mas é, antes, uma instância de avaliação que investiga as máximas de uma ação, isto é, sua universalidade subjetiva, com base em sua conformidade à lei. À livre escolha do indivíduo competem os objetivos específicos da ação, que, embora sujeitos à carência universal do ser humano em ser feliz, podem ser muito diversos para cada indivíduo, em conformidade à interpretação individual da felicidade. Eles não são definidos pelo imperativo categórico. Este tem, portanto, um caráter formal. A ética orientada no conceito de lei é, portanto, formal. Princípios teleológicos não parecem ter lugar nela. No entanto, a ilusão engana. Chama a atenção que Kant não se dê por satisfeito com a formulação do imperativo categórico a qual tem por conteúdo a mera conformidade à lei e cujo critério é a ausência de contradição, desenvolvendo, antes, quatro formulações que possuem acentos diversos (cf. cap. III, 3).

A segunda formulação manda o agente examinar se a máxima de sua ação *"deveria tornar-se uma lei universal da natureza"* por meio de sua vontade. É claro aqui que Kant não entende a natureza apenas como um mecanismo causal, mas, antes, como uma natureza conforme a fins, que persegue propósitos racionais. Isso se mostra no exame sobre se seria compatível com o imperativo categórico que alguém deixasse os próprios talentos definharem. A resposta de Kant evidencia que ele utiliza o conceito de natureza em um duplo sentido, a saber, em um sentido causal estrito e em um sentido teleológico ampliado. Ele afirma:

> Ele então vê que na verdade uma natureza com uma tal lei universal poderia ainda subsistir [...], mas [ele] não pode *querer* que isto se transforme em lei universal da natureza [...]. Pois como ser racional quer ele necessariamente que todas as faculdades *nele* se desenvolvam, porque lhe foram *dadas* e lhe servem para toda a sorte de fins possíveis (KANT IV, p. 53ss.).

As faculdades são dadas por natureza ao ser humano com o fim de sua formação, e a própria natureza que faz isso somente pode ser pensada como uma natureza que persegue fins racionais.

O conceito de fim é expressamente ressaltado na terceira formulação do imperativo categórico. Ela afirma: "*Age de tal maneira que uses a humanidade, tanto na tua pessoa como na pessoa de qualquer outro, sempre e ao mesmo tempo como fim e nunca simplesmente como meio*" (KANT VI, p. 61). Essa formulação traz uma ideia completamente nova no imperativo categórico. O tema não é a estrutura formal de uma lei, mas um conteúdo, e esse conteúdo é o ser humano enquanto pessoa. A suposição de que a ética de Kant é apenas formal e abstrai de todos os conteúdos – e que ela precisaria ser substituída por uma ética material, como Scheler afirma – não pode ser sustentada. O próprio ser humano representa um conteúdo de relevância ética. Kant exprime isso de forma inequívoca:

> Ora, digo eu: O ser humano, e, de uma maneira geral, todo o ser racional, *existe como fim em si mesmo*, *não só como meio* para o uso arbitrário por parte desta ou daquela vontade. Pelo contrário, em todas as suas ações, tanto nas que se dirigem a ele mesmo como nas que se dirigem a outros seres racionais, ele tem sempre de ser considerado *ao mesmo tempo como fim* (KANT VI, p. 59ss.).

Diferentemente de coisas, que são sempre meios para fins quaisquer, os "seres racionais" são, pelo contrário, "pessoas" (KANT VI, p. 60).

Contudo, o imperativo categórico cujo tema é a pessoa carece de elucidação. Kant designa o ser humano como um ser racional, e o imperativo categórico comanda respeitar a humanidade na pessoa. Isso traz consequências. Com efeito, cada ser humano tem de respeitar as ações de um outro ser humano como expressões da vontade de uma pessoa, mas ações criminais não são contadas aqui. Ademais, o conceito de humanidade não significa "todos os seres humanos", mas, antes, o caráter humano da pessoa, e isso deve ser definido como "ser racional" (cf. KAULBACH, 1988, p. 77).

Um segundo aspecto é importante. Kant afirma não que a pessoa não pode também ser considerada como um meio, mas apenas que ela tem de ser sempre ao mesmo tempo respeitada como fim. Kant leva aqui em conta o fato de que o ser humano, nas relações sociais com os demais, também é usado como meio: o comerciante como aquele que fornece víveres, o médico como aquele que presta serviços de saúde. Assim, surge uma contradição com o imperativo categórico quando uma pessoa em seus próprios fins não respeita uma outra ao mesmo tempo como um ser racional. Se para Kant o ser humano já é um fim em si mesmo, então o conceito de pessoa ressalta o ser humano como um ser racional agente, que persegue seus fins.

Um terceiro aspecto é importante na fórmula citada do imperativo categórico. Ele comanda respeitar não apenas a autoposição de fins das outras pessoas, mas também a humanidade na própria pessoa. Ele contém, portanto, um comando de autorrespeito. Contudo, também aqui cumpre elucidar o que Kant pretende afirmar com isso. O que deve ser respeitado é a própria pessoa não em seus motivos e ações contingentes e possivelmente até nem mesmo morais, mas, antes, a própria pessoa enquanto um ser racional. A ideia de autorrespeito se liga, portanto, à da auto-obrigação de, em suas ações, fazer justiça à definição do ser humano enquanto um ser racional. Daqui surge um critério para compreender os exemplos discutidos por Kant de deveres perfeitos e imperfeitos: a proibição do suicídio e da falsa promessa como exemplos de deveres perfeitos, e o desenvolvimento dos talentos próprios e a prestação de ajuda aos outros como deveres imperfeitos.

Aquele que está prestes a se matar deve se perguntar "se sua ação pode coexistir com a ideia da humanidade enquanto fim em si mesma". A resposta de Kant é inequívoca:

> Se, para escapar a uma situação penosa, se destrói a si mesmo, serve-se ele de sua pessoa como de um *simples meio* [...]. Mas o ser humano não é uma coisa; não é portanto um objeto que possa ser utilizado *meramente* como um meio, mas pelo contrário tem de ser considerado sempre em todas as suas ações como um fim em si mesmo. Portanto, não posso dispor do ser humano na minha pessoa para o mutilar, o degradar ou o matar (KANT VI, p. 61).

Se alguém faz uma falsa promessa, torna-se então imediatamente evidente "que ele quer se utilizar de um outro ser humano *meramente como um meio*, sem que este contenha ao mesmo tempo o fim" em si (KANT VI, p. 62). Ainda mais evidente é o desrespeito pela autoposição de fins de outra pessoa em "ataques à liberdade e à propriedade" (KANT VI, p. 62). Em relação à desconsideração dos talentos, Kant afirma:

> Ora, há na humanidade predisposições para maior perfeição que pertencem ao fim da natureza com vistas à humanidade na nossa pessoa; descurar essas predisposições poderia em verdade subsistir com a *conservação* da humanidade como fim em si, mas não com a *promoção* desse fim (KANT VI, p. 63).

A promoção do fim da humanidade pertence sem dúvida a uma concepção ética teleológica. Finalmente, em quarto lugar, a prestação de ajuda pode ser mencionada como um "dever meritório". Kant nota:

> Ora, é verdade que a humanidade poderia subsistir se ninguém contribuísse para a felicidade dos outros [...]; mas se cada qual não se esforçasse por contribuir na medida das suas forças para os fins dos seus semelhantes, isso seria apenas uma concordância negativa e não positiva com a *humanidade como fim em si mesma* (KANT VI, p. 63).

Por fim, Kant esboça uma ideia segundo a qual toda pessoa orienta seu agir pela promoção do fim da humanidade. A partir da interação de todas as pessoas que se orientam por essa ideia surgiria um "reino dos fins". Kant o discute assim: "Ora, desta maneira é possível um mundo de seres racionais [*mundus intelligibilis*] como reino dos fins, e isto graças à própria legislação de todas as pessoas como membros dele" (KANT VI, p. 72). Daqui surge uma quarta formulação do imperativo categórico. Ela afirma: "Age segundo máximas de um membro universalmente legislador com vistas a um reino dos fins meramente possível" (KANT VI, p. 73).

Em sua *Crítica da razão prática*, Kant propõe uma distinção entre pessoa e personalidade. A distinção lança nova luz sobre conceito de pessoa. Ora, torna-se evidente que com o conceito de pessoa não se deve em absoluto entender apenas o sujeito moral consciente de si mesmo, mas também que a pessoa pode ser compreendida "como pertencente ao mundo dos sentidos". Pelo contrário, a personalidade é aquilo "que eleva o ser humano acima de si mesmo (como parte do mundo dos sentidos)" (KANT VI, p. 209). Dessa maneira, pessoa e personalidade surgem em uma oposição. A personalidade se encontra acima da pessoa. Isso significa que "a pessoa, portanto, enquanto pertencente ao mundo dos sentidos, submetida à sua própria personalidade, na medida em que pertence ao mesmo tempo ao mundo inteligível; não é de se surpreender, pois, se tiver de se considerar o ser humano enquanto pertencente aos dois mundos" (KANT VI, p. 210). A personalidade é a essência da pessoa. Ela é aquilo que Kant designou como a humanidade na pessoa. A seguinte passagem deve também ser entendida nesse sentido: "O ser humano está certamente longe de ser santo, mas a *humanidade* em sua pessoa tem de ser santa para ele" (KANT VI, p. 210). Na medida em que o ser humano enquanto pessoa é um ser racional, ele é "com efeito, graças à autonomia de sua liberdade, o sujeito da lei moral, que é santa" (KANT VI, p. 210). A personalidade é "uma ideia que desperta respeito", que é apropriada para fazer o ser humano abster-se de um ato imoral e evitar que ele tenha de "desprezar-se, secretamente, aos seus próprios olhos" (KANT VI, p. 210). Enquanto pessoa, o ser humano tem de resolver em si o conflito de ambos os mundos.

O conceito de liberdade da pessoa constitui também o fundamento da filosofia do direito de Kant, de sua *Metafísica dos costumes*. Para a avaliação jurídica de uma ação, o livre arbítrio desempenha um papel decisivo. Kant o define assim: "A *liberdade* do arbítrio é aquela independência de sua determinação pelos impulsos sensíveis: este é o seu conceito negativo. O positivo é: a capacidade de a razão pura de ser prática por si mesma" (KANT VI, p. 318). Ao passo que conceito de liberdade é "transcendente" à razão teórica, já que dele não pode ser dado nenhum exemplo na experiência e, portanto, ele é apenas um princípio regulativo, a sua "realidade" é comprovada no uso prático na medida em que as leis "da razão pura [...] determinam o arbítrio e provam em nós uma vontade pura" (KANT VI, p. 327).

Kant distingue a avaliação moral de uma ação do arbítrio e a avaliação jurídica dela. Uma ação deve ser considerada moral, se o seu motivo é remetido ao imperativo categórico; jurídica, se ela ocorre em conformidade à lei. Kant discute essa distinção da seguinte forma:

> A mera concordância ou discrepância de uma ação com a lei, sem consideração ao móbil da mesma, se denomina *legalidade* (conformidade à lei), mas aquela em que a ideia do dever pela lei é ao mesmo tempo o móbil da ação se chama *moralidade* (eticidade) da mesma (KANT VI, p. 324).

Tanto os princípios éticos como os jurídicos têm seu fundamento comum na razão prática. Em razão da diferenciação entre ética e direito, é necessário, contudo, expor o princípio do direito em uma formulação própria. Em analogia com o imperativo categórico, o imperativo jurídico afirma o seguinte: "Age externamente de tal modo que o uso livre de teu arbítrio possa coexistir com a liberdade de cada um segundo uma lei universal" (KANT VI, p. 338).

Esse imperativo jurídico tem um fundamento jusnaturalista, pois ele repousa sobre o "princípio da liberdade inata" (KANT VI, p. 346). Nele está contida a "*igualdade* inata". Deve-se distinguir desse fundamento jusnaturalista o direito positivo, isto é, as leis válidas em um dado território. Estas se diferenciam em proibições, comandos e, em certos casos, leis permissivas. Em oposição aos comandos éticos, é característico do direito positivo que seu cumprimento possa ser coagido. Isso significa que "direito e autorização para coagir signifiquem o mesmo" (KANT VI, p. 340). O direito diz respeito, portanto, ao ser humano tomado tanto enquanto "pessoa física" como enquanto *"pessoa moral"* (KANT VI, p. 386).

Como no direito apenas pode ser julgado o ato, isto é, o lado externamente verificável de uma ação, o seu autor pode também ser verificado em razão de critérios externos. Assume-se que o ato seja o resultado da "liberdade de seu arbítrio". No sentido jurídico do termo, o sujeito de um ato é a pessoa. Kant afirma:

> Por meio de tal ato, o agente é considerado *autor* do efeito, e este, juntamente com a ação mesma, podem ser a ele *imputados* se se conhece de antemão a lei em virtude da qual pesa sobre ele uma obrigação. / Pessoa é aquele sujeito cujas ações são suscetíveis de *imputação* (KANT VI, p. 329).

Kant remonta aqui ao conceito de pessoa que tem sua origem no direito romano. Pessoa é o sujeito jurídico. A esse contexto pertence também a distinção entre pessoa e coisa. Correspondentemente, Kant define "coisa" assim: "Coisa é aquilo que não é suscetível de imputação. Todo objeto do livre arbítrio, carente ele mesmo de liberdade, chama-se por isso coisa" (KANT VI, p. 330).

Contudo, independente de quão evidente seja essa distinção, ela é insuficiente em alguns casos. Esses casos dizem respeito à situação jurídica das crianças. Kant primeiramente observa que, com o nascimento de uma criança, vem ao mundo uma "pessoa", isto é, um "ser dotado de liberdade". Deve ser rejeitada a ideia de que o filho seria algo feito "por meio da operação física" de seus pais, quase como um "algo produzido por eles" (KANT VI, p. 394). Pelo contrário, o correto é afirmar que os pais, por meio de um ato de criação, "colocaram no mundo uma pessoa sem seu consentimento, trazendo-a a ele arbitrariamente; por tal ato pesa sobre os pais a obrigação de, na medida de suas forças, tornar os filhos satisfeitos com sua condição" (KANT VI, p. 394). Por isso é dever dos pais não apenas cuidar da alimentação e proteção do filho, mas também de sua educação, e, decerto, pelo tempo necessário até ele abandonar a tutela dos pais e poder cuidar de si mesmo. Por esse motivo a criança tem uma situação jurídica própria. Desta resulta "que os filhos jamais podem ser considerados como propriedade dos pais – ainda que pertençam ao meu e ao teu dos mesmos (porque eles, assim como as coisas, estão sob a *posse* dos pais e podem, mesmo contra sua vontade, ser devolvidos da posse de qualquer outro à de seus pais) –, o direito dos pais não é um mero direito real, portanto não é alienável [...], mas também não é um mero direito pessoal, mas sim um direito pessoal de *tipo real*" (KANT VI, p. 395). Kant ressalta que a doutrina do direito precisa ser ampliada por meio dessa categoria.

A história de recepção de Kant pode ser discutida à luz de sua definição do conceito de pessoa. As concepções de pessoa como uma unidade da consciência de si, como falante na primeira pessoa do singular, como personalidade, como fim em si, como sujeito jurídico e, finalmente, como pessoa física e moral foram o ponto de partida para inúmeras correntes filosóficas, disciplinas científicas e desdobramentos político-jurídicos. No âmbito da filosofia, mencionemos apenas Fichte, Humboldt, Hegel e, por fim, Scheler.

MATÉRIA DETERMINADA
E LIBERDADE DO SUJEITO

XI

Antropologia materialista

A expressão latina *"materia"* é a tradução da palavra grega *"hyle"* e significa madeira, material, matéria. O conceito e o problema da matéria remontam até o pensamento antigo. No pensamento pré-socrático, eles se ligam com o modelo segundo o qual o mundo seria composto de uma multiplicidade das menores partículas indivisíveis, os átomos. Leucipo, o precursor dessa tese, assume que a realidade é composta por átomos e pelo espaço vazio, no qual aqueles se movem. Em oposição à suposição mitológica prevalecente, segundo a qual a Terra e as estrelas seriam seres vivos, Leucipo as considera corpos puramente materiais, que por meio da força mecânica teriam se dissociado da matéria infinita. Essa doutrina é acolhida por seu discípulo Demócrito, um antigo contemporâneo de Platão.

Em seu diálogo *Sofista*, Platão lidou com o problema do materialismo, sem, contudo, mencionar Demócrito. Ele afirma haver uma gigantomaquia, um enorme conflito entre, por um lado, os partidários da doutrina que supõe que o ser é composto apenas de corpos, com os quais nos deparamos e os quais é possível tocar, e, por outro lado, os amigos das ideias, que supõem que o verdadeiro ser é representado pelas ideias, incorpóreas e apenas acessíveis ao pensamento (cf. PLATÃO. *Sofista*, 246a/b). Contra os defensores da primeira doutrina, somente é possível haver argumentos caso eles concedam que, além de corpos, há também palavras com as quais é possível falar sobre corpos. Eles precisariam, portanto, colocar-se no nível do discurso racional. Porém, também se deve objetar contra a suposição de ideias que existem presumivelmente em si mesmas. Platão o fez em seu diálogo *Parmênides*. Ele afirma que aquilo que é em si não existe para nós justamente por esse motivo, não sendo, portanto, conhecível por nós (cf. *Parmênides*, 134b). A conclusão de Platão é a seguinte: a suposição das ideias é tão problemática quanto, por outro lado, indispensável, pois sem as ideias não teríamos nada a que nosso discurso pudesse referir-se. Com seu diálogo, Platão apresenta o tema que pode ser designado como o conflito entre idealismo e materialismo.

A filosofia de Aristóteles neutraliza esse conflito na medida em que afirma que a coisa individual é uma unidade de matéria e forma, e esta última representaria aquilo que Platão designa como ideia. Para Aristóteles, não há uma ideia sem algo individual ao qual ela se refere, e, inversamente, tampouco há algo individual sem uma ideia ou forma que o determine. Essa solução proposta foi primeiramente recusada na Modernidade, com a reabilitação da antiga teoria dos átomos e o triunfo do pensamento mecanicista. Elas coincidem com a crítica à filosofia aristotélica.

Com isso se preparou o terreno para um materialismo mecanicista, conforme La Mettrie o defendeu de forma lapidar. Cerca de um século depois, Engels renovou o "enorme conflito" entre idealismo e materialismo. Porém, ele se voltou não contra Platão, mas, sim, contra Hegel, que atribuíra à ideia um poder de determinar a realidade. Engels, contudo, não mais defendia um materialismo mecanicista, e, sim, um materialismo dialético, que interpretava a natureza como uma concatenação material de movimentos que encerra em si um desenvolvimento. Por fim, Karl Marx acreditava reconhecer nas relações materiais de produção da sociedade um movimento no qual o objetivo da história se realiza com a necessidade de uma lei da natureza. Ele é o principal representante do materialismo histórico.

1 O homem-máquina (La Mettrie)

> Quase não são necessárias outras explicações [...] para provar que o ser humano nada mais é do que um animal, ou ainda, um maquinário de impulsos que se ligam entre si sem que seja possível afirmar em qual ponto do ciclo humano a natureza teve seu início. Esses impulsos se diferenciam entre si apenas por meio de sua posição no corpo e de sua intensidade, nunca, contudo, por princípio. Por conseguinte, a alma nada mais é do que um princípio de movimento, isto é, uma parte sensível, material do cérebro, a qual, porém, pode ser seguramente considerada como o principal impulso de toda a máquina, pois tem uma clara influência sobre todos os outros, parecendo também ter surgido como a primeira. Todos os outros impulsos seriam, portanto, apenas emanações dela, o que pode ser inferido de diversas maneiras a partir de algumas observações de embriões [...].
> Essa vibração própria, com a qual nossa máquina se movimenta em seu todo e também a suas fibras e filamentos, não pode ser permanente como a do pêndu-

lo. É necessário por vezes impulsioná-la na mesma medida de seu arrefecimento, é preciso dar-lhe força quando se enfraquece, e abrandá-la quando muita força e energia a levam à paralisação (LA METTRIE, 1985, p. 77).

Julien Offray de La Mettrie nasceu em 1709 em Saint-Malo (Bretagne). De 1728 a 1733 ele estudou teologia e medicina em Paris e em 1733 medicina com Boerhaave, em Leiden. La Mettrie adotou sua explicação iatromecânica, isto é, mecânico-causal de doenças. De 1734 a 1742 ele exerceu a profissão de médico em Saint-Malo e entre 1743 e 1745 foi médico do exército francês na guerra de sucessão austríaca. Após a publicação de sua primeira obra filosófica *Histoire naturelle de l´âme* [*História natural da alma*] em 1745, ele foi demitido do cargo de médico do exército, pois seu livro foi considerado como contrário à religião. Em virtude de uma crítica aos médicos publicada como livro em 1746, La Mettrie foi novamente demitido, desta vez da função de inspetor dos hospitais do exército que exercia havia pouco tempo. No mesmo ano ele se refugia em Leiden. Após a publicação de sua principal obra filosófica, *O homem-máquina,* em 1748 (na realidade, em 1747), ele teve de fugir novamente. Por intermédio de seu amigo e compatriota Maupertuis, La Mettrie foi recebido na corte de Frederico o Grande, em Potsdam. Lá ele faleceu em 1751, vítima de envenenamento.

A ideia fundamental de La Mettrie é determinada pela concepção de um materialismo mecanicista. Como médico, essa abordagem tornou-se para ele o fio condutor de sua compreensão do ser humano. Ele levou a cabo os estímulos que obteve de Boerhaave ao considerar o ser humano, em seu todo, como uma máquina. Contudo, a origem dessa ideia tem raízes mais profundas. Ela já se encontra em Descartes, em seu *Discurso do método*, de 1637. Descartes argumenta da seguinte maneira: se o ser humano, em virtude de suas habilidades, é capaz de inventar máquinas que realizam movimentos extremamente complexos, então à sabedoria divina é tanto mais possível produzir organismos que, com seu grande número de ossos, músculos, nervos, artérias e veias, são capazes de realizar os movimentos que encontramos nos animais. Ele até mesmo dá um passo além, quando apresenta a seguinte reflexão: se houver uma máquina com os órgãos e a forma de um macaco, então não seríamos capazes de diferenciá-la de um verdadeiro macaco. Segundo Descartes, apenas um ser humano nunca poderia ser confundido com uma máquina (cf. cap. III, 2). A tentativa de construir um homem-máquina fracassa com a própria linguagem humana. Com efeito, é possível imaginar que esse homem-máquina, reagindo a certa situação, produz sons ou mesmo emite gritos, mas ele nunca seria capaz de conjugar palavras em frases com sentido, que possuem um significado. A razão para tanto é que, em oposição às funções isoladas dos órgãos, a razão humana, sem a qual não há linguagem, é um "instrumento universal" que pode ser mobilizado de diversas maneiras. A atividade da razão, porém, é uma atribuição da substância pensante, devendo, pois, ser distinta da substância extensa do corpo. La Mettrie estudou profundamente e era apreciador do modelo de Descartes. A crítica que ele, não obstante, faz a Descartes consiste na suposição de uma segunda substância e no papel dos *"esprits animaux"*, isto é, dos espíritos vivos. Para La Mettrie, Descartes e os cartesianos teriam cometido o seguinte equívoco: "Eles supuseram no ser humano duas substâncias distintas, como se eles as tivessem visto e as medido de forma correta" (LA METTRIE, 1985, p. 18).

Em sua *Monadologia*, de 1714, Leibniz também adota o modelo de máquina e, assim como Descartes, interpreta o corpo orgânico de um ser vivo como uma máquina infinitamente complexa, que em sua habilidade sobrepuja em muito todas as máquinas humanas, uma vez que nela não apenas um determinado número de partes compõe uma unidade funcional, mas também as partes mesmas, desmembradas infinitamente, são máquinas elas próprias. Para Leibniz, todo ser vivo é uma espécie de "máquina divina". La Mettrie tratou também desse modelo, rejeitando-o: *"Leibniz e seus seguidores apresentaram com as mônadas uma hipótese que é simplesmente incompreensível. Eles espiritualizaram a máquina ao invés de materializar a alma"* (LA METTRIE, 1985, p. 17).

A abordagem do próprio La Mettrie é determinada pela sua interpretação da estrutura geral do ser humano como uma máquina. Diferentemente de Descartes, ele não parte de duas substâncias, mas, antes, de uma única. Com isso, La Mettrie assume em princípio a concepção de Spinoza, mas sem mencioná-lo. Ele não utiliza a fórmula *"deus sive natura"*, mas, pelo contrário, identifica a natureza com a matéria. O seu pressuposto fundamental é

> que a matéria organizada é dotada de um princípio de movimento, unicamente pelo qual ela é distinguida da matéria não organizada [...], e que nos animais tudo depende da diferenciação de sua organização [...]. Pois isso basta para solucionar tanto o enigma das substâncias como o do ser humano. Observa-se que em todo o universo há apenas uma substância, e o ser humano é a sua forma mais perfeita (LA METTRIE, 1985, p. 83).

La Mettrie admite que seu pressuposto fundamental de interpretar a natureza como matéria não pode, ele mesmo, ser fundamentado. Para ele, a questão sobre como se desenvolveu o mecanismo da matéria permanece incapaz de ser respondida. La Mettrie afirma: "Não teria sentido se dedicar à busca pelo mecanismo daquele desenvolvimento. Para nós, a essência do movimento é tão incompreensível como a da matéria" (LA METTRIE, 1985, p. 82). Ele insinua, contudo, que houve um desenvolvimento no qual a "matéria, de seu estado simples e inerte, transformou-se no estado completo e ativo dos órgãos" (LA METTRIE, 1985, p. 82). Entretanto, as etapas da evolução nos são tão desconhecidas quanto "os outros incompreensíveis milagres da natureza". Por exemplo, para La Mettrie é completamente enigmático "como as faculdades da sensação e do pensamento surgem em um ser que, em nossa perspectiva limitada, parecia ter sido outrora apenas um mero muco" (p. 82ss.).

La Mettrie atribui o motivo para os estreitos limites do seu conhecimento ao fato de ele próprio aceitar meramente a experiência como a única fonte do conhecimento, recusando toda especulação teológica e metafísica que contradiga a experiência.

> Se existe um Deus, ele então é criador tanto da natureza como da revelação. Ele nos deu a última para explicar a primeira, e, ademais, o entendimento, para considerar ambas em um contexto. Nutrir suspeitas contra conhecimentos científicos que dizem respeito aos seres vivos significa considerar natureza e revelação como opostos inconciliáveis, isto é, permitir-se a afirmação do absurdo de que Deus se contradiz e nos engana em suas diferentes obras (LA METTRIE, 1985, p. 18).

A justificativa é digna de nota, uma vez que La Mettrie, em concordância com a tradição eclesiástica, adota a ideia dos dois livros nos quais Deus se anuncia a nós: o *"liber naturae"*, isto é, o livro da natureza, e a verdade revelada das Sagradas Escrituras. Contudo, ao passo que para o pensamento escolástico da Idade Média era inquestionável a precedência das Sagradas Escrituras relativamente ao estudo da natureza, no início da Modernidade a relação se inverteu. Por exemplo, Galileu defende a visão de mundo heliocêntrica, embora ela se oponha aos enunciados da Bíblia.

La Mettrie segue essa abordagem. Com sua argumentação, ele não professa abertamente o ateísmo, mas, antes, adota modelos teológicos de fundamentação. Sobre a questão acerca da origem e do sentido do ser humano e também acerca da existência de Deus, La Mettrie defende uma perspectiva agnóstica. Ele a discute assim:

> Ademais, quem sabe se o sentido da existência humana não reside nessa existência mesma? Talvez o ser humano tenha surgido por acaso em um ponto qualquer da superfície terrestre, sem que seja possível afirmar como e por quê. Somente é possível afirmar que ele tem de viver e de morrer – assim como os cogumelos, que surgem de um dia para o outro, ou as flores, que crescem nas rachaduras de antigas muralhas. Não nos percamos em especulações sobre o infinito! Nós não somos capazes de imaginá-lo nem mesmo remotamente, e nos é completamente impossível remontar à origem de todas as coisas. De resto, para nossa paz de espírito é completamente indiferente se a matéria é infinita ou se ela foi criada; se existe um Deus ou não (LA METTRIE, 1985, p. 60ss.).

A suposição da existência de Deus não é, ademais, de forma alguma forçosa para a compreensão do mundo. Diferentemente de Spinoza, que utiliza as expressões Deus e natureza como sinônimos, para La Mettrie elas se apresentam como uma alternativa. A sua simpatia é pela natureza. A ideia de um mundo que é por natureza, isto é, que se desenvolveu a partir de si mesmo, não é para ele de forma alguma desproposidata. Ele afirma: "Por que motivo deveria ser absurdo pensar que existam causas físicas a partir das quais tudo surgiu e com as quais todas as coisas do mundo estão tão necessariamente ligadas que nada daquilo que ocorre não poderia ter ocorrido?" (LA METTRIE, 1985, p. 63). Em todo caso, para a explicação do mundo não é de forma alguma forçoso encontrar "refúgio em um Deus". A negação de Deus não significa deixar tudo ao acaso, "pois pode muito bem haver outra coisa que não é nem acaso nem Deus: eu chamo isso de natureza" (p. 64). Para o estudo da natureza não há, porém, uma fonte de conhecimento mais adequada que a experiência. O fundamento de sua antropologia são os conhecimentos empíricos que ele adquiriu durante sua atividade como médico e a sua tentativa de explicá-los no contexto do modelo de máquina.

O pensamento mecanicista que está no fundamento do modelo de máquina tem vários níveis. Ele inclui, primeiro, a interpretação da natureza pensada materialmente sob o fio condutor da "*causa efficiens*", ou seja, a relação entre causa e efeito surge em lugar da causa final. Com base nisso são desenvolvidas máquinas que substituem as forças humanas e aproveitam as energias da natureza, por exemplo, em moinhos de água e de vento. Ele inclui, por fim, a invenção de autômatos que, uma vez postos em funcionamento, regulam-se a si mesmos devido a um mecanismo complexo. Um exemplo disso é o relógio. Para La Mettrie, o corpo humano é uma máquina que mais se aproximaria ao relógio. Ele afirma:

> O corpo humano é um relógio, mas um relógio tão imensamente complexo e construído com tanto engenho e refinamento que, caso o ponteiro dos segundos pare, o ponteiro dos minutos continua a realizar a sua tarefa [...]. Ou não acontece que a obstrução de alguns vasos basta para paralisar o centro do movimento, que se equipara à peça motriz da máquina e que se encontra no coração? (LA METTRIE, 1985, p. 83ss.).

No entanto, o autômato humano não é "*perpetuum mobile*". Os seus movimentos carecem de um abastecimento externo de energia, para se manterem em funcionamento, e de diminuição de força em casos de hiperatividade. O abastecimento de energia para a máquina ocorre essencialmente por meio da alimentação: "A alimentação cuida para que a máquina permaneça em funcionamento. Sem alimentação a alma perde progressivamente a força, até que ela se rebela novamente e então morre por debilitação" (LA METTRIE, 1985, p. 26).

É digno de nota que, apesar de sua concepção materialista, La Mettrie não negue a existência da alma. Pelo contrário, em seu modelo a alma até mesmo ocupa um lugar privilegiado. Diferentemente de Descartes, para La Mettrie a alma é "uma parte sensível e material do cérebro" (LA METTRIE, 1985, p. 77). Enquanto uma parte da máquina, a alma é "um impulso fundamental de toda a máquina". Ela não apenas exerce uma influência decisiva sobre todas as funções do corpo, como também teria surgida como a primeira delas. La Mettrie dá até mesmo um passo além: todos os outros impulsos surgiram dela. Em uma impressionante referência à linguagem do neoplatonismo, La Mettrie designa todos os outros impulsos corporais como "emanações" da alma. O estudo do desenvolvimento do embrião deve comprovar isso.

No organismo desenvolvido, a alma desempenha, decerto, uma função central, mas ela não domina de forma alguma todas as demais. Pelo contrário, para La Mettrie é importante comprovar a interdependência entre a alma e as demais funções do corpo. Ele afirma: "Os diferentes estados da alma estão, pois, sempre em interação com os do corpo" (LA METTRIE, 1985, p. 32). Em muitos casos as posições anímicas têm uma causa orgânica. Por exemplo, o destemor de um Sêneca diante da aproximação da morte tem seu fundamento em uma "disfunção do baço ou do fígado, em um entupimento da veia porta. Por quê? Porque uma disfunção dos órgãos corporais coincide com a disfunção dos anímicos. Aqui têm sua causa todos os notáveis fenômenos de estados maníacos e depressivos" (p. 23). Da mesma forma, uma boa refeição não apenas supre o corpo com energia, mas também "alegra" um "coração entristecido". Estados anímicos têm igualmente uma influência decisiva sobre o corpo. Assim, "um ser humano corroído por ciúme, ódio, ganância ou ambição não pode encontrar tranquilidade em nenhum lugar" (p. 24). Paixões dessa espécie destroem sua alma e lhe roubam o sono. Tanto corpo como alma não encontram tranquilidade.

O sono recebe ademais um significado central. La Mettrie observa:

> Alma e corpo caem conjuntamente no sono. Na medida em que o movimento do sangue se aplaca, um confortável sentimento de paz e tranquilidade se espalha por toda a máquina. A alma percebe como ela se torna mais pesada com as pálpebras e mais sonolenta com as fibras cerebrais. Desse modo, por assim dizer, ela se torna progressivamente paralisada com os músculos do corpo. Os músculos não podem mais suportar o peso da cabeça, e a alma não pode mais assumir para si o esforço do pensamento, pois no sono é como se ela não estivesse mais presente (LA METTRIE, 1985, p. 24).

Contudo, a qualidade do sono varia bastante. Ao passo que o soldado esgotado não escuta nem mesmo os mais estridentes estampidos de um canhão, em outrem uma circulação de sangue muito brusca faz como ele acorde assustado. Ao lado disso há também o fenômeno da vigília. Trata-se de um estado que mostra "que a alma não espera o corpo para cair no sono", mas, antes, relaxa sua percepção e concentração, "enquanto simultaneamente ideias nebulosas, por assim dizer, cobrem o céu anímico como nuvens" (LA METTRIE, 1985, p. 25).

Estimulantes fornecidos ao corpo comprovam o quão intimamente conectadas estão as funções corporais e anímicas. Café, vinho e drogas desempenham aqui um importante papel.

> O ópio, enquanto um meio indutor do sono, não pode deixar de ser mencionado aqui. Como, por exemplo, vinho ou café, ele tem um efeito inebriante diferente de caso a caso e dependente da dosagem. Ele alegra o ser humano ao colocá-lo em um estado que, por ser uma cópia da morte, teria de lhe parecer como o final de todo sentir. Contudo, quão doce é o entorpecimento que ele causa! A alma gostaria que ele durasse para sempre. Ela estava antes entregue às mais intensas dores; ela agora apenas sente o agradável sentimento de ausência de sofrimento e a mais fantástica tranquilidade de alma (LA METTRIE, 1985, p. 25).

Não causa surpresa que o ópio também anule a vontade do ser humano. Porém, mesmo o estado normal do corpo exerce uma influência decisiva sobre a vontade, assim como a doença e a idade. Alguém somente pode agir voluntariamente "na medida em que a constituição do corpo lho permite" (LA METTRIE, 1985, p. 76). Por essa razão, não causa surpresa "quando os filósofos, para conservar a saúde da alma, concentrem-se sempre na saúde do corpo" (p. 76).

A função central da alma é a imaginação, que pode ser designada como a sensação mais íntima, o espírito, o gênio ou a faculdade de julgar do ser humano. A imaginação de um indivíduo é "a parte mais impressionante do cérebro, cuja essência e modo de agir nos são desconhecidos" (LA METTRIE, 1985, p. 43). As suas realizações, contudo, são consideráveis. Ela é aquela que é capaz de estabelecer concordâncias ou semelhanças entre as ideias, tornando-nos capazes de perceber. Ela é aquela

> que conecta todos os objetos com as palavras e figuras que os designam [...], devendo ser considerada como espírito, ou ainda, alma, pois ela exerce todas as funções desta. Por meio da imaginação e de suas faculdades humanas, o árido esqueleto da razão ganha primeiramente carne e sangue vivos; por meio dela, florescem as ciências e as artes (LA METTRIE, 1985, p. 44).

A força da imaginação é tão grande "que o feto compartilha o temperamento da imaginação materna (recebe, como cera macia, todas as impressões), e as impressões intensas da mãe podem, assim, ser transmitidas ao feto" (LA METTRIE, 1985, p. 74).

La Mettrie concede grande atenção à exposição da conexão entre ser humano e animal. A sua intenção aqui não é de maneira alguma rebaixar o ser humano ao nível do animal, mas, pelo contrário, demonstrar as impressionantes faculdades do animal que são semelhantes às do ser humano. Mais ainda: segundo a definição do ser humano como um ser de carências, La Mettrie ressalta: "A natureza nos criou de pé entre os animais" (LA METTRIE, 1985, p. 51). Portanto, na realidade é "uma honra" para o ser humano enquadrar-se numa categoria junto com o animal, pois "ele traz menos instinto para o mundo" (LA METTRIE, 1985, p. 50). Como comprovação de sua tese La Mettrie dá os seguintes exemplos: diferentemente de um animal, uma criança pequena se expõe a uma chama e se queima; ela não se protege contra a queda em um abismo; quando cai na água, ela a bebe; quando abandona os pais, ela está completamente desorientada. Acresce-se a tudo isso a maturidade sexual bem tardia. Para poder orientar-se no mundo e conservar-se, o ser humano carece de educação. Apenas ela compensa as carências naturais.

À ideia de educação liga-se a da ética. Para La Mettrie, segundo uma opinião bem comum, porém falsa, ela cabe apenas ao ser humano. "Haveria no ser humano, afirma-se, uma lei natural, um saber acerca do bem e do mal que não estaria inscrito no coração do animal" (LA METTRIE, 1985, p. 51). À lei natural pertenceriam a gratidão, o sentimento de arrependimento, o princípio de amor ao próximo e, por fim, o de amor ao inimigo. Contudo, não é nem possível negar que essa lei também se encontra no animal e tampouco afirmar que todos os seres humanos agem em conformidade a ela. Por exemplo, o cão que morde o seu dono mostra arrependimento na sequência. Os animais sentem felicidade, paixões e dores como nós, "com maior ou menor intensidade, conforme o grau da imaginação e sutileza dos nervos" (LA METTRIE, 1985, p. 53). La Mettrie resume: "E, uma vez que eles nos dão claros sinais tanto de arrependimento como de inteligência, como é possível que seja considerada como absurda a suposição de que seres vivos, que são máquinas quase tão perfeitas como nós, também sejam capazes, como nós, de pensar e de sentir a natureza?" (LA METTRIE, 1985, p. 53).

De forma inversa, deve-se ponderar que não apenas os animais, mas também os seres humanos são capazes de uma impensável crueldade. Aqueles seres humanos que não podem conter o ímpeto de roubar são os criminosos mais inofensivos. Os crimes têm gradações e vão até o homicídio. Morte e guerra, chegando até o canibalismo. Contudo, segundo La Mettrie, o materialista que "está convicto de nada mais ser do que uma máquina, ou ainda, um animal, nunca irá infligir dano a seu semelhante [...]. Em poucas palavras, ele segue a lei natural, inerente a todos os animais, e não deseja infligir aos demais aquilo que ele não deseja ver infligido a si" (LA METTRIE, 1985, p. 94). Ele ama a vida, ele tem pleno respeito pela natureza,

> pois ele, conforme os talentos e as faculdades de sensação recebidas por ela, tem plena gratidão, simpatia e afeição por ela; em uma palavra, pois ele simplesmente fica feliz em senti-la e participar do encantador espetáculo desse mundo (LA METTRIE, 1985, p. 93ss.).

Relativamente à morte, nada pode ser dito, pois não há experiência alguma sobre ela. Há duas alternativas: ou a morte é a completa dissolução ou uma metamorfose, como conhecemos na transformação da lagarta em borboleta. Portanto, pode ser dito o seguinte: "Não se deve afirmar de nenhuma máquina, ou ainda, de nenhum animal, que ela ou ele pereça por completo após a morte ou tampouco que ele assuma outra forma, pois a respeito disso não sabemos absolutamente nada" (LA METTRIE, 1985, p. 93).

A história de recepção de La Mettrie se insere no contexto do materialismo mecanicista em geral e do modelo do homem-máquina em particular. A expressão "homem-máquina" tem dois sentidos: por um lado, ela afirma que o ser humano é constituído e funciona como uma máquina; por outro lado, ela afirma – e isso é uma consequência do primeiro sentido – que é possível construir máquinas semelhantes aos seres humanos. Desde o século XVII estas são designadas como androides (DRUX, 1988, p. X). Elas haviam sido construídas antes de La Mettrie ter esboçado seu modelo de ser humano. Ele mesmo menciona em seu livro (LA METTRIE, 1985, p. 83) o inventor francês Vaucanson, que construiu em 1737 um tocador de flauta no qual, com auxílio de um fole, produzia-se uma corrente de ar que, passando pela boca e acima da língua, chegava até o bocal da flauta, produzindo um som que os dedos, repousados sobre as válvulas da flauta, haviam determinado (cf. PAULINYI & TROITZSCH, 1997, p. 213). Pouco mais tarde ele construiu um pato que ficava em um pedestal, grasnando e batendo as asas. Ademais, ele aparentemente também podia alimentar-se, digerir e claramente excretar, de modo que, mesmo visto de perto, era considerado real.

Ao passo que a ideia de compreender o ser humano como uma máquina no sentido do materialismo mecanicista perdeu força com o tempo, a concepção dos androides sofreu uma crescente atratividade com o desenvolvimento da técnica. Contudo, o modelo do homem-máquina primeiro deu asas à imaginação de escritores do romantismo, como, por exemplo, E.T.A. Hoffmann e Jean Paul. Mas eles apenas apresentaram modelos para os autômatos realizados tecnicamente. Estes vão desde o piano elétrico até o xadrez de computador. No interior da Revolução Industrial, o modelo dos autômatos chegou ao chão de fábrica. A partir dos androides foram feitos robôs. Após R.J. Wensley ter concebido em 1927 o primeiro robô, chamado "Televox", a indústria robótica da segunda e da terceira gerações dispôs, desde a década de 1960, de sensores para funções táteis e visuais. Os chamados robôs inteligentes, produzidos com base na inteligência artificial, distinguem-se, ademais, pela capacidade de aprendizado, isto é, eles não repetem erros.

Seguindo a tradição dos androides, ao lado da indústria robótica há também a construção de formas similares à humana, que copiam ludicamente movimentos humanos, como, por exemplo, jogos de futebol. Contudo, a fantasia de La Mettrie ia além. A sua utopia técnica ultrapassava até mesmo os limites que Descartes impusera às máquinas, a saber, a linguagem. La Mettrie pensou na construção de um "falante", "pois hoje uma tal máquina, como obra de um novo Prometeu, não pode mais ser considerada como impossível" (LA METTRIE, 1985, p. 83).

2 Dialética materialista (Engels)

> Em Hegel, a dialética é o autodesenvolvimento do conceito [...]. Voltamos às posições materialistas e tornamos a ver nos conceitos de nossa cabeça as imagens das coisas reais, em vez de considerar as coisas reais como imagens deste ou daquele momento do conceito absoluto. Com isso, a dialética ficava reduzida à ciência das leis universais do movimento, tanto do mundo exterior como do pensamento humano [...].
> A grande ideia fundamental de que não se pode conceber o mundo como um conjunto de *coisas* acabadas, mas como um conjunto de *processos*, em que as coisas que parecem estáveis, da mesma forma que suas imagens de pensamento em nossa cabeça, isto é, os conceitos, passam por uma série ininterrupta de transformações, por um processo de surgimento e perecimento, nas quais em última instância se impõe sempre uma trajetória progressiva, apesar de toda a sua aparente contingência e de todos os recuos momentâneos; essa grande ideia fundamental acha-se já tão arraigada, na consciência habitual, nomeadamente a partir de Hegel, que assim exposta, em sua universalidade, mal pode encontrar contradição. Uma coisa, porém, é reconhecê-la em palavras e outra coisa é aplicá-la à efetividade, em todos os campos submetidos à investigação (*MEW*, 1962, 21, p. 292ss.

Friedrich Engels nasceu em 1820 em Barmen. Após receber uma formação mercantil na empresa paterna de 1837 a 1841 e servir no exército em Berlim de 1841 a 1842, Engels entrou em contato com os defensores do hegelianismo de esquerda. Em 1842 ele se mudou para Manchester, onde trabalhou na empresa do pai. Engels redigiu seus primeiros estudos sobre a situação econômica da Inglaterra e os publicou nos *Deutsch-Französische Jahrbücher*, editados por Ruge e Marx. Após retornar da Inglaterra em 1844, Engels fez amizade com Marx. De 1844 a 1848 eles redigiram conjuntamente as obras *Die heilige Familie* [*A sagrada família*], *Die deutsche Ideologie* [*A ideologia alemã*] e o *Manifest der kommunistischen Partei*

[*Manifesto do Partido Comunista*]. A sua atividade propagandista e sua participação nas revoltas de Baden levaram Engels ao exílio, em 1850. Ele primeiro foi para Manchester e depois, em 1870, para Londres. Aqui ele se tornou membro do "Conselho Geral da Associação Internacional dos Trabalhadores". Ele dá suporte material a Marx e, após sua morte (1883), editou o segundo e o terceiro volumes de sua obra *Das Kapital* [*O capital*]. Os seus estudos filosóficos próprios têm por tema a dialética da natureza. Devido a esses estudos ele se tornou o fundador do materialismo dialético, que se tornou posteriormente uma doutrina. Engels faleceu em 1895 em Londres.

A ideia fundamental de Engels a respeito de uma dialética materialista inclui três elementos teóricos: a substituição do idealismo pelo materialismo, a concepção de uma história da natureza e a formulação da lei fundamental de uma "dialética materialista" (*MEW* 21, 293).

Em seu escrito *Ludwig Feuerbach e o desfecho da filosofia alemã clássica*, Engels reconhece em Feuerbach o filósofo que "colocou, sem rodeios, o materialismo novamente no trono" (*MEW* 21, p. 272). O materialismo dá uma clara recusa não apenas ao idealismo, mas também à religião. Na esteira de Feuerbach, Engels formula da seguinte forma a ideia materialista recuperada:

> A natureza existe independentemente de toda filosofia, ela constitui a base sobre a qual os seres humanos cresceram e se desenvolveram, como produtos da natureza que são; nada existe fora da natureza e dos seres humanos; e os entes superiores, criados por nossa imaginação religiosa, nada mais são que outros tantos reflexos fantásticos de nossa própria essência (*MEW* 21, p. 272).

A questão fundamental da filosofia, a questão acerca da relação entre pensamento e ser, é reposta e respondida inequivocamente pelo materialismo. Ela pode ser formulada assim: "O que é o mais originário, o espírito ou a natureza?" (*MEW* 21, p. 275). Aqui se separam idealismo e materialismo. Para o materialismo, a natureza tem prioridade absoluta e o espírito é apenas um reflexo da natureza no ser humano; mais ainda: o próprio espírito é apenas um produto da natureza concebida materialmente. O materialista está convicto de que

> o mundo material e perceptível pelos sentidos, e do qual nós, seres humanos, também fazemos parte, é o único real; e de que nossa consciência e nosso pensamento, por mais suprassensíveis que pareçam, são o produto de um órgão material, corpóreo: o cérebro. A matéria não é um produto do espírito e o próprio espírito não é mais que o produto supremo da matéria (*MEW* 21, p. 277ss.).

Contudo, o espírito é um produto bem particular da matéria. Ora, por meio dele o mundo material é refletido na cabeça do ser humano. Engels formula essa ideia da seguinte maneira: "As influências do mundo exterior sobre o ser humano exprimem-se em sua cabeça, refletem-se nela sob a forma de sentimentos, de pensamentos, de impulsos, de determinações de vontade; numa palavra, de 'correntes ideais', transformando-se, sob esta forma, em 'forças ideais'" (*MEW* 21, p. 282). Se, pois, se compreendem as "forças ideais" como o resultado de um processo material, então não é difícil que o materialista se designe a si mesmo como um idealista. Isso é tão mais verdade quando se pretende afirmar com o idealismo a convicção de que "a humanidade, pelo menos no momento, se orienta, em linhas gerais, no sentido do progresso" (*MEW* 21, p. 282). Na realidade, porém, essa convicção não é de modo algum defendida apenas pelos idealistas que assim se denominam, mas também "os materialistas franceses possuíam essa convicção em grau quase fanático" (*MEW* 21, p. 282). Pensadores como Diderot possuíam essa convicção e consagraram toda sua vida ao "entusiasmo pela verdade e pelo direito".

No entanto, apesar de todo reconhecimento pelos esforços dos materialistas franceses, Engels não se vê inserido nessa tradição. A razão para tanto é que a concepção dos franceses deve ser entendida como um materialismo mecanicista. Os movimentos tematizados aqui são de natureza puramente mecanicista. O que falta ao materialismo mecanicista é a ideia de desenvolvimento. Para a dialética materialista defendida por Engels, é central a ideia de "que não se pode conceber o mundo como um conjunto de *coisas* acabadas, mas como um conjunto de *processos*". Contudo, o mais importante é que, em toda "aparente contingência" e apesar de todos eventuais "recuos", "impõe-se, por fim, um desenvolvimento progressivo". Engels considera como a conquista essencial de seu século a substituição da concepção de uma natureza imutável pela ideia da história da natureza. O primeiro impulso para tanto foi dado não por um cientista natural, mas, antes, por um filósofo, a saber, Kant, que em 1755, com sua obra *Allgemeine Naturgeschichte und Theorie des Himmels* [História universal da natureza e teoria do céu], "abriu [...] a primeira brecha nessa concepção petrificada na natureza" (*MEW* 20, p. 316). Os progressos fundamentais, contudo, ocorreram só no século XIX. Engels afirma:

> A fisiologia que estuda os fenômenos do organismo vegetal e animal, a embriologia que investiga o desenvolvimento de um organismo desde seu embrião até sua formação completa, a geologia que acompanha a formação gradual da superfície terrestre são, todas elas, filhas de nosso século (*MEW* 21, p. 294).

Nesse meio tempo, os saberes isolados foram reunidos num quadro que evidencia o "nexo dos processos naturais". Engels dá três exemplos. Primeiro, a investigação das células, sua multiplicação e diferenciação, que permitem o desenvolvimento e o crescimento, levando, ademais, à formação de novos organismos. Segundo, o conhecimento acerca da transformação da energia, a transformação da força mecânica na chamada energia potencial, como calor, radiação, luz, eletricidade, magnetismo e energia química. Por meio de tal conhecimento, torna-se claro que as diversas formas de energia podem converter-se umas nas outras, de modo "que todo o movimento da natureza, nesse processo ininterrupto de transformação, reduz-se de uma forma à outra" (*MEW* 21, p. 295). Terceiro, por fim, faz-se referência à descoberta fundamental de Darwin, que demonstrou "que o conjunto dos produtos orgânicos da natureza, que existem hoje em torno de nós, inclusive os seres humanos, são o resultado de um longo processo de evolução, cujo ponto de partida são alguns germes primitivamente unicelulares que, por sua vez, procedem de um protoplasma ou albumina, constituído por via química" (*MEW* 21, p. 295). Entretanto, um problema do desenvolvimento ainda permanece, a saber, "elucidar o surgimento da vida a partir da natureza inorgânica. De acordo com o estágio atual da ciência, isso significa produzir moléculas de proteína a partir de material inorgânico. A química se aproxima cada vez mais dessa tarefa. Mas ela ainda está muito distante dela" (*MEW* 20, p. 468ss.).

Como a história natural se apresenta como um desenvolvimento, o mesmo vale para a história humana. Aqui a tarefa consiste em "descobrir as leis universais do movimento que se impõem como as dominantes na história da sociedade humana" (*MEW* 21, p. 296). Com efeito, à primeira vista parece haver uma grande diferença entre os processos da natureza e os da história. Na natureza prevalecem "meros fatores cegos e inconscientes", na história "os agentes são "todos [seres humanos] dotados de consciência". Contudo, a aparência engana, pois também na história o resultado é sempre algo diverso do que o objetivo perseguido pelo ser humano. À primeira vista, a história parece ser uma coleção de contingências. É necessário, portanto, um estudo mais exato para reconhecer "que o curso da história é regido por leis universais internas" (*MEW* 21, p. 296). Importa conhecer "as forças propulsoras" que "repousam por detrás dos motivos dos seres humanos que agem historicamente" (*MEW* 21, p. 298). Engels afirma que também aqui ocorreu um progresso em sua época. Ele o fundamenta da seguinte forma:

Porém, ao passo que em todos os períodos anteriores a investigação dessas causas propulsoras da história era um assunto impossível – pelo que tinha de complexo e velado o encadeamento daquelas causas e dos seus efeitos –, na atualidade esse encadeamento está suficientemente simplificado para que seja possível decifrar o enigma. Desde a implantação da grande indústria, isto é, desde a paz europeia de 1815 pelo menos, que já não era segredo para ninguém, na Inglaterra, que a luta política girava em torno das pretensões de domínio de duas classes: a aristocracia latifundiária [...] e a burguesia (*MEW* 21, p. 298ss.).

Dessa maneira, a ciência materialista da história toma o lugar de uma filosofia especulativa da história.

Por fim, Engels insere toda a história, a da natureza e a da sociedade humana, em um contexto mais abrangente da história do universo. Engels afirma: "E, assim, retornamos sempre à visada dos grandes fundadores da filosofia grega, a saber, à consideração de que toda a natureza, do mais ínfimo ao mais grandioso [...], tem sua existência num eterno surgir e perecer" (*MEW* 20, p. 320). Ele explica essa ideia da seguinte forma:

> Trata-se de um ciclo eterno no qual a matéria se move, um ciclo cujas etapas só se completam em períodos para os quais nossos anos terrestres não constituem, de maneira alguma, um padrão suficiente [...]. Porém, quão frequente e quão inclemente esse ciclo se completa também no espaço e no tempo [...]; independente de quanto ele dura, até em um sistema solar as condições da vida orgânica somente se produzem em um único planeta; quantos inúmeros seres orgânicos têm de ir e vir, antes de desenvolverem-se, a partir de seu meio, animais com um cérebro capaz de pensar, e por um curto período de tempo encontram-se condições possibilitadoras da vida, para então, também sem misericórdia, serem erradicadas – nós temos a certeza de que a matéria, em todas as suas transformações, permanece eternamente a mesma, que nenhum de seus atributos pode ser perdido, e que ela, portanto, com a mesma férrea necessidade com que erradicará, na Terra, seu fruto supremo, o espírito pensante, tem de novamente produzi-lo alhures e em outro tempo (*MEW* 21, p. 327).

O fundamento da história da natureza, da sociedade e, por fim, do universo são as leis do movimento da matéria. Com efeito, "a matéria enquanto tal é um mero produto do pensamento e uma abstração" (*MEW* 20, p. 519), isto é, ela é um conceito, não é "algo que exista sensivelmente", mas as suas leis de movimento podem ser formuladas. Esta é a tarefa da dialética. O pressuposto para tanto é a convicção

> de que, na natureza, as mesmas leis de movimento se impõem no labirinto das inúmeras modificações que, também na história, regem a aparente contingência dos eventos; as mesmas leis das quais, compondo o fio condutor também da história do desenvolvimento do pensamento, o ser humano pensante toma progressivamente consciência (*MEW* 21, p. 11).

Com base nessa convicção, Engels dá a seguinte lacônica definição do conceito de dialética: "A dialética, contudo, nada mais é senão a ciência das leis universais do movimento e do desenvolvimento da natureza, da sociedade humana e do pensamento" (*MEW* 21, p. 131ss.).

Engels menciona três leis da dialética, "abstraídas" da "história da natureza, da sociedade humana [...] e também do próprio pensamento". Por outro lado, porém, elas podem ser entendidas como um modelo de pensamento a ser provado na experiência. Ele afirma: "A natureza é a prova da dialética" (*MEW* 21, p. 20-22). Trata-se da "lei da conversão da quantidade em qualidade e vice-e-versa; a lei da interpenetração dos contrários; e a lei da negação da negação" (*MEW* 21, p. 348).

A conversão de quantidade em qualidade e vice-e-versa ocorre, por exemplo, na evaporação de líquidos e na condensação, de modo que "cada líquido tem seu ponto de ebulição e de congelamento determinado em uma dada pressão [...], e também finalmente todo gás tem seu ponto crítico, no qual pressão e resfriamento o tornam líquido" (*MEW* 21, p. 351).

A lei da interpenetração dos contrários é discutida por Engels com auxílio do exemplo da eletricidade: "Num olhar mais atento também percebemos que ambos os polos de uma oposição, tanto o positivo como o negativo, são tão inseparáveis um do outro quanto contrapostos entre si, e percebemos também que, apesar de toda contraposição, eles se interpenetram reciprocamente" (*MEW* 21, p. 21).

A lei da negação da negação encontra sua confirmação no campo da biologia, por exemplo no desenvolvimento de um grão de cevada desde a germinação até o crescimento, madureza e fruto. Engels afirma: "Como resultado dessa negação da negação nós temos novamente o grão de cevada originário, mas não em sua forma simples, senão em um número dez, vinte, trinta vezes maior" (*MEW* 21, p. 126).

Engels repetidas vezes afirma que, diferentemente da dialética idealista, a dialética materialista não se apresenta à realidade como um esquema fechado, mas, antes, é abstraída da experiência. Contudo, com uma concepção materialista, o problema da verdade se coloca de uma maneira específica. A questão é: De onde sabemos que o pensamento, ele mesmo um produto de processos naturais do cérebro, pode chegar a enunciados verdadeiros sobre esses mesmos processos? A resposta de Engels é a seguinte: consciência e pensamento são

> produtos do cérebro humano e [...] o próprio ser humano é um produto da natureza que se desenvolveu em e com seu ambiente; por isso, então se sabe que os produtos do cérebro humano, que em última instância também são produtos da natureza, não contradizem o resto do encadeamento da natureza, mas, antes, se lhe correspondem (MEW 21, p. 33).

A teoria clássica da correspondência adquire aqui uma fundamentação genética, mas deixa sem resposta a questão sobre como são possíveis enunciados falsos e como eles podem se distinguir dos verdadeiros. Apesar desse importante problema, a favor de Engels pode-se dizer que ele se impõe de forma crítica diante de uma pretensão dogmática de verdade. Ora, isso já é vedado por sua afirmação sobre a condicionalidade histórica de todos os processos. Ele escreve:

> Contudo, se se parte sempre desse ponto de vista na investigação, então se anula de uma vez por todas a exigência de soluções definitivas e verdades eternas; estamos sempre conscientes da necessária limitação de todo conhecimento adquirido, a sua condicionalidade pelas circunstâncias sob as quais foi adquirido (MEW 21, 293).

A história do desenvolvimento compõe, ademais, o fio condutor para a antropologia de Engels. Ele se vincula à Teoria da Evolução de Darwin (cf. cap. VIII, 1), ligando-a à ideia central, que já se encontra em Hegel, de autoprodução do ser humano por meio do trabalho. O resultado dessa síntese são suas reflexões sobre o *Sobre o papel do trabalho na transformação do macaco em ser humano* [*Anteil der Arbeit an der Menschwerdung des Affens*].

Em seu esboço, Engels descreve o desenvolvimento do ser humano desde sua origem a partir de um "gênero de macacos semelhantes aos seres humanos" até a sociedade capitalista de seu tempo. A sua tese fundamental é a seguinte: o trabalho é não apenas a fonte de toda a riqueza, mas também "a condição fundamental de toda a vida humana [...]. Ele criou o próprio ser humano" (*MEW* 20, p. 444). Os estágios do desenvolvimento seguem essencialmente aqueles descritos por Darwin. O primeiro estágio para o tornar-se ser humano se dá com a postura ereta e a libertação das mãos a isso ligada. A mão torna-se a primeira ferramenta universal, ela mesma transformada com o seu uso ao longo do tempo. "Assim, a mão é não apenas órgão do trabalho, *ela é também seu produto*" (*MEW* 20, p. 445). A organização do trabalho leva a formas de sociabilidade dos seres humanos e, estas, ao desenvolvimento da linguagem.

> Assim, o desenvolvimento do trabalho contribuiu necessariamente para que os membros da sociedade se ligassem entre si na medida em que ele incrementava o número de casos de suporte mútuo, de ação conjunta, e iluminava a consciência da utilidade dessa ação conjunta para cada indivíduo. Em poucas palavras, os seres humanos em transformação chegaram ao ponto de *ter de dizer algo* entre eles (*MEW* 20, p. 446).

Um importante estágio adicional do desenvolvimento, no qual o trabalho está essencialmente envolvido, ocorreu pela complementação da alimentação por meio da carne. Ela conferiu ao ser humano maior força corporal. Contudo, mais importante foi o "efeito da alimentação carnívora sobre o cérebro [...], o ser humano não surgiu sem a alimentação carnívora" (*MEW* 20, p. 449). O desenvolvimento seguinte, que coincide com uma ampliação das ações planejadas e conscientes, levou ao domínio definitivo do ser humano sobre os animais. Era de prerrogativa do ser humano "imprimir na Terra o selo de sua vontade" (*MEW* 20, p. 452). Contudo, o triunfo do ser humano sobre a natureza desenvolveu também seu lado sombrio, pois "ela se vinga de nós por cada um desses triunfos" (*MEW* 20, p. 452). O seguinte exemplo ilumina isso. As áreas que tiveram suas florestas extintas para que novas terras fossem desbravadas tornaram-se desertificadas. Engels desenvolve a ideia da exploração da natureza sob um ponto de vista ecológico e, com isso, a tomada de consciência da necessidade de desenvolver uma nova relação com a natureza. Ele afirma:

> Assim, em cada estágio nos lembramos de que nós não dominamos de forma alguma a Terra da mesma maneira que um invasor domina um povo estrangeiro, como alguém que está fora da natureza – pelo contrário, lembramo-nos de que pertencemos a ela com carne, sangue e cérebro, e de que estamos em meio a ela, que todo nosso domínio sobre ela consiste em poder reconhecer, prevalecendo sobre todas as outras criaturas, suas leis e aplicá-las corretamente [...]. Porém, quanto mais isso ocorre, tanto mais os seres humanos não apenas se sentem, como também se sabem identificados à natureza (*MEW* 20, p. 453).

Por fim, Engels esboça o desenvolvimento da sociedade humana, com auxílio do fio condutor do conceito de trabalho, desde a descoberta da máquina a vapor. Ele descreve da seguinte forma a situação revolucionária que surgiu com ela:

> Os seres humanos que nos séculos XVII e XVIII trabalhavam na produção de máquinas a vapor não tinham ideia de que fabricavam o instrumento que, mais do que qualquer outro, revolucionaria todo o mundo e, sobretudo na Europa, por meio da concentração de riqueza por parte de uma minoria e da falta completa de posses por parte da vastíssima maioria, primeiramente conferiria à burguesia a dominação política e social, mas depois produziria uma luta de classes entre a burguesia e o proletariado, luta esta que somente pode terminar com a queda da burguesia e dissolução de todas as oposições de classes (*MEW* 20, p. 454).

As reflexões de Engels sobre a antropologia mostram de modo exemplar sua concepção de uma dialética materialista. Elas ressaltam a história natural do ser humano, assim como o desenvolvimento dialético da sociedade humana.

Engels não escreveu nenhuma ética, tendo, antes, utilizado em sua crítica das relações sociais o conceito de eticidade [*Sittlichkeit*] de uma forma análoga à de Hegel em sua filosofia do direito. Em seu escrito *Umrisse zu einer Kritik der Nationalökonomie* [*Esboços de uma crítica da economia nacional*], de 1844, Engels discute em uma série de exemplos a imoralidade [*Unsittlichkeit*] dos princípios de economia política dominantes na sociedade. O próprio comércio é o "logro legal" (*MEW* 1, p. 503), já que o vendedor de uma mercadoria está sempre vinculado a uma enganação sistemática do comprador a respeito do verdadeiro valor daquela. Imoral é o sistema da fábrica, pois ele solapa a "comunidade de bens da família" (*MEW* 1, p. 505) e distancia de seus pais uma criança de nove anos como alguém que busca adquirir algo. Imoral é a "autorregateio" [*Selbstverschacherung*] da Terra, "que nos é um e tudo, a primeira condição de nossa existência" (*MEW* 1, p. 511). Imoral é a cobrança de juros, um sistema "daquele que recebe sem trabalho" (*MEW* 1, p. 511). Por fim, imoral é a propriedade privada, pois leva os seres humanos a uma relação hostil de concorrência (*MEW* 1, p. 513). Segundo Engels, as circunstâncias imorais somente podem ser liquidadas por meio de uma revolução, pela qual a produção é tornada pública. Em seguida deve ser tarefa da "comuna" calcular "o que ela pode produzir com os meios que estão à sua disposição e determinar, segundo a relação dessa força produtiva com a massa dos consumidores, em que medida a produção deve ser aumentada ou reduzida, em que medida o luxo deve ser incrementado ou limitado" (*MEW* 1, p. 516).

A história de recepção de Engels é indissoluvelmente ligada ao desenvolvimento do marxismo em uma visão de mundo que foi de 1917 a 1991 a doutrina dominante da antiga União Soviética e de seus Estados-satélites, e que, enquanto tal, mesmo que de uma maneira modificada, ainda hoje é defendida na China e, por exemplo, em Cuba e na Coreia do Norte.

3 Materialismo histórico (Marx)

> A história de toda a sociedade até aqui é a história da luta de classes [...]. A nossa época, a época da burguesia, distingue-se, contudo, por ter simplificado as oposições de classes. A sociedade toda cinde-se, cada vez mais, em dois grandes campos inimigos, em duas grandes classes que diretamente se enfrentam: burguesia e proletariado [...].
> A condição mais essencial para a existência e para a dominação da classe burguesa é a acumulação da riqueza nas mãos de privados, a formação e multiplicação do capital; a condição do capital é o trabalho assalariado. O trabalho assalariado repousa exclusivamente na concorrência entre os trabalhadores. O progresso da indústria, de que a burguesia é portadora, involuntária e sem resistência, coloca no lugar do isolamento dos trabalhadores pela concorrência a sua união revolucionária pela associação. Com o desenvolvimento da grande indústria é retirada debaixo dos pés da burguesia a própria base sobre a qual ela produz e se apropria dos produtos. Ela produz, antes do mais, o seu próprio coveiro. O seu declínio e o triunfo do proletário são igualmente inevitáveis (MARX II, 1971, p. 817-832).

Karl Marx nasceu em 1818 em Trier. Seu pai era o advogado Heinrich Marx que, para ser admitido na corte como advogado, converteu-se do judaísmo ao protestantismo. Marx estudou direito, filosofia e história em Bonn e Berlim. Em 1841 ele se doutorou em Jena com uma tese sobre o tema *Differenz der demokritischen und epikureischen Naturphilosophie* [Diferença da filosofia natural de Demócrito e Epicuro]. A partir de 1842, Marx começa a trabalhar como redator do *Rheinische Zeitung*. Em 1843 ele se mudou para Paris, onde teve uma tranquila vida de imigrante até que, em 1849, tendo-se nesse ínterim tornado expatriado, encontrou em Londres seu exílio definitivo. Aqui surgiu sua obra principal, *O capital*. Em Londres foi fundada em 1864 a "Primeira Internacional", na qual Marx desempenhou um papel de liderança até sua dissolução em 1873. Marx faleceu em 1883.

A ideia fundamental de Marx é caracterizada pela concepção do materialismo em uma perspectiva histórico-social. Com isso ele é designado como o principal representante do assim denominado materialismo histórico (cf. *HWP*, 5, 859ss.).

A seguinte passagem torna isso claro: "Nós só conhecemos uma única ciência, a ciência da história" (MARX II, p. 15). Ela é retirada do esboço do livro *A ideologia alemã*, que Marx publicou em conjunto com Engels. A esse interesse central de seu pensamento acrescem-se outros temas, como crítica da religião, sociedade, política e economia. Na sequência será discutida a questão de se se trata, naquele interesse central, de ciência da história ou filosofia da história.

O ponto de partida de suas reflexões filosóficas após a tese sobre Demócrito e Epicuro é a crítica da religião feita por Feuerbach. Em sua obra *Das Wesen des Christentums* [*A essência do cristianismo*], Feuerbach não se satisfez com a refutação de uma prova da existência de Deus, como já desde Kant era conhecida; pelo contrário, ele pretendia transformar a teologia em antropologia. Isso significava interpretar a religião como uma grandeza que caracteriza o pensamento humano. Aqui Feuerbach distingue elementos religiosos que são necessários ao ser humano, como, por exemplo, o amor ao próximo, daqueles que o prejudicam, como a fé que conduz à intolerância e à guerra.

Marx adota a concepção antropológica de Feuerbach e pergunta a respeito do significado social e histórico da religião. Como Feuerbach, ele defende a tese de que o ser humano projetou em Deus suas próprias carências e desejos. Ora, trata-se agora de anular tal projeção. Marx formula essa ideia da seguinte forma:

> O ser humano, que só encontrou o reflexo [*Widerschein*] de si mesmo na realidade fantástica do céu, onde buscava um além-do-homem, já não se sentirá inclinado a encontrar somente a aparência [*Schein*] de si próprio, apenas o não-homem, onde ele busca e precisa buscar sua verdadeira realidade (*MEW* 1, p. 378).

A projeção dos desejos humanos em Deus é uma expressão para a condição miserável do ser humano em sua realidade social. "A miséria *religiosa* é, de um lado, a *expressão* da miséria real e, de outro, o *protesto* contra a miséria real. A religião é o suspiro da criatura oprimida, o ânimo de um mundo sem coração, assim como o espírito de uma situação carente de espírito. Ela é o *ópio* do povo" (*MEW* 1, p. 378).

Para Marx, dessa interpretação depreende-se o seguinte: não basta desmascarar a religião como um pensamento anelante ilusório, é preciso, pelo contrário, criticar as condições sociais nas quais o pensamento anelante religioso é necessário, e extrair daí consequências práticas. Marx formula essa ideia assim: "A crítica da religião termina com a doutrina de que *o ser humano é o ser supremo para o ser humano*, portanto, com o *imperativo categórico de transformar todas as relações nas quais o ser humano é um ser humilhado, subjugado, abandonado e desprezível*" (*MEW* 1, p. 385).

Contudo, surge aqui a questão sobre como pode surgir da crítica o impulso de realmente "transformar as relações". A passagem de uma crítica que fica na teoria para uma práxis socialmente revolucionária se dá para Marx da seguinte maneira: "As armas da crítica não podem, de fato, substituir a crítica das armas; a força material tem de ser deposta por força material, mas a teoria também se converte em força material uma vez que se apossa das massas" (*MEW* 1, p. 385). Ela se apossa das massas tão logo a crítica apreende a situação real dos seres humanos. Os trabalhos de Marx podem ser compreendidos como uma tentativa de conhecer a situação concreta do ser humano. Aqui distinguem-se dois aspectos. O primeiro consiste em apreender a essência do ser humano, e o outro, em analisar a situação social na qual o ser humano se encontra. Aqui se mostra que a essência do ser humano é corrompida pela situação social.

Na determinação da "efetiva realidade" do ser humano, isto é, de sua essência, Marx retoma motivos de Feuerbach, que afirmara o pertencimento do ser humano à natureza. Marx afirma: "O *ser humano* é diretamente um *ser da natureza*" (MARX, 1971, p. 274). Enquanto ser da natureza, ele dispõe, por um lado, de determinadas predisposições e capacidades que lhe permitem certas atividades, por outro lado, contudo, enquanto um ser vivo condicionado corporalmente, ele está sujeito a determinadas carências, como, por exemplo, à fome. Marx afirma: "A fome é a carência objetual de um corpo por um *objeto* que está fora dele e que é indispensável para sua integridade e expressão essencial" (MARX, 1971, p. 274). As capacidades humanas permitem ao ser humano satisfazer suas carências, determinadas por sua situação natural, corporal. O trabalho é a atividade pela qual isso ocorre. O trabalho é a resposta especificamente humana para a situação de carecimento natural. O conceito de trabalho torna-se um conceito-chave de sua antropologia.

Marx compreende o trabalho como "autoprodução [*Selbsterzeugung*] do ser humano". Nessa definição ele retoma Hegel, que, como Marx afirma com reconhecimento, "apreende a autoprodução do ser humano como um processo [...]; ele, pois, apreende a essência do trabalho e *concebe* o ser humano objetual, o ser humano real, porque efetivo, como resultado de seu *próprio trabalho*" (MARX, 1971, p. 269ss.). No entanto, Hegel teria apenas apreendido o trabalho "espiritual", não o corporal. Marx define o trabalho como uma atividade vital "livre", "consciente" e "universal" por meio da qual o ser humano, num sentido abrangente, se apropria dos objetos da natureza com o objetivo de conservação da vida e de autoprodução. O animal não é capaz dessa espécie de atividade vital. O animal não é livre e não tem saber, isto é, ele está preso aos instintos e limitado a um determinado ambiente.

Como o trabalho apresenta a possibilidade de desenvolvimento das forças essenciais do ser humano no sentido acima mencionado, as condições de trabalho na situação social concreta se caracterizam pelo fato de que, nelas, essas forças não podem se desenvolver, mas, antes, apenas se corromper. As condições de trabalho são determinadas pelos detentores do capital, que estabelecem as condições de produção. Marx designa como alienação a corrupção do ser humano em razão das condições de trabalho impostas (cf. ISRAEL, 1972), um conceito que lhe era familiar desde Hegel. Marx distingue quatro aspectos da alienação.

O primeiro é a alienação da natureza como o objeto do trabalho. Ela implica a ideia de que, por meio da transformação da natureza em produto, o trabalhador a) perde os objetos de seu trabalho futuro e, com isso, ao mesmo tempo b) a natureza desaparece como fundamento imediato da vida.

> Quanto mais o trabalhador *se apropria* do mundo externo, da natureza sensorial, por meio de seu trabalho, tanto mais ele se despoja de *meios de vida* sob os dois seguintes aspectos: primeiro, o mundo exterior sensorial progressivamente deixa de ser um objeto pertencente ao trabalho dele, de ser um *meio de vida* de seu trabalho; segundo, ele progressivamente deixa de ser um *meio de vida* na acepção direta, de ser um meio para a subsistência física do trabalhador (MARX I, p. 562ss.).

O segundo aspecto da alienação diz respeito ao fato de que a espécie de trabalho é coagida ao trabalhador, isto é,

> o trabalho é *externo* ao trabalhador, ou seja, não faz parte de sua essência, e por conseguinte, ele não se afirma em seu trabalho, mas, antes, nega a si mesmo, não se sente bem, mas, antes, sente-se infeliz, não desenvolve livremente suas energias mentais e físicas, mas, antes, fica fisicamente exausto e mentalmente arruinado. O trabalhador, portanto, se sente em si somente fora do trabalho e, no trabalho, fora de si. Assim, seu trabalho não é voluntário, porém coagido, é *trabalho forçado* (MARX I, p. 564).

O terceiro aspecto diz respeito à alienação do trabalhador em relação a seu "ser genérico" [*Gattungswesen*]. Pela espécie de trabalho, surgem coações que, por um lado, exploram a essência do trabalho como uma atividade vital livre, consciente e universal, e, por outro, invertem-na em seu sentido. Marx exprime essa ideia da seguinte forma:

> A atividade vital consciente distingue imediatamente o ser humano da atividade vital dos animais [...]. Só por isso a sua atividade é atividade livre. O trabalho alienado inverte a relação, pois o ser humano, sendo um ser consciente, faz de sua atividade vital, de sua *essência*, unicamente um meio para sua *existência* (MARX I, p. 567).

O quarto aspecto da alienação diz respeito, por fim, à "*alienação do ser humano em relação ao ser humano*" (MARX I, p. 569). Isso significa que o trabalhador, por meio de seu trabalho, aliena-se não apenas do ser humano que trabalha com ele e que é seu concorrente; mais ainda, ele ao mesmo tempo gera as relações de trabalho nas quais contrapõem-se o trabalhador e o capitalista, pois "a relação do trabalhador com o trabalho gera a relação do capitalista (ou como quer que se denomine o dono da mão de obra) com o trabalho" (MARX I, p. 571). Marx se ateve à ideia central da alienação, ainda que a escolha de palavras tenha mudado com o tempo.

Marx deu à sua principal obra, *O capital*, o subtítulo: *Crítica da economia política*. Ele pretendia, com isso, tornar claro que não assumia a perspectiva da economia nacional clássica [*klassische Nationalökonomie*]. Ao passo que a economia nacional considera os processos econômicos sob o aspecto da formação de capital, isto é, a formação da riqueza material, a economia política, como Marx a entende, vai além. Ela tematiza também a situação do trabalhador. Ela pergunta pelas condições concretas de trabalho sob as quais essa riqueza é criada. Disso faz parte, por exemplo, a teoria da alienação. Porém, Marx assume também a perspectiva da economia nacional e analisa o processo de acumulação do capital.

De modo a compreender o processo de geração da riqueza material, é necessário conhecer o interesse que orienta o capitalista. Ele se dirige à multiplicação do dinheiro. A produção de mercadorias e sua venda apresentam, aqui, apenas um desvio para atingir esse objetivo. O primeiro passo na análise desse desvio é a distinção da mercadoria em seu valor de uso e seu valor de troca. Marx retoma aqui uma distinção análoga de Aristóteles que se encontra em sua *Política* (cf. 1.257a). O valor de uso designa a utilidade visada na troca pela mercadoria; o valor de troca, por seu turno, designa o valor monetário visado na troca pela mercadoria, isto é, seu valor de mercado. Assim, referidas a seu valor de troca, coisas qualitativamente tão diferentes como trigo, tabaco ou livros são quantitativamente comparáveis. Para o valor de troca há um equivalente em dinheiro, de modo que o capitalista está sempre interessado apenas no valor de troca de uma mercadoria, não em seu valor de uso. O capitalista interessado na riqueza monetária é ironicamente denominado por Marx como "entesourador" [*Schatzbildner*]. Ele o caracteriza psicologicamente da seguinte maneira:

> O impulso vital do entesouramento é, portanto, a *avareza*, para a qual a carência não é a da mercadoria como valor de uso, mas, antes, o do valor de troca como mercadoria [...]. O entesourador despreza dos gozos mundanos, temporais e transitórios, para correr atrás apenas do tesouro eterno, que não pode ser corroído nem pelas traças, nem pela ferrugem, tesouro que é muito celeste e muito terrestre (*MEW* 13, p. 106ss.).

Com o "ascetismo" e a "ativa diligência" que lhe são característicos, o "entesourador", em sua filiação religião, é "essencialmente protestante e, mais ainda, puritano" (*MEW* 13, p. 108).

A questão é: Como uma mercadoria pode ser transformada em riqueza com auxílio de seu valor de troca? A resposta óbvia parece ser a seguinte: através de um negócio no qual mercadorias são trocadas por dinheiro e dinheiro é trocado por mercadorias. A ideia aqui é que, na venda de uma mercadoria, um comerciante visa mais dinheiro do que aquele que ele próprio investira em sua compra. Contudo, essa ideia é falsa, pois em toda a esfera de circulação de dinheiro e mercadoria os ganhos de um se equiparam às perdas de um outro. "Toda a classe de capitalistas de um país não pode enganar a si mesma [...]. A circulação ou a troca de mercadorias não cria valor algum" (MARX IV, p. 160).

Se, porém, a mera troca de mercadorias não cria nenhum valor superior, isto é, nenhuma mais-valia, surge então a questão de se isso é possível pelo uso de uma mercadoria. Mas qual mercadoria seria essa?

"Para poder extrair valor do consumo de uma mercadoria, nosso possuidor de dinheiro teria de ter a sorte de descobrir no mercado, *no interior da esfera da circulação*, uma mercadoria cujo próprio *valor de uso* possuísse a característica peculiar de ser *fonte de valor*, cujo próprio consumo fosse, portanto, *objetivação de trabalho* e, por conseguinte, *criação de valor*. E o possuidor de dinheiro encontra no mercado uma tal mercadoria *específica*: a *capacidade de trabalho* ou *força de trabalho*" (MARX IV, p. 164ss.).

A formação da mais-valia ou "criação de valor" pela utilização da mercadoria "força de trabalho" é possível pelo fato de seu valor de uso repousar para além de seu valor de troca. Isso significa que o trabalhador, ao dispender sua força de trabalho, cria um valor superior ao salário que recebe.

> A circunstância na qual a manutenção diária da força de trabalho custa apenas meia jornada de trabalho, embora a força de trabalho possa atuar por uma jornada inteira, e, consequentemente, o valor que ela cria durante uma jornada seja o dobro de seu valor diário – tal circunstância é, certamente, uma grande vantagem para o comprador, mas de modo algum uma injustiça para com o vendedor (MARX IV, p. 198ss.).

É evidente que essa proposição seja enunciada da perspectiva da economia nacional, e não da perspectiva da economia política, onde ela é absolutamente uma injustiça.

O enorme potencial que repousa na criação de valor obtida dessa forma leva a um processo de concentração do capital. Um número cada vez menor de "magnatas do capital" se contrapõe a um número cada vez mais de trabalhadores, que constituem um "exército industrial de reserva". Surge aqui um desenvolvimento que, por fim, leva à derrocada do sistema capitalista. Em seu escrito programático, *O Manifesto do Partido Comunista*, Marx fizera um prognóstico sobre o fim da burguesia, ao afirmar "o seu declínio e o triunfo do proletário são igualmente inevitáveis" (cf. texto), e designara como objetivo da história uma sociedade sem classes, descrita por ele da seguinte maneira: "Para o lugar da velha sociedade burguesa com as suas classes e oposições de classes entra uma associação em que o livre desenvolvimento de cada um é a condição para o livre desenvolvimento de todos" (p. 843). Em ambos os pontos Marx permaneceu fiel a si próprio: no prognóstico da inevitável derrocada da burguesia e no objetivo de uma sociedade sem classes. Em *O Capital* Marx formula essa ideia da seguinte maneira:

> Com a diminuição constante do número de magnatas do capital [...] aumenta a massa da miséria, da opressão, da servidão, da degeneração, da exploração, mas também a revolta da classe trabalhadora, que, cada vez mais numerosa, é instruída, unida e organizada pelo próprio mecanismo do processo de produção capitalista. *O monopólio do capital se converte num entrave para o modo de pro-*

dução que floresceu com ele e sob ele. A centralização dos meios de produção e a socialização do trabalho atingem um ponto em que se tornam incompatíveis com seu invólucro capitalista. O entrave é arrebentado. *Soa a hora derradeira da propriedade privada capitalista, e os expropriadores são expropriados* [...]. [A] produção capitalista produz, com a mesma necessidade de um processo natural, sua própria negação (MARX IV, p. 926ss.).

O que se encontra no final desse processo? Trata-se do "reino da liberdade". Marx distingue duas formas de liberdade. Uma tem seu lugar no interior do âmbito da produção material, a outra, o "verdadeiro reino da liberdade", para além dela. Marx descreve a distinção, começando com o primeiro âmbito:

> Neste âmbito, a liberdade só pode consistir no fato de o ser humano socializado, os produtores associados regularem racionalmente seu intercâmbio material com a natureza, controlarem-no comunitariamente, ao invés de deixarem-se dominar por ele qual uma força cega; fazem-no com o menor dispêndio de força e sob as condições mais dignas e adequadas à natureza humana. Mas isso permanecerá sempre um reino da necessidade. Além deste se inicia o desenvolvimento das forças humanas, consideradas como um fim em si, o verdadeiro reino da liberdade, que só pode florescer tendo por base aquele reino da necessidade (*MEW* 25, 828).

De acordo com Marx, seu prognóstico não é uma utopia, mas uma ciência rigorosa.

Contudo, esse prognóstico não se cumpriu. O socialismo na antiga União Soviética e nos Estados que lhe eram dependentes desenvolveram-se não a partir de um proletariado industrial, que lá não havia. A derrocada do regime czarista e mais ainda a do regime socialista não ocorreram segundo o modelo esboçado por Marx. Marx fracassou na suposição equivocada de que haveria para a história um curso conforme a leis que permitisse prognósticos cientificamente fundamentados. Acreditando ser possível prescrever à história a "necessidade de um processo natural", a concepção de Marx sobre um materialismo histórico se vincula à ideia de uma matéria determinada. Para ele, a liberdade se encontra somente ao final da história, ela não é um fator constitutivo da história mesma.

A história de recepção de Marx se deu de variadas formas. Ao passo que na Rússia as obras de Marx e Engels foram acolhidas por Lenin e se tornaram o fundamento da visão de mundo determinante da futura União Soviética, nos países da Europa Ocidental foram recebidos sobretudo alguns temas dos escritos de juventude de Marx e colocados no contexto de uma teoria crítica da sociedade. Mencionemos, no âmbito de língua alemã, Adorno, Horkheimer, Marcuse, Habermas e Bloch; na França, Garaudy, Sartre e Althusser; na Itália, Gramsci e Labriola. Ao longo do processo de globalização e dos problemas relacionados de abuso do poder econômico e político, as reflexões de Marx sobre a crítica da economia política ganham nova atualidade. Em pauta se encontra nada menos do que a restauração do primado da política, que Hegel ainda defendia em sua filosofia do direito.

XII

O Eu absoluto
A concepção da subjetividade

A palavra latina *"subiectum"* é a tradução da palavra grega *"(h)ypokeimenon"* ["aquilo que subjaz"]. Na Antiguidade e na Idade Média, ela era utilizada de três maneiras: a) ontologicamente, como o portador de características, no sentido da relação entre substância e acidente; b) logicamente, como sujeito da proposição; e c) como tema ou objeto de uma investigação científica. Esse significado "substancial", "objetivo" do sujeito foi completamente modificado na Modernidade. O sujeito é agora interpretado como o "Eu que conhece e que pensa". Ele se torna o sujeito autônomo, que se distingue e se contrapõe ao mundo dos objetos, isto é, ao mundo de modo geral, tomado no sentido forte do termo.

Tal impressionante mudança tem, contudo, um estágio histórico intermediário, a saber, a Idade Média. Na teologia do século XIII, Deus tornou-se o sujeito mais nobre e que a tudo determina (*HWP*, 10, 375). O mundo não mais tem em Deus apenas sua origem e seu fundamento material, mas, antes, é o espírito divino, o *"intellectus divinus"*, que criou o mundo. Deus como o sujeito absoluto é o criador intelectual e fático do mundo. Com Deus a substância se torna sujeito.

Para compreender a subjetividade da Modernidade é necessário conhecer essa pré-história. Apenas assim torna-se compreensível a posição singular que é atribuída ao sujeito. O sujeito da Modernidade é tão absoluto e autônomo em sua relação com o mundo quanto, antes, apenas era afirmado a respeito de Deus. A relação do sujeito com o mundo se mostra na Modernidade da seguinte forma.

Para Descartes, o "eu pensante" é antes de tudo uma substância própria (cf. cap. III, 2). Mas esta, enquanto "substância pensante", tem uma especificidade. Ela existe, com certeza, apenas no ato do pensar. A substância existe como sujeito de seus atos do pensar, nos quais ela se reconhece como substância reflexionante.

Em Leibniz (cf. cap. IX, 1), a identidade de substância e sujeito é manifesta. A mônada é uma substância que espelha, isto é, reflete e, ao mesmo tempo, constitui o mundo em seus atos de consciência. Na filosofia de Kant (cf. cap. III, 2), o sujeito se liberta de toda limitação substancial e se torna um conjunto de atos de consciência. O "sujeito transcendental" é determinado por um sistema de categorias, com cujo auxílio o mundo dos objetos da experiência pode ser constituído.

Para Fichte, a atividade criadora do eu consiste em que o eu absoluto, em um ato de livre posição [*Setzung*], contrapõe-se ao mundo como um não-eu. Em sua filosofia do espírito, que tematiza o espírito subjetivo, o espírito objetivo e o espírito absoluto, Hegel designa o ser humano como espírito subjetivo. A sua atividade consiste em a alma apropriar-se de seu corpo, formando-o e exprimindo-se nele.

A fenomenologia de Husserl se distingue pelo fato de, nela, lançando mão do jargão kantiano, o eu transcendental diferenciar-se do eu natural e colocar-se numa relação com ele por meio de uma espécie de "cisão-do-eu" [*Ich-Spaltung*]. Nos atos de consciência do "ego puro", o "eu transcendental" torna-se observador de si mesmo.

Para Sartre, a liberdade é a chave para a compreensão do ser humano como sujeito. Como a existência é dada ao ser humano por seu nascimento e todas as circunstâncias da situação na qual ele se encontra, a essência de sua vida é um projeto [*Entwurf*] subjetivo. Na sequência, serão discutidas as concepções de Fichte, Husserl e Sartre.

1 Eu e não-eu (Fichte)

> Nosso mundo nada mais é senão o não-eu, ele é posto meramente para esclarecer a limitação do eu, e, por conseguinte, obtém todas as suas determinações apenas por meio da contraposição com o eu. Ora, ao eu atribui-se, dentre outros predicados, ou, antes, preferencialmente, o da liberdade; por conseguinte, é preciso muito bem que, também por meio desse predicado, seja determinada a contraposição do eu, o mundo. E, assim, o conceito do *ser-livre* [*Freiseins*] forneceria uma lei teórica do pensar, que rege com necessidade sobre a atividade ideal da inteligência. / [...] Porque sou livre, eu ponho os objetos de meu mundo como modificáveis, eu atribuo a mim um corpo que, por meio de minha mera vontade, é posto em movimento de acordo com meu conceito, eu assumo que há fora de mim seres iguais a mim, e assim por diante. [...]
>
> Essa lei [...] pode ser também expressa assim: age conforme teu conhecimento das determinações originárias (os fins terminais) das coisas fora de ti. Por

exemplo, do conceito de minha liberdade decorre, teoricamente, a proposição: cada ser humano é livre. O mesmo conceito, considerado praticamente, forneceria o mandamento: tu deves tratá-lo simplesmente como ser livre (FICHTE, 1963, p. 67ss.).

Johan Gottlieb Fichte nasceu em 1762 em Rammenau, em Oberlausitz, e era filho de um artesão. De 1780 a 1784 um patrono nobre lhe permitiu realizar seus estudos de teologia em Jena e Leipzig. Após terminar seus estudos, Fichte trabalhou como preceptor em Leipzig e Zurique. O estudo da filosofia kantiana fez Fichte visitar Kant em Königsberg em 1791. A sua primeira obra, *Versuch einer Kritik aller Offenbarung* [*Ensaio de uma crítica de toda a revelação*], foi publicada por intermédio de Kant. Fichte ganhou instantânea notoriedade após ter sido revelado que o autor do escrito, que aparecera anonimamente, não era Kant, como se suspeitava, mas, sim, Fichte. Em 1794 ele tornou-se professor de filosofia em Jena. O artigo *Über den Grund unseres Glaubens an eine göttliche Weltregierung* [*Sobre o fundamento de nossa crença em um governo divino do mundo*], publicado em 1798, despertou a chamada querela do ateísmo [*Atheismusstreit*], que fez Fichte ser dispensado de seu posto. Ele se mudou para Berlim e lá deu aulas privadas. Após a derrota prussiana em 1806 e a ocupação de Berlim pelas tropas de Napoleão, ele se mudou temporariamente para Königsberg e Kopenhagen, mas em 1807 retornou a Berlim. Em 1810 ele se tornou decano da Faculdade de Filosofia na recém-fundada universidade em Berlim e em 1811 foi escolhido como seu primeiro reitor. Em 1814 Fichte faleceu em decorrência de uma febre tifoide.

Fichte entende sua filosofia, que ele designa como idealismo transcendental e a desenvolve como um sistema, como continuação e consumação da filosofia de Kant. Ele afirma: "Eu sempre disse, e digo aqui novamente, que meu sistema não é outro senão o *kantiano*: isso significa que ele contém a mesma visão da coisa, mas em seu procedimento é completamente independente da exposição *kantiana*" (FICHTE, 1967, p. 6). A sua abordagem é similar à da filosofia transcendental kantiana, que se orienta em um sujeito transcendental. Da mesma forma, é central a Fichte a ideia de que esse sujeito, como o faz em Descartes, não deve ser pensado como uma substância, mas, antes, como o conjunto completo de uma atividade de pensamento. O princípio kantiano da "unidade sintética originária da apercepção", que se exprime na estrutura do sujeito transcendental, é o seguinte: "O *eu penso* tem de *poder* acompanhar todas as minhas representações" (KANT II,

p. 136). Fichte adota esse princípio, assim como a ideia de que a ligação da diversidade das representações em uma unidade "não é possível pela percepção", mas, antes, "somente [por meio] de uma realização do entendimento" (KANT II, p. 138). No entanto, em Kant as categorias do entendimento se referem apenas à estrutura formal de um objeto da experiência, não a seu conteúdo. Este é dado pelos sentidos (cf. cap. III, 2). Os objetos da experiência são dados ao sujeito como fenômenos. Ele não pode produzi-los. Por detrás do aparecer do objeto enquanto fenômeno há, para Kant, uma "coisa em si" não passível de ser conhecida (KANT II, p. 30), cuja independência tem de ser respeitada pelo entendimento humano, que é finito e não criador.

É a concepção da coisa em si que desperta o confronto entre Fichte e Kant. As ideias centrais a respeito desse tema se encontram na *Wissenschaftlehre* [*Doutrina-da-ciência*], de Fichte, que foi retrabalhada em várias versões. A versão citada aqui é de 1794. Fichte considera a coisa em si uma limitação insuportável e supérflua da liberdade do pensamento. Mais ainda: para ele, a concepção da coisa em si é expressão de um pensamento dogmático, que aceita a independência da matéria e que é, portanto, uma forma de materialismo. O dogmático, que vê aqui o fundamento de toda experiência, se engana, pois a coisa em si não é de forma alguma um objeto da experiência. De forma resoluta, Fichte afirma:

> [A] coisa em si é uma mera ficção e não tem realidade alguma. Ela não se dá na experiência, pois o sistema da experiência nada mais é senão o pensamento acompanhado com o sentimento de necessidade, e mesmo o dogmático, que, como todo filósofo, tem de fundamentá-lo, não pode tomá-lo por outra coisa (FICHTE, 1967, p. 14).

O idealista apresenta a contraposição ao dogmático. Para ele, a liberdade do eu constitui o ponto de partida de toda reflexão. Fichte caracteriza da seguinte maneira a forma de pensar do dogmático em oposição à do idealista: "Ele renega por completo a independência do eu, na qual o idealista se fia, e faz dessa mesma meramente um produto das coisas, um acidente do mundo; o dogmático consequente é necessariamente também materialista" (FICHTE, 1967, p. 17). Há, portanto, um conflito de princípio entre o idealista e o dogmático. O dogmático sacrifica a independência do eu em nome da independência da coisa, e o idealista, a independência da coisa em nome da independência do eu (cf. FICHTE, 1967, p. 18). Como o conflito se encerra? Segundo Fichte, o conflito se encerra com o fracasso da concepção dos dogmáticos, pois "eles devem demonstrar a passagem do ser ao representar, e isso eles não fazem, e tampouco podem fazê-lo" (FICHTE, 1967, p. 24). Trata-se de uma tentativa inútil a de demonstrar "uma passagem constante da matéria ao espírito" (FICHTE, 1967, p. 18). O absurdo da passagem seria equiparável à substituição do princípio mecânico da matéria pelo da liberdade do pensamento.

Para Fichte, o pensamento dogmático representa até mesmo um estágio mais profundo da humanidade. Ao afirmar a precedência e a independência das coisas, o dogmático faz dele mesmo uma coisa. Fichte elucida da seguinte maneira o modo de pensar do dogmático:

> Alguns, que ainda não acederam ao pleno sentimento de sua liberdade e à absoluta independência, encontram-se, eles próprios, apenas no representar das coisas [...]. A imagem deles lhes é lançada apenas por meio das coisas, como que por um espelho; se essas lhes são arrancadas, então o si [*Selbst*] deles é de pronto perdido; eles não podem, em nome de si mesmos, abrir mão da independência delas, pois eles próprios existem apenas com aquelas: na realidade, por meio do mundo externo, eles se tornaram tudo aquilo que são. Quem é, de fato, apenas um produto das coisas jamais se considerará de outra maneira (FICHTE, 1967, p. 20).

Mas como o idealismo é fundamentado? O ponto de partida é constituído por uma reflexão. A tarefa do idealista é atentar para a atividade da consciência no ato do pensar. Ao refletir sobre o ato de seu pensar, o pensante tornar-se consciente de que ele mesmo é aquilo que pensa. Todo pensamento é, portanto, um eu penso. Isso significa que "aquele eu que se constitui a si mesmo não é outro senão o seu próprio. Ele somente pode intuir em si mesmo o referido ato do eu, e, para poder intuí-lo, ele tem de executá-lo. Ele o produz em si de forma arbitrária e com liberdade" (FICHTE, 1967, p. 46). O eu não é um ser, não é uma substância que estaria no fundamento de cada ato do pensamento, o eu, pelo contrário, se coloca no ato absoluto do próprio pensamento (cf. SCHULZ, 1994, p. 49ss.).

Fichte designa como intuição intelectual a intuição do eu na execução de seus atos de pensamento. Ele a define da seguinte maneira:

> Essa intuição, que aparece ao filósofo, de si mesmo na execução do ato pelo qual surge o eu, é denominada por mim *intuição intelectual*. Ela é a consciência imediata de que eu ajo e o que ajo; ela é aquilo pelo qual eu sei algo pois eu o fiz (FICHTE, 1967, p. 49).

A intuição intelectual é um "fato [*Faktum*] da consciência", mas, dito mais apropriadamente, não é um "estado-de-coisas" [*Tatsache*] e, sim, um "estado-de-ação" [*Tathandlung*]. Fichte ressalta: "A intuição intelectual é o único ponto de vista firme para toda a filosofia" (FICHTE, 1967, p. 53). O "*intellectus divinus*" medieval torna-se, aqui, a intuição intelectual do sujeito transcendental. O princípio do idealismo, portanto, é o seguinte: "Eu devo partir, em meu pensamento, do eu puro, e pensar o mesmo de modo absolutamente autoativo, não como determinado pelas coisas, mas, antes, como determinando as coisas" (FICHTE, 1967, p. 53).

Mas como o eu puro determina as coisas? Para responder essa pergunta, deve-se notar que em todo ato do pensamento ocorrem duas coisas: o pensar-a-si-mesmo [*Sich-selbst-Denken*] e o pensar-algo [*Etwas-Denken*]. Isso significa que "não é possível de maneira alguma pensar algo sem que seu eu, enquanto consciente de si mesmo, seja também pensado aí; nunca é possível abstrair da sua consciência de si" (FICHTE, 1971, p. 97). No momento em que pensa algo, o eu pensa, ao mesmo tempo, a si mesmo como um eu. Portanto, o eu puro se cinde, de certa maneira, no eu pensante e no eu pensado no ato de pensamento. Isso significa que o eu é, ao mesmo tempo, sujeito e objeto, ele é um sujeito-objeto (cf. FICHTE, 1967, p. 89).

Acresce-se a coisa que é pensada. Ela é um não-eu. O não-eu representa as coisas do mundo, isto é, o mundo em seu conjunto (cf. texto). Concretamente, isso significa que "*eu contraponho, no eu, ao eu divisível um não-eu divisível*" (FICHTE, 1971, p. 110). O eu puro, que Fichte designa também como um eu absoluto, é a causa do não-eu que ele põe. Fichte observa: "O eu absoluto deve, por conseguinte, ser *causa* do não-eu na medida em que o mesmo é o fundamento último de toda representação, e isso na medida de seu *efetuado*" (FICHTE, 1971, p. 250). A posição do não-eu pelo eu é universal. Ela diz respeito não apenas às coisas do mundo exterior, mas também ao âmbito dos sentimentos, portanto também o "sentimento de necessidade" que acompanha a experiência. Contudo, é o eu absoluto que é a causa do não-eu, e não um eu empírico. Por essa razão, suas posições [*Setzungen*] tampouco são arbitrárias, mas, antes, seguem uma necessidade própria.

Isso tem uma consequência decisiva: "Se os resultados de uma filosofia não concordam com a experiência, então essa filosofia é certamente falsa, pois ela não satisfez sua promessa de derivar toda a experiência e explicá-la a partir do necessário agir da inteligência" (FICHTE, 1967, p. 34). Isso vale também para o idealismo transcendental, como afirma Fichte explicitamente. A busca pelo conhecimento serve à descoberta da estrutura *a priori* de toda experiência, ela serve à prova de que o não-eu é sempre posto pelo eu. Acresce-se aqui uma ideia adicional. Ao contrapor o não-eu, isto é, o mundo, o eu se limita a si mesmo. Isso significa que "o eu não pode pôr o não-eu sem limitar-se a si mesmo" (FICHTE, 1971, p. 251). Com o mundo o eu põe a si um limite. O mundo constitui o contrapeso a si posto pelo próprio eu, por meio do qual surge um contrapeso entre eu e mundo (cf. FICHTE, 1971, p. 285). A reconexão do eu à experiência, que é atribuída à necessidade, é uma garantia para que as posições do eu não sejam meras fantasias.

No livro *Die Bestimmung des Menschen* [*A destinação do ser humano*], de 1800, Fichte desenvolve sua antropologia. O tema do livro é a situação concreta de um ser humano individual que procura determinar-se [*bestimmen*] e, ao mesmo tempo, busca sua destinação [*Bestimmung*], isto é, seu objetivo. O livro se divide em três partes. A primeira tem o título "dúvida", a segunda, "saber", e a terceira "fé". Na primeira parte o ser humano é determinado como um ser natural, na segunda, como um ser espiritual, e na terceira, como um ser prático-moral.

Na primeira parte, a natureza é considerada sob o ponto de vista da estrita necessidade. Fichte segue aqui as ideias de Spinoza, adota reflexões de Leibniz e formula concepções de uma filosofia da natureza em paralelo com Schelling. Ele basicamente as vincula à concepção de um materialismo especulativo e inspirado segundo uma perspectiva da filosofia da natureza. O ponto de partida é um olhar ingênuo aos objetos da natureza. Aqui pode ser notado o seguinte: "Eu sou rodeado por objetos, que me sinto forçado a considerar como um todo existente por si e mutuamente apartado um do outro. Eu vejo plantas, árvores, animais" (FICHTE, 1954, p. 7). Os objetos se distinguem e se determinam por inequívocas características. Por meio de um único evento na natureza, todos os demais são inequivocamente determinados. Não apenas todo o resto se altera pela situação de um único "grão de areia", como também todo momento particular no interior do tempo "é determinado por todos os *momentos transcorridos*, e determinará todos os *momentos futuros*" (FICHTE, 1954, p. 14).

Se o ser humano admite que também ele pertence à natureza, então surge a seguinte consequência: "Eu mesmo, com tudo aquilo que chamo de meu, sou um membro nessa cadeia da estrita necessidade natural" (FICHTE, 1954, p. 15). Também a consciência de si do ser humano é o produto de um desenvolvimento natural. O mesmo ocorre com o pensamento: "A destinação natural [*Naturbes-*

timmung] das plantas é formar-se regularmente, a do animal é mover-se convenientemente, a do ser humano é pensar" (FICHTE, 1954, p. 15). Contudo, uma derivação do pensamento a partir da natureza é tão pouco possível quanto a elucidação do desenvolvimento da vida a partir da matéria morta. Pelo contrário, o que se deve aceitar é que "o pensamento é assim mesmo, ele simplesmente é, assim como a força de formação da natureza é assim mesmo [...]; pois o pensante surge e se desenvolve segundo leis da natureza: por conseguinte, ele é por meio da natureza. Há uma força originária de pensamento na natureza, assim como há uma força originária de formação" (FICHTE, 1954, p. 16). Faz parte também compreendê-la como uma "força da natureza formativa do ser humano" [*menschenbildende Naturkraft*]. Ela é o que forma no ser humano o seu eu e sua pessoa (cf. FICHTE, 1954, p. 19). A liberdade, pelo contrário, é apenas uma aparência [*Schein*]. Segundo Fichte, se se dota uma árvore com consciência, ela então "se encontraria livre", enquanto ela apenas pode produzir ilimitadamente "folhas, brotos, flores, frutos". O mesmo vale para o ser humano:

> Na *consciência imediata* eu apareço [*erscheine*] a mim mesmo como livre; por meio da reflexão [*Nachdenken*] sobre toda a natureza, eu acho que a liberdade não é de maneira alguma impossível (FICHTE, 1954, p. 20).

Contudo, esse juízo não tem nada de constrangedor. Pelo contrário, ele permite ao ser humano o reconhecimento de que ele "não mais é aquele estranho na natureza, cuja conexão com um ser é tão incompreensível" (p. 20).

O ser humano, que se entende como parte da natureza, ganha uma relação inteiramente nova em relação à natureza em seu conjunto. Ele vê nela uma sequência de estágios que parte da "matéria bruta", para tomar forma como planta e mover-se como animal. No ser humano, porém, "como sua obra-prima mais elevada, ela volta a si, para intuir-se a si mesma e considerar-se a si mesma: por assim dizer, ela se duplica nele e, de um mero ser, torna-se ser e consciência em comunhão" (FICHTE, 1954, p. 20ss.). A força de formação da natureza é tão mais admirável quanto mais ela opera individualmente. Isso significa que, "em cada indivíduo, a natureza olha a si mesma a partir de um ponto de vista particular" (p. 22). A consciência de cada ser humano é tão individual quanto sua vontade. Porém, também para ele ocorre que "um querer é a consciência imediata da atuação de uma de nossas forças naturais internas" (p. 23). Isso significa que, nas expressões da vontade, a respectiva força natural mais forte sempre triunfa em mim. Portanto, também o conceito da ação perde seu significado; "pois eu não ajo de jeito nenhum, mas, antes, é a natureza que age em mim" (p. 25). Por essa razão, tampouco "culpabilidade e imputação [...] têm algum sentido" (p. 25).

Contudo, de acordo com essas reflexões conclusivas, embora meramente especulativas, despertam-se uma resistência e uma relutância no ser humano que se determina a si mesmo. O resultado não é aceitável. A determinação do ser humano pela natureza significa uma insuportável determinação vinda de fora. A vontade livre própria se exprime da seguinte maneira:

> Eu mesmo, aquilo cujo eu é consciente de mim mesmo enquanto eu mesmo, enquanto minha pessoa [...], quer independentemente, não em outrem e através de outrem, mas por mim mesmo, ser algo; e quer ser, enquanto tal, ele mesmo o fundamento último de minhas determinações [...]. Eu quero ser o senhor da natureza, e ela deve ser minha servidora; eu quero ter uma influência sobre ela conforme minha força, ela, porém, não deve ter influência alguma sobre mim [...]. Eu quero ser livre [...], eu mesmo quero fazer de mim aquilo que serei (FICHTE, 1954, p. 27ss.).

A segunda seção, intitulada *Saber*, desenvolve a posição do idealismo. Ela se inicia com uma ponderação sobre o próprio entendimento. Ela toma a forma de um diálogo entre as pessoas do eu e do espírito [*Geist*]. O espírito exorta o eu a nomear a fonte de seu conhecimento, e isso repousa nas percepções dos sentidos. Contudo, torna-se rapidamente claro que, em todas as percepções, o eu "primeiramente" percebe apenas a si mesmo (FICHTE, 1954, p. 37). O eu, porém, enfatiza que são as propriedades das coisas que afetam os sentidos. Dito mais precisamente – e esta é a objeção do espírito –, a própria coisa não é percebida, mas, antes, ela é acrescida ao pensamento [*hinzugedacht*]. No entanto – segundo o eu –, as afecções precisam ter um fundamento, e este se repousa na coisa. Mas o espírito torna claro que a admissão de uma coisa como fundamento da afecção pressupõe a admissão da validade do princípio de razão, e este é um princípio do pensamento. Isso significa que o "eu, por meio do princípio de razão, primeiro chega a coisas fora de mim" (FICHTE, 1954, p. 55). Com isso torna-se evidente que a própria coisa é um produto do pensamento. O espírito resume da seguinte maneira os resultados obtidos até aqui:

> Por conseguinte, tu discernes que todo saber é meramente um saber de ti mesmo, que tua consciência nunca vai além de ti, e que aquilo que consideras a consciência do objeto nada mais é senão uma consciência de tua *posição de*

> *um objeto*, a qual tu necessariamente executas com a sensação segundo uma lei interna de teu pensamento (FICHTE, 1954, p. 58).

A coisa cuja existência foi suposta como repousando fora de mim encontra-se, na realidade, em mim mesmo. Porém, o eu pergunta: "Como a coisa entra em mim? Qual é o vínculo entre sujeito, Mim [*Mir*] e o objeto do meu saber, a coisa?" (FICHTE, 1954, p. 61). A resposta que o eu dá a si é a seguinte:

> Eu tenho o saber em mim mesmo, pois eu sou inteligência. O que eu sou, isto eu *sei*, pois eu o sou [...]. Não carece aqui de nenhum vínculo entre sujeito e objeto; a minha própria essência é esse vínculo. Eu sou sujeito e objeto: e esta objetividade-sujeito, esse retorno do saber a si, é a que eu designo pelo conceito *eu* (FICHTE, 1954, p. 61).

Enquanto o objeto do pensamento, a coisa é parte do eu, e por isso o espírito diz ao eu: "Tu mesmo és essa coisa" (FICHTE, 1954, p. 64). Se, porém, as coisas não estão fora do eu, mas nele, então não há mais razão para temer a determinação exterior do eu pelas coisas (cf. FICHTE, 1954, p. 76).

Até esse ponto a argumentação segue essencialmente a da *Doutrina-da-ciência*. Porém, agora o eu faz uma objeção decisiva. O eu a formula para o espírito assim: pelo pensamento as coisas tornam-se meras representações, isto é, um ser torna-se um nada. Isso significa que "tu me libertas, isto é verdade: tu me absolves de toda dependência na medida em que tu me transformas em nada, e transformas em nada tudo o que me rodeia, do qual eu poderia depender. Tu suprimes a necessidade ao suprimires e simplesmente eliminares todo o ser" (FICHTE, 1954, p. 76). A fundamentação disso é a seguinte: pelo pensamento somem não apenas as coisas, "esse mundo corpóreo fora de mim", mas também, "após tudo o mais, sumo eu mesmo não menos do que elas; assim eu passo a um mero representar sem significado e finalidade" (FICHTE, 1954, p. 77). Representações são imagens do ser. Se, porém, não há nenhum ser, então restam imagens que não são imagens de nada. O eu esboça da seguinte maneira esse cenário desértico:

> *Imagens* são, elas são o único que existe, e elas sabem por si, segundo a maneira das imagens. Imagens que pairam – sem que o algo por sobre o qual elas pairam seja algo [...] – sem significado e finalidade. Eu mesmo sou uma dessas imagens; sim, eu mesmo não sou isso, pelo contrário, eu sou apenas uma imagem confusa de imagens. Toda a realidade se transforma em um sonho maravilhoso (FICHTE, 1954, p. 81).

O espírito toma a palavra pela última vez. Ele concorda com o eu e confirma da seguinte maneira a sua objeção: "A realidade, que tu acreditas já ter mirado, um mundo dos sentidos que é dado independente de ti e do qual tu temes tornar-se escravo – esta realidade desapareceu de ti, pois todo o mundo dos sentidos surge apenas pelo saber [...], mas o saber não é realidade, justamente por ser saber" (FICHTE, 1954, p. 82). A conclusão é a seguinte: o eu chega à realidade não por meio do saber, mas, antes, por meio de um "outro órgão".

Com a terceira parte Fichte atinge o âmbito da filosofia prática. Esta abrange a ética, a filosofia do direito e, por fim, a religião. O novo órgão, referido ao final da segunda parte, é a fé [*Glaube*]. Ela começa lá onde o saber fracassa. Fichte elucida essa passagem da seguinte forma:

> O saber não é esse órgão; nenhum saber pode fundamentar e provar a si mesmo; todo saber pressupõe algo ainda mais elevado como seu fundamento, e esse alçar-se não tem fim. A fé é isso, este repousar-se voluntário sobre a visada que se nos apresenta naturalmente, pois apenas nessa visada podemos satisfazer nossa destinação; a fé é o que dá assentimento ao saber, e aquilo que, sem ela, poderia ser mera ilusão eleva-se à certeza e convicção (FICHTE, 1954, p. 89).

A fé não substitui pura e simplesmente o saber, mas, antes, descobre a força motriz, até então obscura a ele, que leva ao conhecimento. Essa força motriz é a vontade. Através da vontade se altera a relação entre aquele que conhece e aquilo que é conhecido. A certeza daquilo que é conhecido repousa agora não mais sobre um saber, "mas, antes, eu creio [*glaube*] nisso, pois eu quero" (FICHTE, 1954, p. 92).

A consciência moral é a nova instância que agora é o critério da verdade (p. 91). Ela é uma instância da razão prática. Esta é que agora abre, de forma mais abrangente, o acesso do ser humano ao mundo. A consciência moral combina em si a fé, como uma forma de assentir ou tomar-por-verdadeiro [*Für-wahr-Halten*], e também a vontade, que se dirige a um agir. A consciência moral é aquela "voz em meu interior na qual eu creio, e por cuja causa eu creio em todo o resto em que eu creio" (FICHTE, 1954, p. 94); e, em relação à ação, isso quer dizer que "ela, essa voz de minha consciência moral, ordena de mim, em cada situação específica de minha existência, o que sou destinado a fazer nessa situação e o que tenho de evitar nela" (p. 94). Por meio da consciência moral a perda de realidade, que ocorrera no processo do saber, é recobrada. Fichte afirma: "Somente por meio dessas ordens [*Gebote*] da consciência moral obtém-se verdade e realidade em minhas representações [...]. Portanto, eu não posso negar a fé à realidade por elas obtida, sem igualmente renegar minha destinação" (FICHTE, 1954, p. 95).

É a fé, guiada pela consciência moral, na realidade que leva ao reconhecimento de certos "fenômenos no espaço" como "seres iguais a mim", e não meramente "como produtos de minha representação". É a voz da consciência moral e não o mero pensamento que me ordena: "Aqui limita tua vontade, aqui suspeita e honra fins exteriores [a ti]" (FICHTE, 1954, p. 96). Tampouco é ao pensamento conceitual que determinados objetos sensíveis são bebida e alimento, mas, antes, são a fome e a sede que me forçam a "crer na realidade daquilo que ameaça minha existência sensível" (p. 96). Contudo, também aqui surge a consciência moral, exigindo, por um lado, a alimentação, "pois isso está nos planos da razão", e, ao mesmo tempo, limitando-a de modo a que outros "iguais a ti" obtenham a parcela de alimentação que lhes cabe.

Na passagem do saber à consciência moral, o primado da razão prática se articula diante da razão teórica. Fichte o formula da seguinte maneira:

> A consciência do mundo efetivo parte daquela carência do agir, e não inversamente, a carência do agir partindo da consciência do mundo; aquela é a primeira, não esta, esta é a derivada. Nós não agimos pois conhecemos, mas, antes, nós conhecemos pois somos destinados a agir; a razão prática é a raiz de toda razão (FICHTE, 1954, p. 99).

A razão prática constitui agora também o fio condutor para o olhar sobre a história do mundo. Ela se dirige à "exigência absoluta de um mundo melhor" (FICHTE, 1954, p. 101). Três aspectos ganham significado aqui. Primeiro, trata-se do âmbito do asseguramento dos fundamentos naturais da vida do ser humano. O motivo é: "Nosso gênero ainda obtém, com esforço, seu sustento e sua manutenção da natureza que lhe é refratária. Grande parcela dos seres humanos ainda se sujeita, por toda a vida, a um trabalho pesado, para proporcionar alimento à pequena parcela, que pensa por eles" (FICHTE, 1954, p. 102ss.). Porém, más colheitas, "inundações, tempestades, vulcões" e outras catástrofes sempre frustram os esforços do ser humano. Fichte esboça uma utopia técnica na seguinte passagem: "Assim, a natureza deve sempre tornar-se para nós mais transparente, mais translúcida, até seu âmago mais oculto, e a força humana esclarecida e munida por suas invenções deve dominá-la sem cessar" (FICHTE, 1954, p. 104).

O segundo aspecto diz respeito à constituição interna do Estado. Fichte esboça o modelo de uma teoria do contrato. Apenas os próprios cidadãos, e não senhores feudais, podem "fundar um verdadeiro Estado, no qual cada indivíduo, por meio do cuidado pela própria segurança, é irresistivelmente coagido a cuidar da segurança de todos, sem exceção" (FICHTE, 1954, p. 109ss.). O terceiro aspecto diz respeito ao direito dos povos. A reflexão de Fichte aqui é a seguinte: se o Estado se torna um assunto para seus cidadãos, então a guerra se extingue. Isso se dá, pois

> é impossível que uma nação toda deva decidir-se, em troca da pilhagem mesma, empreender uma guerra com um Estado vizinho, uma vez que em um Estado no qual todos são iguais a pilhagem não poderia resultar em despojos para alguns poucos, mas, antes, precisaria ser partilhada por todos igualmente; contudo, essa parcela devida a cada indivíduo nunca valeria os esforços da guerra (FICHTE, 1954, p. 110ss.).

O cuidado pela própria segurança faria, por fim, com que Estados livres fossem formados e que cultura, liberdade e paz geral se propagassem, "abarcando progressivamente todo o globo terrestre" (FICHTE, 1954, p. 111).

Porém, ainda que esse objetivo pareça ser utópico, ele permanece sendo um objetivo terreno. Mas com isso Fichte não se dá por satisfeito. O fim de um ser racional vai além do fim do mundo terreno, ou seja, "é preciso haver, portanto, um mundo supraterrestre para cujo fim ele serve" (FICHTE, 1954, p. 117). Nossa ação mesma, na medida em que cumpre um dever que a razão lhe impõe, está sempre orientada ao objetivo eterno, supraterrestre. Fichte formula assim essa relação: "Ora, o que é então o própria e puramente verdadeiro, que admitimos no mundo dos sentidos e no qual cremos? Nada mais senão que, de nossa fiel e irrestrita realização do dever nesse mundo, seja desenvolvida uma vida em toda a eternidade que promova nossa liberdade e moralidade" (FICHTE, 1954, p. 138). Aquele que, em seu agir, se orienta na eternidade vive "desde já nela" (p. 119). Na realidade, contudo, é a "vontade eterna", o "criador do mundo", que age; "ele produz um mundo em nossos ânimos" (p. 139). Por fim, portanto, o eu absoluto se torna um Deus absoluto no Fichte tardio. A derradeira orientação para o ser humano é ordenada pelo "próprio Deus, isto é, a essência interna do absoluto" (FICHTE, 1954a, 122).

A influência de Fichte se estende não apenas até Hegel, Schelling e o desenvolvimento do idealismo alemão. Pelo contrário, ele possui um significado central para o restante da história da filosofia da subjetividade. Desta fazem parte, sobretudo, Husserl e Sartre.

2 O eu transcendental e o eu natural (Husserl)

> Mas o que faz então a diferença abissal entre os juízos fenomenológicos sobre o mundo da experiência e os objetivo-naturais? A resposta pode dar-se assim: enquanto ego fenomenológico, tornei-me puro espectador de mim mesmo, e nada mais tenho em vigência do que aquilo que encontrei como inseparável de mim próprio, como a minha vida pura e como desta mesma inseparável e, claro está, tal como a reflexão originária e intuitiva me desvela para mim próprio. Enquanto ser humano radicado na orientação natural, como eu era antes da *epoché*, vivia ingenuamente no interior do mundo; em plena experiência, vigorava para mim, sem mais, o experimentado e, nessa base, eu levava a cabo as minhas outras tomadas de posição [...].
> Por conseguinte, a orientação fenomenológica com a sua *epoché* consiste em *eu obter o derradeiro ponto pensável da experiência e do conhecimento, no qual me torno espectador imparcial do meu eu mundano-natural e da vida do eu* [...]. Realiza-se assim, com a redução fenomenológica, uma espécie de cisão-do-eu: o espectador transcendental põe-se acima de si próprio, olha para si e vê-se também como eu antes votado ao mundo [...] (HUSSERL, 1963, 15ss.).

Edmund Husserl nasceu em 1859 em Prossnitz (Mähren). Ele estudou matemática, física, astronomia e filosofia em Leipzig, Berlim e Viena, onde em 1883 ele se doutorou em filosofia com uma dissertação sobre matemática. De 1883 a 1886 Husserl prosseguiu seus estudos de filosofia com o filósofo e psicólogo Franz Brentano. Em 1887 ele obteve sua *Habilitation* em filosofia em Halle com o trabalho *Über den Begriff der Zahl – Psychologische Analysen* [*Sobre o conceito de número – Análises psicológicas*]. De 1901 a 1916 Husserl foi professor na Universidade de Göttingen. De 1916 a 1928 ele se tornou professor ordinário de filosofia na Universidade de Freiburg. Em virtude de sua ascendência judia, em 1933 seu título de professor foi revogado temporariamente e em 1936 definitivamente. Husserl faleceu em 1938 em Freiburg.

Husserl é o fundador da fenomenologia, que recebe um novo sentido em oposição à forma como Kant e também Hegel usavam o termo. Para Husserl, a fenomenologia é um idealismo transcendental cujo tema é a descrição dos atos de consciência de um sujeito transcendental. Para compreendê-lo, é recomendável considerar o percurso científico específico de Husserl, no qual a matemática tem um significado tão grande quanto o da psicologia. Husserl busca vincular entre si os modos de pensamentos que determinam ambas. Ele fracassa em sua primeira tentativa, empreendida com seu escrito de *Habilitation*, de fundamentar psicologicamente juízos matemáticos. A incisiva, porém circunstanciada crítica de Gottlob Frege é aceita por Husserl. Em sua primeira grande obra, *Investigações lógicas*, de 1900, Husserl se apropria da crítica fregeana do psicologismo. Como John Stuart Mill ainda remetia a validade do princípio de contradição a estruturas inatas de nosso entendimento, Husserl afirma: "A interpretação psicologista de *Mill* sobre o princípio não resulta em lei alguma, mas apenas em um enunciado de experiência completamente vago e cientificamente não provado" (*Hua* XVIII, p. 91). A psicologia enquanto uma ciência da experiência não pode proferir nenhum enunciado sobre a validade de proposições matemáticas ou lógicas. Trata-se, nestas, não de objetos empíricos, mas ideais, que obedecem a uma necessidade imanente própria. Por outro lado, porém, a fenomenologia de Husserl não se move mais no interior da matemática especializada, como defendera – para Husserl, de maneira exemplar – seu professor Weiserstrass, e tampouco no interior da lógica de Frege. Foi o contato com o filósofo e psicólogo Brentano que deu a seu pensamento uma virada decisiva. Em seus estudos sobre a consciência, Brentano chegou à convicção de que todo ato de consciência é dirigido a um objeto. Consciência é sempre consciência de algo; consciência é consciência de objeto. O direcionamento da consciência a um objeto constitui a sua intencionalidade. A ideia de intencionalidade da consciência torna-se um motivo central da filosofia de Husserl.

Ora, mas a tematização da consciência é também tarefa da psicologia. Surge, assim, a questão: Como a fenomenologia, enquanto uma filosofia da consciência, se diferencia da psicologia? A resposta de Husserl é a seguinte: O tema da fenomenologia não são os objetos empíricos para um sujeito empírico, mas, antes, a essência de um objeto para um sujeito transcendental. A fenomenologia se ocupa com visões de essência [*Wesensschau*]. Isso significa que a consciência de objeto a ser tematizada pela fenomenologia diz respeito a idealizações sob dois aspectos, a saber, relativamente ao objeto, isto é, o objeto da consciência, por um lado, e relativamente ao sujeito da consciência, por outro. O objeto [*Objekt*] não é um objeto [*Gegenstand*] empírico, mas a essência do objeto [*Gegenstand*], e o sujeito não é um eu empírico, mas "meu eu puro", isto é, um sujeito transcendental. Portanto, o tema da fenomenologia diz respeito à questão: Como "meu eu puro" pensa aquilo que é pensado por mim? Como o "*ego cogito cogitatum*" deve ser compreendido? Nesse questionamento, Husserl se vê em grande concordância com Descartes, que elucidou a certeza de si do "eu penso" como fundamento inabalável de todo saber. Também Husserl busca um fundamento absoluto e deseja desenvolver a filosofia a partir de uma posição de certeza imediata e evidente de si.

Em 1929 Husserl deu duas conferências em Paris, nas quais elucidou sua fenomenologia vinculando-se a Descartes e, ao mesmo tempo, opondo-se a ele. Os seguintes aspectos são discutidos por Husserl: o retorno à consciência de si do "*ego cogito*", a ideia da *epoché*, isto é, a suspensão do juízo em relação à pretensão de ser do mundo, o conceito do sujeito transcendental, a ideia de intencionalidade, a concepção da correlação entre o polo do sujeito e o polo do objeto, o problema da coisa em si e, por fim, a relação entre um subjetivismo solipsista e uma intersubjetividade transcendental. As conferências de Husserl foram publicadas em francês em 1931 com o título *Méditations cartésiennes* [*Meditações cartesianas*], aparecendo em alemão em 1950 no primeiro tomo da edição das suas obras reunidas. Husserl sabe concordar com Descartes que o caminho para uma certeza absoluta apenas pode ser obtido por um "retorno ao ego filosofante". A certeza de si do "*ego cogito*" garante a evidência do eu e de "*si na experiência e discernimento originários*" (*Hua* I, p. 6). Com Descartes, a existência do mundo não é mais dada ao eu filosofante de maneira evidente. O solo universal da experiência de mundo perde sua validade. "O ser do mundo não mais pode ser um fato evidente para nós, mas, antes, ele mesmo pode ser apenas um *problema de validade*" (*Hua* I, p. 7). O ser do mundo, a experiência de mundo não mais constitui o solo para nossos juízos. Mas, inversamente, o eu encontra na subjetividade transcendental um novo "*solo apoditicamente certo e derradeiro do juízo*" (*Hua* I, p. 7).

A crença no ser, que é ingênua e suposta na experiência natural do mundo, tornou-se uma mera pretensão de ser, "numa palavra, todo o mundo concreto é para mim, em vez de existente, apenas um fenômeno de ser" (*Hua* I, p. 7). Na remissão à subjetividade transcendental, eu abstenho-me de qualquer tomada de posição relativamente ao ser do mundo, eu revogo toda validade ingênua de ser do mundo. Recorrendo a um conceito do ceticismo antigo, Husserl designa essa suspensão do juízo como *epoché*. No ceticismo antigo, esse termo significa a suspensão do juízo diante de dois argumentos fortes, porém contrapostos. Para Husserl, o conceito se torna fio condutor metódico da fenomenologia. Ele afirma:

> Por conseguinte, esta inibição universal de todas as tomadas de posição frente ao mundo objetivo, à qual damos o nome de *epoché fenomenológica*, torna-se justamente o meio metódico pelo qual me apreendo puramente como aquele eu e aquela vida da consciência na qual e para a qual todo o mundo objetivo é para mim, e é tal como para mim é (*Hua* I, p. 8).

Por meio da *epoché*, o eu perde, decerto, sua crença ingênua no ser do mundo, mas ele também ganha com isso a consciência, muito mais rica, de mundo, uma consciência em uma abundância de modificações. O mundo recebe um novo sentido. Husserl observa: "Tudo o que é mundano, todo o ser espaço-temporal é para mim em virtude de o experimentar, percepcionar, recordar, de algum modo o pensar, julgar, valorar, desejar etc." (*Hua* I, p. 8). A vida da consciência abre um enorme campo de pesquisa para a fenomenologia.

No entanto, ainda que o eu puro seja o solo derradeiro do juízo para todos os atos de consciência, ele não é "algo como um pedaço do mundo" que resta após a *epoché*. Segundo Husserl, exatamente nisso consistiu o erro decisivo de Descartes. Ao elucidar "o ego como *substantia cogitans*", Descartes favoreceu a suposição "de que nós teríamos salvado, no nosso ego apoditicamente puro, uma pequena pontinha do mundo" (*Hua* I, p. 9). Com isso, contudo, ele perde de vista o fim do caminho por ele proposto e não atinge o âmbito do idealismo transcendental, tornando-se, antes, "o pai do contraditório realismo transcendental" (*Hua* I, p. 9). Ao distinguir a "*res cogitans*" e a "*res extensa*" e supor, assim, uma substância pensante e uma substância extensa, Descartes permanece no interior da metafísica medieval da substância, perdendo de vista, com isso, a ideia de uma subjetividade transcendental. O sujeito transcendental, meu eu puro, nada mais é do que toda a pletora de seus atos de consciência, e não um ser que subjaz a esses atos e é apartado deles.

Cada ato de consciência se dirige a algo, ele tem um "algo suposto" a que se refere. A cada "*cogito*" pertence um "*cogitatum*", a cada percepção pertence um percebido. Seguindo Brentano, Husserl designa esse estado de coisas como a intencionalidade da consciência. Ele a elucida com auxílio do exemplo da percepção:

> A percepção da casa, mesmo quando suspendo a atividade da crença perceptiva, é, tomada tal como a vivo, percepção desta e justamente desta casa que aparece assim e assado, mostrando-se com as determinações, de lado, de perto ou de longe. E, do mesmo modo, a lembrança clara ou vaga é lembrança da casa representada vaga ou claramente, e o juízo, ainda que errado, é um juízo deste e

> daquele estado-de-coisas visado etc. [...]. A este Que [*Was*] da consciência pertencem os modos de ser como existente, ser presumido, não-ser, mas também os modos do ser-aparência, ser-bom ou ser-de-valor etc. (*Hua* I, p. 13).

O tema da reflexão fenomenológica é sempre o que se oferece à consciência na experiência transcendental imediata. Devem ser afastadas todas as construções teóricas e ilações lógicas.

O exemplo da percepção da casa, porém, torna evidente um aspecto adicional da descrição fenomenológica. Na reflexão sobre os atos da consciência surgem duas espécies distintas. Há, por um lado, os atos da consciência referidos a objetos, que giram em torno do polo do objeto. Disso faz parte, por exemplo, o fato de que o objeto, aqui a casa, somente pode ser visto de um lado, e os demais lados só se revelam quando se contorna o objeto, e que este é percebido em uma certa distância etc. Ao polo do sujeito pertence o fato de que o sujeito percebe a casa no momento, lembra-se dela, ajuíza-a como existente ou como presumivelmente existente etc.

A percepção da casa é um ato de consciência no qual o polo do sujeito e o polo do objeto se correspondem. Existe uma correlação entre ambos. Assim, Husserl também designa a fenomenologia como uma investigação de correlação. A consciência do eu e a consciência do objeto constituem uma unidade. Husserl afirma:

> Os fragmentos e as fases da percepção não estão colados uns aos outros de modo extrínseco, estão unidos, justamente como consciência e, de novo, a consciência está unida, e unida decerto na consciência dela mesma. Não existem primeiro coisas e, em seguida, se insinuam na consciência de modo que ele penetrou aqui e além, mas consciência e consciência [...] conectam-se num *cogito* que a ambas une (*Hua* I, p. 17).

Assim como Fichte, Husserl se volta contra a concepção de uma coisa em si. De acordo com seu argumento, a fenomenologia é um idealismo transcendental, mas "não um idealismo kantiano, que, ao menos como um conceito-limite, crê poder manter a possibilidade de um mundo de coisas em si" (*Hua* I, p. 33).

Se não há nenhuma coisa em si, mas apenas atos de consciência, surge então um problema, que deve ser enfrentado por todo idealismo. Ele diz respeito à pergunta: Como ser e aparência podem ser distinguidos, como a realidade se distingue da mera fantasia? Husserl busca resolver o problema com auxílio dos atos de consciência. Ele afirma:

> Um objeto existe para mim, isto é, tem vigência para mim de acordo com a consciência. Mas esta vigência só é para mim vigência enquanto presumo que eu a poderia confirmar, que eu conseguiria preparar para mim caminhos praticáveis, isto é, experiências a serem percorridas de um modo livre e ativo, e outras evidências, nas quais eu estaria diante dele mesmo, como se o tivesse realizado como *realmente aí* (*Hua* I, p. 23).

A realidade torna-se, para ele, uma consequência de atos de consciência no "modo de comprovação progressiva" (*Hua* I, p. 23). Contudo, o importante é "que esta via de comprovação e a sua acessibilidade pertencem a mim enquanto subjetividade transcendental e só enquanto tal têm um sentido" (*Hua* I, p. 23). Com o enunciado: "A casa que eu percebo existe realmente", o sujeito não ultrapassa a consciência em direção a um objeto, tampouco uma coisa acede à minha consciência por meio da percepção. Pelo contrário, o enunciado é resultado de uma comprovação progressiva no interior da própria consciência.

Ora, percepções, recordações, suposições e juízos dizem também respeito ao eu natural, de modo que surge a pergunta sobre em que se distinguiriam o eu natural e o eu transcendental. A distinção consiste no seguinte: "Enquanto homem radicado na atitude natural [...], vivia ingenuamente no interior do mundo; em plena experiência, vigorava para mim, sem mais, o experimentado" (*Hua* I, p. 15). Para o sujeito transcendental isso não ocorre. Ele tornou-se um puro expectador de si mesmo. Por essa razão, na *epoché* fenomenológica há uma "espécie de cisão-do-eu". Mas Husserl fala de forma consciente sobre uma "espécie de cisão-do-eu", pois, já para o ser humano natural, o eu nele é, em última instância, transcendental, "mas disso ele nada sabe" (*Hua* I, p. 16). O eu transcendental somente é revelado ao eu natural na reflexão transcendental. Por meio disso, "remete-se a *seu* ego absoluto" (*Hua* I, p. 27). O eu é absoluto por conter sempre em si a totalidade do mundo como o conjunto completo de possíveis atos de consciência. "Para falar como os antigos", ela lhe é "inata". O "ego absoluto", ao qual é inata a totalidade dos atos de consciência do mundo, é designado por Husserl, assim como Leibniz, como mônada (cf. cap. IX, 1).

Ao mesmo tempo, porém, surge com isso um novo problema, o da intersubjetividade. A mônada é uma unidade da consciência fechada em si. Segundo Leibniz, ela "não tem janelas". Surge, assim, a questão:

> Se eu, o eu que medita, me vejo reduzido pela *epoché* ao meu ego absoluto [...], não me tornei então no *solus ipse*, e não será assim toda esta filosofia de autorreflexão um solipsismo puro, se bem que fenomenológico-transcendental? (*Hua* I, p. 34; cf. WALDENFELS, 1971, p. 1).

Husserl tematiza aqui um problema fundamental de uma filosofia da subjetividade. Trata-se da pergunta pela existência de um outro sujeito; trata-se do problema da intersubjetividade. Mesmo se uma teoria do sujeito esteja preparada para romper com a independência das coisas e considerá-las como meras modificações da consciência, como propriedade do sujeito, a existência de um outro sujeito se apresenta como um desafio específico. Husserl se colocou esse desafio, dedicando-lhe extensos estudos (cf. *Hua* XIII-XV). Não obstante, os seus resultados permanecem ambivalentes. A solução que ele propõe nas *Conferências de Paris* é a seguinte:

> Posso experimentar direta e genuinamente toda a vida peculiar da consciência como ela própria, mas não como estranha: captar pelos sentidos, percepcionar, pensar, sentir, querer estranhos. Mas ela é co-experimentada em mim mesmo, portanto indiciada, num sentido secundário, no modo de uma peculiar apercepção de semelhança, comprovando-se aí de um modo consensual (*Hua* I, p. 35).

Novamente apoiando-se no jargão de Leibniz, Husserl afirma: "Na minha originalidade enquanto minha mônada apoditicamente dada, refletem-se as mônadas estranhas, e este espelhamento é uma indicação que se comprova de modo consequente" (*Hua* I, p. 35).

Mas esse conceito de espelhamento produz um novo problema. Ele diz respeito à autonomia do sujeito, à pretensão de toda mônada de representar um "ego absoluto". Nesse dilema, Husserl vacila entre duas interpretações do outro sujeito. Primeiro, seguindo fortemente o jargão de Fichte, ele afirma o seguinte: "O ego transcendental põe em si um *alter ego* transcendental de maneira não arbitrária, porém necessária" (*Hua* I, p. 35). Isso significa que o "primeiro ego" constitui o início e o ponto de partida para o outro eu, e este é apenas a posição do primeiro. Conforme essa concepção, isso significa "que, para quem medita filosoficamente, o seu ego é o ego originário, e que, em seguida, numa sequência ulterior, a intersubjetividade só é, por seu turno, pensável para todo o ego imaginável como *alter ego* enquanto nele se reflete" (*Hua* I, p. 35).

Por outro lado, Husserl designa o outro eu não como uma posição do eu, mas, antes, como o resultado de uma "realização transcendental da *empatia*" (*Hua* I, p. 34). Para provar o quanto Husserl vacila na questão de se a fenomenologia fundamenta um sujeito transcendental ou, antes, uma intersubjetividade transcendental, bastam duas passagens que se encontram quase na sequência uma da outra. A primeira é a seguinte: "Quanto à ordem, a primeira em si das disciplinas filosóficas seria a egologia *solipsisticamente* delimitada, em seguida, a fenomenologia intersubjetiva" (*Hua* I, p. 38). A segunda é a seguinte: "O ser em si primeiro, que antecede e sustenta toda a objetividade mundana, é a intersubjetividade transcendental, o conjunto das mônadas que se reparte em diversas formas de associação" (*Hua* I, p. 38; cf. LANDGREBE, 1963, p. 97; PRECHTL, 1991, p. 87).

Nos anos de 1930, um novo tema recebeu uma importância crucial. Trata-se do problema do mundo da vida. Ele já havia sido preparado por meio de sua crítica, já feita anteriormente, à compreensão da ciência dominante à época. Husserl compreende a fenomenologia e a filosofia de modo geral propriamente como uma "ciência rigorosa". O seu objetivo é submeter a uma crítica todas as pré-noções ingênuas sobre coisas, objetos e âmbitos de objeto, deixando valer apenas o que pode ser legitimado em uma evidência originária, isto é, na autodoação [*Selbstgegebenheit*] imediata da consciência. Já na obra *Philosophie als strenge Wissenschaft* [*Filosofia como ciência rigorosa*], publicada em 1910, Husserl procura mostrar que nem as ciências da natureza e nem as ciências humanas satisfazem essa exigência. Ao passo que as ciências da natureza propagam um positivismo que, de maneira completamente ingênua, crê ter encontrado o fundamento de todo o conhecimento nos fatos do mundo, as ciências humanas se perdem no relativismo e em visões de mundo. Em oposição a isso, a fenomenologia como "filosofia primeira" pretende problematizar as pressuposições e pré-suposições inquestionáveis. Essa ideia de Husserl o levou à questão sobre a vida pré-científica, a partir da qual se desenvolvem métodos e questionamentos científicos. Um primeiro impulso para essas reflexões é recebido por Husserl de Richard Avenarius, que em sua extensa obra *Kritik der reinen Erfahrung* [*Crítica da experiência pura*] (1888-1890) defende a tese de que ciência e filosofia são apenas a transformação de uma visão realista ingênua, e que o "conceito natural de mundo" é a origem de toda formação teórica que a partir daí é desenvolvida (cf. BERNET et al., 1996, p. 199).

Essa ideia torna-se, para Husserl, o ponto de partida de sua filosofia do mundo da vida. Ele a desenvolveu em sua obra *Die Krisis der europäischen Wissenschaften und die transzendentale Phänomenologie* [*A crise das ciências europeias e a fenomenologia transcendental*]. Husserl vê no positivismo dominante a prova de que as ciências em geral chegaram a uma crise. A redução da ciência a uma ciência de fatos faz com que as questões "ardentes" não possam ser respondidas, a saber, "as questões acerca do sentido ou falta de sentido de toda essa existência humana" (*Hua* VI, p. 4). A pretensão universal da razão, desenvolvida pela Antiguidade grega, teria sido perdida. É importante, portanto, no sentido de um "platonismo renovado [...], reconfigurar a existência social da humanidade a partir da razão livre, das ideias de uma filosofia universal" (p. 6). Essa passagem contém o núcleo da ética de Husserl.

Para conseguir desenvolver esse novo início, é necessário, segundo Husserl, perguntar-se como surgiu historicamente o tipo de ciência atualmente dominante. Ele evidencia isso com auxílio do exemplo da geometria. O ponto de partida aqui é também o mundo, conforme ele "é dado subjetiva-relativamente de modo pré-científico na experiência sensível cotidiana" (*Hua* I, p. 20). Nós vivemos em um "mundo-circundante [*Umwelt*] sensível", no qual são dados "não corpos geométrico-ideais, mas, antes, *os* corpos dos quais temos experiência efetiva" (p. 22), e com os quais temos um trato prático. A esse mundo-circundante pertencem, por exemplo, para o camponês no Egito antigo, os campos que ele trabalha e que precisa ser, todos os anos, novamente mesurado conforme as cheias ocorridas. Dessa necessidade prática se desenvolve uma arte de medição do campo. O nome científico desta é geometria. A passagem da arte prática de medição do campo à geometria como uma disciplina matemática ocorre pelo surgimento de grandezas geométricas idealizadas em lugar de linhas divisórias das quais temos uma experiência sensível. Husserl descreve essa passagem da seguinte maneira:

> Compreende-se, pois, que, na sequência do despertar do esforço por um conhecimento "filosófico", um conhecimento "verdadeiro" que determina o ser objetivo do mundo, a *arte empírica de medição* e sua função objetivante empírico-prática, mediante a conversão do interesse prático em um interesse teórico, *foi idealizada e, assim, transposta no procedimento puramente geométrico de pensar*. A arte de medição tornou-se, assim, a precursora da geometria universal e de seu "mundo" de puras formas-limites (*Hua* I, p. 25).

O restante do desenvolvimento científico é determinado pelo fato de a própria geometria, por fim, ter sido reduzida, com suas figuras traçadas, mas sensivelmente expostas, a puras grandezas numéricas. Seguiu-se uma "aritmetização da geometria", fundamentalmente determinada por Galileu (*Hua* I, p. 44). A cientificização significa abstração, transição de um mundo sensivelmente prático da vida em um sistema de grandezas matemáticas ideais.

As ciências substituem progressivamente "o único mundo real, que é efetivamente dado perceptivamente, que é de fato experienciado e experienciável – nosso mundo da vida cotidiano" (*Hua* I, p. 49). As ciências cobrem o mundo da vida com "vestes ideais" e consideram verdadeira a realidade assim vestida. O mundo da vida é, assim, encoberto. Ele é o "fundamento esquecido de sentido" de todas as ciências. Cumpre redescobri-lo por meio de uma reflexão [*Besinnung*] universal. Porém, ele não pode ser produzido por meio de "um ato específico de posição do ser", existindo, antes, no "modo da certeza da crença [*Glaubensgewissheit*]". Husserl segue a argumentação de Fichte, quando afirma: "Esse solo universal da crença no mundo [*Weltglauben*] é aquilo pressuposto por toda práxis, tanto a práxis da vida como a práxis teórica do conhecer" (HUSSERL, 1964, p. 25).

Mas se coloca a questão: Como a "práxis teórica" da ciência moderna surge da "práxis da vida" e o que ela realiza? Husserl responde essa questão ao desenvolver, novamente assim como Fichte, a intenção das ciências a partir das orientações práticas do mundo da vida. Ele observa:

> Esse mundo efetivamente intuído, efetivamente experienciado e experienciável, no qual se desenrola toda nossa vida prática, permanece, conforme ele o é, em sua própria estrutura essencial [...]. Assim, ele não se altera por termos inventado uma arte particular, a arte geométrica e de Galileu, que se chama física. O que efetivamente obtemos por meio dela? Com efeito, uma *previsão* que se amplia infinitamente. Na previsão – nós podemos assim dizer –, na indução repousa toda a vida (*Hua* VI, p. 51).

Por isso, a ciência moderna persegue apenas intenções práticas que já haviam sido implantadas no mundo da vida. Essas se intensificam de maneira desmedida. Husserl caracteriza da seguinte forma o racionalismo físico moderno:

> Com o poder crescente e cada vez mais consumado do conhecimento sobre o universo, o ser humano conquista também uma dominação cada vez mais consumada sobre seu mundo-circundante prático [...]. Aqui também se deci-

de a dominação sobre a humanidade pertencente ao mundo-circundante real, portanto também sobre si mesmo e seus semelhantes humanos (*Hua* VI, p. 67).

A intenção de Husserl não é fazer retroceder o processo da ciência. Ele não persegue o ideal romântico de uma vida natural originária. A sua filosofia do mundo da vida não deve ser confundida com a filosofia da vida à moda na época. O seu objetivo é descobrir a "estrutura geral" do mundo da vida em uma reflexão fenomenológica. Com vistas à ética, esse empreendimento é significativo, pois apenas assim o *"télos"* contido na "humanidade europeia" pode ser descoberto e levado mais perto de sua consecução (*Hua* VI, p. 14).

A história de recepção de Husserl é abrangente. Ele fundou a escola fenomenológica e influenciou inúmeros filósofos, como Scheler, Heidegger e Sartre. Na sociologia, o conceito de mundo da vida foi acolhido e modificado, como, por exemplo, no sociólogo teuto-americano Alfred Schütz.

3 A liberdade do sujeito (Sartre)

> O existencialismo ateu, que eu represento, é mais coerente. Declara ele que, se Deus não existe, há pelo menos um ser no qual a existência precede a essência, um ser que existe antes de poder ser definido por qualquer conceito, e que este ser é o ser humano [...]. O ser humano, tal como o concebe o existencialista, se não é definível, é porque primeiramente não é nada. Só depois será alguma coisa e tal como a si próprio se dizer. Assim, não há natureza humana, visto que não há Deus para a conceber [...]. O ser humano não é mais do que faz. Tal é o primeiro princípio do existencialismo. É também a isso que se chama a subjetividade, e o que nos censuram sob este mesmo nome. Mas que queremos dizer nós com isso, senão que o ser humano tem uma dignidade maior do que uma pedra ou uma mesa? Porque o que nós queremos dizer é que o ser humano primeiro existe, ou seja, que o ser humano, antes de mais nada, é o que se lança para um futuro, e o que é consciente de se projetar no futuro. O ser humano é, antes de mais nada, um projeto que se vive subjetivamente [...]. Se, com efeito, a existência precede a essência, não será nunca possível referir uma explicação a uma natureza humana dada e imutável; por outras palavras, não há determinismo, o ser humano é livre, o ser humano é liberdade (SARTRE, 1994, 120-125).

Jean-Paul Sartre nasceu em 1905 em Paris. De 1924 a 1929 ele estudou na École Normale Supérieur. De 1931 a 1933 ele foi professor de ginásio em Le Havre. Como bolsista, Sartre estudou de 1933 a 1934, em Berlim, a fenomenologia alemã e a filosofia existencialista, como, por exemplo, as de Husserl, Heidegger, Jaspers e Scheler. Na sequência, ele retomou suas funções de professor de ginásio em Le Havre, Laon e Paris. Em 1939 Sartre foi convocado para o serviço militar e de 1940 a 1941 foi feito prisioneiro de guerra pelos alemães. Após sua libertação, ele participou da resistência contra a ocupação alemão e fundou, junto com Merleau-Ponty, o círculo intelectual de resistência Socialisme et Liberté. Em 1943 é publicada sua principal obra filosófica, *L'Être et le néant* [*O ser e o nada*]. A partir de 1945 ele viveu como escritor em Paris. Ao longo do desenvolvimento da guerra fria, Sartre se definiu como um simpatizante crítico do comunismo, mas em 1956 criticou fortemente a repressão da revolta húngara por parte da União Soviética. Em 1960, em conjunto com um grupo de intelectuais, Sartre publicou um manifesto contra o colonialismo e se engajou pela autonomia política da Argélia. Em 1964 ele recusou o prêmio Nobel que lhe fora concedido. A partir de 1966 Sartre participou do Tribunal Russel, que tinha por finalidade julgar os crimes de guerra cometidos pelos Estados Unidos no Vietnã. Por ocasião da Primavera de Praga, em 1968, Sartre rompeu em definitivo com Partido Comunista. Ele se engajou pelos movimentos estudantis de protesto de maio de 1968 e simpatizou com a esquerda maoista. Sartre faleceu em 1980 em Paris.

O tema que perpassa toda a filosofia de Sartre é a liberdade do sujeito. O que é decisivo aqui é sua reinterpretação da liberdade relativamente à tradição idealista, para a qual a liberdade fora também um conceito central. Por exemplo, Kant afirma que todo ser vivo que age sob a ideia da liberdade é, por esse motivo, livre de um ponto de vista prático. Sartre recusa a concepção segundo a qual a liberdade é uma ideia. A liberdade é, para ele, um fato. Para compreender essa facticidade específica da liberdade, cumpre reconstruir a distinção de Sartre entre ser das coisas e ser do ser humano. As coisas são determinadas pelo seu ser-em-si [*An-sich-Sein*], o ser humano, por um ser-para-si [*Für-sich-Sein*]. Sartre reabilita, assim, o ser-em-si das coisas condenado no idealismo de Fichte e Husserl. O ser-em-si das coisas afirma que estas são algo meramente preexistente, algo dado. Elas são aquilo que são. O ser-para-si do ser humano é caracterizado pelo fato de que o ser humano não é aquilo que ele é, mas, antes, ele pode negar o dado, ele pode sempre se mover em um reino das possibilidades, ele pode se projetar no interior dessas possibilidades. O importante é que ele possa não apenas decidir entre diversas possibilidades, mas que ele tenha de escolher entre elas. As possibilidades de escolha constituem a sua liberdade. Visto que as possibilidades de escolha determinam o ser-para-si do ser humano e são idênticas à liberdade, o ser humano é liberdade em seu ser-para-si. É impossível que ele não seja livre. Sartre afirma: "Na realidade, nós somos uma liberdade que escolhe, mas nós não escolhemos ser livres; nós somos condenados à liberdade [...]. Essa é a facticidade da liberdade" (SARTRE, 1994, p. 838). A liberdade, portanto, é ambivalente. Ela abre um amplo campo de possibilidades de escolha, mas ela exclui uma, a saber, a negação da liberdade. Essa concepção de liberdade se sujeita a uma série de objeções. As mais importantes serão aqui tematizadas.

A primeira restrição, confessada pelo próprio Sartre, consiste em que as possibilidades de escolha não são ilimitadas. Elas são limitadas pela situação. Sartre discute isso com auxílio de um exemplo. Ele afirma:

> Nós não dizemos que um prisioneiro é sempre livre para deixar a prisão, o que seria absurdo [...], mas, antes, que ele é sempre livre para tentar escapar [...], ele pode planejar sua escapada e instruir-se sobre o valor de seu projeto por meio de um início de ação (SARTRE, 1994, p. 837).

Liberdade em situações significa que todas as ações são projetadas com vistas ao caráter dado [*Gegebenheit*] da situação. Esse caráter dado é às vezes favorável; em muitos casos, porém, ele se coloca no caminho do agente com uma adversidade. Sartre fala de um "coeficiente de adversidade das coisas". A liberdade parece frustrar-se nelas. Porém, Sartre argumenta diferentemente. Ele afirma: "O coeficiente de adversidade das coisas não pode ser um argumento contra nossa liberdade, pois *através de nós*, isto é, através da posição anterior de um fim, surge esse coeficiente de adversidade" (SARTRE, 1994, p. 834). Uma montanha é inconquistável apenas para aquele que deseja escalar tal montanha que é maior do que conseguem suas capacidades. É o próprio alpinista que escolheu uma montanha inconquistável para ele. Dito diferentemente e de forma mais radical, isso significa que "em certo sentido sou eu que escolho o corpo como fraco, ao colocá-lo diante de dificuldades que fiz surgir (alpinista, ciclista, esporte)" (SARTRE, 1994, p. 845).

Mas e o que ocorre com o caráter dado do passado? Ele não apresenta necessidades inalteráveis e inabaláveis com as quais tenho de me conformar? A resposta de Sartre é a seguinte: o passado nos é dado à maneira da lembrança e essa não nos é manipulável. O decisivo, porém, é outra coisa. Sartre afirma: "Há, decerto, uma matéria 'pura' da lembrança [...], mas se ela se manifesta, então o faz sempre por meio de um projeto [...]. O significado do passado, pois, é fortemente dependente de meu projeto presente" (SARTRE, 1994, p. 860). Por certo, a situação presente de um ser humano deve também ser caracterizada por seu passado, e esse não pode mais ser mudado; contudo, seria falso ver nele um destino definitivo. Sartre afirma: "Para nós, o ser humano é caracterizado sobretudo pela superação de uma situação, por meio daquilo que ele consegue fazer a partir do que foi feito dele" (SARTRE, 1971, p. 75).

O materialismo, que parte da determinidade de todo evento, apresenta uma outra objeção contra a liberdade. Sartre distingue o materialismo dialético discutido à sua época do materialismo histórico. O materialismo dialético se diferencia do antigo materialismo mecanicista por entender a matéria como um processo no qual a quantidade se transforma em qualidade. Em seu escrito *Matérialisme et révolution* [*Materialismo e revolução*], de 1946, Sartre se ocupa desse materialismo. Ele cita Engels, que acreditava poder determinar a transformação de quantidade em qualidade na passagem do estado líquido para o gasoso na água aquecida (cf. SARTRE, 1994a, p. 165). Para Sartre, porém, esse processo não se equipara "nem um pouco a um processo dialético" (SARTRE, 1994a, p. 167). A água aquecida, por exemplo, aumenta a pressão na caldeira, impulsiona um pistão e se torna novamente água. Isso é um ciclo, mas não dialética. Ela permanece no âmbito da exterioridade, da externalidade. Sartre pergunta: "Como deve ser encontrado um lugar nessa exterioridade para o movimento absoluto de interioridade, conforme é apresentado pela dialética?" (SARTRE, 1994a, p. 169). Na realidade, porém, o próprio materialismo dialético hesita em sua concepção, quando, por exemplo, se trata da explicação do surgimento da vida a partir da matéria. Sartre caracteriza do seguinte modo os argumentos contraditórios do materialista: "Assim, seria possível dizer-lhes, com a mesma serenidade, ora que a vida nada mais seria do que um encadeamento complexo de fenômenos físico-químicos, ora que ela seria um momento não redutível da dialética natural" (SARTRE, 1994a, p. 169).

O mesmo ocorre com o materialismo histórico. Sartre cita Stalin, que defende a tese de que as condições materiais da sociedade determinam as ideias nela defendidas, enquanto estas refletem aquelas condições (SARTRE, 1994a, p. 171). Por outro lado, porém, segundo Stalin, novas ideias surgem pelo fato de a sociedade, em seu desenvolvimento, colocar-se diante de "novas tarefas" (SARTRE, 1994a, p. 172). A conclusão é: a negação da liberdade pelo materialismo não é convincente, pois ele não é consequente em si mesmo. Sartre resume assim sua crítica ao materialismo:

> Todo materialismo tem por consequência que os seres humanos, incluindo a própria pessoa, são tratados como objetos, isto é, como uma totalidade de reações determinadas que não podem ser em absoluto distinguidas de uma totalidade de características e fenômenos que constituem uma mesa, uma cadeira ou uma pedra. Contudo, nós desejamos constituir o reino do ser humano como uma totalidade de valores que se distinguem do reino do material (SARTRE, 1994a, p. 133).

De uma maneira inteiramente diferente, o princípio da liberdade é questionado pela doutrina do inconsciente desenvolvida por Freud (cf. cap. VIII, 2). De modo suficientemente claro, Freud fala da determinidade de nossa vida psíquica e afirma que o ser humano não é o senhor em sua própria casa. O inconsciente, que não tem nem uma causa determinada corporalmente e tampouco uma causa que repouse na consciência, apresenta uma força própria que determina nossas ações. Ela se exprime, por exemplo, nos atos falhos, isto é, em ações inconscientes, impulsionadas emocionalmente. A objeção contra a existência do inconsciente, que ameaça a consciência e, assim, a liberdade do ser humano, consiste em Sartre tornar o ser humano responsável por seus sentimentos. Sartre esclarece essa ideia com auxílio do sentimento de tristeza. Esta se mostra assim: "Ela é o sentido desse olhar nebuloso que eu lanço ao mundo, desses ombros curvados, dessa cabeça que deixo pender, dessa lassidão de todo o meu corpo" (SARTRE, 1994, p. 142). Contudo, o sentimento não determina inequivocamente essas representações. Um estranho aparece e logo eu mudo meu comportamento. Assim, Sartre pergunta: "De resto, essa tristeza não é ela mesma um *comportamento*, não é ela a consciência que se afeta com tristeza como um refúgio mágico contra uma situação muito flagelante? E, nesse caso, estar triste não significa primeiramente fazer-se triste?" (SARTRE, 1994, p. 143). O mesmo vale para as paixões. Paixões não são um poder estranho que determina o ser humano. Sartre afirma:

> O existencialista não crê no poder da paixão. Ele nunca dirá que uma bela paixão seria um fluxo arrebatador que fatidicamente força o ser humano a certos atos, sendo, pois, uma desculpa. Ele diz que o ser humano é responsável por sua paixão (SARTRE, 1994a, p. 125).

O ser humano não é nem determinado por seus sentimentos e paixões e tampouco pelo inconsciente, que seria guiado por aqueles. Como alternativa à psicanálise de Freud, Sartre desenvolve a concepção de uma "psicanálise existencial" (SARTRE, 1994, p. 956). O conceito de inconsciente é substituído aqui pelo de "má-fé" (p. 119), que é um ato da consciência.

Se, pois, o ser humano é livre e não determinado, então é ele mesmo que é o "que ele se faz", que será do modo "como ele se terá produzido" (SARTRE, 1994a, p. 121). A concepção do ser humano como criador de si mesmo, contudo, concorre com o modelo religioso de um Deus criador. Quem afirma a liberdade do ser humano não pode aceitar tal modelo. Sartre argumenta da seguinte maneira contra a ideia de um Deus criador:

> Se admitirmos um Deus-criador, então esse Deus é no geral comparável a um artesão supremo [...]. Assim, o conceito do ser humano na mente de Deus é comparável ao conceito de abridor de cartas na mente do produtor; e Deus cria o ser humano [...] assim como o artesão produz [...] o abridor de cartas (SARTRE, 1994a, p. 120).

O que o ser humano é, a sua essência, seria, assim, já determinado em seu nascimento. Contudo, isso contradiz a concepção de que é o próprio ser humano que faz livremente de si aquilo que ele é. Sartre ressalta enfaticamente a força criadora do ser humano. Em seu escrito *La liberté cartésienne* [*A liberdade cartesiana*], de 1945, ele caracteriza a "liberdade criadora" do ser humano em uma formulação que remete a Fichte: "[O] ser humano é o ser cujo aparecimento faz com que um mundo exista" (SARTRE, 1994a, p. 116).

O ser humano cria a si ao escolher a si mesmo. Esta é a ideia fundamental da antropologia de Sartre. O ser humano se escolhe ao agir. As ações não são expressões de um ser que lhes subjaz, mas, antes, o ser humano só cria seu ser por meio de suas ações. Sartre elucida isso com o seguinte exemplo:

> Observemos um garçom em um café. Ele tem movimentos vívidos e apressados, algo muito preciso, algo muito veloz [...], quando ele atua, ele se compraz. Mas em que ele atua? Não é necessário observá-lo muito demoradamente para estar-se seguro: ele atua em *ser* garçom (SARTRE, 1994, p. 139ss.).

Seria falsa a ideia de que esse atuar é condicionado pelo seu papel profissional, e de que ele deixa esse papel de lado tão logo chega em casa e pode ser ele mesmo;

pois em casa ele atua em outros papéis: o pai de família carinhoso e leal, o marido aborrecido ou o misantropo tímido.

Um exemplo bem diferente de escolha de si é discutido por Sartre em seu ensaio *Réflexions sur la question juive* [*Reflexões sobre a questão judaica*], de 1945. Aqui a escolha de si do sujeito se dá em um mundo-circundante hostil, determinado pelo antissemitismo. Sartre caracteriza a ideologia do antissemitismo ao mostrar que o antissemita sempre se esmera em avançar quaisquer critérios objetivos para seu repúdio dos judeus. Uma má experiência qualquer com um judeu é tomada como confirmação que autoriza o antissemitismo. Contudo, todas as justificativas são ilusórias. Na realidade, trata-se, no antissemitismo, do seguinte fato:

> Mostra-se que o antissemitismo do antissemita não pode provir de nenhum fator exterior. O antissemitismo é uma postura autoescolhida de toda uma personalidade, uma orientação geral não apenas para com os judeus, mas também para com os seres humanos em geral, para com a história e a sociedade. Ela é, ao mesmo tempo, uma paixão e uma visão de mundo (SARTRE, 1980, p. 113).

Assim, são os antissemitas que forçam o judeu a confrontar-se com sua própria situação e a fazerem uma escolha de si. Abrem-se para ele muitas possibilidades. Ele pode recusar o papel específico que lhe é atribuído e evocar direitos humanos universalmente válidos. Ele pode procurar renegar seu judaísmo ou aceitá-lo, professando-o publicamente. Se ele o faz, surgem, por sua vez, duas possibilidades: ele o faz de modo humilde e submisso ou de modo consciente de si, apresentando à sociedade sua imagem do judaísmo. Independente de qual seja a alternativa de ação pela qual se decide, com a ação escolhida ele escolhe ao mesmo tempo a si mesmo.

Todo agir ocorre em um contexto interpessoal. O outro ser humano torna-se, pois, um problema para o sujeito agente. Surge aqui uma questão fundamental. Ela é a seguinte: De onde o sujeito sabe que o outro ser humano também é um sujeito? Com essa questão enuncia-se o problema da intersubjetividade, ao qual Sartre dedicou intensos estudos. A questão é a seguinte: Como o ser humano se distingue de uma coisa, como um sujeito se distingue de um objeto? Em um capítulo de sua obra *O ser e o nada*, que tem por título "O olhar", Sartre esboça uma virada decisiva no pensamento sobre o sujeito, fazendo com que o outro seja considerado não como um objeto, mas, antes, como um sujeito. Ele afirma: "Esta mulher que vejo andando em minha direção, este homem que passa na rua, esse mendigo que ouço cantar de minha janela são *objetos* para mim, sem a menor dúvida" (SARTRE, 1994, p. 457). Se considero os objetos mais atentamente, suas formas, seus movimentos, então posso tomá-lo por bonecos. Como posso considerar esses bonecos como sujeitos? Segundo Husserl, isso ocorre por uma espécie de inferência de analogia, por uma "apercepção de semelhança".

Sartre toma um caminho diverso. Em um experimento de pensamento, ele esboça a seguinte situação: por curiosidade ou ciúme, alguém olha pelo buraco de uma fechadura. Em sua consciência, ele está dirigido apenas ao objeto de seu interesse, não a si mesmo. Por essa razão, ele não julga seu próprio comportamento. Ora, mas ele se dá conta de que está sendo visto por outrem. Ele repentinamente torna-se consciente de ter-se tornado objeto de um observador estranho, e nesse momento torna-se possível que ele reflita sobre si e sua ação. O que ocorre aqui é vergonha. Sartre observa: "A vergonha ou orgulho revelam-me o olhar do outro e, nos confins desse olhar, revelam-me a mim mesmo; são eles que fazem *viver* a situação do ser visto" (SARTRE, 1994, p. 471). É o olhar de um outro sujeito e não o olhar de um sujeito o que me revela minha própria subjetividade e a de outrem; pois no ser-visto por um outro sujeito ocorre a vergonha. Apenas um outro sujeito pode me tornar objeto de um juízo que eu recuso ou aceito. Em todos os casos, contudo, a existência de um outro sujeito revela não apenas a própria subjetividade, como também ao mesmo tempo o âmbito da intersubjetividade. Sartre elucida isso da seguinte forma:

> Para obter qualquer verdade sobre mim, é necessário que eu passe pelo outro. O outro é indispensável para minha existência, tanto quanto, ademais, o é para meu conhecimento de si. Nessas condições, a descoberta de meu íntimo revela-me, ao mesmo tempo, o outro como liberdade colocada diante de mim, que sempre pensa e que deseja a favor ou contra mim. Assim descobrimos imediatamente um mundo que chamaremos de intersubjetividade, um mundo em que o ser humano decide o que ele é e o que os outros são (SARTRE, 1994a, p. 133).

A concepção de Sartre sobre a intersubjetividade se distingue da de Husserl pelo fato de o "ego absoluto" não "pôr" o outro sujeito em um ato de reflexão transcendental, mas, antes, o sujeito se descobrir em sua própria subjetividade apenas no contexto da intersubjetividade. Em Sartre, o sujeito não é, pois, nenhuma mônada, como em Husserl, e tampouco um indivíduo em sentido forte. Sartre afirma:

> A subjetividade que assim constituímos como verdade não é, porém, nenhuma subjetividade fortemente individual, pois provamos que no *cogito* não apenas nos descobrimos a nós mesmos, mas também aos outros [...]. Ele se torna consciente de que ele não pode ser nada [...], se os outros não o reconhecerem enquanto tal (SARTRE, 1994a, p. 133).

A relação de um sujeito com um outro é um conflito recíproco por reconhecimento. A liberdade de um sujeito se contrapõe à de um outro. Mas o reconhecimento pelo outro não significa de forma alguma sujeitar-se, em todos os casos, ao juízo do outro, mas meramente a afirmação recíproca da liberdade.

A concepção da intersubjetividade no sentido de um reconhecimento recíproco de liberdade é também tema das reflexões de Sartre sobre a relação do escritor com seu leitor. Em seu livro *Qu'est-ce que la littérature?* [*O que é a literatura?*], Sartre desenvolveu de maneira surpreendente o modelo de uma intersubjetividade cooperativa. Ele primeiramente distingue o escritor do poeta. O poeta se recusa a utilizar as palavras para a comunicação de um conteúdo. As palavras têm para ele até mesmo o caráter de coisas com valor próprio e uma dignidade própria. O escritor, pelo contrário, comunica seu conteúdo e se prende a esse conteúdo com suas palavras; ele se engaja. O importante, contudo, é que Sartre não tematiza a literatura nem sob o aspecto da estética da produção e nem sob o aspecto da estética da recepção. É falsa a imagem de que o artista seria o produtor de uma obra de arte que existe primeiramente, a partir de si mesma, como obra de arte, e que, então, em um segundo momento, seria acolhida por um destinatário. As reflexões de Sartre sobre a estética giram em torno da ideia de que o leitor não tem de maneira alguma o papel passivo da recepção, mas, antes, que a obra de arte em geral somente surge na interação entre escritor e leitor. Com sua obra o escritor dirige um apelo ao leitor potencial, e cabe à liberdade do leitor acolher esse apelo e dar-lhe uma forma própria pelo ato de leitura. Sartre afirma:

> Quando eu faço um apelo a meu leitor para que ele leve até o fim aquilo que eu iniciei, eu então evidentemente o considero como uma pura liberdade, como uma faculdade criadora pura, uma atividade incondicional; eu não poderia de forma alguma voltar-me à sua passividade (SARTRE, 1986, p. 43).

A obra de arte literária existe como obra de arte apenas por meio do esforço conjunto de escritor e leitor. Desse modo, Sartre afirma: "Porém, o processo de escrita inclui o da leitura como seu correlato dialético, e ambas as ações correlacionadas exigem dois agentes diversos. O esforço conjunto de autor e leitor fará emergir aquele objeto concreto e imaginário que é a obra do gênio. A arte se dá apenas para e por meio de outros" (SARTRE, 1986, p. 39). A obra de arte surge na interação cooperativa da intersubjetividade.

Em sua segunda grande obra filosófica, *Critique de la Raison Dialectique* [*Crítica da razão dialética*], que foi publicada em 1960 com um ensaio introdutório posteriormente intitulado *Questions de méthode* [*Questões de método*], Sartre discute o problema da intersubjetividade no contexto da história. Ele desenvolve aqui uma concepção da história alternativa ao materialismo histórico. A principal objeção que Sartre faz ao marxismo ortodoxo consiste em seu reducionismo. O marxismo ortodoxo nivela e situa. Para ele, o indivíduo é apenas o representante de uma classe determinada. Ele crê ter determinado suficientemente as características universais das classes. Sartre discute os defeitos da então dominante consideração marxista de história com auxílio do exemplo do escritor Flaubert. Ele afirma:

> O marxismo situa, mas nunca leva a descobrir mais coisa alguma: deixa outras disciplinas sem princípios estabelecer as circunstâncias exatas da vida e da pessoa e, em seguida, chega para demonstrar que, uma vez mais, seus esquemas se concretizaram: sendo as coisas o que elas são, tendo a luta de classes tomado esta ou aquela forma, *Flaubert*, que fazia parte da burguesia, devia viver como viveu e escrever o que escreveu. Mas justamente o que se passa sob silêncio é a significação destas quatro palavras: "fazer parte da burguesia" (SARTRE, 1971, p. 49).

A abordagem de Sartre, que procura unir existencialismo e marxismo, consiste na tentativa de mostrar o modo exato pelo qual Flaubert se desenvolveu como sujeito no entrelaçamento intersubjetivo da história, por meio do qual ele se tornou parte constitutiva desta. Sartre denomina "método regressivo-progressivo" a concepção que esboça para sua compreensão da história. Sob o aspecto da regressão, devem ser mencionados os momentos que constituem o signo de uma época à qual Flaubert pertencia. Deles fazem parte as circunstâncias concretas de vida de sua família, incluindo expectativas e avaliações às quais ele estava sujeito. Contudo, com a enumeração desses momentos, Flaubert como escritor e pessoa ainda não é suficientemente interpretado. Pelo contrário, e aqui reside o aspecto progressivo, o importante é apontar de qual maneira ele respondeu ao papel de uma criança circunspecta e intelectualmente obtusa que lhe fora atribuído. Ele tornou-se escritor e autor da obra *Madame Bovary*. A interpretação de sua obra mostra

> o impulso que parte das obscuridades vividas para chegar à objetivação final, em poucas palavras, o *projeto* pelo qual *Flaubert*, para escapar à pequena burguesia, lançar-se-á, através dos diversos campos de possíveis, em direção à objetivação alienada de si mesmo, além de constituir-se, inelutável e indissoluvelmente, como o autor de *Madame Bovary* e como esse pequeno-burguês que recusava ser (SARTRE, 1971, p. 117).

De acordo com Sartre, a história não é um esquema já pronto, segundo o qual eventos e pessoas podem ser calculados, mas, antes, um processo dialético aberto, no qual uma totalidade intersubjetividade de relações é produzida, destruída e novamente produzida. A análise marxista da história oferece uma contribuição importante para a compreensão desse processo, mas ela dá apenas uma meia verdade. Ela precisa ser complementada pelos projetos subjetivos, sem os quais não haveria nenhuma história em sentido humano.

Ao final de sua obra *O ser e o nada*, Sartre anuncia um novo livro, no qual ele pretendia expor as "perspectivas morais" do existencialismo. Contudo, ele não redigiu uma ética existencialista própria. Assim, só é possível descobrir esboços desta em seus demais escritos. Um motivo fundamental de suas reflexões éticas consiste em negar que haja normas de ação metafisicamente dadas de antemão. O ser humano é livre, e com sua ação ele se projeta a si mesmo. Não obstante, o seu agir não tem de maneira alguma um significado para ele enquanto sujeito individual, mas apenas um significado universal. A passagem central a respeito disso é a seguinte:

> Quando dizemos que o ser humano se escolhe, entendemos por isso que cada um de nós se escolhe, mas com isso pretendemos também dizer que, quando se escolhe, ele escolhe todos os seres humanos. De fato, não há para nós ação alguma que, criando o ser humano que pretendemos ser, também não produza ao mesmo tempo uma imagem do ser humano conforme desejamos que ele seja segundo nossa concepção (SARTRE, 1994a, p. 121).

Isso significa que uma ação recebe obrigatoriedade não por poder ser derivada de uma norma de ação dada previamente, mas, antes, por ser criado, com toda ação individual, um padrão universal no qual também o próprio agente tem de balizar-se. Por meio disso, uma responsabilidade extraordinária recai sobre o agente, pois ele precisa sempre perguntar-se se sua ação se sustenta diante da ideia de uma obrigação universal. Todo agir ocorre com vistas à humanidade toda. Porém, o inverso também é verdadeiro. Sartre formula assim essa ideia: "Tudo ocorre como se, em cada ser humano, toda a humanidade tivesse dirigido o olhar a seu agir e fosse guiada segundo seu agir. E todo ser humano tem de perguntar-se: Sou eu também aquele que tem o direito de agir de modo a que a humanidade possa guiar-se segundo meus atos?" (SARTRE, 1994a, p. 123).

A história de recepção de Sartre possui vários aspectos. Como autor de inúmeras peças literárias, ele teve papel fundamental na determinação da consciência da liberdade e de um reinício político após o final da Segunda Guerra Mundial e das ditaduras europeias. O seu engajamento político contribuiu para uma sensibilização de variadas formas de novas e antigas opressões ao redor do mundo. No âmbito da filosofia, ele formou o existencialismo por ele representado como um corretivo para a ideologia marxista, mas também para a filosofia marxista. No interior da medicina, a sua concepção de uma psicanálise existencial ganhou grande atenção nos psiquiatras britânicos David G. Cooper e Ronald D. Laing.

Epílogo
A situação da pessoa

A determinação da situação do ser humano vincula-se à tarefa de proferir enunciados sobre sua existência no mundo, pois "situação" não significa outra coisa senão o Ser-no-mundo [*In-der-Welt-Sein*] do ser humano. Toda definição do ser humano implica, portanto, um contexto de mundo [*Weltzusammenhang*], do qual o ser humano é uma parte. Isso é verdade para todas as concepções aqui apresentadas; contudo, com uma exceção: elas dizem respeito à filosofia da subjetividade. Na medida em que ela não se refere à capacidade da reflexão do ser humano ligado ao mundo, mas, antes, entendendo-se o ser humano de modo geral como sujeito, este está para além do mundo, isto é, excêntrico ao mundo. Imita-se aqui a posição que fora pensada na teologia. No entanto, surpreende que os autores que defenderam essa concepção extrema, como Fichte, Husserl e Sartre, tenham se retificado ao longo de sua obra, reconhecendo a improcedência da ideia de um eu absoluto e reabilitando a existência precedente do mundo (cf. cap. XII). Em todas as outras concepções, a definição do ser humano inclui evidentemente a sua situação no mundo. Mas aquilo que é evidente muitas vezes não é mais problematizado ou sequer é tematizado. Pelo contrário, não raro o ser humano é entendido como um ente entre outros, é diferenciado destes, investigado em suas características específicas e, assim, considerado isoladamente. A referência ao mundo se desvanece por completo, não se tornando uma parte constitutiva da definição do próprio ser humano.

Em contraste, na sequência a situação da pessoa será tematizada para além de seu conceito. Isso será feito em quatro etapas. Num primeiro momento, será caracterizado o desenvolvimento da pessoa, em um segundo momento, o conhecimento da situação real na qual a pessoa se encontra, em um terceiro momento, as ações da pessoa, e em um quarto momento, sua responsabilidade.

1 O desenvolvimento da pessoa

Como já diversas vezes ressaltado, o ser humano recém-nascido encontra-se em um estado de extremo desamparo. Ele não poderia sobreviver sem ajuda externa. Ele tem o nome de lactente [*Säugling*], pois sua nutrição pelo sugar [*Saugen*] descreve um aspecto essencial de sua existência, a saber, sua carência. Em alguns casos bem raros, relata-se que um animal, por exemplo uma loba, adotou o lactente e assumiu sua criação (cf. cap. III, 3). Contudo, percebe-se claramente que a criança assim criada nunca se sentiu como verdadeiramente humana no contato tardio com seres humanos. Para tornar-se um ser humano, o ser humano em estado de crescimento precisa de um outro ser humano que cuide dele. Contudo, para tornar-se uma pessoa, esse mero cuidado não basta. A personalização, isto é, o desenvolvimento do ser humano em pessoa, ocorre apenas no contato com uma outra pessoa.

A outra pessoa é a condição de possibilidade da personalização. Ela ocorre pela substituição do útero da mãe, que garante o desenvolvimento do embrião, pelo útero social após o nascimento. O útero social é necessário, pois o ser humano, como Portmann mostrou, vem ao mundo um ano mais cedo se comparado com outros mamíferos superiores (cf. cap. VIII, 3). Por razões biológicas, ele carece de um abrigo específico para continuar amadurecendo. Nele é preparado o "nascimento psíquico do ser humano" (cf. MAHLER et al., 1993). Trata-se de um espaço que permite o desenvolvimento ulterior do ser humano, de lactente a pessoa. O lactente encontra-se numa relação simbiótica com a pessoa que cuida dele e que entra em um diálogo com ele. Essa pessoa é, geralmente, a mãe. Mãe e filho formam uma díade mãe-filho. Entre ambos há um intercâmbio comunicativo que é determinado em igual medida pelo cuidado com a nutrição, pelo contato corporal, por olhares, risos e caretas, gestos e fala. Trata-se de um diálogo que se determina não por estímulos e reações, mas, antes, por interpelação e resposta. Se ele está ausente, então o desenvolvimento do ser humano em pessoa é afetado de forma crítica, sendo até mesmo interrompido nos casos mais extremos.

Isso é comprovado sobretudo pelos estudos sobre hospitalismo em lactentes e crianças pequenas realizados por René Spitz. Eles formam como que o negativo do desenvolvimento normal da pessoa, o qual não é de forma alguma o natural, ocorrendo, antes, no contexto do agir social. Em sua ausência, as consequências são dramáticas. O contato pessoal ausente nos primeiros meses de vida leva a um grave distúrbio de desenvolvimento. As etapas são as seguintes. No primeiro mês, a criança só chora, tentando, porém, agarrar-se a toda pessoa que se aproxima. No segundo mês, o choro se transforma em berro. A criança perde peso e seu quociente de desenvolvimento para de crescer. No terceiro mês, as crianças evitam contato; elas ficam na cama de bruços; iniciam-se a falta de sono e a propensão a doenças. Os movimentos se desaceleram, a expressão facial torna-se rígida; o choro é substituído pelo gemido, a desaceleração motora passa à letargia. O resultado é uma depressão anaclítica (cf. SPITZ, 1987, p. 282ss.). Ela pode ser superada, caso no intervalo de três a cinco meses a criança receba a necessária atenção emocional e, pois, ao mesmo tempo pessoal. Se isso não ocorre e a criança é totalmente privada de atenção pessoal, desenvolve-se então o quadro de hospitalismo. Isso significa que a criança se torna completamente passiva. Ela fica deitada de costas, sua expressão facial é vazia, ela não é mais capaz de colocar-se de bruços ou endireitar-se, e apresenta retardo mental. Bem entendido, tudo isso não é o resultado de um abandono físico, mas, antes, de um abandono social, isto é, pessoal. A conclusão é: para tornar-se pessoa, o ser humano se coloca em um diálogo com uma outra pessoa. Spitz observa: "Portanto, o diálogo é a contribuição do ambiente para o surgimento, desenvolvimento e, por fim, consolidação do eu, si [*Selbst*], caráter e personalidade" (SPITZ, 1976, p. 25).

Porém, se o diálogo é bem-sucedido, então faz parte do processo de personalização que a criança pouco a pouco se desligue da relação simbiótica com a mãe e se desenvolva como pessoa individual. No entanto, esse processo de desligamento não ocorre de modo linear, mas, antes, passa por uma contínua mudança de fases de distanciamento e reaproximação. Trata-se de um processo de descoberta do mundo e de descoberta de si. Nele são adquiridos conhecimentos que levam a uma diferenciação entre eu e mundo. As etapas decisivas aqui são o aprendizado da postura corporal ereta, a aquisição de linguagem e a ação criteriosa (cf. cap. VIII, 3). Se na idade de engatinhar a criança já tem condição de distanciar-se de sua pessoa primária de referência, amplia-se então a margem de ação com o aprendizado do caminhar. Porém, o importante é que a criança tenha o sentimento de mover-se numa margem segura, podendo decidir, ela mesma, a distância. Trata-se de uma distinção fulcral a de se a criança se distancia temporariamente da mãe ou o inverso. Se ocorre repentinamente, o segundo caso pode levar a uma considerável insegurança. O distanciamento somente é possível com base em uma relação estável de confiança.

A aquisição da linguagem recebe um significado central para a personalização. Ela está inserida em um contexto situacional no qual linguagem e ação formam uma unidade de sentido. A gramática da palavra e a gramática da ação são indissociáveis. Isso se torna claro quando a criança, após uma fase de imitação e experimentação com sons, a chamada fase do balbucio, atinge o estágio da holofrase, isto é, da frase composta por uma única palavra. A palavra "mamãe", dita pela criança de um ano e meio, não deve ser entendida como uma designação, mas, antes, como desejo, como questão, como pedido ou possivelmente uma ordem. Portanto, dependendo do contexto situacional, ela significa "vem pra cá!", "onde você está?" ou "me dá!" Com dezoito meses começa a fase das frases compostas por duas palavras, como "livro, aqui!", "café, não!" etc. Ao passo que a fase das frases de duas palavras deve ser atribuída a um recorte determinado de desenvolvimento, a ampliação das frases não mais segue regras rígidas. Uma fase de frases de três palavras não existe (cf. ZIMMER, 1986, p. 32ss.). A linguagem na primeira pessoa do singular constitui um momento importante no desenvolvimento da pessoa (cf. cap. X, 3). O momento preciso em que isso ocorre varia. Apoiado em suas observações sistemáticas sobre o desenvolvimento de crianças pequenas, Mahler relata sobre um primeiro surgimento nos 19 meses (cf. MAHLER, 1993, p. 184) e um outro mais tardio, por volta do "final do terceiro ano de vida" (MAHLER, 1993, p. 212). O desenvolvimento da linguagem documenta, dessa maneira, ao mesmo tempo o desenvolvimento do eu da criança. Ele está ligado à delimitação do eu.

Dele faz parte a incorporação de dois outros grupos de palavras no vocabulário da criança. Trata-se das negações e dos pronomes possessivos "meu" e "seu". Trata-se de palavras de circunscrição e delimitação, de diferenciação de esferas de pessoas. O seu uso mais comum surge entre o segundo e o quarto ano de vida, sendo designada como a verdade da fase do desafiar [*Trotzphase*]. Ela é a primeira grande provação tanto para a criança como para o educador. Ao passo que a criança busca afirmar-se como pessoa independente, para o educador impõe-se a tarefa de acompanhar esse processo de modo a que a personalização individual e o entendimento interpessoal sejam compatibilizados. Heinrich Roth afirma sobre o aspecto pedagógico dessa fase:

> O "desafiar" ["*Trotzen*"] da criança na chamada fase do desafiar oferece a expressa tentação de "romper com o desafio" e, assim, prejudicar, em certas circunstâncias, a atividade do que desafia, seu ímpeto por autoafirmação e autorrealização, em lugar de redirecionar seu desafiar para atividades produtivas (ROTH, 1971, p. 306).

Isso significa que a personalização, isto é, o desenvolvimento do eu somente é possível no percurso de delimitação do eu. Essa deve ser acompanhada de maneira compreensiva pela pessoa adulta de referência.

A criança conhece o mundo via uma pessoa. Portanto, não causa espanto que sua compreensão mesma de mundo tenha traços pessoais. A pequena criança vive em um mundo de contos de fada, no qual as coisas são excitantes, amigáveis ou hostis, assim como as pessoas em torno dela. O desejo, expresso em um conto de fadas, de um pão em um forno: "me pega!", existe para a criança de forma completamente natural. A antiga concepção mitológica, segundo a qual as áreas do mundo representam poderes místicos e possuem qualidades pessoais, corresponde à da criança. O frio é mal-encarado, um lugar é amável, o sol é amigável etc. Traços do pensamento mitológico se encontram também na linguagem cotidiana do adulto. Alguns exemplos disso são as expressões "lesão do direito" e "fadiga mecânica". As características das coisas têm uma qualidade percebida [*Anmutungsqualität*]. Entende-se perfeitamente que crianças desenvolvam uma relação pessoal com animais, sobretudo animais de estimação. Só na idade de 8 a 10 anos abandona-se a relação exclusivamente pessoal com o mundo. A exigência de objetividade começa a valer. A criança começa a distinguir entre pessoa e coisa. Ela desenvolve uma crescente postura realista em relação às coisas. Essa postura leva também a uma atitude objetiva com relação a si mesma. A criança aprende que a tosse, que a "atormenta", não é "má", ainda que assim possa ser designada, sendo, antes, um estado-de-coisas que pode ser tratado com os apropriados meios objetivos. Por meio de discernimento e exercício, ela aprende a avaliar realisticamente os perigos do trânsito e a comportar-se apropriadamente. Por fim, ela toma conhecimento de que todo ser humano algum dia terá de morrer, mesmo se esse dia esteja, para a própria criança, a uma distância temporal impalpável e, pois, seja quase sem sentido. Uma avaliação realística do tempo é desenvolvida apenas lentamente, assim como o entendimento da causalidade (cf. PIAGET, 1974).

A criança aprende que o espectro de pronomes pessoais vai além da relação primária eu-você, incluindo as diferenciações da terceira pessoa. Esse discernimento permite à criança não apenas falar a uma pessoa, mas também sobre uma terceira presente ou não. Por fim, ela fala na primeira pessoa do plural, identificando-se, assim, com um grupo ao qual ela mesma se sente pertencente. Ela delimita o próprio grupo em relação aos demais, provando, assim, sua capacidade de abstração. Por fim, a criança distingue, também linguisticamente, presente, passado e futuro, encontrando, assim, as coordenadas para diversas situações de pessoas e estados-de-coisa.

A personalização recebe uma importância central no desenvolvimento moral da criança. Os estágios do desenvolvimento moral correspondem aos estágios da formação do juízo. Cada novo estágio tem como pressuposto o estágio prévio. Por outro lado, contudo, o agir moral em situações conflitivas fica frequentemente atrás do nível já atingido da formação do juízo. Ele sofre regressões. Os estudos de psicologia genética de Freud (1994), Piaget (1973) e Kohlberg (1995) mostram isso. Habermas (1983) vinculou essas pesquisas com sua abordagem de uma ética do discurso. Com apoio nessas investigações, três estágios principais podem ser distinguidos: a) o estágio da satisfação de carências e do prazer; b) o estágio da tradição e da convenção; e c) o estágio da ética.

O primeiro estágio tem seu fundamento na carência física do ser humano. Tudo o que serve à satisfação de carências elementares é sentido como "bom", e como "ruim" o que a compromete. A satisfação de carências elementares é idêntica ao sentimento de prazer, e a sua recusa, ao desprazer. Dentre as carências elementares fazem parte a nutrição; a temperatura exterior correta, para cuja regulação o organismo infantil apenas é insuficientemente capaz; o contato corporal com a mãe ou com outra pessoa que assume seu lugar; e a comunicação, isto é, a alocução pessoal. No desenvolvimento ulterior, entra no âmbito de interesse da criança a posse de objetos, que deve ser defendida contra outros. Recompensas são sentidas como prazerosas, e punições, como desprazerosas. Por meio delas, o fundamento natural desse estágio do desenvolvimento moral não é, decerto, suprimido, mas apenas influenciado de forma socialmente eficaz.

Esse primeiro estágio não é dissolvido, mas apenas ganha nova forma no segundo estágio, o tradicional. A ele corresponde a consciência de regras, exigindo uma capacidade mais elevada de juízo, que se distingue pela abstração e consideração de um estado-de-coisas de modo universal. O pressuposto é a capacidade da criança de diferenciar e relacionar seu eu com um outro eu. Trata-se do estágio que tem como condição a consciência de si como pessoa. A consciência de um papel se liga à concepção de pessoa. A criança aprende que ela desempenha um papel na estrutura social e que esse papel está vinculado a certas formas esperadas de ação. A consciência de regras e de papéis são estreitamente ligadas entre si. A criança aprende o papel que ela assume no interior da família e que é sabido pelos demais membros da família. À medida que o espaço social se amplia, tornam-se também mais complexos o modelo de papéis e a consciência de regras. A criança aprende que violações de regras são punidas, e internaliza suas normas. A justificativa dessas normas ocorre por meio da referência seja à tradição seja, ainda, a um acordo. As normas surgem da praxe e do costume, da religião e das leis. De acordo com a concepção de Freud, nesse estágio há a passagem do Supereu à consciência moral. Isso significa que a criança se apropria da regra e a defende contra toda forma de desrespeito. No entanto, ela mesma não é completamente imune a violações de regra, sobretudo quando a satisfação de suas carências elementares está em perigo. O segundo estágio do desenvolvimento moral determina também a vida dos adultos e caracteriza por completo a constituição moral de uma sociedade. Ele se vincula intimamente ao reconhecimento de um sistema jurídico qualquer.

Com o estágio da ética ocorre um salto qualitativo adicional do desenvolvimento moral. Aqui o papel decisivo é desempenhado não mais pela prática e aprendizado de regras de comportamento, mas, sim, pela reflexão. O tema da ética é a fundamentação moral. Esta torna-se atual, quando surgem contradições manifestas entre as possibilidades de satisfação de carências elementares e o sistema de regras de uma sociedade ou quando o próprio sistema de regras parece ultrapassado. Mesmo lançar o olhar a uma outra sociedade torna evidente a relatividade das normas sociais da própria sociedade. Isso ocorria já na época da sofística. Com o reconhecimento da condicionalidade histórica dos sistemas de normas e a insatisfação com as próprias, cresce a necessidade de um fundamento seguro. Normas inquestionáveis podem ser questionadas, tanto uma ordenação social hierárquica como também a existência de privilégios para determinados grupos ou a discriminação de minorias. Abre-se, assim, o campo de concepções éticas distintas. Exemplos disso são a ética antiga da felicidade, assim como as diversas concepções de uma ética religiosa, o utilitarismo, a ética dos valores, uma ética universalista da razão e, por fim, a ética da responsabilidade. Ética, isto é, fundamentação moral, vincula-se à capacidade de reflexão e pressupõe, por esse motivo, o desenvolvimento do ser humano em pessoa.

2 O conhecimento da situação real

Para fornecer uma resposta à questão do conhecimento da situação real da pessoal, parece adequado discutir os conceitos que lhe são constitutivos, isto é, determinar as categorias específicas da situação do ser humano e delinear os problemas do conhecimento, do conceito de verdade e da realidade. O lema do conhecimento de si, que era dirigido como exortação e apelo a todos os que adentravam no templo de Delfos, fornece o fio condutor da antropologia antiga. O resultado do conhecimento de si é uma determinada definição do ser humano: os seres humanos são os mortais. Outras definições surgiram em seu lugar. Porém, independentemente de quanto elas variem entre si, algo permanece. Toda definição antropológica é o resultado da reflexão. Quando esta é realizada, afirma-se: "Eu conheço a mim mesmo". Já em Heráclito encontra-se a formulação: "Eu perscruto a mim mesmo" (DK 22, B 101). Conhecimento de si é expressão de uma relação consigo próprio. O eu [Ich] é o sujeito reflexionante do conhecimento, o si [Selbst] é seu objeto refletido. O eu-mesmo [Ich-Selbst] que se conhece apresenta uma identidade mediada de sujeito e objeto. Dessa forma mediada, o princípio da subjetividade tem uma importância central para o conceito de pessoa. Em contraste, o ser humano, na medida em que é objeto de sua reflexão, é parte do mundo e, enquanto tal, se encontra numa determinada situação. Na busca por conhecer-se a si mesmo, o ser humano empreende uma tentativa de conhecer sua situação no mundo. O lema do conhecimento de si tem por objetivo o conhecimento da situação real do ser humano no mundo. O si ligado ao mundo [das welthafte Selbst] constitui aqui a condição para a existência do eu que reflete e conhece.

Em virtude de sua constituição física, o ser humano é primeiramente uma coisa corporal. Portanto, atribuem-se também ao ser humano todas as categorias que são atribuídas aos objetos da experiência no espaço e tempo. Aristóteles esboçou uma tábua de dez categorias para a determinação teórica de uma coisa, Kant a sistematizou e a ampliou para doze categorias. No século XIX, foi considerada como insuficiente a transposição ao ser humano das categorias de objetos físicos da experiência, tendo-se buscado desenvolver um sistema próprio de categorias para a descrição da situação do ser humano. Wilhelm Dilthey foi aqui uma figura de destaque, esboçando categorias das ciências humanas para a determinação do ser humano e as distinguindo das categorias das ciências naturais. Contudo, a redução da antropologia à ciência humana não fez jus à situação do ser humano. Na realidade, aplicam-se ao ser humano três sistemas de categorias. Isso significa que o ser humano é tanto uma coisa corpórea física, estando sujeito a suas categorias, como, ao mesmo tempo, um ser vivo, subsumindo-se às categorias da vida (cf. cap. VII, 3), e, por fim, enquanto ser humano, distingue-se pelas categorias antropológicas que são atribuídas apenas a ele. Daqui fazem parte consciência de si, reflexividade, linguagem e ação; isto é, categorias que distinguem o ser humano enquanto pessoa. Na linguagem cotidiana, em contrapartida, o conceito de "situação" é utilizado em um sentido amplo e assistemático. Nós falamos tanto da situação de saúde do ser humano como de sua situação econômica, política ou social.

Um problema particular surge da pretensão do conhecimento. Nos gregos antigos esse problema era visto com clareza. O resultado de um conhecer é um saber, e o saber designa um ter-visto [*Gesehen-Haben*]. Alguém sabe o que ele mesmo viu. Saber é, nesse sentido, "autópsia". Assim, saber está vinculado ao presente. O futuro está vedado ao ser humano. Ele é reservado aos deuses. Essa ideia leva à distinção entre o saber humano e o saber divino. O saber humano é não apenas fragmentário, mas também falível, isto é, sujeito a uma ilusão contínua. Em sentido estrito, o ser humano dispõe apenas de opiniões. O saber, que é pensado sempre como um saber consumado, permanece um objetivo. Para atingi-lo, cumpre examinar as opiniões. A filosofia platônica segue essa concepção. Na época do ceticismo helenístico, a dúvida na possibilidade do conhecimento acentuou-se, surgindo a recomendação de suspensão do juízo, a *epoché*. Contudo, após Descartes ter colocado a questão da certeza com uma nova radicalidade no início da Modernidade, a questão da verdade tornou-se mais uma vez um problema. Partindo da certeza de si do eu pensante, Descartes acreditava poder inferir todas as demais verdades. Ele entendia a verdade como evidência. Porém, seu conhecimento supostamente evidente não é tão sem pressupostos como ele supunha, e suas inferências, que o levaram ao conhecimento do mundo, não eram de maneira alguma, também em razão de uma problemática prova da existência de Deus, tão cogentes como ele acreditava. A sua concepção da verdade não pôde remover a dúvida na possibilidade do conhecimento. Kant, pois, recorreu novamente à visada cética, elucidando como impossível o conhecimento da coisa em si. Também no século XIX, a concepção de hermenêutica deu prosseguimento à tradição cética. Em lugar do conhecimento aparecia a interpretação. De acordo com essa abordagem, há muitas interpretações de uma situação, mas não há critério algum para distinguir uma situação verdadeira de uma falsa. Ao passo que conhecimento significa sempre conhecimento da verdade, há tanto opiniões verdadeiras e falsas como interpretações verdadeiras e falsas. A pretensão do conhecimento da verdade se submete a um relativismo histórico.

Entretanto, se se atém fundamentalmente ao conceito da verdade, é promissora a vinculação a um conceito de verdade que fora desenvolvido já na Grécia antiga. A abordagem de Heráclito é aqui de grande importância. Para ele, o conhecimento é guiado pelo discernimento do "*logos*", que determina os estados-de-coisas do mundo. O conceito de "*logos*" tem um amplo espectro de significados. Os principais são: palavra, pensamento, proposição, estado-de-coisa e relação. Uma proposição é verdadeira se corresponde ao estado-de-coisas que ela designa. Heráclito determinou a verdade como a correspondência entre proposição e estado-de-coisas, fundando, assim, a teoria de correspondência da verdade. Ele prepara, com isso, a lógica como a doutrina da verdade (cf. PLEGER, 1987, p. 70ss.). A lógica antiga tem um fundamento ontológico. Aristóteles formulou outros aspectos formais desse conceito de verdade. No jargão latino, tem-se a formulação: "*veritas est adaequatio rei et intellectus*". Contudo, essa formulação é equivocada e enganosa. Não há nem adequação nem concordância ou semelhança entre proposição e estado-de-coisas. Isso se mostra já na pluralidade de idiomas, e o problema tampouco é resolvido pela substituição da proposição pelo pensamento, pois este é vinculado à linguagem. A correspondência não produz a univocidade esperada por Descartes, de modo que deve ser aceita a ideia grega de que a busca pelo conhecimento é, decerto, indispensável, mas permanece fragmentária e provisória.

A busca por um conhecimento da situação real do ser humano deve ser considerada à luz dessa restrição. O conceito de realidade merece, aqui, uma atenção especial. Ele é uma tradução do conceito latino de "*realitas*", significando aquilo que constitui o conteúdo de uma "*res*", isto é, de uma coisa, o seu conteúdo objetivo ou sua essência. Kant recorre a esse sentido e por vezes traduz "*realitas*" por "coisidade" [*Sachheit; Dingheit*]. Ele distingue a realidade objetiva, com a qual são designados os objetos da intuição externa, da realidade subjetiva, por exemplo, do tempo, que corresponde a uma intuição interna. Para Kant, ao conceito de realidade objetiva liga-se o problema não resolvido de provar a "existência de coisas fora de nós". Esse problema é, para ele, "sempre um escândalo da filosofia". No século XIX, o conceito de realidade foi reduzido ao significado de "realidade objetiva" no sentido kantiano, tendo sido feitas inúmeras tentativas de provar a realidade do mundo exterior. Via de regra, a referência a uma "vivência de resistência" foi utilizada como auxílio, como, por exemplo, em Dilthey. Realidade [*Realität*] e efetividade experienciável [*erfahrbare Wirklichkeit*] eram tidas por sinônimos. Contudo, com isso se restringiu o conceito originário de "*realitas*". Pelo contrário, parece mais adequado reportar-se ao conceito mais amplo de "*realitas*", como, por exemplo, Leibniz ainda o utilizava. Para ele, "*realitas*" abrangia tanto a existência como também a possibilidade e a necessidade (cf. *HWP*, 8, 182). Um conceito abrangente de realidade abrange, portanto, as modalidades efetividade (existência), possibilidade e necessidade. Esse conceito abrangente é central na questão do conhecimento da situação real. Na busca pelo conhecimento da realidade resultam diversas espécies relativamente às modalidades efetividade, possibilidade e necessidade. O que deve ser tematizado são a experiência da efetividade, a sondagem [*Erkundung*] da possibilidade e o discernimento da necessidade.

A situação de uma pessoa é determinada pela efetividade por ela experienciada. Ela é única. Cada pessoa se encontra a cada momento em uma situação que diz respeito somente a ela. Isso pode ser elucidado a partir do seguinte estado-de-coisas elementar: a pessoa se encontra a cada momento determinado em um lugar determinado que não pode ser simultaneamente assumido por nenhuma outra. Ela tem experiências com esse local e com as coisas em seu entorno. Ela tem experiências dos eventos no tempo e tem experiências consigo mesma e com outros. As experiências que ela tem são tão individuais como ela própria. Por meio das experiências a pessoa conhece a efetividade e a si mesma. A experiência da efetividade é sempre simultaneamente experiência de si. A experiência da efetividade é, de uma maneira fundamental, experiência de mundo, pois a situação da pessoa não quer dizer outra coisa senão o seu Ser-no-mundo. Portanto, a experiência de mundo não é experiência de um mundo exterior. Somente há a busca de uma prova da existência do mundo exterior para um sujeito que, primeiramente a caminho da abstração, se liberta de todo vínculo mundano, assume uma posição extramundana e na sequência busca provar a existência do mundo exterior. Trata-se de um empreendimento absurdo (cf. HEIDEGGER, 1963, p. 206).

Em contrapartida, um problema é a questão de se a experiência da efetividade pode levar a seu conhecimento, isto é, ao conhecimento da verdade. O fundamento para a resposta positiva a essa questão repousa no fato de a efetividade ser mais ressaltada na experiência. A experiência é a aquisição de um novo conhecimento. A pessoa não é, aqui, de maneira alguma uma folha de papel em branco, como Locke ainda acreditava, mas, antes, carrega sempre opiniões e preconceitos ao defrontar-se com a efetividade. Opiniões e preconceitos põem o conhecimento em perigo. Se eles assumem o controle, a efetividade se oculta. A pessoa então não tem nenhuma experiência, mas, antes, é apenas confirmado o que ela já sabia ou dizia saber. Apenas quando a efetividade é afirmada e consolidada diante das opiniões e preconceitos é que ela se ressalta enquanto si mesma. Surgem, por meio disso, experiência e conhecimento. Experiência é o conhecimento que surge no malogro de nossas opiniões no confronto com a efetividade. Uma opinião malogra nos fatos que são então sentidos como "duros", se a opinião fora determinada por um pensamento ilusório. O conhecimento da verdade depende essencialmente da prontidão da pessoa em examinar suas próprias opiniões sobre a efetividade no confronto com a mesma. Platão vê na dialética o método de exame das opiniões. Esse método apresenta uma promissora abordagem para a aquisição de conhecimentos. Contudo, não basta examinar as opiniões existentes com base em sua ausência de contradições lógicas, como é praticado nos diálogos platônicos, mas, antes, é necessário confrontá-las com a efetividade experienciada. Aqui as opiniões tornam-se questões para as quais a efetividade fornece uma resposta. Uma dialética de questões e respostas modificada dessa maneira fornece o fio condutor para o conhecimento da efetividade. Trata-se, contudo, de um processo cansativo e interminável.

À experiência da efetividade vincula-se a descoberta da possibilidade. Um primeiro acesso a ela surge do conhecimento de que cada experiência experienciada no presente deve ser compreendida como algo que assim se tornou. A efetividade é o resultado de uma história. O seu transcurso não é determinado. A efetividade experienciada pela pessoa é uma trama de processos naturais e ações de seres humanos. Por essa razão, prende-se à efetividade um momento de acaso.

É sempre possível a suposição de que a efetividade que se formou historicamente poderia ter tido um outro transcurso e que pode no futuro continuar se desdobrando de maneira diferente. A realidade se apresenta à pessoa não apenas como um emaranhado de fatos, mas ao mesmo tempo como um campo de possibilidades que se abrem à fantasia. Contudo, no interior desse campo cumpre realizar uma importante diferenciação entre as possibilidades que somente podem ser pensadas e aquelas que também podem tornar-se efetividade. O que é possível de ser pensado é um "*possibile logicum*". O que é possível que a efetividade se torne é, pelo contrário, uma "*potentia*", uma potência. Trata-se de um possível potencial. Apoiando-se no jargão de Leibniz, ele pode ser designado como um "possível real" (cf. PAPE, 1966, p. 36ss.). A efetividade e o possível real formam, mediados pelo tempo, uma passagem fluida. Possibilidades que repousam no futuro são efetivadas na medida em que este torna-se presente. A pessoa que age historicamente toma uma importante parte nesse processo de efetivação de possibilidades. O interesse dela é o de sondagem do possível real. Em oposição à mera representação fantasiosa de possibilidades que não são reais, essa sondagem é um processo de conhecimento.

A terceira dimensão do conhecimento da situação real diz respeito ao discernimento da necessidade. Em oposição ao contingente, ela é aquilo que não pode ser de outra maneira, um inalterável. Três estados-de-coisa merecem ser mencionados. Necessidade no sentido da inalterabilidade é primeiro atribuída ao passado. Eventos do passado perseveram em um estatuto de um ser inalterável. Disso fazem parte o início da Segunda Guerra Mundial em 1939, assim como a fundação da cidade de Roma. A pergunta "como teria sido, caso...?" faz parte de um jogo irrealista de pensamento. A pessoa tem de aceitar a inalterabilidade do passado. Segundo, ela tem de reconhecer a experiência da efetividade, com a qual é confrontada, também independentemente de qualquer questionamento metódico. Ela é sofredora ou ditosa. A rigor, contudo, toda experiência apresenta uma forma de sofrer [*Leiden*], tanto a experiência de doença e dor como uma esmagadora experiência de felicidade. Experiência é toda aquela influência da efetividade no ser humano que leva ao conhecimento. A experiência da efetividade ocorre com necessidade, pois o ser humano está inevitavelmente confrontado com a efetividade. Ela pode ser expressa com a seguinte frase: "O agir da pessoa ocorre com necessidade". Essa frase tem duas premissas que precisam ser enunciadas. A primeira é: "Apenas uma pessoa pode agir", e a segunda: "Agir é tanto um fazer [*Tun*] como um deixar de fazer [*Lassen*]".

3 Ações da pessoa

A gramática latina distingue o ativo do passivo, o que pode ser traduzido no idioma alemão como a distinção entre agir [*Handeln*] e sofrer [*Leiden*]. Ambos apresentam uma necessidade no contexto da situação real da pessoa. Tanto agir como também sofrer devem ser compreendidos num sentido amplo. O passivo é utilizado gramaticalmente também para designar aquilo que é prezado ou brindado. O sofrer, assim, recebe prioridade. Todo agir é uma resposta a um sofrer ou, o que dá no mesmo, à experiência de uma situação real. O agir deve ser igualmente entendido num sentido amplo. Diferentemente do que diz uma opinião muito difundida, agir não é de maneira alguma apenas um fazer [*Tun*], mas também um deixar de fazer [*Lassen*] (cf. HARTMANN, 1962, p. 134). Agir é um fazer e deixar de fazer conscientes. O deixar de fazer pode ser um admitir [*Zulassen*] ou um omitir [*Unterlassen*]. No primeiro caso, o agente não impede o fazer de outrem, no segundo caso ele evita um fazer próprio. Todo agir é ética e em muitos casos também juridicamente relevante. O professor que admite a violência entre seus alunos age de forma discutível ao mesmo pedagogicamente. O mesmo vale para o agir por meio do omitir. Não prestar socorro a alguém severamente machucado ou não se esforçar em chamar imediatamente um socorro profissional configura o crime de omissão de socorro. Deixar propositalmente e sem necessidade um recém-nascido sem alimento, em relação ao qual há um dever de assistência, pode até mesmo configurar o crime de "homicídio por omissão". Da mesma forma, todo fazer consciente é um agir e, enquanto tal, é ética e juridicamente relevante. Em contrapartida, um fazer em estado de ausência de consciência, de sono ou em um outro transtorno relevante de consciência, não é agir.

Todo agir é um efetuar, ou melhor, a efetivação de uma possibilidade. O agente escolhe uma possibilidade entre aquelas que conhece e, assim, ao mesmo tempo rejeita as demais. A escolha exige reflexão e decisão. Possibilidades de ação que são conhecidas significam liberdade. O agente pode escolher entre diferentes possibilidades de ação, e ele tem de escolher. A pessoa não pode não agir (HARTMANN, 1962, p. 134). Uma possibilidade de escolha significa liberdade somente quando ela é conhecida. Uma possibilidade que permanece não descoberta impede o poder-escolher [*Wählen-Können*]. Liberdade como possibilidade conhecida de escolha distingue-se da compreensão tradicional da liberdade da vontade. Essa tem seu fundamento histórico nos estoicos. Em latim ela é "*liberum arbitrum*" e significa a rigor liberdade de juízo. Ela contém a ideia de que não podemos mudar as coisas fora de nós, pois elas estão sujeitas a uma estrita necessidade, mas podemos, sim, mudar a nós mesmos, nossa atitude, nossa postura, nosso juízo e nossa vontade. A liberdade torna-se uma questão psicológica, interna. Essa concepção desemboca em uma psicologia das faculdades, que levanta não apenas a questão sobre a existência dessas faculdades, mas também sobre seus pontos fortes e francos, assim como sobre sua mensurabilidade. A concepção de liberdade da vontade é repleta de dificuldades consideráveis.

A liberdade foi entendida de maneira diferente na filosofia grega antiga. Para ela, não havia liberdade da vontade, a rigor nem mesmo vontade, mas apenas aspirações orientadas por um fim. Para Aristóteles a liberdade consiste em uma escolha deliberada [*prohairesis*], que é o resultado de um preferir e selecionar entre diversas possibilidades. Ela tem uma fundamentação lógica e uma estrutura lógico-modal. Ela oferece o ponto de partida adequado para uma reformulação do conceito de liberdade. Em toda situação abrem-se diversas possibilidades que são conhecidas pela pessoa e podem ser efetivadas por meio do agir. Certamente há também possibilidades que uma pessoa não conhece, e sem dúvida a pessoa, devido a limitações que residem nela, em muitos casos não é capaz de efetivar a possibilidade que ela conhece. Isso significa que a liberdade não é absoluta; mas, antes, é dependente da situação. Para cada pessoa surge, em sua situação única, um espectro específico de possibilidades de escolha. Possibilidades que se oferecem a uma pessoa em sua situação podem, por princípio, estar vedadas para uma outra pessoa, como, por exemplo, possibilidades distintas, específicas do gênero e biologicamente fundadas, de homens e mulheres relativamente à reprodução e nascimento. A liberdade é tão limitada quanto as possibilidades reais que surgem de uma situação específica.

O agir é a resposta a uma situação problemática. A situação é problemática, porque a pessoa não forma uma identidade súbita com a situação na qual ela se encontra. Pelo contrário, ela desenvolve uma relação com ela. Nela aparecem carências naturais, interesses práticos e questões teóricas. Elas formam o espectro de problemas. Todo agir, portanto, apresenta a busca pela solução de um problema. Uma situação problemática apresenta um desafio para a pessoa. O seu agir é a resposta a isso. Ao agir, a pessoa escolhe não apenas uma possibilidade entre diferentes possibilidades de ação e decide-se por ela, mas também ela ao mesmo tempo determina e escolhe a si mesmo. Aquele que escala uma montanha escolhe e determina a si mesmo como um alpinista; aquele que pinta um quadro escolhe e determina a si mesmo como pintor.

É possível perguntar-se se escolha de si e determinação de si se põem no início e a ação se segue delas, isto é, se a ação segue de um ser ou o se o ser se segue de uma ação. A favor da primeira resposta pode ser dito que toda ação carece de uma reflexão preparatória e por vezes até mesmo de ações preparatórias. O alpinista escolhe a montanha que pretende escalar, ele selecionará o calçado mais apropriado etc.; o pintor reflete sobre um tema apropriado e deixa preparados os utensílios de pintura. Por outro lado, a preparação de uma ação ainda não é ainda a execução dela. Somente ao escalar de fato a montanha aquele que realizou essa ação torna-se um alpinista; da mesma forma, somente o quadro pintado faz de seu autor um pintor. Porém, a alternativa entre escolha de si e escolha da ação é uma oposição abstrata. Se a ação abrange tanto a possibilidade do fazer como a do deixar de fazer, então o fazer enquanto uma possibilidade não pertence à ação mesma. Portanto, somente o propósito da ação e o fazer ou deixar de fazer realizado constituem a ação concreta. É possível até mesmo perguntar se a pessoa adquire uma dada caracterização somente devido a uma série de ações similares. O eu como sujeito da pessoa é, a rigor, "*a série de suas ações*" (HEGEL, 1970, 7, p. 233). Em cada caso, porém, há uma dialética de escolha de ação e escolha de si. Pela escolha e execução de uma ação a pessoa se determina em seu si.

Como o agir deve ser entendido como resposta a uma situação problemática, surge a pergunta por sua determinação mais precisa. Mencionemos três dimensões de problemas. Primeiro, trata-se dos problemas que surgem do carecimento natural das pessoas. Eles são os problemas da conservação e formação da vida. Eles podem ser caracterizados como problemas técnico-artificiais. Segundo, trata-se de problemas que surgem da vida conjunta da pessoa com outros seres humanos. Eles são problemas prático-éticos. Terceiro, por fim, deve ser mencionado o problema da orientação de mundo. Ela tem um caráter teórico-lógico.

O carecimento natural funda-se no fato de que a pessoa, como ser vivo, somente pode se conservar por meio da garantia de um processo metabólico com a natureza que a circunda. Como ser vivo, o ser humano precisa não apenas de materiais inorgânicos como água, luz e minerais, mas também de materiais orgânicos. Como ser vivo, o ser humano vive e se nutre de outra vida. A provisão de nutrição pertence, portanto, às atividades fundamentais da pessoa como ser vivo. A sua organização exige reflexão, planejamento e destreza. A sua execução tem o caráter de trabalho. Como um fazer refletido, o trabalho é um agir que serve à satisfação das carências naturais. Dele fazem parte não apenas a provisão de nutrição e a produção de vestimenta e moradia, como também a produção dos próprios instrumentos de trabalho.

O trabalho não é um processo natural, mas, antes, exige técnica. A técnica é um saber sobre como se faz algo. Ela é determinada por um saber e um poder--fazer [*Können*]. Por meio desse poder-fazer ela se torna uma arte. Técnica e arte são tão antigas quanto o ser humano. Ao passo que técnica e arte formavam uma unidade até a época da Renascença, na Modernidade esta unidade foi dissolvida. A técnica recebeu um crescente caráter de dominação da natureza, enquanto a arte dizia respeito exclusivamente à produção e recepção de formas. Essa cisão em duas abordagens contrárias pode ser notada já em Leonardo da Vinci, importante pintor e também construtor de máquinas utópicas. Porém, uma técnica segregada da arte dessa maneira tem consequências fatais. Ela leva não apenas a uma exploração implacável da natureza, mas também, por fim, a uma destruição dos fundamentos naturais de vida do ser humano.

Portanto, na situação histórica contemporânea do ser humano, não se trata nem de valorizar inquestionavelmente a técnica em sua eficácia e tampouco aboli--la, mas, antes, de modificar o seu caráter. Bloch já havia criticado a concepção de dominação da natureza com as seguintes palavras: "A nossa técnica até aqui está na natureza assim como um exército de ocupação em um país inimigo" (BLOCH, 1977, 5, p. 814). Em seu lugar, ele avança uma utopia, segundo a qual a técnica deve ser compreendida "como parto e intercessão das criaturas que dormitam no seio da natureza" (BLOCH, 1977, 5, p. 813) e a relação do ser humano com a natureza deve ser pensada como uma "aliança natural". A ideia de uma aliança natural exige uma nova compreensão do agir técnico-artístico. O fio condutor não deve ser constituído por uma dominação da natureza, mas, antes, pela ideia, orientada pelo conceito de arte, de formação de uma relação ecologicamente defensável do ser humano com a natureza.

A segunda dimensão de problemas diz respeito às relações inter-humanas. O ser humano se desenvolve em pessoa em um contexto interpessoal. Neste se dão todos os aspectos de sua personalização, mas também todos os problemas interpessoais. Essa ambivalência foi vista na história europeia desde muito cedo. Em um mito, Platão nota que os seres humanos se matariam sem um direito que lhes foi concedido por um deus, e descreve o tirano como um ser humano que busca proveito às custas dos seus semelhantes. Ao mesmo tempo, porém, ele torna claro que a felicidade, que todos buscam, somente pode ser obtida por meio da justiça. Aristóteles vai um passo além. Ele define o ser humano como um ser que tende por natureza à sociedade. Ao mesmo tempo, porém, ele também afirma que nenhuma sociedade existiria sem direito e que este precisaria ser deliberado nela. A pretensão da sociedade e a do indivíduo formam uma relação ambivalente.

A expressão mais evidente dessa ambivalência ficou a cargo de Kant. Ele descreve a relação inter-humana acertadamente como a "insociável sociabilidade do ser humano", a qual, de acordo com ele, "claramente" repousa "na natureza humana". Ele a descreve assim:

> O ser humano tem uma inclinação para *associar-se* porque se sente mais como ser humano num tal estado, pelo desenvolvimento de suas disposições naturais. Mas ele também tem uma forte tendência a *separar-se* (isolar-se), porque encontra em si ao mesmo tempo uma qualidade insociável que o leva a querer conduzir tudo simplesmente em seu proveito, esperando oposição de todos os lados, do mesmo modo que sabe que está inclinado a, de sua parte, fazer oposição aos outros (KANT VI, p. 37ss.).

Como um evento interpessoal, esse estado-de-coisas se apresenta desta maneira: o ser humano carece de uma outra pessoa para sua personalização. Por outro lado, porém, a delimitação do eu é parte imprescindível dela. Portanto, a pessoa está sempre confrontada com o problema dos conflitos interpessoais. Ela responde a esse problema com um agir que serve à solução do conflito. Os padrões desse agir formam o tema da ética.

A terceira dimensão de problemas é apresentada pela pergunta pela orientação de mundo da pessoa. A busca por uma orientação de mundo ocorre sempre a partir da situação na qual a pessoa se encontra. Ela significa tanto conhecimento da situação como também o direcionamento da pessoa ao objetivo do agir. Ambos os aspectos da orientação de mundo são indissociáveis entre si. Mencionemos aqui três espécies de orientação de mundo. Os mitos e as religiões apresentam a mais antiga delas. Apesar de sua multiplicidade, elas repousam sobre uma ideia comum, a saber, que o mundo é determinado por forças divinas. O agir humano é entendido como resposta à atuação e exigências dessas forças. Ele se liga a um conjunto de orações e a uma concepção relativamente fechada de ações ritualísticas. A visão de mundo [*Weltanschauung*] apresenta uma outra forma de orientação de mundo. Ela tem, geralmente, um caráter secular, porém, assim como a orientação religiosa de mundo, ela se caracteriza pelo número limitado de premissas dogmáticas básicas sobre a existência do mundo, estabelecendo para a pessoa um objetivo de ação. Alguns exemplos disso são a visão materialista de mundo e o monismo concebido sob a perspectiva da ciência da natureza.

Por fim, a concepção de teoria desenvolvida no pensamento grego merece uma atenção especial. Aqui é central o conhecimento da estrutura imutável do mundo. Teoria é uma ciência da ordenação constante do mundo. A orientação em uma ordem racional e eterna do mundo abre ao mesmo tempo a perspectiva para o agir humano. Para Aristóteles, o modo teórico de vida é, pois, o mais significativo eticamente. Porém, Platão já havia notado que ele é possível ao ser humano apenas de modo incipiente. Essas restrições constituem a essência da filosofia. A filosofia [*Philosophie*], que, segundo Hegel, pode ser justamente denominada "sabedoria do mundo" [*Weltweisheit*] (HEGEL, 1970, 18, p. 81), apresenta um saber de pessoas passível de revisão, que guia a ação e que é posto à prova no diálogo. A orientação filosófica de mundo é, pois, a busca por, mediante a inclusão de conhecimentos científicos que progridem e são revisados, atingir uma determinação da situação do ser humano no mundo, isto é, permitir a determinação de si da pessoa. Ela tem uma estrutura lógica, isto é, linguística. Ela não se articula em orações ou rituais e tampouco em afirmações dogmáticas, mas, antes, em enunciados e argumentos que estão sujeitos a veto.

4 A responsabilidade da pessoa

Com base em sua origem no âmbito do teatro, a pessoa é caracterizada por três competências: pela capacidade da linguagem, do agir e da determinação de si. A pessoa responde com a linguagem e com o agir aos desafios de uma situação problemática e, assim, determina a si mesma. A relação entre desafio e resposta se distingue fundamentalmente da relação entre estímulo e reação. Ao passo que um determinado estímulo desencadeia uma clara reação, uma resposta decerto se segue a um desafio como uma correspondência, mas não de modo claro e previsível, e sim em razão de reflexão e decisão. Todo problema representa um desafio, e este tem a estrutura de uma questão. Ele apresenta uma determinada capacidade da pessoa em transformar em uma questão respondível o problema que importuna a consciência. Na medida em que a consciência do problema se torna uma questão, surge em muitos casos já um horizonte de possibilidades de resposta. Como autora de uma ação, a pessoa é responsável por ela. Também é correta a afirmação de que a pessoa somente é responsável pelas ações das quais é a autora inquestionável. Por fim, é verdade que apenas pessoas podem agir, e isso significa, por sua vez, que onde se fala de uma ação uma pessoa tem de ser admitida como sua autora.

Como autoria de uma ação, a pessoa é não apenas responsável por ela, mas também tem de responsabilizar-se diante de outras pessoas. O responsabilizar-se por uma ação ocorre mediante a descrição de razões e motivos. O seu objetivo é justificar uma ação, isto é, provar que ela ocorre justamente. Deve ser perguntado se uma pessoa está autorizada a responsabilizar uma outra. Num sentido jurídico estrito, apenas pode fazê-lo um juiz ou um superior, num sentido moral amplo, qualquer pessoa, e no sentido mais amplo, toda a humanidade.

Nas religiões reveladas, é comum a ideia de que em um sentido definitivo apenas Deus, Ele próprio pensado como uma pessoa suprema, pode responsabilizar o ser humano enquanto pessoa (cf. WEISCHEDEL, 1972, p. 47). Particularmente a doutrina protestante da justificação se baseia nessas reflexões. Na Modernidade, desde Descartes, a responsabilidade diante de Deus, compreendida numa perspectiva cristã, foi transformada na responsabilidade diante da própria consciência moral. É possível ver nisso um processo de secularização (cf. PICHT, 1969, p. 318ss.). Assim, superior a todo tribunal mundano, a consciência moral é considerada a instância diante da qual as ações têm de ser responsabilizadas.

Entretanto, independentemente de todas as reflexões religiosas, é central a ideia de que toda ação tem como pressuposto a liberdade da pessoa. A concepção da liberdade da pessoa, porém, foi recentemente questionada por neurobiólogos que se dedicam de modo intenso a pesquisas sobre o cérebro. Eles defendem um reducionismo científico. Wolf Singer, por exemplo, afirma "que a pesquisa sobre o cérebro está no caminho para ampliar sua abordagem reducionista a todos os campos relevantes, sem exceção" (SINGER, 2002, p. 32). Essa abordagem questiona radicalmente a compreensão natural de si do ser humano. Segundo Singer, se se parte dessa abordagem, surgem as seguintes questões: "E o que ocorre com a nossa experiência de que podemos decidir livremente? E o que ocorre com a atribuição de culpa e nosso patrimônio cultural da responsabilidade?" (SINGER, 2002, p. 32). Singer ressalta que todos estes conceitos desenvolvidos no contexto das "ciências humanas", como liberdade, responsabilidade, culpa e, por fim, mente [*Geist*], perdem seu significado tradicional quando as "dicotomias mente e corpo, corpo e alma" são abandonadas em um procedimento reducionista, e nós nos "dispomos a reduzir um ao outro" (SINGER, 2002, p. 33).

A sua solução para o problema consiste em considerar como "produtos supremos de nosso cérebro" esses conceitos tradicionalmente pertencentes à compreensão de si do ser humano como pessoa, já a "experiência" de "sermos agentes autônomos e autodeterminados" seria "presumivelmente" nada mais do que "constructos culturais" (SINGER, 2002, p. 62). Não há lugar para um eu autônomo em uma abordagem cientificamente reducionista. Singer questiona sua existência com as seguintes perguntas retóricas:

> Como devemos imaginar que possa ser tomada uma decisão voluntária que então tenha um efeito sobre nosso cérebro, de modo que este, obedecendo ao impulso voluntário, realize esta ou aquela ação? Onde devemos situar o eu autodeterminante que sentimos como se ele se desligasse de funções cerebrais e a elas se opusesse? (SINGER, 2002, p. 33).

A sua resposta a essa questão é clara: deve ser reconhecido o "conhecimento" neurobiológico de "que em nosso cérebro não pode ser identificado um centro de convergência onde somente se deem decisões, onde planos de ação são esboçados e onde a consciência tem seu lugar" (SINGER, 2002, p. 33). A conclusão de sua argumentação é a seguinte: somente é possível falar sobre a existência de um eu autodeterminado se for possível "situá-lo" no cérebro, e, como se pode demonstrar que não há esse lugar, não se pode então sustentar sua existência. Singer segue aqui a argumentação positivista de Ernst Mach, que já em 1886 havia declarado categoricamente: "O eu está condenado" (MACH, 1991, p. 20). Contudo, os defensores do reducionismo incorrem aqui em uma contradição. Os enunciados que eles fazem sobre os processos neurofisiológicos de um cérebro pressupõem um eu que reflete e tem linguagem, para cuja existência, contudo, não há nenhum lugar na abordagem reducionista.

Contudo, também na suposição de um eu reflexivo, o conjunto conceitual de pessoa, ação, liberdade e responsabilidade está sujeito a objeções. O conceito de liberdade não tem um significado absoluto, mas sempre apenas situacional. A liberdade está vinculada ao conhecimento de uma possibilidade real de escolha em uma situação concreta. Uma pessoa é responsável por uma ação apenas se esta é a resposta a uma possibilidade conhecida de escolha. Apenas nesse caso a sua ação lhe pode ser imputada e se pode falar de culpa em um sentido jurídico.

O ordenamento jurídico alemão tematiza, na questão da culpa, de maneira bem exata a situação concreta da pessoa. Ele recusa a ideia de um reducionismo científico, no qual a liberdade não tem lugar, assim como um conceito absoluto de liberdade. Por essa razão, o entendimento jurídico de liberdade, responsabilidade e culpa tem uma importância crucial. Culpabilidade [*Schuldfähigkeit*] e inculpabilidade [*Schuldunfähigkeit*] dependem da situação da pessoa. No direito penal, a inculpabilidade, que antes era denominada inimputabilidade [*Unzurechnungsfähigkeit*], significa a incapacidade de um autor de um fato [*Täter*] para discernir o caráter ilícito de seu ato e agir segundo esse discernimento. Ela tem a isenção de pena como consequência. A questão da inculpabilidade refere-se a dois grupos de casos. O primeiro diz respeito a crianças e adolescentes. Aqui é importante a ideia de que a criança primeiro se desenvolve em pessoa e, portanto, somente ao longo do tempo desenvolve culpabilidade. Por essa razão, crianças menores de 14 anos são em geral incapazes de culpa (§ 19 StGB). Para adolescentes de 14 a 17 anos vale o direito penal juvenil [*Jugendstrafrecht*]. Nele são fundamentais não as penas, mas antes medidas educativas. A culpabilidade plena é admitida, de modo geral, com os 18 anos completos. Contudo, o direito penal juvenil é em parte aplicado para jovens de 18 a 20 anos, caso o seu agente, à época do delito, ainda seja equiparável a um adolescente segundo seu desenvolvimento moral e psíquico.

O segundo grupo abrange pessoas que, na comissão de um delito, seja devido a um transtorno mental, a um transtorno de consciência severo, a impedimentos psíquicos ou a uma anomalia mental grave (p. ex., psicopatias e transtornos), são incapazes de discernir o caráter ilícito do fato ou de agir segundo tal discernimento (§ 20 StGB). Em uma culpabilidade significativamente reduzida, por exemplo, um alto nível de álcool no sangue, pode haver um "fato cometido sob influência de entorpecentes" ["*Rauschtat*"], que é avaliado sob perspectivas especiais. Um fato cometido sob influência de entorpecentes se dá, então, quando a inimputabilidade foi provocada por uso proposital ou negligente de bebidas alcoólicas ou outras substâncias entorpecentes. Nesse caso, o fato cometido sob influência de entorpecentes é punido, mas não o delito cometido em casos de entorpecimento completo. Já Aristóteles não considerava o entorpecimento um motivo de exclusão de culpabilidade. Seu argumento é semelhante ao do direito moderno. Com efeito, o autor do fato não é responsável pelo fato cometido sob influência de entorpecente, mas o é pela indução do entorpecimento. Autores do fato que são incapazes de culpabilidade em razão de um transtorno de personalidade, mas dos quais é possível esperar no futuro atos ilícitos relevantes, podem ser internados em clínicas psiquiátricas por um período curto ou longo de tempo. Um resultado importante desse ponto jurídico é o reconhecimento de que somente é responsável e, com isso, culpável uma pessoa que tem condições de agir com discernimento. Torna-se claro que o discernimento [*Einsicht*] – e não a vontade [*Wille*] – é a chave para o entendimento de responsabilidade e culpa. As reflexões sobre a questão da culpabilidade mostram os limites da responsabilidade da pessoa. Elas evidenciam que a pessoa não pode ser entendida como descolada da situação na qual se encontra. A liberdade da pessoa e, com isso, sua responsabilização são dependentes da situação.

A dependência em relação à situação e o grau diverso de competência de ação da pessoa têm não apenas um sentido penal, mas também um significado geral. Elas levantam questões para todos os casos nos quais um ser humano ainda não é capaz, temporária ou definitivamente, de agir responsavelmente como pessoa. Isso diz respeito primeiramente à situação do lactente e da criança menor de idade. Os responsáveis por sua educação agem como seus representantes. Eles são responsáveis pela criança. Esse agir é necessário. Ele pode ser justificado quando ocorre para o bem da criança. De outra maneira, há um agir que assume o caráter de representante quando uma pessoa não é temporariamente capaz de tomar decisões ou assumir responsabilidade por si mesma. Esse é caso, por exemplo, de perda de consciência em virtude de doença ou de acidente. Nesses casos, deve ser considerada a conjectural vontade da pessoa em cujo nome se age ou, caso esta vontade não é conhecida, o melhor interesse do paciente. O caso mais complexo é aquele do final definitivo da competência de ação de um ser humano, como, por exemplo, em pacientes em coma. Aqui se coloca o problema da manutenção de medidas para prolongar sua vida. Se não há uma disposição clara do paciente, então também aqui a perspectiva diretriz é o melhor interesse da pessoa que perdeu sua competência de ação. Em todos os casos mencionados, uma pessoa assume a responsabilidade por um outro ser humano.

A ideia de uma ética da responsabilidade vincula-se ao conceito de responsabilidade. Ela concorre com outras concepções tradicionais da ética. Mencionemos as quatro mais importantes. A primeira a ser mencionada temporal e talvez também hierarquicamente é a ética antiga da felicidade. Ela tem um fundamento antropológico. Segundo Aristóteles, nela a felicidade é determinada como aquilo a que todos os seres humanos aspiram. Uma transformação da ética da felicidade é representada pela ética religiosa. Ela interpreta o ser humano como criatura de Deus. A sua finalidade é a felicidade no sentido da bem-aventurança eterna. Uma outra concepção a ser mencionada é a ética do dever de Kant. Ela compreende o ser humano como um ser vivo racional que tem de satisfazer as pretensões da razão. Por fim, mencionemos o utilitarismo, que busca conceber a felicidade em termos quantitativos. Ele admite a carência humana pela felicidade e se orienta segundo o objetivo da "maior felicidade do maior número" (cf. BENTHAM, 1975).

Em oposição a essas concepções, a ética da responsabilidade tem um estatuto peculiar. Ela é ética e ao mesmo tempo metaética. Ela é ética na medida em que coloca a responsabilidade da pessoa e o direito à autodeterminação no centro de suas reflexões. Como as outras concepções éticas mencionadas, ela é também universalista. Daqui resultam consequências éticas. A cada pessoa têm de caber responsabilidade e o direito à autodeterminação. Daqui também resultam, contudo, consequências para a formulação dos direitos humanos, como, por exemplo, "o direito à vida, à liberdade e à segurança da pessoa" (Artigo 3, *Declaração Universal dos Direitos Humanos*, de 10/12/1948), ou a proibição da tortura ou de punições cruéis (cf. Artigo 5).

Mas a ética da responsabilidade também deve ser entendida como uma metaética. Isso significa que ela não concorre com as concepções éticas mencionadas, mas, pelo contrário, é compatível com elas. Em oposição a elas, a ética da responsabilidade apresenta uma espécie de ética mínima. Esse mínimo ético é a exigência feita a cada pessoa para que seu agir possa ser responsabilizado, ou seja, justificado. A espécie de justificação ocorre pela enunciação de razões que cada pessoa enquanto pessoa pode esperar das demais. Num contexto jurídico, os tribunais são as instâncias diante das quais as pessoas têm de ser responsabilizadas por suas ações por meio da enunciação de razões. As razões são formuladas, via de regra, mediante referência a princípios éticos que foram condutores para a ação. Conforme a convicção, as razões citadas pela pessoa provêm, por exemplo, da ética antiga da felicidade, da ética religiosa, da ética do dever ou do utilitarismo. Nenhuma dessas fundamentações éticas deve ser recusada de partida. Apenas dois modos de ação são deixados de fora: a negação da responsabilidade por uma ação que pode ser atribuída à pessoa e a recusa de justificar a própria ação em absoluto. A ética da responsabilidade, entendida como metaética, poderia ser um modelo não para dirimir o conflito das diferentes concepções éticas, mas, sim, para iniciar um frutífero diálogo entre elas.

Referências

Os asteriscos (*) indicam as traduções para o português consultadas. Não raro foram realizadas alterações em relação às traduções listadas.

Obras de referência

Die Bibel oder die ganze Heilige Schrift des Alten und Neuen Testaments – Nach der deutschen Übersetzung Martin Luthers. Stuttgart, 1963 [tradução da Bíblia feita por Lutero].

NESTLE, E.; NESTLE, E. & ALAND, K. (orgs.). (1964). *Novum Testamentum – Graece et Latine*. Stuttgart [edição crítica bilingue do Novo Testamento em grego e latim, atualmente conhecida simplesmente como "Nestle-Aland" e organizada por Barbara e Kurt Aland].

RITTER, J.; GRÜNDER, K. & GABRIEL, G. (orgs.) (1971-2004). *Historisches Wörterbuch der Philosophie*. 12 vols. Darmstadt [citado como *HWP*, vol., col.].

Fontes

* AGOSTINHO (1996). *A cidade de Deus*. 2 vols. Lisboa: Calouste Gulbenkian.

_____ (1992). *De Utilitate Credendi* – Über den Nutzen des Glaubens. Friburgo.

_____ (1991). *Vom Gottesstaat*. Livros 11-22. Munique.

_____ (1991a). *De vera religione* – Über die wahre Religion. Stuttgart.

_____ (1986). *Selbstgespräche*. Munique/Zurique.

_____ (1961). *Bekenntnisse*. Frankfurt a.M.

ANSELMO DE CANTUÁRIA (1984). *Proslogion*. Stuttgart/Bad Cannstatt.

* ARISTÓTELES (2013). "Ética a Nicômaco". São Paulo: Abril [coleção Pensadores].

* _____ (2010). *Sobre a Alma*. Lisboa: Imprensa Nacional/Casa da Moeda.

_____ (1997). *Kleine naturwissenschaftliche Schriften*. Stuttgart.

_____ (1983). *Vom Himmel – Von der Seele – Von der Dichtkunst*. Munique.

_____ (1981). *Nikomachische Ethik*. Munique.

_____ (1971). *Politik*. Munique.

_____ (1966). *Metaphysik*. Reinbek.

BRASSER, M. (org.) (1999). *Person* – Philosophische Texte von der Antike bis zur Gegenwart. Stuttgart.

CÍCERO (2008 IV). *Ausgewählte Werke*. Vol. 4: Über dem Redner. Düsseldorf.

_____ (2008 I). *Ausgewählte Werke*. Vol. 1: Philosophische Schriften. Düsseldorf.

_____ (2007). *De officiis/Vom pflichtgemässen Handeln*. Stuttgart.

_____ (1989). *Werke in drei Bänden*. Berlim/Weimar.

DARWIN, C. (2008). *Mein Leben*. Frankfurt a.M.

_____ (2008a). *Reise eines Naturforschers um die Welt*. Frankfurt a.M.

_____ (1982). *Die Abstammung des Menschen*. Stuttgart.

DESCARTES, R. (1996). *Die Leidenschaften der Seele*. Hamburgo [edição bilíngue].

_____ (1990). *Discours de la méthode*. Hamburgo [edição bilíngue].

_____ (1977). *Meditationes de prima filosofia*. Hamburgo.

DILTHEY, W. (1981). *System der Ethik*. Stuttgart (GS X).

_____ (1968). *Der Aufbau der geschichtlichen Welt in den Geisteswissenschaften*. Stuttgart (GS VII).

_____ (1933). *Einleitung in die Geisteswissenschaften – Versuch einer Grundlegung für das Studium der Gesellschaft und der Geschichte*. Leipzig/Berlim (GS I).

_____ (1931). *Weltanschauungslehre* – Abhandlungen zur Philosophie der Philosophie. Leipzig/Berlim (GS VIII).

* ENGELS, F. & MARX, K. (1997). *Manifesto do Partido Comunista*. Lisboa: Avante.

* ENGELS, F. (s/d). "Ludwig Feuerbach e o fim da filosofia clássica alemã". In: *Obras escolhidas de Karl Marx e Friedrich Engels*. Vol. 3. São Paulo: Alfa-Omega.

EPITETO (1984). *Handbüchlein der Moral und Unterrendungen*. Stuttgart.

FICHTE, J.G. (1971). *Fichtes Werk*. Berlim [edição de Immanuel Hermann Fichte].

_____ (1967). *Erste und zweite Einleitung in die Wissenschaftlehre*. Hamburgo.

_____ (1963). *Das System der Sittenlehre*. Hamburgo.

_____ (1954a). *Die Anweisung zum seligen Leben*. Hamburgo.

_____ (1954). *Die Bestimmung des Menschen*. Hamburgo.

FLASCH, K. (org.) (1982). *Geschichte der Philosophie in Text und Darstellung*. Vol. 2: Mittelalter. Stuttgart.

FREUD, S. & BREUER, J. (1985). *Studien über Hysterie*. Frankfurt a.M.

* FREUD, S. (2014). *Compêndio de psicanálise*. Porto Alegre: LP&M.

_____ (1997). *Studienausgabe* – Vorlesungen zur Einführung in die Psychoanalyse und Neue Folge. Frankfurt a.M.

_____ (1994). *Abriss der Psychoanalyse*. Frankfurt a.M.

_____ (1975). *Studienausgabe* – Schriften zur Behandlungstechnik. Frankfurt a.M. [edição de A. Mitscherlich et al.].

_____. (1974). *Studienausgabe* – Fragen der Gesellschaft. Ursprünge der Religion. Frankfurt [edição de A. Mitscherlich et al.].

GEHLEN, A. (1981). *Moral und Hypermoral* – Eine pluralistische Ethik. Wiesbaden.

_____ (1975). *Urmensch und Spätkultur* – Philosophische Ergebnisse und Aussagen. Frankfurt a.M.

_____ (1972). *Der Mensch* – Seine Natur und seine Stellung in der Welt. Wiesbaden.

_____ (1970). *Anthropologische Forschung* – Zur Selbstbegegnung und Selbstentdeckung des Menschen. Reinbek.

_____ (1957). *Die Seele im technischen Zeitalter* – Sozialpsychologische Probleme in der industriellen Gesellschaft. Reinbek.

HEIDEGGER, M. (1988). *Antwort, Martin Heidegger im Gespräch*. Pfullingen.

_____ (1966). *Einführung in die Metaphysik*. Tübingen.

_____ (1963a). *Holzwege*. Frankfurt a.M.

_____ (1963). *Sein und Zeit*. Tübingen.

_____ (1962). *Die Technik und die Kehre*. Pfullingen.

HEIDELMEYER, W. (org.) (1997). *Die Menschenrecht*. Paderborn.

HERDER, J.G. (2005). *Sprachphilosophie* – Ausgewählte Schriften. Hamburgo.

_____ (1982). *Herders Werke in fünf Bänden*. Berlim/Weimar [citado pelo vol. e página].

_____ (1968). *Schriften*. Reinbek.

* HESÍODO (2003). *Teogonia*. São Paulo: Iluminuras.

* _____ (1996). *Os trabalhos e os dias*. São Paulo: Iluminuras.

_____ (1985). *Theogonie*, Sankt Augustin.

_____ (1966). *Werke und Tage*. Munique.

* HOMERO (2014). *Odisseia*. São Paulo: Ed. 34 [trad. Trajano Vieira].

* _____ (2002). *Ilíada*. São Paulo: Arx [trad. Haroldo de Campos].

_____ (1980). *Die Odyssee*. Reinbek [trad. de Wolfgang Schadewaldt].

_____ (1979). *Ilias*. Frankfurt a.M. [trad. de Wolfgang Schadewaldt].

HUMBOLDT, W. (1960). *Werke in fünf Bänden*. Darmstadt [edição de A. Flitner e K. Giel] (citado pelo vol. e página).

* HUSSERL, E. (1992). *Conferências de Paris*. Lisboa: Edições 70.

_____ (1965). *Philosophie als strenge Wissenschaft*. Frankfurt a.M.

_____ (1950ss.). *Gesammelte Werke*. Haia [citado como *Hua*, vol., página].

* KANT, I. (2016). *Crítica da razão prática*. Petrópolis: Vozes.

* _____ (2012). *Crítica da razão pura*. Petrópolis: Vozes.

* _____ (2009). *Fundamentação da metafísica dos costumes*. São Paulo: Discurso/Barcarolla.

* _____ (2003). *Ideia de uma história universal de um ponto de vista cosmopolita*. São Paulo: Martins Fontes.

_____ (1998). *Werke in sechs Bänden*. Darmstadt [edição de Wilhelm Weischedel] (citado pelo vol. e página).

_____ (1968). *Akademie-Textausgabe*. Berlim [citado como AA].

LA METTRIE, J. (1985). *Der Mensch als Maschine*. Nuremberg.

* LEIBNIZ, G.W. (2016). *Monadologia*. Lisboa: Colibri.

_____ (1978). *Die philosophischen Schriften*. Vol. 7. Hildesheim/Nova York [edição de C.J. Gerhardt].

_____ (1965ss.). *Philosophische Schriften*. Darmstadt [edição de H.H. Holz e H. Herring] (citado pelo vol. e página).

_____ (1933). *Die Hauptwerke*. Leipzig [edição de G. Krüger].

* LOCKE, J. (2012). *Ensaio sobre o entendimento humano*. São Paulo: Martins Fontes.

* _____ (1998). *Dois tratados sobre o governo*. São Paulo: Martins Fontes.

_____ (1985). *An Essay concerning Human Understanding*. Oxford.

_____ (1977). *Zwei Abhandlung über die Regierung*. Frankfurt a.M.

_____ (1968). *Über den menschlichen Verstand*. 2 vols. Berlim.

_____ (s/d.). *Einige Gedanken über Erziehung*. Leipzig.

MARCO AURÉLIO (1973). *Selbstbetrachtungen*. Stuttgart.

MARX, K. & ENGELS, F. (1976). *Werke*. Berlim [citado como *MEW*, vol., página].

MARX, K. (1971). *Frühe Schriften*. Vol. 2. Darmstadt [citado como "MARX II"].

_____ (1971). *Die Frühschriften*. Stuttgart [edição de S. Landhut].

_____ (1962). *Ökonomische Schriften*. Vol. 4. Stuttgart [citado como "MARX IV"].

_____ (1962). *Frühe Schriften*. Vol. I. Stuttgart [citado como "MARX I"].

MATURANA, H.R. & VARELA, F.J. (2010). *Der Baum der Erkenntnis* – Die biologischen Wurzeln des menschlichen Erkennens. Frankfurt a.M.

MATURANA, H.R. (2000). *Biologie der Realität*. Frankfurt a.M.

MIRANDOLA, P. (1988). *Über die Würde des Menschen*. Zurique.

NIETZSCHE, F. (2008). *Assim falava Zaratustra*. Petrópolis: Vozes]

* _____ (2005). *Além do bem e do mal*. São Paulo: Cia. das Letras.

* _____ (1998). *Genealogia da moral*. São Paulo: Cia. das Letras.

_____ (1994). *Jugendschriften*. Vols. 1-5. Munique.

* _____ (1992). *O nascimento da tragédia*. São Paulo: Cia. das Letras.

_____ (1980). *Sämtliche Werke* – Kritische Studienausgabe in 15 Bänden. Munique [edição de G. Colli e M. Montinari] [citado como NIETZSCHE, 1980, 1-15, página].

_____ (1954-1956). *Werke in drei Bänden*. Munique [edição de Karl Schlechta] (citado como Nietzsche I, II, III, página).

* PLATÃO (2002). *Protágoras*. Belém: Editora da Universidade Federal do Pará.

* _____ (2001). *A república*. Lisboa: Calouste Gulbenkian.

* _____ (1991). *Pensadores*. São Paulo: Nova Cultural.

_____ (1977). *Werke in acht Bänden*. Darmstadt [edição bilíngue].

PLESSNER, H. (2003). *Gesammelte Schriften*. 10 vols. Frankfurt a.M.

_____ (1975). *Die Stufen des Organischen und der Mensch* – Einleitung in die philosophische Anthropologie. Berlim.

PORTMANN, A. (1979). *Vom Lebendigen*. Frankfurt a.M.

_____ (1978). *Biologie und Geist*. Frankfurt a.M.

_____ (1962). *Das Tier als soziales Wesen*. Zurique.

_____ (1956). *Zoologie und das neue Bild vom Menschen*. Reinbek.

_____ (1951). *Biologische Fragmente zu einer Lehre vom Menschen*. Basileia.

SARTRE, J.-P. (1994). *Gesammelte Werke* – Philosophische Schriften I. Vol. 3: Das Sein und das Nichts. Reinbek.

_____ (1994). *Gesammelte Werke* – Philosophische Schriften I. Vol. 4: Der Existentialismus ist ein Humanismus undere andere philosophische Essays. Reinbek.

_____ (1986). *Gesammelte Werke* – Schriften zur Literatur. Vol. 2: Was ist Literatur? Reinbek.

_____ (1980). *Drei Essays*. Frankfurt a.M./Berlim/Viena.

* _____ (1973). *Questão de método*. São Paulo: Abril [coleção Pensadores].

_____ (1971). *Marxismus und Existentialismus*. Reinbek.

SCHELER, M. (2004). *Das Ressentiment im Aufbau der Moralen*. Frankfurt a.M.

_____ (2000). *Der Formalismus in der Ethik und die materiale Wertethik*. Bonn.

_____ (1978). *Die Stellung des Menschen im Kosmos*. Berna/Munique.

SCHOPENHAUER, A. (1988). *Die Welt als Wille und Vorstellung*. Vol. 1. Zurique.

* SÓFOCLES (1990). *A Trilogia Tebana – Édipo Rei – Édipo em Colono – Antígona*. Rio de Janeiro: Zahar.

_____ (1973). *König Ödipus*. Frankfurt a. M [trad. Wolfgang Schadewaldt].

_____ (1961). *Antigona*. Göttingen [trad. Karl Reinhardt].

* SPINOZA, B. (2009). *Ética*. Belo Horizonte: Autêntica.

_____ (1980). *Die Ethik*. Stuttgart [edição bilíngue].

_____ (1979ss.). *Opera – Werke*. 2 vols. Darmstadt [obra bilíngue editada por G. Gawlick e F. Niewöhner].

_____ (1976). *Die Ethik* – Schriften und Briefe. Stuttgart [edição de F. Bülow]

TOMÁS DE AQUINO (1985). *Summe der Theologie*. Vol. 1. Stuttgart.

_____ (1946). *Ordnung und Geheimnis*. Munique.

WIRTH, G. (org.) (1963). *Griechische Lyrik*. Reinbek [edição bilíngue].

Literatura secundária

ALTNER, G. (1981). *Der Darwinismus* – Die Geschichte einer Theorie. Darmstadt.

APEL, K.-O. (1988). *Diskurs und Verantwortung*. Frankfurt a.M.

BALLY, G. (1961). *Einführung in die Psychoanalyse Sigmund Freuds*. Reinbek.

BANNERT, H. (1979). *Homer in Selbstzeugnissen und Bilddokumenten*. Reinbek.

BARDT, U. (org.) (2008). *Jean-Paul Sartre*. Darmstadt.

BARTUSCHAT, W. (1992). *Spinozas Theorie des Menschen*. Hamburgo.

BECK, L.W. (1974). *Kants "Kritik der praktischen Vernunft"*. Munique.

BECKMANN, J.P. et al. (orgs.) (1996). *Philosophie im Mittelalter* – Entwicklungslinien und Paradigmen. Hamburgo.

BENTHAM, J. (1975). *Einführung in die Prinzipien der Moral und der Gesetzgebung*. Munique.

BERGLAR, P. (1970). *Wilhelm von Humboldt*. Reinbek.

BIEMEL, W. (1973). *Martin Heidegger in Selbstzeugnissen und Bilddokumenten*. Reinbek.

_____ (1972). *Sartre*. Reinbek.

BIEN, G. (1980). *Die Grundlegung der politischen Philosophie bei Aristoteles*. Munique.

BLOCH, E. (1977). *Das Materialismusproblem, seine Geschichte und Substanz* [Gesamtausgabe, vol. 7]. Frankfurt a.M.

_____ (1977). *Das Prinzip Hoffnung* [Gesamtausgabe, vol. 5]. Frankfurt a.M.

BLUMENBERG, H. (1979). *Die Arbeit am Mythos*. Frankfurt a.M.

_____ (1972). *Karl Marx in Selbstzeugnissen und Bilddokumenten.* Reinbeck.

BORSCHE, T. (1990). *Wilhelm von Humboldt.* Munique.

BRANDT, R. (1985). "John Locke". In: HÖFFE, O. (org.). *Klassiker der Philosophie.* Vol. 1: Von den Vorsokratikern bis David Hume. Munique.

BUCHHEIM, T. (s/d). *Aristoteles,* Freiburg/Basel/Wien.

BUCHHEIM, T. et al. (orgs.) (2003). *Kann man heute noch etwas anfangen mit Aristoteles?* Darmstadt.

CASSIRER, E. (1992). *Versuch über den Menschen* – Einführung in eine Philosophie der Kultur. Frankfurt a.M.

_____ (1962). *Leibniz' System in seinen wissenschaftlichen Grundlagen.* Darmstadt.

CHENU, M.D. (1992). *Thomas von Aquin.* Reinbek.

COPLESTON, F. (1976). *Geschichte der Philosophie im Mittelalter.* Munique.

COPLESTON, F. (1994). *A History of Philosophy.* Vol. 5: The British Philosophers from Hobbes to Hume. Nova York.

CRAMER, W. (1996). *Spinozas Philosophie des Absoluten.* Frankfurt a.M.

DANTO, A.C. (1997). *Sartre.* Göttingen.

DRUX, R. (org.) (1988). *Menschen aus Menschenhand.* Stuttgart.

DU BOIS-REYMOND, E. (1974). *Über die Grenzen der Naturerkenntnis.* Berlim.

EUCHNER, W. (1987). "Locke". In: MAIER, H. et. al. (orgs.). *Klassiker des politischen Denkens.* Vol. II: Von Locke bis Max Weber. Munique.

_____ (1982). *Karl Marx.* Munique.

FELLMANN, F. (2006). *Phänomenologie zur Einführung.* Hamburgo.

_____ (2005). *Das Paar* – Eine erotische Rechtfertigung des Menschen. Berlim.

_____ (1993). *Lebensphilosophie* – Elemente einer Theorie der Selbsterfahrung. Reinbek.

FIEDLER, F. et al. (org.) (1979). *Dialektischer und historischer Materialismus.* Berlim.

FINLEY, M.I. (1976). *Die Griechen* – Eine Einführung in ihre Geschichte und Zivilisation. Munique.

FINSTER, R. & HEUVEL, G. (1990). *Gottfried Wilhelm Leibniz in Selbstzeugnissen und Bilddokumenten.* Reinbek.

FLASCH, K. (2005). *Eva und Adam* – Wandlungen eines Mythos. Munique.

_____ (1994). *Augustinus*. Stuttgart.

_____ (1986). *Das philosophische Denken im Mittelalter*. Stuttgart.

FLECHTHEIM, O.K. & LOHMANN, H.-M. (2003). *Marx zur Einführung*. Hamburgo.

FRÄNKEL, H. (1976). *Dichtung und Philosophie des frühen Griechentums*. Munique.

FRENZEL, I. (1980). *Nietzsche in Selbstzeugnissen und Bilddokumenten*. Reinbek.

FROMM, E. (1977). *Anatomie der menschlichen Destruktivität*. Reinbek.

GADAMER, H.-G. & VOGLER, P. (orgs.) (1972). *Neue Anthropologie*. 7 vols. Stuttgart.

GEBAUER, G. et al. (1989). *Historische Anthropologie* – Zum Problem der Humanwissenschaften heute oder Versuche einer Neubegründung. Reinbek.

GERHARDT, V. (2002). *Immanuel Kant* – Vernunft und Leben. Stuttgart.

_____ (1992). *Friedrich Nietzsche*. Munique.

_____ (1988). *Pathos und Distanz* – Studien zur Philosophie Friedrich Nietzsches. Stuttgart.

GOMBOCZ, W.L. (1997). *Geschichte der Philosophie*. Vol. 4: Die Philosophie der ausgehenden Antike und des frühen Mittelalters. Munique.

GROETHUYSEN, B. (1969). *Philosophische Anthropologie*. Munique.

GURJEWITSCH, A.J. (1989). *Das Weltbild des mittelalterlichen Menschen*. Munique.

HABERMAS, J. (1983). *Moralbewusstsein und kommunikatives Handeln*. Frankfurt a.M.

_____ (1976). *Zur Rekonstruktion des Historischen Materialismus*. Frankfurt a.M.

HAECKEL, E. (1984). *Die Welträtsel* – Gemeinverständliche Studien über monistische Philosophie. Stuttgart.

HAMMER, F. (1967). *Die exzentrische Position des Menschen* – Methode und Grundlinien der philosophischen Anthropologie Helmuth Plessners. Bonn.

HARTMANN, N. (1962). *Das Problem des geistigen Seins* – Untersuchungen zur Grundlegung der Geschichtsphilosophie und der Geisteswissenschaften. Berlim.

_____ (1940). *Der Aufbau der realen Welt* – Grundriss der allgemeinen Kategorienlehre. Berlim.

HAUCKE, K. (2000). *Plessner zur Einführung*. Hamburgo.

HEGEL, G.W.F. (1970). *Werke in zwanzig Bänden*. Vol. 7: Grundlinien der Philosophie des Rechts. Frankfurt a.M.

_____ (1970). *Werke in zwanzig Bänden*. Vol. 13: Vorlesungen über die Ästhetik I. Frankfurt a.M.

_____ (1970). *Werke in zwanzig Bänden*. Vol. 18: Vorlesungen über die Geschichte der Philosophie I. Frankfurt a.M.

HEIDEGGER, M. (1961). *Nietzsche*. 2 vols. Pfullingen.

HERRMANN, F.-W. (2004). *Subjekt und Dasein* – Grundbegriffe von "Sein und Zeit". Frankfurt a.M.

HIRSCH, H. (1993). *Engels*. Reinbek.

HIRSCHBERGER, J. (1979). *Geschichte der Philosophie*. Vol. 1: Altertum und Mittelalter. Friburgo.

HÖFFE, O. (1996). *Aristoteles*. Munique.

_____ (1996). *Immanuel Kant*. Munique.

HOLZ, H.H. & SANDKÜHLER, H.J. (orgs.). (1982). Darwin und die Evolutionstheorie. *Dialektik* 5, Colônia.

HOLZ, H.H. (1983). *Gottfried Wilhelm Leibniz* – Eine Monographie. Leipzig.

HORN, C. (1995). *Augustinus*. Munique.

HORNEY, K. (1997). *Der neurotische Mensch unserer Zeit*. Frankfurt a. M.

HOSSENFELDER, M. (1985). *Geschichte der Philosophie*. Vol. 3: Die Philosophie der Antike: Stoa, Epikureismus und Skepsis. Munique.

HUBER, K. (1951). *Leibniz*. Munique.

ILLIES, J. (1981). *Adolf Portmann*. Friburgo.

ISRAEL, J. (1972). *Der Begriff der Entfremdung* – Makrosoziologische Untersuchung von Marx bis zur Soziologie der Gegenwart. Reinbek.

JANKE, W. (1963). *Leibniz* – Die Emendation der Metaphysik. Frankfurt a.M.

JANZ, C.P. (1978). *Friedrich Nietzsche*. 3 vols. Munique.

JENS, W. (1978). *Zur Antike*. Munique.

JOÃO PAULO II (1998). *Enzyklika "Fides et Ratio"*. Stein am Rhein.

JONAS, H. (1984). *Das Prinzip Verantwortung* – Versuch einer Ethik für die technologische Zivilisation. Frankfurt a.M.

JONES, E. (1984). *Sigmund Freud* – Leben und Werk. 3 vols. Munique.

JÜTTEMANN, M. et al. (org.) (1991). *Die Seele* – Ihre Geschichte im Abendland. Weinheim.

KANTZBACH, F.W. (1992). *Johann Gottfried Herder*. Reinbek.

KAULBACH, F. (1988). *Immanuel Kants "Grundlegung zur Metaphysik der Sitten"*. Darmstadt.

_____ (1980). *Nietzsches Idee einer Experimentalphilosophie*. Colônia/Viena.

KENNY, A. (s/d). *Thomas von Aquin*. Friburgo.

KOBUSCH, T. (1993). *Die Entdeckung der Person* – Metaphysik der Freiheit und modernes Menschenbild. Friburgo.

KOHLBERG, L. (1995). *Die Psychologie der Moralentwicklung*. Frankfurt a.M.

KULLMANN, W. (1998). *Aristoteles und die moderne Wissenschaft*. Stuttgart.

LANDGREBE, L. (1963). *Der Weg der Phänomenologie*. Gütersloh.

LANDMANN, M. (1976). *Philosophische Anthropologie*. Berlim.

_____ (org.) (1962). *De Homine* – Der Mensch im Spiegel seines Gedankens. Friburgo/Munique.

_____ (1966). *Ursprungs und Schöpfertat* – Zum platonisch-biblischen Gespräch. Munique.

LATACZ, J. (1993). *Einführung in die griechische Tragödie*. Göttingen.

LESKY, A. (1993). *Geschichte der griechischen Literatur*. Munique.

_____ (1984). *Die griechische Tragödie*. Stuttgart.

LÉVY, B.-H. (2002). *Sartre*. Munique.

LITT, T. (1948). *Mensch und Welt* – Grundlinien einer Philosophie des Geistes. Munique.

LOVEJOY, A.O. (1993). *Die grosse Kette der Wesen* – Geschichte eines Gedankes. Frankfurt a.M.

LÖWITH, K. (1988). *Von Hegel zu Nietzsche*. Stuttgart [*Sämtliche Schriften*, vol. 4].

_____ (1984). *Heidegger* – Denker in dürftiger Zeit. Sämtliche Schriften. Vol. 8. Stuttgart.

LUKÁCS, G. (19830: *Die Zerstörung der Vernunft*. 3 vols. Darmstadt/Neuwied.

LUTERO, M. (1954). "Dass der freie Wille nichts sei – Antwort D. Martin Luthers na Erasmus von Rotterdam". In: *Ausgewählte Werke* – Ergänzungsreihe. Vol. 1. Munique.

MACH, E. (1991). *Analyse der Empfindungen und das Verhältnis des Physischen zum Psychischen*. Darmstadt.

MADER, W. (1980). *Max Scheler in Selbstzeugnissen und Bilddokumenten*. Reinbek.

MAHLER, M. et al. (1993). *Die psychiche Geburt des Menschen*. Frankfurt a.M.

MANN, G. & HEUSS, A. (orgs.) (1991). *Propyläen Weltgeschichte*. Vol. 4: Rom – Die römische Welt. Frankfurt a.M./Berlim.

MANN, G. (1966). *Deutsche Geschichte des 19 und 20 Jahrhunderts*. Frankfurt a.M.

MANNONI, O. (1972). *Sigmund Freud*. Reinbek.

MANSFELD, J. (1987). *Die Vorsokratiker*. Stuttgart [edição bilíngue].

MARCUSE, L. (1972). *Sigmund Freud – Sein Bild vom Menschen*. Zurique.

MARQUARD, O. (1982). *Schwierigkeiten mit der Geschichtsphilosophie*. Frankfurt a.M.

MARX, W. (1987). *Die Phänomenologie Edmund Husserls*. Munique.

MATZKER, R. (1988). *Anthropologie* – Theorie-Geschichte-Gegenwart. Munique.

MUELLER-GOLDINGEN, C. (2003). *Aristoteles* – Eine Einführung in sein philosophisches Werk. Hildesheim.

OTTO, W.F. (1987). *Die Götter Griechenlands* – Das Bild des Göttlichen im Spiegel des griechischen Geistes. Frankfurt a.M.

PAPE, I. (1966). *Tradition und Transformation der Modalität*. Vol. 1: Möglichkeit – Unmöglichkeit. Hamburgo.

PAULINYI, A. & TROITZSCH, U. (1997). *Propyläen Techniksgechichte*. Vol. 3. Berlim.

PECHT, R. (1980). *Descartes in Selbstzeugnissen und Bilddokumenten*. Reinbek.

PERLER, D. (2006). *René Descartes*. Munique.

PIAGET, J. (1974). *Die Bildung des Zeitbegriffs beim Kinde*. Frankfurt a.M.

_____ (1973). *Das moralische Urteil beim Kinde*. Frankfurt a.M.

PICHT, G. (1969). *Wahrheit – Vernunft – Verantwortung*: Philosophische Studien. Stuttgart.

PLEGER, W.H. (2009). *Platon*. Darmstadt.

_____ (1998). *Sokrates* – Der Beginn des philosophischen Dialogs. Reinbek.

_____ (1991). *Die Vorsokratiker*. Stuttgart.

_____ (1988). *Differenz und Identität* – Die Transformation der philosophischen Anthropologie im 20. Jahrhundert. Berlin.

_____ (1987). *Der Logos der Dinge* – Eine Studie zur Heraklit. Frankfurt a.M.

PÖGGELER, O. (org.) (1969). *Heidegger* – Perspektive zur Deutung seines Werks. Colônia/Berlim.

POGGI, S. & RÖD, W. (1989). *Geschichte der Philosophie*. Vol. 10: Die Philosophie der Neuzeit. Munique.

PONTALIS, J.-B. (174). *Nach Freud*. Frankfurt a.M.

PRECHTL, P. (1991). *Husserl zur Einführung*. Hamburgo.

QUANTE, M. (2007). *Person*. Berlin.

RICŒUR, P. (2005). *Das Selbst als ein anderer*. Munique.

_____ (1974). *Die Interpretation* – Ein Versuch über Freud. Frankfurt a.M.

RIEDEL, M. (1997). *Nietzsche in Weimar* – Ein deutsches Drama. Leipzig.

RIES, W. (2005). *Die Philosophie der Antike*. Darmstadt.

ROBERT, M. (1967). *Die Revolution der Psychoanalyse*. Frankfurt a.M.

RÖD, W. (1995). *Descartes* – Die Genese des cartesianischen Rationalismus. Munique.

_____ (1986). *Dialektische philosophier der Neuzeit*. Munique.

ROHDE, E. (s/d). *Psyche, Seelenkult und Unsterblichkeitsglaube der Griechen*. Leipzig.

ROHS, P. (1991). *Johann Gottlieb Fichte*. Munique.

ROSS, D. (1977). *Aristotle*. Londres.

ROTH, H. (1971). *Pädagogische Anthropologie*. Vol. 2: Entwicklung und Erziehung. Hanover.

RUSSELL, B. (1983). *Philosophie des Abendlandes* – Ihr Zusammenhang mit der politischen und sozialen Entwicklung. Viena/Munique/Zurique.

SAFRANSKI, R. (2000). *Nietzsche*: Biographie seines Denkens. Hamburgo.

SCHADEWALDT, W. (1991). *Die griechische Tragödie*. Frankfurt a.M.

_____ (1978). *Die Anfänge der Philosophie bei den Griechen* – Die Vorsokratiker und ihre Voraussetzungen. Frankfurt a.M.

SCHIWY, G. (1996). *Abschied vom allmächtigen Gott*. Munique.

SCHULTHESS, P. & IMBACH, R. (1996). *Die Philosophie im lateinischen Mittelalter* – Ein Handbuch mit einem bio-bibliographischen Repertorium. Düsseldorf/Zurique.

SCHULTZ, U. (2001). *Descartes* – Eine Biographie. Hamburgo.

_____ (1972). *Immanuel Kant in Selbstzeugnissen und Bilddokumenten*. Reinbek.

SCHULTZ, W. (1994). *Der gebrochene Weltbezug* – Aufsätze zur Geschichte der Philosophie und zur Analyse der Gegenwart. Pfullingen.

_____ (1979). *Ich und Welt* – Philosophie der Subjektivität. Pfullingen.

SEECK, G.A. (2004). *Homer* – Eine Einführung. Stuttgart.

_____ (1975). *Die Naturphilosophie des Aristoteles*. Darmstadt.

SEIDEL, W. (1979). *Gottfried Wilhelm Leibniz*. Colônia.

SINGER, W. (2002). *Der Beobachter im Gehirn*. Frankfurt a.M.

SNELL, B. (1980). *Die Entdeckung des Geistes* – Studien zur Entstehung des europäischen Denkens bei den Griechen. Göttingen.

SORELL, T. (s/d). *Descartes*. Friburgo.

SPITZ, R. (1987). *Vom Säugling zum Kleinkind* – Naturgeschichte der Mutter-Kind-Beziehung im ersten Lebensjahr. Stuttgart.

_____ (1976). *Vom Dialog* – Studien über den Ursprung der menschlichen Kommunikation und ihrer Rolle in der Persönlichkeitsbildung. Stuttgart.

STRAWSON, P. (1972). *Einzelding und logisches Subjekt* – Ein Beitrag zur deskriptiven Metaphysik. Stuttgart.

STROH, W. (2008). *Cicero* – Redner, Staatmann. Philosoph. Munique.

STURMA, D. (2008). *Philosophie der Person* – Die Selbstverhältnisse von Subjektivität und Moralität. Paderborn.

TANNER, J. (2004). *Historische Anthropologie* – Zur Einführung. Hamburgo.

THIES, C. (2009). *Einführung in die philosophische Anthropologie*. Darmstadt.

TUGENDHAT, E. (1970). *Der Wahrheitsbegriff bei Husserl und Heidegger*. Berlim.

UEXKÜLL, J. (1909). *Umwelt und Innenwelt der Tiere*. Berlim.

VERNANT, J.-P. (org.) (1996). *Der Mensch der griechischen Antike*. Frankfurt a.M.

_____ (1987). *Mythos und Gesellschaft im alten Griechenland*. Frankfurt a.M.

_____ (1982). *Die Entstehung des griechischen Antike*. Frankfurt a.M.

VRIES, T. (1970). *Baruch de Spinoza*. Reinbek.

WALDENFELS, B. (1971). *Das Zwischenreich des Dialogs*. Haia.

WEINKAUF, W. (1994). *Die Stoa* – Kommentierte Werkausgabe. Augsburg.

WEISCHEDEL, W. (1979). *Der Gott der Philosophen*. Vol. 1. Munique.

_____ (1972). *Das Wesen der Verantwortung*. Frankfurt a.M.

WESTERMANN, C. (1999). *Genesis*. Neukirchen/Vluyn.

WILLIAMS, B. (1981). *Descartes* – Das Vorhaben der reinen philosophischen Untersuchung. Königstein.

WINDELBAND, W. (1915). *Präludien* – Aufsätze und Reden zur Einleitung in die Philosophie. Tübingen.

WUKETITS, F.M. (1987). *Charles Darwin*. Munique.

ZELENY, J. (1962). *Die Wissenschaftslogik bei Marx und das "Kapital"*. Frankfurt/Viena.

ZEMB, J.-M. (1979). *Aristoteles*. Reinbek.

ZIEGLER, K. (org.) (1957). *Wesen und Wirklichkeit des Menschen* – Festschrift für Helmuth Plessner. Göttingen.

ZIMMER, D.E. (1986). *So kommt der Mensch zur Sprache* – Über Spracherwerb, Sprachentstehung, Sprache und Denken. Zurique.

Índice remissivo

Abertura de mundo 147, 150, 174, 203
Ação 26, 38-44, 48, 60, 69, 87, 89, 93-96, 106, 121, 147s., 158, 166, 169s., 199, 209s., 226, 238, 262, 265, 277, 282, 303-305, 313-319, 341, 357, 360, 377, 379, 382, 385s., 389, 393, 398-400, 405-411
Afeto 39, 112s., 204, 360
Alegria 112, 169-171, 223, 304, 332
Alienação 271, 346-349
Alma 23, 26s., 46, 59, 67s., 73-81, 84, 87, 91, 96s., 102-104, 109, 129, 140, 146, 165, 170, 175, 184, 188-192, 204, 212-214, 229-236, 253, 256, 258, 281, 308-311, 324-327, 329-331, 353, 407
Altricial 245s.
Amor 25-27, 56, 69, 96, 107, 112s., 123, 128-131, 135, 143, 200, 203, 225, 237, 263, 332, 344
Amor ao inimigo 107, 332
Animal 13-16, 34s., 67s., 88s., 121, 127, 133-139, 142s., 146, 151, 184s., 188-191, 199s., 205, 208s., 223, 226, 244, 250, 290, 292, 302, 324, 331-333, 346, 358, 388
Aprendizado 78-80, 148, 199, 247, 389, 393

Arte 14, 48s., 77, 128, 138-142, 170s., 213, 249, 275, 298, 312, 331, 373s., 383s., 403
Artesão/Artesanato 14, 42, 128, 132-134, 187, 189, 380
Átomo 15, 99-103, 107, 191, 253, 256, 259, 278, 323-326
Autobiografia 101, 170, 221
Autodeterminação (ou "determinação de si") 13, 18, 402, 405, 410

Bem 47, 49, 61s., 68s., 77, 80, 106, 143, 193, 197s., 200s., 263, 301
Bipedia 222, 247

Caos 30s., 101, 107, 259
Carência (cf. "Ser de carências") 80s., 93, 135-137, 150s., 199, 232s., 267-269, 313s., 344-347, 392-394, 403
Causa 43, 65s., 69, 87s., 100, 102, 108-112, 135, 161, 166, 168s., 187-189, 243, 257, 259-263, 292, 300, 328-330, 338, 357, 379
Causa efficiens 65, 157, 166, 187, 292, 328
Causa finalis 65, 157, 166, 187, 257
Causalidade 168s., 391

429

Cérebro 74, 87s., 97, 109, 120, 143, 221s., 224, 232, 245, 256, 310, 324, 329s., 335, 338, 340, 407

Ceticismo 55, 84, 367, 395

Cidadão 26-42, 100, 103, 133s., 143, 154, 158-163, 272, 291s., 295, 305-308, 349, 364, 384

Ciência 25, 64, 83, 133s., 149, 171, 178, 205, 308, 312, 334, 339, 344, 350, 372-375, 405

Coisa 15, 65, 78, 81, 84, 89, 110-114, 150, 174, 178, 183-186, 201, 203, 205-207, 213, 253, 262, 274, 289, 296, 301, 318, 334, 336, 353-357, 360s., 367, 369s., 376, 381, 383s., 391, 394

Compaixão 38s., 95, 112s., 143, 171, 275, 278, 282

Compensação 127s., 131s., 135, 140, 149

Concorrência 29, 35, 158, 342

Conhecimento 39, 46s., 49, 60, 64s., 68-70, 76, 80, 92s., 97, 108, 113-116, 165, 186s., 201, 258, 260, 263, 269, 287, 298-300, 308, 328, 340, 353, 357s., 365, 374, 387, 394-399, 404

Conhecimento de si 58, 238, 277, 394

Consciência 58, 148, 151, 172s., 184, 197, 201, 210-214, 232, 275, 302-304, 309s., 340, 353, 356, 358-360, 365-372, 379-382, 386, 392, 400, 406, 408

Consciência de si 15, 17, 58s., 97, 122, 184, 195, 201, 211, 223, 286, 304, 309, 319, 358, 393, 395

Consciência moral 90, 149, 176, 227, 239, 295, 301, 362, 393, 406

Conservação de si 68, 112-114, 119, 123, 163, 194, 207, 226, 232-235, 239, 275, 292, 305

Cópia 26, 73, 99, 109, 186, 330, 334

Corpo 27, 60, 64, 67, 73-81, 86-89, 97, 103s., 109-111, 114, 144, 187, 189, 197, 204, 206-212, 223, 229, 232-234, 239s., 244-246, 256s., 268, 275, 278-281, 292, 302-305, 323s., 326, 345, 353

Cosmos 23, 80, 99s., 102s., 106, 108s., 256, 258s.

Costumes 88, 129, 267, 272, 279, 393

Crença (cf. "Fé") 22, 46, 56s., 62-66, 70, 79, 82, 92, 214, 227, 296, 344, 362s., 367-369, 374

Criação 13, 45-48, 51-53, 59, 66-68, 107, 132s., 143, 159, 196s.

Criador 17, 66, 139, 158, 203, 225, 259, 305, 327, 352, 364, 380

Criança 50, 54, 56, 61, 67, 136, 140, 143, 148, 155s., 218, 225, 230, 235-237, 244-249, 301, 308, 311s., 318, 331, 342, 388-393, 408s.

Criatura 16, 58s., 61, 70, 141-144, 156, 258, 311s.

Cristianismo 44s., 53, 55, 81, 107, 179, 282, 294s.

Culpa 34, 38, 43, 61, 135, 144, 176s., 187s., 360, 407-409

Cultura (cf. "Formação") 14, 100, 128, 135, 145-147, 152, 213, 227-229, 269, 282, 364, 407

Desenvolvimento 12, 14s., 67s., 94, 116, 118s., 137, 152, 156s., 164, 188, 192, 196-198, 201, 206-208, 213, 218-225, 229-232, 235-238, 240-242, 244-249, 264-267, 270, 275-281, 310-312, 315, 324, 327, 329, 336-343, 346, 349, 358, 387-394, 404, 408

Destino 13, 24s., 38-43, 80, 89, 104, 127, 129, 215, 285, 378

Deus/Deuses 15-17, 21-69, 74, 85s., 91, 96, 99, 102, 107-111, 113s., 127-135, 141, 156, 179, 202s., 207, 213-215, 256-263, 285, 295, 300, 305, 327s., 344, 352, 364, 375, 380, 395, 406, 410

Dever 35, 94-97, 143, 288, 293, 305, 312, 315s., 318, 364, 400

Direito 11, 15, 34-36, 41s., 52, 90, 154, 159-163, 168, 227, 266, 272s., 283, 305, 307, 317-319, 364, 404, 408-410

Doença 29, 33, 42, 77, 86, 127, 230, 263, 325, 331, 389-391

Dor 14, 29, 39, 50, 87, 109, 169, 185, 193, 201, 213, 301, 330-334, 399

Dualismo 14, 81, 87-89, 92s., 97s., 108, 147s., 189, 205, 256

Educação 151, 237, 247, 272, 292, 311s., 332, 408-411

Efetividade (cf. "Realidade") 25, 65, 69, 136, 168, 191, 198, 201, 215, 249, 264, 270, 277, 323, 339, 344s., 369s., 374, 397-399

Embrião 67, 145, 220, 231, 324, 329, 336, 388

Empirismo 91s., 298, 307

Enteléquia 187-189, 256-259

Entendimento 74, 84s., 89-93, 97, 104, 139, 147, 163, 297-299, 308, 327, 355, 360

Eros 30, 128-131, 135, 233, 239

Esclarecimento 90s., 137, 153, 265, 272s.

Esperança 22, 33, 96s., 101, 112, 153s., 225

Espírito (cf. "Mente")

Estado 42, 60, 100, 103, 106, 114, 159-163, 168, 250, 266, 272s., 305-307, 364

Eu 11, 121-123, 212, 231-235, 237s., 286, 298, 307, 310s., 353, 355-357, 360s., 367s., 370, 394, 402, 407

Evolução 15s., 21, 46, 48, 97, 99, 116, 118, 141, 208, 218-220, 240-244, 280, 327, 340

Existência (cf. "Ser-aí") 11, 57, 64-67, 77, 84-86, 91, 109s., 118, 128, 147, 173-177, 198, 203, 209, 211-214, 225s., 250, 300, 371s., 375, 382, 388, 395, 397

Experiência 92s., 136s., 140, 145, 147, 166, 198, 234, 238, 265, 298, 301, 317, 327s., 332, 353, 355, 357, 365-370, 394s., 397-400, 407

Expressão 120, 213, 271, 389, 391

Fantasia 58, 88, 122, 191, 207, 226s., 236, 269, 358, 399

Felicidade 35, 39, 44, 60, 93s., 96s., 108, 113s., 144, 158-160, 193, 262s., 279, 301, 304, 311, 313, 316, 399

Filosofia da vida 168, 278, 375

431

Fogo 23, 31s., 104, 128s., 131-133, 140, 187

Forma 67, 129s., 143, 164s., 183, 210s., 222, 243-250, 268-272, 275, 302, 332, 403

Formação (cf. "Cultura") 117, 133-135, 137, 140, 143, 224, 240, 242, 245, 248, 254, 264-267, 270-273, 295, 301s.

Gênero 11, 32, 40, 54, 61, 103, 130s., 134, 224, 235, 243, 268-271

Graus 14-16, 67s., 141, 183-188, 194-197, 200-208, 217, 245, 258

Guerra 23, 25s., 28, 33, 35, 60, 77, 100s., 114, 135, 159-163, 228, 305s., 364

História 13s., 16, 21, 31-34, 36-38, 45, 49, 51-53, 62, 99, 107, 116, 119, 129, 137, 141s., 144, 153-160, 164-166, 169, 172-179, 199, 217-219, 261, 284, 324, 335-340, 342-344, 349s., 363, 381, 384-386, 398

História da natureza 99, 116, 137, 141, 144, 217s., 219, 324, 336-338, 342s.

História do mundo 154s., 159s., 363

Historicidade 154, 175, 217

Homem 22-29, 31-33, 35s., 48-55, 59, 61s., 68s., 103s., 129, 192, 221, 266, 269, 340s.

Homem-máquina 324s., 333

Humanidade 59, 61, 66, 90, 135, 143s., 153, 170, 228s., 264-267, 279, 294, 305, 312-316, 336, 373, 375, 386, 406

Hybris 14, 28, 37, 130

Idealismo 98, 165-167, 196, 213s., 277, 324, 336, 354-356, 360, 364s., 368s., 376

Ideia 65, 76s., 92, 95, 98, 143, 153s., 157-159, 178, 187, 196s., 200-203, 208, 213s., 223s., 227, 265, 298-302, 315-317, 323, 331, 374, 376-379

Identidade 98, 109s., 286, 297, 299, 301-305, 309s., 353, 394, 401

Igreja 45, 53, 55, 58, 62s., 70, 82s., 107

Imagem e semelhança 14, 49, 52-54, 59

Imortalidade 27s., 60, 74, 76-79, 91, 96, 189, 192

Impulso 112, 138s., 197-200, 204, 348

Impulso de destruição 232-236, 240

Individualidade 44, 137, 223, 253-255, 259-261, 263-273, 275-279, 286, 295

Indivíduo 15-17, 67, 99, 114, 118, 121, 152, 157, 204, 253-262, 264-268, 270, 272-283, 291, 359, 382-384

Inimigo 41, 50, 107, 121, 143, 283, 285, 343

Instinto 136-139, 144, 152, 197-200, 209-213, 225-228, 281, 311, 331

Instituição 115, 151s., 168, 170, 223

Inteligência 89, 128, 200s., 213, 249, 333s., 353, 357, 361

Interioridade 58, 211, 243s.

Intersubjetividade 89, 175, 367, 370-372, 381-384

Lei 34, 62, 89, 93-97, 103, 108, 137, 157s., 166, 183, 208, 212-214, 217, 256s., 269, 277, 295, 305-307, 313s., 317, 324, 332, 334s., 337, 339

Lei da natureza 62, 68, 86, 89, 93, 137, 157, 166, 183, 324

Liberdade 14s., 42, 55, 69, 90s., 104s., 113s., 122s., 128, 139s., 143, 151, 155-160, 166s., 176, 204, 210, 213, 245, 250, 256, 259-262, 266, 272-276, 305-307, 315, 317s., 350, 353-356, 359, 364, 375-383, 386, 400s., 406-409

Liberdade da vontade 274-276, 401

Linguagem 12, 38, 42, 88, 121-123, 128, 136-140, 150s., 171, 179, 193, 223s., 247s., 266, 271s., 299s., 325s., 329, 334, 341, 389, 392, 396, 405

Luta (ou "Conflito") 23-27, 29, 36, 73s., 131, 134, 159, 306, 317, 323s., 355

Luta pela existência 213, 221, 224s., 250, 280

Macaco 88, 142, 184, 196, 200, 220, 222-224, 245-248, 325, 340

Mamífero 106, 218, 240, 245, 388

Máquina 86-88, 136, 139, 179, 255, 302, 324-326, 328-330, 332-334, 341s., 403

Matéria 15, 97, 141, 190, 194, 253, 258, 269, 300, 302, 323s., 326-328, 335s., 338, 350, 355-359, 378

Materialismo 15, 187, 333, 335s., 343, 350, 355, 358, 378s., 384

Mecânico 15, 139, 231, 257, 323-329, 333, 336s., 356, 378

Medo 87, 176, 213, 235, 281s., 301

Memória 58, 85, 88, 192s., 198, 223, 226, 234, 299-301, 304, 310

Mente 57-59, 67, 81-89, 97, 104, 108-111, 122, 147, 150s., 167, 184, 191-194, 200s., 213s., 256, 258, 270-272, 287, 299, 326, 330s., 335-339, 352-356, 380, 384, 407

Metafísica 83, 85, 137, 142, 165, 167s., 172, 177, 265, 277, 284, 308, 310, 368

Miséria (cf. "Sofrimento")

Mito 13s., 16, 21, 24, 30s., 33s., 36, 38, 45, 47, 50, 59, 80, 128-135, 140, 146, 153, 155, 177, 289, 405

Mônada 164, 254-256, 258-260, 326, 353, 370-372, 382

Monismo 14, 98s., 105, 405

Moral 88, 97, 151, 223, 227s., 239, 280-283, 308, 317, 392-394

Mortalidade 17, 21s., 27, 127

Morte 21s., 24, 26-28, 32, 36, 39, 41-43, 51-54, 60, 73s., 76-79, 105, 107s., 120, 127, 175s., 198, 206, 212, 332

Mulher 29, 32, 39, 41, 43, 49-52, 59, 68, 192, 266, 268-270, 401

Mundo 11s., 14, 23s., 27, 29-31, 40, 45-50, 52, 55, 57-60, 64, 66, 68s., 73, 83-86, 89, 91, 99, 101-103, 107, 109, 121-123, 127, 132, 138, 144-146, 150s., 156, 165-169, 174-176, 178, 183, 196s., 201-203, 212, 214s., 218, 240, 249s., 256-263, 265-267, 270s., 274, 278s., 285, 288, 316, 318, 323, 328, 332, 334, 336, 352-354, 357, 362-370, 372-374, 381s., 387-389, 394-398, 404s.

Mundo da vida 372-375

Mundo-circundante 117, 145-150, 200-203, 212, 269, 373-375, 381

Mutação 221, 228, 242

Nascimento 11, 23s., 61, 78, 105, 120, 138, 229, 236, 245-247, 318, 353, 380, 388, 401

Natureza 14, 17, 27, 54, 58, 61s., 64s., 68s., 77, 81, 86, 89s., 93-95, 97, 99-114, 116, 128s., 134-137, 139, 141-146, 155-160, 162s., 179, 188s., 192s., 202, 210, 213-215, 219, 228, 244, 254, 256s., 259s., 264, 268-270, 274-276, 280, 286s., 289-293, 296s., 301, 304-306, 310, 312s., 315, 324, 326-328, 331s., 335-341, 345s., 350, 358-360, 363, 375, 403-405

Necessidade 65, 69, 102, 107, 111s., 157, 169, 208, 261s., 270, 324, 338, 350, 353, 355, 357s., 361, 366, 397, 399-401

Objetividade 43, 165, 260, 361, 372, 391

Objeto 12, 178, 205, 233, 299, 331, 353, 357s., 361, 366s., 369s., 379, 381s., 392, 394s.

Organismo 103, 118s., 122, 195, 208-210, 241, 329, 336, 392

Papel 15, 285-292, 294-296, 305, 380, 393

Paralelismo psicofísico 110, 114, 258

Paz 35, 156, 160-164, 293s., 307, 328, 330, 364

Pecado 51-53, 57, 60s., 68

Pecado original 53s., 60-62, 68

Pensamento 67, 76-78, 80-82, 84, 87, 91-93, 98, 108, 110, 127, 130, 137, 140, 150, 171, 188, 191s., 258, 274,
297, 307, 323, 330, 334-336, 338-340, 352, 354, 356-361, 363

Percepção 84, 167, 185, 190-192, 300, 302, 304, 355, 368-370

Perfeição 65, 85, 130s., 135, 148, 259, 262s., 268, 273, 312, 315

Personalidade 152, 291, 295, 310, 312s., 316-319, 381, 389, 409

Pessoa 11, 15-17, 25, 31, 38, 94, 110, 161, 169s., 195, 200s., 203, 205, 211s., 261, 275, 285s., 288-292, 294-298, 302-319, 379, 387-395, 397-411

Poder 21, 27, 86, 100, 102, 105, 113, 129, 199, 202, 232, 235, 238, 272, 285, 291, 300, 306s., 324, 351, 374, 379, 391

Política 42, 128, 133-135, 185, 192s., 287s., 305, 344, 351

Possibilidade 65, 167-170, 176-178, 185, 191, 207-210, 212, 262, 270, 311, 376s., 397-402, 408

Potência (cf. "Poder")

Progresso 14, 16, 90, 119, 153-155, 229, 267, 337, 343

Propriedade 305s., 315, 318, 342, 350

Prova da existência de Deus 46, 64-66, 82, 85s., 109, 344, 395

Psyche 14, 26s., 73-76, 232

Puberdade 235-237, 249

Racionalismo 91, 298, 374

Ratio 45, 56, 63, 70, 105

Razão 14, 22, 33, 45s., 56s., 59s., 62-64, 67, 69s., 74, 84, 88-93, 95s., 103-105,

107, 112-114, 128, 137, 139s., 142s., 151, 154-158, 163, 168, 170, 194, 196, 200, 203, 261, 272, 277, 286, 290, 292s., 296s., 300, 305, 308, 311, 317, 326, 331, 362-364, 373, 409

Realidade (cf. "Efetividade") 168s., 214, 235, 238s., 316, 355, 361-363, 394, 396-399

Recém-nascido 11, 127, 245-248, 388, 400, 409

Reflexão 12, 67, 137, 139s., 148, 198, 201, 211s., 227s., 301, 365, 369, 371, 382, 387, 393

Reflexividade 105, 214, 395

Relação consigo 12, 28, 394

Religião 53, 55, 74, 96s., 149, 167, 215, 223, 225, 272s., 295, 300, 308, 335, 344s., 362, 393, 405s.

Representação 23, 85, 89, 92s., 109, 165, 191, 194, 258, 274, 278, 299, 307, 310-312, 357, 363, 399

Reprodução 66s., 116-118, 190, 198s., 226, 241s., 292

Responsabilidade 177, 292, 385, 387, 394, 405-411

Saber 22, 50, 56s., 64, 78, 83s., 92, 214, 346, 358-363, 395, 403, 405

Sensibilidade 67, 74, 92s., 95-97, 136, 147, 269

Sentimento 74, 95-97, 171, 193, 197, 203, 212, 225-228, 270, 329, 332, 336, 355-357, 379, 389, 392

Ser 65-67, 80, 98, 171, 173-177, 179, 195s., 278, 323, 367, 402

Ser de carências 13s., 16s., 132, 135, 137, 139, 142, 145, 150, 244, 311, 331

Ser-aí (cf. Existência) 40, 48, 156, 164, 168, 171, 173-177, 203-205, 207, 212-215, 221s., 224-226, 250, 273, 280, 282, 328, 362s., 367, 373, 397

Sexualidade 131, 235-237, 243, 281

Singular 15, 63, 114, 164, 186s., 194, 212, 217, 254, 256, 259, 261, 264-271, 277, 291, 294, 311, 352

Sistema nervoso 116, 119-121, 198, 210, 232, 244, 268

Situação 11-14, 18, 31, 33s., 36, 38, 42s., 47, 51s., 60, 92, 101, 129, 137-139, 153, 165, 246, 285, 311, 345-347, 353, 377-379, 381, 387, 392, 394-397, 401s., 404, 406, 408s.

Sociedade 60, 68, 152, 154, 158, 160, 163, 239, 254, 273, 279, 283, 291s., 306, 312, 324, 338, 341-343, 349, 351, 393

Sofrimento 13s., 29, 32s., 44, 51, 131s., 157, 197s., 202, 223, 225, 254, 275, 277, 279, 282, 310, 330, 399-402

Soma 14, 27, 73-76, 233

Subjetividade 15, 83-85, 89, 127, 165, 167, 172, 175, 196, 258, 260, 286, 298, 310, 352, 367, 370, 375, 382s., 387, 394

Substância 62, 67, 83-87, 99, 102, 108-114, 116, 185s., 201, 241, 253-258, 261, 286, 295s., 298, 301-304, 309s., 326, 352, 354, 356, 368

435

Sujeito 12, 15s., 84-86, 91, 93, 97, 107, 137, 165, 173, 175, 178, 205, 208, 211, 214, 256, 258, 260s., 285s., 288s., 298, 309, 316-319, 352-358, 361, 365-372, 376, 381-385, 387, 394

Técnica 133, 135, 145, 147-150, 154, 172, 178s., 255, 330, 403

Teleologia 65, 119, 206s.

Tempo 57s., 103, 128, 153s., 168s., 173, 175, 206, 244, 301, 309s., 338, 391, 394s., 397, 399

Terra 11s., 21-24, 29-33, 35s., 46, 48-53, 57s., 116, 118, 128, 132, 139, 156s., 163, 179, 183, 196, 219, 240, 249s., 255, 287, 306s., 323, 338, 341s.

Trabalho 73, 134, 238, 271, 306, 340, 343, 345-347, 363, 403

Trágico 37-44, 279, 288

Transcendental 93, 97, 107, 137, 168, 173, 213s., 258, 309, 353s., 357, 365-373, 382

Vegetal 15, 24, 49, 67s., 118, 141, 184, 186, 188s., 194, 196-198, 205, 208s., 221, 241s., 271, 358

Verdade 17, 45, 62, 68, 75, 77, 80, 86, 171, 177s., 249, 278, 293, 340, 362, 382s., 395s.

Vida 26-28, 32-34, 42, 51s., 56s., 61s., 67, 78, 100s., 103-108, 112, 115s., 127, 140s., 155s., 167-170, 188, 193s., 197s., 201-205, 208-211, 228, 232, 277s., 288s., 332

Violência (cf. "Poder") 34, 58, 135, 159, 162s., 199, 232, 282, 306s., 400

Visão de mundo 166-168, 218, 250, 260, 271, 327, 342, 350, 372, 387, 405

Vontade 62, 67, 95, 105, 109, 160-162, 185, 202, 273-276, 278-280, 359, 362-364, 409

Índice onomástico

Adorno, T.W. 152, 351
Agostinho 45s., 53-64, 84s., 170, 231, 263, 274, 286, 296
Alberto Magno 63
Anaximandro 78, 132, 183, 219
Anselmo de Cantuária 64, 85
Aristóteles 15s., 37-40, 63, 65-69, 111, 134, 147, 166, 184-194, 196s., 205s., 209, 217, 219, 222, 253, 257, 289, 296, 311, 324, 347, 394, 396, 401, 404s., 409s.
Avenarius, R. 372

Baeumler, A. 283
Barth, K. 53
Bergson, H. 167
Bloch, E. 172, 351, 403
Brandes, G. 283

César 261
Cesare Borgia 283
Cícero 55, 253, 285-297

Darwin, C. 15, 46, 118, 144, 194, 198, 200, 208, 213, 218-228, 231, 241-243, 280s., 337, 340
Demócrito 166, 253, 323, 343s.

Descartes, R. 14, 74, 82-89, 91, 109, 231, 256-258, 298s., 325s., 329, 334, 352, 354, 367s., 395s., 406
Diderot, D. 136, 336
Dilthey, W. 154, 164-174, 195, 205, 277, 395-397
Driesch, H. 145, 204, 207
Du Bois-Reymond, E. 97

Empédocles 219
Engels, F. 324, 334-344, 350, 378
Epicuro 21, 101, 166, 231, 343s.
Epiteto 231, 294
Ésquilo 37-40

Feuerbach, L. 165, 335, 344s.
Fichte, J.G. 167, 319, 353-359, 361-364, 369, 371, 374, 376, 380, 387
Flaubert, G. 384
Frederico II o Grande 163
Frege, G. 366
Freud, S. 21, 202, 213, 218, 229-239, 379s., 392s.
Freyer, H. 145, 151

Gadamer, H.-G. 171, 179
Galileu, G. 46, 82, 327, 374

Gehlen, A. 16, 128, 137, 145-151, 203
Goethe, J.W. v 43, 115, 136, 144, 167, 243

Habermas, J. 351, 392
Haeckel, E. 99
Hartmann, N. 172, 183, 196, 400
Hegel, G.W.F. 42s., 151, 164s., 167s., 265, 274, 277, 319, 324, 334, 340, 342, 345s., 351, 353, 364s., 402, 405
Heidegger, M. 22, 36, 146, 154, 171-179, 203, 284, 375s., 398
Heráclito 73, 78, 98, 104, 178, 184, 394, 396
Herder, J.G. 115, 128, 136-146, 167, 194, 217
Hesíodo 24, 29-36, 131-135, 153
Hobbes, T. 114, 135, 166, 305
Homero 11, 22-31, 34, 73, 75s., 131
Humboldt, A.v. 243
Humboldt, W. v. 144, 194, 254, 264-273, 311, 319
Hume, D. 91, 298
Husserl, E. 85, 172s., 195, 204, 213, 353, 365-376, 382, 387

Jesus 53, 155

Kant 11, 14, 22, 74, 89-95, 136, 144, 153-164, 167s., 175, 184, 203, 217, 239, 258, 263, 274, 286, 294, 297s., 307-319, 336, 344, 353-355, 365, 376, 394-397, 404, 410
Kierkegaard, S. 46, 53, 165, 277

La Mettrie, J.O. 88, 231, 324-334
Leibniz, G.W. 15, 44, 74, 91s., 99, 108, 114, 137, 155, 164, 231, 254-263, 265, 298, 307, 326, 353, 358, 370s., 397-399
Lessing, G.E. 115, 136
Leucipo 253
Locke, J. 91s., 286, 297-307, 310, 398
Löwith, K. 115, 153, 177, 284
Luhmann, N. 123, 152
Lutero, M. 53, 62, 274

Malthus, R. 221
Marco Aurélio 99-107, 109s., 113s.
Marx, K. 164s., 202, 213, 277, 324, 334, 342-351
Maturana, H.R. 99, 115, 118-123, 194
Mendel, G. 242
Merian, M. 260
Mill, J.S. 366

Napoleão 100, 283, 354
Nietzsche, F. 44, 81, 107, 115, 148, 165, 213, 254, 273-284

Parmênides 98, 167, 186s., 323
Pascal, B. 46, 184
Paulo 45, 53, 61s., 295
Piaget, J. 240, 391s.
Pico della Mirandola 53, 184
Pitágoras 73s., 189, 288
Platão 21, 28, 36, 64, 68s., 73-81, 86, 98s., 102, 106, 109s., 128-135, 146, 154, 163, 167, 178, 185-187, 253, 258, 289, 293, 311, 323s., 398, 404s.

Plessner, H. 184, 194, 203-215
Portmann, A. 144, 218, 240, 243-250, 388

Ricœur, P. 171
Roth, H. 391
Rousseau, J.-J. 170

Sartre, J.-P. 44, 351, 353, 365, 375-387
Scheler, M. 146, 174, 184, 194-203, 314, 319, 375
Schelling, F.W.J. 167, 274, 358, 364
Schopenhauer, A. 44, 167, 254, 274-276, 279
Singer, W. 97, 123, 407
Sócrates 75-78, 99, 129, 131, 133, 167, 186, 253, 277
Sófocles 36-44, 59
Sólon 36, 38

Spinoza, B. 17, 99, 107-115, 119, 137, 141, 167, 225, 258, 263, 326, 328, 358
Spitz, R. 388s.
Stalin, J. 378
Strawson, P. 307

Teilhard de Chardin, P. 203
Tomás de Aquino 62-70, 146, 194, 286, 296

Uexküll, J.v. 120, 209s.

Vernante, J.-P. 40
Vico, G. 153

Westermann, C. 47, 50-54
Windelband, W. 217

CULTURAL
Administração
Antropologia
Biografias
Comunicação
Dinâmicas e Jogos
Ecologia e Meio Ambiente
Educação e Pedagogia
Filosofia
História
Letras e Literatura
Obras de referência
Política
Psicologia
Saúde e Nutrição
Serviço Social e Trabalho
Sociologia

CATEQUÉTICO PASTORAL
Catequese
  Geral
  Crisma
  Primeira Eucaristia

Pastoral
  Geral
  Sacramental
  Familiar
  Social
  Ensino Religioso Escolar

TEOLÓGICO ESPIRITUAL
Biografias
Devocionários
Espiritualidade e Mística
Espiritualidade Mariana
Franciscanismo
Autoconhecimento
Liturgia
Obras de referência
Sagrada Escritura e Livros Apócrifos

Teologia
  Bíblica
  Histórica
  Prática
  Sistemática

REVISTAS
Concilium
Estudos Bíblicos
Grande Sinal
REB (Revista Eclesiástica Brasileira)

VOZES NOBILIS
Uma linha editorial especial, com importantes autores, alto valor agregado e qualidade superior.

PRODUTOS SAZONAIS
Folhinha do Sagrado Coração de Jesus
Calendário de mesa do Sagrado Coração de Jesus
Agenda do Sagrado Coração de Jesus
Almanaque Santo Antônio
Agendinha
Diário Vozes
Meditações para o dia a dia
Encontro diário com Deus
Guia Litúrgico

VOZES DE BOLSO
Obras clássicas de Ciências Humanas em formato de bolso.

CADASTRE-SE
www.vozes.com.br

EDITORA VOZES LTDA.
Rua Frei Luís, 100 – Centro – Cep 25689-900 – Petrópolis, RJ
Tel.: (24) 2233-9000 – Fax: (24) 2231-4676 – E-mail: vendas@vozes.com.br

UNIDADES NO BRASIL: Belo Horizonte, MG – Brasília, DF – Campinas, SP – Cuiabá, MT
Curitiba, PR – Fortaleza, CE – Goiânia, GO – Juiz de Fora, MG
Manaus, AM – Petrópolis, RJ – Porto Alegre, RS – Recife, PE – Rio de Janeiro, RJ
Salvador, BA – São Paulo, SP